L'Afrique subsaharienne

Une géographie du changement

Alain Dubresson
Jean-Pierre Raison

L'Afrique subsaharienne

Une géographie du changement

2e édition
entièrement mise à jour

ARMAND COLIN

Collection U • Géographie

Cartographie :
Anne-Marie Barthélemy

Illustration de couverture :
Collage de Michel Coquery

ISBN 978-2-2002-6588-5

Armand Colin • 21, rue du Montparnasse • 75006 Paris

INTRODUCTION

Depuis le début des années quatre-vingt, l'Afrique subsaharienne a été déclarée sinistrée par les institutions et les bailleurs de fonds internationaux. Le continent noir, marginalisé dans les échanges commerciaux et financiers mondiaux, tenu à l'écart du redéploiement industriel manufacturier, des investissements dans la recherche de pointe et l'innovation technique, englué dans l'endettement, fait figure de parent pauvre de la planète, à en croire les statistiques. De l'ordre de celui des Pays-Bas, son produit intérieur brut, 370 milliards de dollars en 2001 Afrique du Sud incluse, n'atteint pas ceux de l'Inde ou de la République de Corée ; 38 des 63 pays classés dans les économies à faible revenu par la Banque mondiale et 34 des 49 pays dits les moins avancés (PMA) sont africains. Même un classement intégrant des critères plus qualitatifs tel que celui de l'IDH (indicateur de développement humain) n'est guère favorable, l'Afrique subsaharienne faisant moins bien que la moyenne des pays dits en développement. Tous les indicateurs disponibles montrent que les pays tropicaux d'Afrique affichent les plus bas revenus par habitant, la plus faible production alimentaire par tête, la plus faible consommation d'énergie, la plus faible espérance de vie. La situation est plus grave encore si l'on raisonne en tendance sur les vingt dernières années, en comparant l'Afrique et l'Asie tropicales. De tous les tiers mondes, le continent noir a été le seul, à la fin du XXe siècle, à être l'objet d'une sollicitude particulière des Nations Unies, qui ont décrété, en mars 1996, une mobilisation de toutes les agences autour d'un vaste programme de développement sur dix ans. À peine atténués par la reprise de la croissance économique depuis 1995, au demeurant fragile et très inégale selon les pays, les discours « afro-pessimistes », voire «afro-nihilistes», sont exacerbés par la violence politique, les violations des droits de l'homme, le déchaînement des haines et l'ascension des seigneurs de la guerre, la foudroyante expansion de la pandémie de SIDA et les images misérabilistes propagées par les médias. Terrain privilégié d'une théorie des malheurs qui en fait la victime d'on ne sait quelle obscure malédiction, au nom de laquelle on ravala jadis les hommes noirs au statut infra humain d'êtres destinés à l'esclavage, l'Afrique subsaharienne serait ainsi vouée aux ténèbres, au mieux à la charité internationale et à la bienveillante attention des idéologues de l'ingérence humanitaire.

Écarter une explication irrationnelle de ce que la plupart des auteurs et des institutions financières décrivent comme une « crise », et parfois pire, ne dispense pas de s'interroger sur le contenu de ce terme, le plus souvent synonyme de rupture et de changement qualitatif. Inappropriée aux yeux de certains analystes, pour qui la trop longue durée des dérèglements économiques et politiques ou l'absence de rupture véritablement significative avec les années antérieures disqualifieraient son emploi, la notion de crise nous paraît pertinente pour décrire et analyser l'actuel état de l'Afrique subsaharienne. S'il est vrai qu'on ne peut évoquer une crise au sens d'accident conjoncturel, il reste que les dérèglements et les désarticulations observés ne forment pas une simple parenthèse, qu'ils ont des effets restructurants, pervers ou bénéfiques (Coussy, Vallin, 1996), tant sur la société que dans l'espace, qu'ils sont accompagnés d'une transformation en profondeur (ou qu'ils l'expriment) et qu'on ne reviendra pas à la case départ après avoir régulé les tensions et surmonté les déchirements, car des seuils quantitatifs, en matière d'urbanisation par exemple, imposent un changement qualitatif. Que les mutations en cours se produisent dans la douleur, les contradictions et l'incertitude (pour les uns, il y aurait une inadaptation aux conditions mondiales de la production, de l'échange et de l'accumulation mais des réformes de structure pourraient permettre de trouver un chemin de «développement» ; pour d'autres, la situation est d'une telle gravité que le naufrage est inéluctable) ne modifie en rien l'existence d'un changement que masque trop souvent l'écume spectaculaire des événements. Que ce changement soit en partie ou en totalité induit par les dérèglements ou que ces derniers soient des révélateurs et des accélérateurs ne change pas non plus le diagnostic.

Si les Africains plient mais ne rompent pas, s'ils font face et luttent pour leur survie, ils doivent affronter une situation particulièrement difficile qui résulte en réalité de la concomitance de crises enchevêtrées, dont la nature et les échelles temporelles et spatiales diffèrent certes, mais se conjuguent. Ce qui rend difficile toute analyse est l'extrême difficulté à identifier les articulations entre les systèmes économiques, politiques, sociaux et spatiaux et à comprendre les interrelations et les facteurs déterminants, et, par ailleurs, à démêler les échelles temporelles et spatiales de crise(s). Quelles que soient les réserves et les critiques relatives aux données comptables officielles, le déclin, la stagnation, au mieux une croissance économique médiocre ont caractérisé l'Afrique subsaharienne de la fin des années soixante-dix au milieu des années quatre-vingt-dix, et rien n'assure que la reprise mesurée depuis 1995 soit durable. L'état récessif était sans nul doute inscrit dans la logique du mode d'insertion international ; avant tout exportatrice de matières premières agricoles, énergétiques et minières, contrairement à l'Asie et à l'Amérique tropicales qui sont intégrées dans l'échange manufacturier, l'Afrique noire est très vulnérable aux fluctuations des cours mondiaux, que ses dirigeants ne maîtrisent pas. Ceci est toutefois une constante de l'histoire économique depuis les indépendances ; or, dans les années quatre-vingt, les pays occidentaux ont modifié les règles du jeu : la déréglementation, la réduction du rôle de l'État, la fin des protectionnismes douaniers, des protectorats fiscaux et la généralisation du libéralisme économique ont exacerbé les différences et les inégalités, dans les sociétés occidentales comme à l'échelle planétaire. Mise à mal d'abord par la récession des marchés occidentaux postérieure aux trente glorieuses, puis par l'ouverture accélérée et la course à la productivité, l'organisation rentière de l'économie a été remise en cause et une véritable crise de l'accumulation a été déclenchée (Hugon, 2001) parallèlement à la crise financière des États. De tous les continents, l'Afrique était le plus mal préparé et le moins bien armé pour affronter la mondialisation. Le FMI et la Banque mondiale lui ont certes imposé des politiques monétaristes d'ajustement structurel, mais la purge, comme la crise, se sont finalement inscrites dans la durée. Ainsi que le soulignent Coussy et Vallin (1996), s'il a fallu inventer un contrepoison social à l'ajustement structurel pour rendre plus tolérables des mesures inacceptables, c'est que la dimension de la crise et de l'ajustement n'est pas purement économique. Au-delà du rétablissement des grands équilibres financiers et macro-économiques, c'est en effet toute la question de la nature de l'État en Afrique qui est posée, car la concomitance entre le dérèglement économique et la remise en cause parfois violente des systèmes de pouvoir établis depuis les indépendances n'est pas fortuite.

Les conséquences de ce qui peut être défini comme une crise des complexes politico-économiques, qui dure depuis une vingtaine d'années, sont amplifiées par deux tendances de plus long terme dont les manifestations sont synchrones. La première est d'ordre démographique. Des signes d'une diminution de la fécondité apparaissent depuis peu, mais le rythme de croissance du continent, qui entre peut-être dans la deuxième phase de la transition démographique, demeure très élevé : de 1950 à 2000, la population a été multipliée par 3,7, passant de 176 à environ 650 millions. La vitesse acquise est telle que les projections les plus plausibles prévoyaient plus d'1,2 milliard d'hommes en 2030 et n'envisageaient pas une stabilisation avant 2100, à un niveau de 2,6 milliards. Jusqu'au SIDA... S'il y a abondance en hommes, ce qui pose déjà de considérables problèmes d'emploi, de formation, de logement, de services, la population active se raréfie relativement aux classes d'âge plus jeunes, alors que la productivité du travail reste faible : l'Afrique est ainsi prise dans l'étau démographique au moment où ses résultats économiques sont les plus médiocres. La deuxième tendance, plus incertaine, est d'ordre climatique. Depuis la fin des années soixante, des sécheresses successives ont d'abord frappé les régions sahéliennes de l'Atlantique à la mer Rouge, puis l'Afrique orientale et australe. Cette succession de mauvaises années, fort différemment interprétée par les spécialistes, n'est pas nécessairement annonciatrice d'une irréversible dégradation de la pluviosité (Richard, 1990), mais elle a provoqué des désastres agricoles alors que se déclenchait la crise des économies rentières. Aux «greniers pleins» de l'Asie on a ainsi opposé les «greniers vides du Sahel» et on peut considérer que le continent est entré, pour un temps indéterminé, dans une période d'insécurité climatique. Les faits de longue et de moyenne durée se combinent donc pour façonner un faciès de crise très particulier.

Si faible cependant que soit son poids économique et politique, si graves que soient les famines et les conflits dont elle est victime, si préoccupant que soit son avenir économique, écologique et sanitaire face à la croissance démographique, aux incertitudes climatiques et à la progression des épidémies, bref, si profonde qu'y soit la crise, l'Afrique n'est pas une terre qui meurt. Avec l'ingéniosité du désespoir parfois, les Africains, qui font preuve d'une remarquable capacité d'adaptation et de résistance, ont relevé le défi : les campagnes les plus menacées par la dégradation écologique assument leur croissance démographique et les villes, qui devraient connaître la famine et une flambée de mortalité consécutive à la détérioration des conditions sanitaires, constituent d'actifs marchés pour un monde rural en mutation. Une économie de la survie, qui n'exclut pas la modernisation, a été mise en place, de nouveaux réseaux surgissent, des territoires sont refaçonnés, comme s'il existait un système africain de la crise. Ces dynamismes ne résultent pas de la seule débrouillardise, du seul recours au potentiel de terres encore inutilisé, ni même de l'adoption de techniques nouvelles qui, étonnamment, s'effectue dans un contexte défavorable. Il faut aussi que les techniques de survie, les stratégies de contournement ou d'affrontement de la crise puissent s'exercer. Même les pays qui ont sombré dans l'anarchie, comme la Somalie ou le Liberia, ne survivent pas par la seule aide internationale : on y produit et on y échange toujours.

Ceci n'est possible que dans la mesure où, étayant les techniques de production, existent des structures qui permettent l'exercice d'activités, le fonctionnement de sociétés, ce qu'à la suite de Pierre Gourou les géographes appellent les « encadrements ». Terme vague à souhait, on en conviendra : Gourou n'en a jamais donné, semble-t-il, de définition. « L'homme est premièrement un organisateur, membre d'une société capable d'encadrer un nombre plus ou moins grand d'humains… Tout homme est un "civilisé" (ce qui signifie d'abord qu'il est encadré) » (Gourou, *Terres de Bonne Espérance*, p. 29), ou encore : « Un groupe humain n'existe pas sans encadrements, c'est-à-dire sans contraintes » (*id.*, p. 369). On peut regrouper sous le vocable d'encadrement l'ensemble des procédés, des moyens, des techniques qui assurent la vie des hommes en société et la cohésion de celle-ci, permettent notamment aux groupes sociaux de se reproduire sur la longue durée et de garantir leur contrôle d'un espace, donc d'y accumuler un capital démographique, d'accroître leur maîtrise de l'écologie, de modeler et de faire évoluer des paysages. C'est sous cet angle, ou, plus globalement, sous celui de la qualité et de la continuité des rapports entre sociétés et espaces que les « encadrements » intéressent le géographe.

Le problème des encadrements est aujourd'hui d'une particulière importance. D'une part, quand les structures d'encadrement étatiques n'assurent plus les fonctions qui sont normalement les leurs, ou qu'elles se sont abusivement attribuées, comment et dans quelle mesure d'autres encadrements les remplissent-ils, soit comme des substituts temporaires en cas de crise, soit en assumant un rôle qu'on n'aurait pas dû leur contester ? D'autre part, dans la mesure où la crise actuelle apparaît comme une occasion de « redistribuer les cartes », de réduire le rôle des États à leurs fonctions fondamentales (et, pour certains d'entre eux, elles sont fort peu nombreuses), les pays d'Afrique disposent-ils des encadrements nécessaires d'abord pour survivre, ensuite pour assurer la modernisation de leurs économies dans un contexte mondial ? Les réponses ne sont pas simples. À l'évidence, des encadrements existent qui, vaille que vaille, assurent des fonctions essentielles : l'Afrique n'est pas le continent à l'encan, la cohue de miséreux assistés, ou massacrés périodiquement, que les médias projettent trop facilement sur nos écrans. En outre, ces encadrements ne sont pas des structures neutres, conservées des temps anciens, antérieures à la formation des États et ressurgissant aujourd'hui dans leur pureté initiale ; ils ne sont pas davantage des créations actuelles, *ex nihilo*, nées de la nécessité de répondre aux besoins immédiats. Ces encadrements ont une histoire. Si, dans tous les pays d'Afrique, les nouveaux États, indépendamment de toute idéologie, ont démesurément accru leur domaine d'intervention, sortant souvent, sans nul doute, de leurs fonctions normales, ils ne l'ont pas fait à partir de rien : de façons diverses, ils ont pris en compte les encadrements antérieurs, ont tenté le plus souvent de les manipuler, de les plier à leurs schémas, parfois, mais alors sans succès, de les éradiquer, provoquant tout au plus des phénomènes d'adaptation ou de dissimulation. Les États qui ont conduit les politiques les plus extrêmes paraissent aujourd'hui être souvent ceux qui ont provoqué les plus faibles mutations, appliquant sans le vouloir la formule de Tancrède du *Guépard* : « Il faut que tout change pour que rien ne change. » Retournant, à quarante ans de distance, à Kobané, en Haute-Guinée, Edmond Bernus, géographe à l'ORSTOM, l'a trouvé d'apparence inchangé ; habitat rural, techniques de cultures, organisation du terroir avaient résisté à toutes les tentatives de collectivisation et de modernisation mécanisée. Pourtant, bien des choses avaient changé dans les esprits, donc dans les encadrements ou leur mode de fonctionnement.

Compte tenu de la complexité de l'état de crise et du changement en cours, toute géographie de la crise doit à la fois prendre en considération le foisonnement d'analyses issu d'autres approches disciplinaires et intégrer la dimension spatiale des dérèglements observés. Ces derniers sont à la fois communs à la plupart des pays et inégalement distribués : l'Afrique est plurielle et la Somalie n'est pas la Côte-d'Ivoire. En outre, les conséquences sur l'organisation de l'espace diffèrent d'un pays à l'autre, voire d'une Afrique à l'autre. Mener à bien l'investigation implique que soient connues des données fondamentales sur les milieux et les hommes que nous ne pouvons réexposer ici : le lecteur se référera au maître ouvrage de Pierre Gourou (*L'Afrique*, Hachette, 1970). Il est surtout nécessaire de décortiquer les enchaînements et les articulations entre la crise de l'encadrement étatique, le surgissement d'encadrements de crise et l'organisation actuelle de l'espace. Le fil conducteur adopté est simple. Nous mettrons d'abord l'accent sur la crise des complexes politico-économiques (chapitre I), c'est-à-dire de l'encadrement par le «haut», non par fétichisme de l'économie et de l'État mais parce que l'osmose entre l'économie de rente, les ressources, l'organisation et la nature du pouvoir central exacerbe de manière spectaculaire les manifestations de crise, ce qui a des incidences considérables du haut en bas de la fabrique sociale et spatiale africaine. Inscrite dans une tendance démographique lourde (chapitre II) qui en accentue les effets, cette crise a des conséquences sur l'agriculture et les paysanneries (chapitre III), sur les villes et les citadins (chapitre IV), dont les logiques propres, en particulier foncières, souvent opposées aux normes de l'État qu'elles avaient contournées ou dont elles s'étaient accommodées en les retravaillant, trouvent un terrain plus favorable aujourd'hui. Les mutations rurales et urbaines témoignent du foisonnement et de la dynamique de multiples encadrements transgressant souvent les règles et les frontières, ce qui n'est pas nouveau mais revêt une ampleur sans doute inégalée (chapitre V). Cet ample et complexe processus social induit des recompositions spatiales (chapitre VI) et engage le devenir du continent, d'une part en termes d'intégration interne alors que sur la planète se multiplient les grandes constructions d'unions ou de communautés économico-politiques, d'autre part en termes d'insertion dans l'actuel système-monde (chapitre VII). L'idéal eût évidemment été de chausser des lunettes à plusieurs foyers pour multiplier les changements d'échelles d'observation et se livrer à l'exercice le plus redoutable en géographie : comprendre les articulations d'échelles et les modes de régulation. Nous n'avons pas totalement renoncé à cette investigation, mais, en raison de contraintes éditoriales et compte tenu du lectorat visé, étudiants plutôt que chercheurs et spécialistes, nous avons opéré un choix en faveur d'une géographie «générale», ce qui n'exclut pas, bien au contraire, quelques plongées à différentes échelles. Quant à une géographie plus «régionale», nous renvoyons le lecteur à l'ouvrage codirigé avec Jean-Yves Marchal et élaboré avec le concours de onze autres auteurs, *Les Afriques au sud du Sahara,* (*Géographie universelle*, tome VI, Belin-Reclus, 1994).

Alain Dubresson a rédigé les chapitres I, IV et VII, Jean-Pierre Raison les chapitres II, III et V. Le chapitre VI est issu d'une réécriture commune d'un article antérieurement publié par Jean-Pierre Raison dans les *Travaux de l'Institut de géographie de Reims* (n° 83-84, 1993), l'introduction et la conclusion sont communes. Chaque texte de l'un ayant été lu et annoté par l'autre, nous assumons ensemble l'intégralité de l'ouvrage.

CHAPITRE I

L'ENCADREMENT « PAR LE HAUT » : DES COMPLEXES POLITICO-ÉCONOMIQUES EN QUESTION

Héritiers d'un appareil de gouvernement qui fut un efficace instrument d'encadrement des populations et d'organisation d'espaces lors de la « mise en valeur » coloniale, particulièrement dans les années cinquante, les élites africaines contrôlant les pouvoirs d'État n'ont cessé de renforcer le poids de ces derniers après les indépendances. Cette montée en puissance généralisée du pouvoir central en tant qu'acteur principal, sinon unique, de financement du « développement », n'est certes pas une spécificité africaine et les exemples asiatiques et latino-américains ne manquent pas pour rappeler le rôle déterminant de la puissance publique, à commencer par ceux qui passent, à tort, pour des porte-drapeaux du libéralisme, tels la République de Corée et Singapour. Mais l'existence de complexes politico-économiques fondés sur une accumulation rentière caractérisée par le poids écrasant des exportations de matières premières, le plus souvent végétales, singularisait le continent noir au début des années quatre-vingt, dites d'abord de « conjoncture » puis de « crise ».

Quoique très controversé, le terme de crise caractérise bien l'enchaînement des multiples dysfonctionnements qui ont affecté tous les pays africains et qui ne se résument pas aux seuls déséquilibres financiers et macro-économiques apparents.

À la crise du modèle rentier, procédant de blocages structurels du régime d'accumulation, est en effet directement corrélée celle de l'État post-colonial : la diminution des ressources financières a amoindri, voire annihilé, le pouvoir de redistribution et d'encadrement « du haut », de sorte que la crise du « patrimonialisme » a débouché sur celle de l'autorité de l'État lui-même. Au-delà des politiques d'ajustement structurel imposées depuis plus de quinze ans par le FMI et la Banque mondiale, c'est donc toute la fabrique sociale et spatiale africaine qui est en question.

1. Une capacité d'encadrement construite sur un modèle rentier

1.1. L'interventionnisme étatique, une pratique commune

Aux indépendances[1], dans un contexte idéologique où triomphaient l'analyse rostowienne des stades du « développement », alors pensé comme un processus linéaire à étapes successives, la théorie des pôles de croissance et le primat de l'industrie en tant que moteur décisif du progrès et du changement social, les doctrines politiques et les options économiques proclamées par les nouveaux dirigeants africains furent très diverses. Alors que des pays comme le Ghana, la Guinée, le Mali, la Tanzanie, plus tard la Guinée-Bissau, le Bénin, l'Angola et le Mozambique, s'engagèrent sur les voies multiples des « socialismes à l'africaine », d'autres pays, tels que la Côte-d'Ivoire, le Cameroun, le Gabon, le Kenya, le Nigeria, l'ex-Zaïre, empruntèrent des chemins considérés comme libéraux. L'ampleur et le contenu des actions conduites par les pouvoirs d'État n'ont toutefois pas toujours été conformes aux discours officiels, souvent trompeurs, et les relations entre degré d'interventionnisme étatique et position doctrinale affichée ou supposée (reflétant surtout les alliances internationales) sont loin d'être limpides. Qualifiés de libéraux, l'État unitaire ivoirien de Félix Houphouët-Boigny et la fédération du Nigeria, gouvernée tantôt par des militaires, tantôt par des civils, ont été très volontaristes, aménageant leur territoire et redistribuant le revenu national avec beaucoup plus d'efficacité que le Bénin du « socialisme scientifique » ou que la Guinée « révolutionnaire » de Sékou Touré, livrée, comme son voisin capitaliste libérien, au pillage de sociétés minières étrangères et dont la population fut entraînée dans une spirale de paupérisation.

Au-delà des contradictions classiques entre discours et pratiques et des disparités en matière d'efficacité de l'action publique, un fait essentiel demeure : les années soixante et soixante-dix ont été celles de la montée en puissance de l'intervention étatique, quels qu'aient été les régimes et les idéologies affichées. Cette affirmation de l'État, encore plus précoce en Afrique du Sud où le pouvoir central a manié l'*apartheid* comme un instrument de casernement territorial et développé un puis-

1. On évoque ici surtout les années soixante et le début des années soixante-dix et non les accessions récentes à la souveraineté nationale en Namibie (1990), en Érythrée (1993) et la fin du régime d'apartheid en Afrique du Sud.

sant secteur d'État tant pour des raisons de sécurité que pour assurer la promotion de la population afrikaner, a revêtu plusieurs formes complémentaires, dont la première est financière. Toutes les analyses des budgets publics montrent que les dépenses des administrations ont été très fortement accrues jusqu'au milieu des années quatre-vingt : en Afrique occidentale, assez modestes au début des années soixante, elles ont atteint 17 % du produit régional brut en 1972, puis 24 % en 1985. À cet accroissement rapide des dépenses publiques s'est ajoutée l'administration de l'économie : contrôle du commerce extérieur (codes des douanes), réglementation des marchés des biens et des services (contrôle des prix, licences d'importation) et du travail (salaires minimums, politique de réservation des emplois salariés aux nationaux), organisation de protectorats fiscaux attractifs pour les détenteurs de capitaux (codes des investissements). La prise en charge directe de la production et de l'échange, troisième forme d'intervention, s'est appuyée sur la multiplication de sociétés d'État, d'offices nationaux et d'entreprises para-publiques, dont l'apogée fut atteint à la fin des années soixante-dix. D'après la Banque mondiale (1989), au milieu des années quatre-vingt, les 3 000 entreprises publiques recensées fournissaient 15 % du PIB africain, employaient 25 à 30 % des salariés et contribuaient pour 25 % à la formation brute de capital fixe contre respectivement 15 % et 5 % en Amérique latine et en Asie.

1.2. Les fondements de l'interventionnisme étatique

On s'est beaucoup interrogé sur les causes de cette intrusion généralisée des jeunes États africains dans le champ économique et sur les logiques sous-jacentes à une pratique commune transcendant les idéologies. Une première explication tient à l'évident besoin d'État lors des indépendances. Chaque gouvernement a dû assurer le renforcement de l'appareil administratif et veiller à l'indispensable maillage du territoire permettant de proclamer et d'édifier l'unité nationale et surtout d'imposer l'autorité publique nouvelle par la création d'efficaces relais locaux du pouvoir central. Cette construction du territoire de l'État-nation impliquait l'extension des infrastructures de transport et des services publics de proximité, dispensaires, maternités, écoles, indispensables pour satisfaire au plus vite les attentes d'une population en forte croissance démographique. L'ampleur des engagements nécessaires et l'urgence des interventions légitimaient un contrôle rapide des ressources financières et le recours massif aux dépenses publiques.

Ce dernier ne résulte toutefois pas du seul effet mécanique d'édification d'un nouvel appareil de pouvoir. Il traduit aussi le projet politique des gouvernants qui ont cherché à élargir leurs bases sociales en facilitant l'émergence de couches moyennes citadines redevables de leur position aux dirigeants en place. Lieu de peuplement politique, l'administration a été un instrument privilégié de légitimation des pouvoirs centraux et de redistribution clientéliste des emplois et des revenus, de sorte que bien souvent le dispositif étatique a rapidement été sur-développé par ses effectifs et sous-développé en raison de son inefficacité productive, les taux de croissance des dépenses publiques ayant toujours été supérieurs, avant les mesures d'ajustement structurel, à ceux des recettes fiscales et parafiscales.

Cet interventionnisme public clientéliste n'est ni une originalité africaine, ni une nouveauté des années soixante, et il a largement pris racine dans les pratiques gestionnaires héritées. Colonies et protectorats constituaient en effet de véritables laboratoires d'économie dirigée où s'entremêlaient les pouvoirs politiques, économiques et juridiques, au point que ces derniers étaient souvent confondus en un seul bloc d'intérêts publics et privés chevauchants. L'autorité publique coloniale, qui prenait souvent en charge les outils de l'échange, en régulait aussi minutieusement les jeux. Il n'est donc pas surprenant que les acteurs politiques africains des années soixante, dont la culture économique et les représentations du pouvoir moderne ont été façonnées dans la gangue coloniale, aient développé une « foi post-indépendantiste » dans l'État (Contamin, Fauré, 1992), instrument qu'ils jugeaient pertinent pour renverser l'ordre ancien et assurer la prospérité, mais aussi pour mieux contrôler les élites économiques autochtones, voire les ligoter quand ces dernières menaçaient, ou pouvaient menacer, leur hégémonie. La conviction des nouveaux chefs d'État, francophones en particulier, fut au demeurant confortée par les conditions d'exercice des premières années d'indépendance, les anciennes puissances coloniales ayant garanti temporairement aux produits tropicaux des débouchés privilégiés à des conditions avantageuses de protection et de sur-prix.

Qu'elle soit un produit de l'héritage colonial, de représentations autochtones ou de choix purement doctrinaires, l'affirmation du rôle déterminant de l'État est également liée à la montée en puissance des activités agro-exportatrices et minières et elle est chevillée au caractère durablement extensif[2] du régime d'accumulation, singularité africaine par rapport à l'Amérique latine et à l'Asie. Le modèle de croissance qui a prolongé l'économie de traite est en effet un modèle rentier, la rente pouvant être définie comme « l'obtention de revenus sans contribution à la production de biens et de services supplémentaires » (Hugon, 2001, p. 9). Prélevée sur les produits agricoles ou miniers exportés comme sur l'aide matérielle et financière extérieure, la rente caractérise une économie qui peut, un temps, se reproduire sans accumulation du capital ou dont le surplus n'est que très partiellement réinvesti en capital productif. Les revenus pétroliers camerounais, placés à l'étranger, ont ainsi enrichi les hauts dirigeants, mais ils ont peu contribué à la modernisation du pays. Pour assurer la captation du surplus, la reproduction et l'élargissement des bases de la rente, les classes dirigeantes ont accru un contrôle étatique dont la fonction de régulation a été aussi favorisée, sinon suscitée, par le caractère extensif de l'accumulation.

Depuis les années soixante, la croissance de la production africaine a été assurée, très différemment selon les pays, leurs ressources et leurs options, par l'agriculture d'exportation, l'exploitation des ressources minières et énergétiques et un appareil manufacturier de substitution aux importations. Dans les trois cas, l'État a été directement impliqué en tant que régulateur des conditions de production, voire en tant que producteur. De grands complexes agro-industriels en monoculture intensive (palmier à huile, hévéa, canne à sucre) ont certes été mis en place, le plus souvent avec le concours de capitaux publics, mais beaucoup se sont avérés très coûteux et peu compétitifs. La production agricole exportée – qu'il s'agisse de l'arboriculture

2. Dans un régime d'accumulation « extensif », les capacités de production industrielle ne changent pas de nature même en s'accroissant ; dans un régime « intensif », la structure productive se modifie dans le temps et la productivité augmente.

marchande cacaoyère et caféière des aires forestières humides ou de la polyculture pluviale des terres plus sèches fournissant coton et arachide – repose avant tout sur des exploitations paysannes dont la dynamique est fondée sur l'extension continue des surfaces cultivées avec une faible productivité[3], sauf pour le coton dont le rendement à l'hectare a été multiplié par 4 en Afrique de l'Ouest entre 1960 et 1982. Cette extension continue en surface requiert l'existence de pistes, de routes, d'infrastructures de collecte, de stockage et d'évacuation, un système de prix rémunérateur et un encadrement technique, éléments constitutifs d'un véritable « appel » à l'intervention étatique. Les productions énergétiques et minières offraient de considérables perspectives de financement des budgets, et les rentes minières et pétrolières furent d'autant plus vite captées (participations, nationalisations) qu'elles accroissaient la capacité d'endettement d'États comme le Nigeria, le Cameroun ou l'ex-Zaïre. Le processus d'industrialisation par substitution n'a pas été moins extensif que la prédation minière, sauf en Afrique du Sud et au Zimbabwe. Visant surtout à satisfaire les marchés locaux avec des techniques simples, il n'a été rendu possible que par une régulation publique assurant une fiscalité avantageuse pour les investissements, un contrôle des circuits bancaires, une protection douanière des appareils nationaux et engageant des capitaux publics dans les filières jugées trop peu rentables par les investisseurs privés étrangers. Même en Afrique du Sud, la construction du puissant appareil industriel doit beaucoup à l'État, promoteur de l'industrie sidérurgique avant la Seconde Guerre mondiale, dont l'intervention a été accélérée après 1948 par la bourgeoisie afrikaner nationaliste, soucieuse de consolider son hégémonie politique face aux compagnies minières dominées par des capitaux anglophones. Au total, le modèle rentier a été intimement lié à une croissance extensive sans réels gains de productivité, l'État étant placé au cœur du système d'accumulation et de redistribution des ressources financières. À partir de ce modèle commun, les variantes ont toutefois été nombreuses ; si la captation de la rente par les gouvernants est partout évidente, les pratiques locales d'affectation du surplus ont été fort différentes, et les trajectoires géo-économiques comme les situations prévalant au début des années quatre-vingt étaient forts contrastées.

1.3. Les trajectoires géo-économiques jusqu'au début des années quatre-vingt : une Afrique plurielle

En croisant les régimes d'accumulation, c'est-à-dire le mode d'allocation des surplus, la spécialisation des bases rentières et les mécanismes concourant à la reproduction de ces bases, quatre trajectoires géo-économiques peuvent être discernées.

La première est qualifiée par Hugon (2001) d'« involutive ou stationnaire ». Elle caractérise des pays ou des aires géographiques où l'élevage, les cultures vivrières et commerciales, quelquefois l'extraction minière, ne favorisent qu'une accumulation assez réduite, où les taux de croissance du PIB en longue période ont été très faibles, voire quasi nuls. Relèvent de cette trajectoire la plupart des États sahéliens, vulnérables aux sécheresses répétées, où les extensions agricoles vers le nord durant les années de bonne pluviosité ont mis en danger des sols et des formations végétales fragiles, où l'arachide et surtout le coton, en pleine expansion aujourd'hui (le Mali est ainsi devenu

3. Au sens agronomique du terme, qualifiant le rendement à l'hectare et non celui du nombre de jours de travail.

le premier producteur ouest-africain depuis 1995) constituent les seules cultures d'exportation importantes. L'appareil manufacturier demeure réduit et les produits nigérians, importés frauduleusement ou avantagés par les manipulations de la naira, concurrencent victorieusement les produits locaux. Appartiennent aussi à cet ensemble stagnant ou régressif Madagascar et les Comores, Maurice ayant su jouer de sa zone franche pour s'arrimer à l'échange international.

La deuxième trajectoire concerne les économies pétrolières (Nigeria, Gabon, Congo, Angola avant la guerre) et minières (Botswana, Guinée, Mauritanie, ex-Zaïre, Zambie, Togo, Niger, Liberia et Sierra Leone avant la guerre) que spécifient les cycles contradictoires et le syndrome pétrolier (*dutch disease*). Lors des phases de hausse rapide des prix du baril de brut ou de produits miniers, la rente en devises accélère l'endettement, facilite les investissements à haute intensité capitalistique ainsi que les dépenses improductives, et favorise les importations alimentaires qui peuvent mettre en péril les agricultures vivrières locales ; lors des phases de baisse des prix, les déséquilibres financiers deviennent un fardeau et la rente est absorbée par le remboursement des dettes antérieures. Ce scénario est cependant variable selon les politiques étatiques : la rente peut être réutilisée pour améliorer l'élevage, moderniser l'agriculture et gérer les ressources rares comme l'eau (Botswana) mais elle peut contribuer à marginaliser les agriculteurs (Gabon) ; elle peut être confisquée par les dirigeants, comme au Cameroun où son produit était affecté à un compte hors budget et placé sur les marchés internationaux, ou être utilisée pour rémunérer les fonctionnaires comme au Congo où Elf assure les avances de trésorerie ; elle peut avoir été dilapidée par pillage d'État (Guinée, Zaïre) ou avoir servi à financer des infrastructures et à initier l'accumulation du capital par un processus d'industrialisation (Zambie, Nigeria).

La troisième trajectoire est celle des pays agro-exportateurs, notamment la Côte-d'Ivoire et le Kenya, tirant surtout leur rente de l'arboriculture marchande, mal pourvus en ressources minières et pétrolières et où les surplus ont été en partie utilisés pour tenter de diversifier l'agriculture et promouvoir une industrie manufacturière aux échelles nationale et régionale. Le chemin ivoirien d'une croissance dans la dépendance, caractérisé par l'ouverture à l'extérieur, par l'appel aux manœuvres agricoles des pays voisins, en particulier le Burkina Faso, aux cadres et aux capitaux étrangers, par l'ouverture de fronts pionniers cacaoyers et caféiers dans le sillage d'une vigoureuse politique publique d'aménagement du territoire a permis, durant près de vingt années, d'assurer une expansion économique soutenue et une redistribution inégale mais réelle du revenu national.

La quatrième trajectoire est celle des rares économies industrielles. À Maurice, les rentes sucrières et touristiques ont été converties en appareil manufacturier à dominante textile et intégré à l'échange international. Seuls le Zimbabwe et l'Afrique du Sud disposent de complexes minéralo-industriels issus de l'investissement continu de la rente minière dans des filières de biens d'équipement et de consommation finale : extraction minière et organisation manufacturière y ont structuré les espaces nationaux, et si les bases industrielles demeurent incomplètes, la capacité de production sud-africaine est unique sur le continent.

Quelle qu'ait été leur trajectoire, tous les pays demeuraient, au début des années quatre-vingt, dépendants d'exportations de produits primaires non ou peu transformés, autre singularité africaine majeure. Le minerai de fer assurait alors respectivement 70 % et 53 % des recettes d'exportation de la Mauritanie et du Liberia, la bauxite 76 % de celles de la Guinée, le phosphate 40 % de celles du Togo, le cuivre 84 % de celles de la Zambie, le pétrole 93 % de celles du Nigeria et de l'Angola. Café et cacao fournissaient 65 % des recettes d'exportation de la Côte-d'Ivoire, le coton 45 % de celles du Mali. Même en Afrique du Sud, les ventes de produits minéraux à l'étranger demeuraient un moteur essentiel de l'accumulation (plus de 60 % de la valeur des exportations, dont 40 % pour l'or en 1981) et du financement de l'industrie manufacturière.

2. Les blocages du modèle rentier

Fondé sur la consommation d'espace et la prédation minière et énergétique, le modèle rentier est par nature vulnérable : subordonné à l'évolution des cours mondiaux des matières premières que les États africains ne maîtrisent pas, il est rapidement affecté par les fluctuations conjoncturelles et son devenir à moyen et long terme est plus qu'incertain ; dépendant de ressources consommables, il s'épuise dès lors que ces dernières sont raréfiées ou font défaut et ne permettent plus l'accumulation de type extensif ; démuni de synergies internes susceptibles de promouvoir une croissance autocumulative, il ne peut survivre que par la protection tarifaire et il est rendu rapidement obsolète par l'ouverture des frontières et la mise en concurrence internationale qui dévoile sa faible productivité. Ces trois éléments de fragilité, le premier, d'origine extérieure, révélant et amplifiant les deux autres, sont concomitants dans les années quatre-vingt, qui peuvent être ainsi qualifiées de décennie de crise : même si la récession est par nature inscrite dans la dépendance des exportations de produits primaires, il y a bien rupture des conditions de reproduction du modèle.

2.1. Dégradation des échanges extérieurs, blocage de l'accumulation et crise financière

2.1.1. Des indicateurs officiels de crise

Il est toujours arbitraire et artificiel de découper en séquences temporelles, généralement quinquennales ou décennales, les rythmes officiels d'évolution d'un PIB dont le calcul est par ailleurs fort contestable, quand il existe. Les comptes nationaux de la Guinée n'ont ainsi été en partie clarifiés qu'à partir de 1985 et les données sont très approximatives dans les pays encore déchirés par les guerres civiles, ou qui l'ont été (Somalie, Sierra Leone, Liberia, Soudan, Angola, Mozambique, Tchad, Éthiopie, Ouganda). Tous les indicateurs économiques disponibles témoignent cependant d'un net essoufflement dans la décennie quatre-vingt. Alors que la croissance réelle du PIB aurait dépassé 4,5 % par an de 1961 à 1973, excédant largement celle de la population, elle aurait été 1,7 fois moins forte au milieu et à la fin des années soixante-dix, équivalant à peu près au rythme moyen d'accroissement de la population. Dans la décennie quatre-vingt, elle aurait été 2,2 fois inférieure à celle des années soixante et surtout bien inférieure à celle de la population (tableau 1), de sorte que le PIB officiel par habitant aurait diminué de –1,7 % par an de 1980 à 1989.

Tableau 1. L'évolution des principaux indicateurs de croissance de 1961 à 2000

	1961-1973	1973-1980	1980-1990	1990-2000
Taux annuel de croissance de la population	2,6 %	2,8 %	3,1 %	2,6 %
Taux annuel de croissance du PIB	4,6 %	2,7 %	2,1 %	2,5 %
Taux d'investissement brut en % du PIB (I)	15,0 %	20,6 %	16,0 %	16,0 %
Structure du PIB (Y*)	100 %	100 %	100 %	100 %
Consommation privée (Cp) Consommation publique (Cg)	72 % 11 %	66 % 13 %	68 % 15 %	69 % 16 %
Exportation (X) Importation (M)	22 % 19 %	26 % 25 %	29 % 28 %	28 % 30 %
Épargne (s)	14 %	22 %	16 %	15 %

*Y = Cp + Cg + S + X - M

Source : d'après Hugon, 2001, p. 24, selon la Banque mondiale.

Le recul généralisé du taux de croissance et la sévère récession enregistrée dans certains pays (fig. 1, 2 et 3) résultent en grande partie de la baisse des termes de l'échange (fig. 4) à laquelle le continent noir est d'autant plus sensible que ses recettes d'exportation reposent essentiellement sur des produits primaires.

La dégradation, inégale selon les produits et les pays mais réelle, -3,6 % par an de 1981 à 1993 (Banque mondiale, 1995), a eu des conséquences considérables non seulement sur les populations (fig. 5) et le revenu (fig. 6), la contraction de ce dernier équivalant à 0,9 % du PIB par an, mais aussi sur tout le fonctionnement du modèle rentier.

Le taux d'investissement brut mesuré s'était accru de 15 à 20,6 % du PIB des années soixante aux années soixante-dix, mais il est retombé à 16 % du PIB dans la décennie quatre-vingt. Au déclin de l'investissement, aussi bien public que privé, s'est ajouté celui de la productivité : de 1960 à 1987, le taux de croissance de la productivité globale des facteurs, déjà faible par rapport à l'Asie et à l'Amérique latine, a été nul (+ 0,7 % de 1961 à 1973 ; - 0,7 % de 1973 à 1987) ; le taux d'épargne ayant chuté, c'est donc tout le processus d'accumulation qui a été mis en question.

Durant la décennie soixante-dix, caractérisée par l'abondance de pétrodollars à recycler et par le laxisme financier des banquiers occidentaux alors que flambaient les cours de certaines matières premières, de nombreux gouvernements, trouvant là de nouvelles filières de rente, ont mis en œuvre des projets de grande envergure :

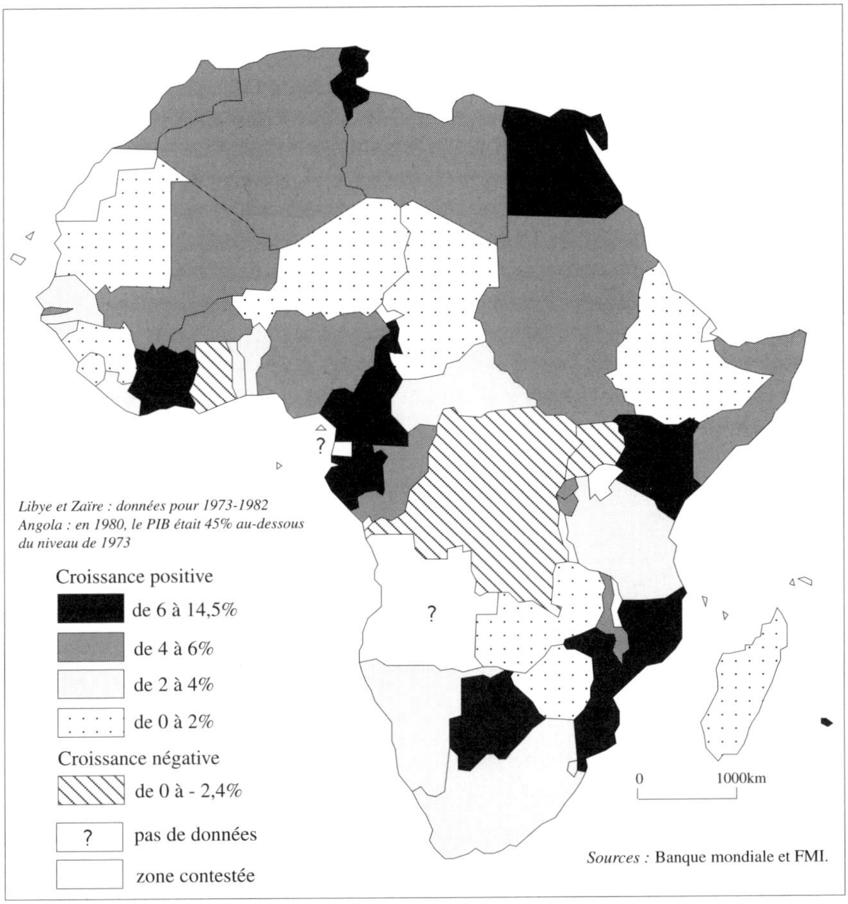

1. Taux moyen de croissance annuel du PIB 1970-1980.

infrastructures de transport, barrages (tels Inga dans l'ex-Zaïre et Cabora Bassa au Mozambique), complexes agro-sucriers (Côte-d'Ivoire, Cameroun) et grandes usines (métallurgiques au Nigeria, textiles en Côte-d'Ivoire, fabrique de clinker au Togo) qualifiées d'« éléphants blancs » ont été largement financés par le recours aux emprunts extérieurs. Conjugués à l'accroissement des dépenses publiques, qui représentaient plus de 25 % du PNB en 1990, ainsi qu'aux déficits des budgets nationaux, les charges récurrentes de ces emprunts extérieurs ont aggravé le poids de la dette publique : de 1980 à 1990, la dette extérieure totale a plus que doublé et elle est passée de 96,8 % à 324,3 % des exportations de biens et de services, de 28,5 % à 109,4 % du PNB. Pris dans un engrenage permanent d'endettement, la plupart des États sont devenus insolvables dès le début des années quatre-vingt, surtout ceux qui, classés un moment dans la catégorie des pays à revenu intermédiaire, ont été touchés de plein fouet par une nette détérioration des termes de l'échange et ont été déclassés dans la hiérarchie établie par la Banque mondiale.

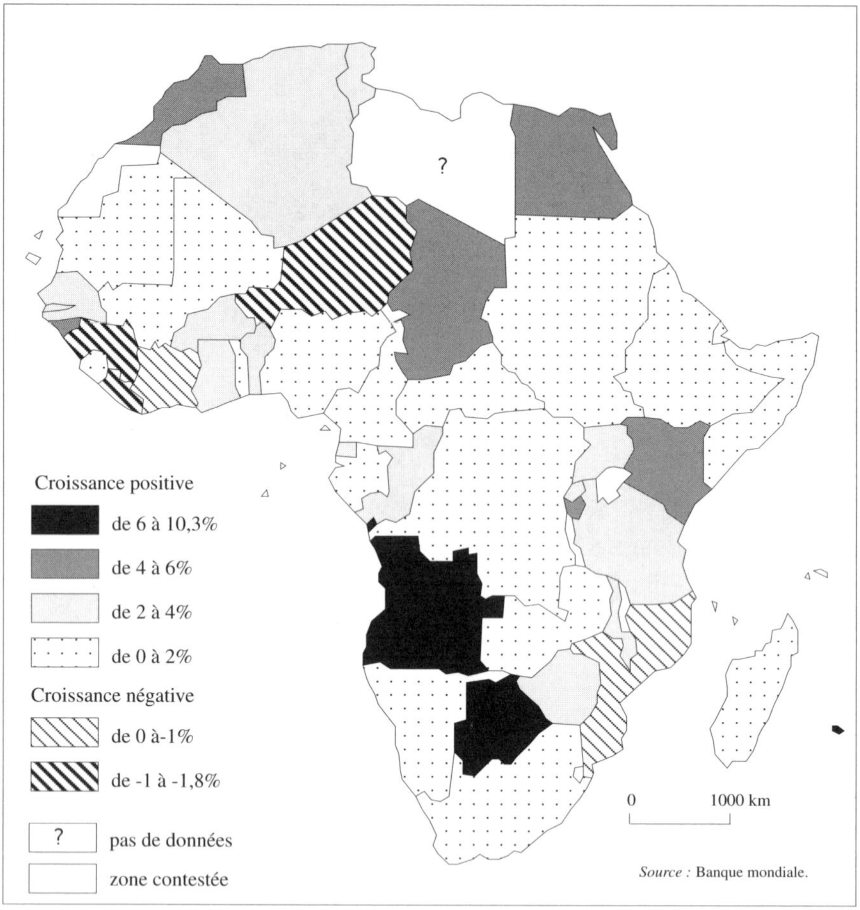

2. Taux moyen de croissance annuel du PIB 1980-1990.

2.1.2. L'Afrique ajustée

Pris dans un étau financier, soumis aux pressions conjuguées du FMI, de la Banque mondiale et des institutions de créanciers (Club de Paris, Club de Londres), les gouvernements africains ont dû appliquer, avec plus ou moins de célérité, les mesures de stabilisation et d'ajustement structurel : 241 programmes, concernant 24 pays, ont été lancés de 1980 à 1989. La stabilisation, fournie clés en main, voire directement mise en œuvre sur place par des experts du FMI, comme au Liberia avant la guerre civile, visait surtout le rétablissement des grands équilibres macro-économiques intérieurs et extérieurs par la variation des taux de change (dévaluations), la diminution drastique des dépenses publiques, la réduction des effectifs de fonctionnaires et la remise en cause des systèmes de subvention. Quant aux réformes structurelles des marchés (déréglementation, démantèlement et privatisation des secteurs publics et para-publics, libération des prix) et des institutions, elles visaient à créer

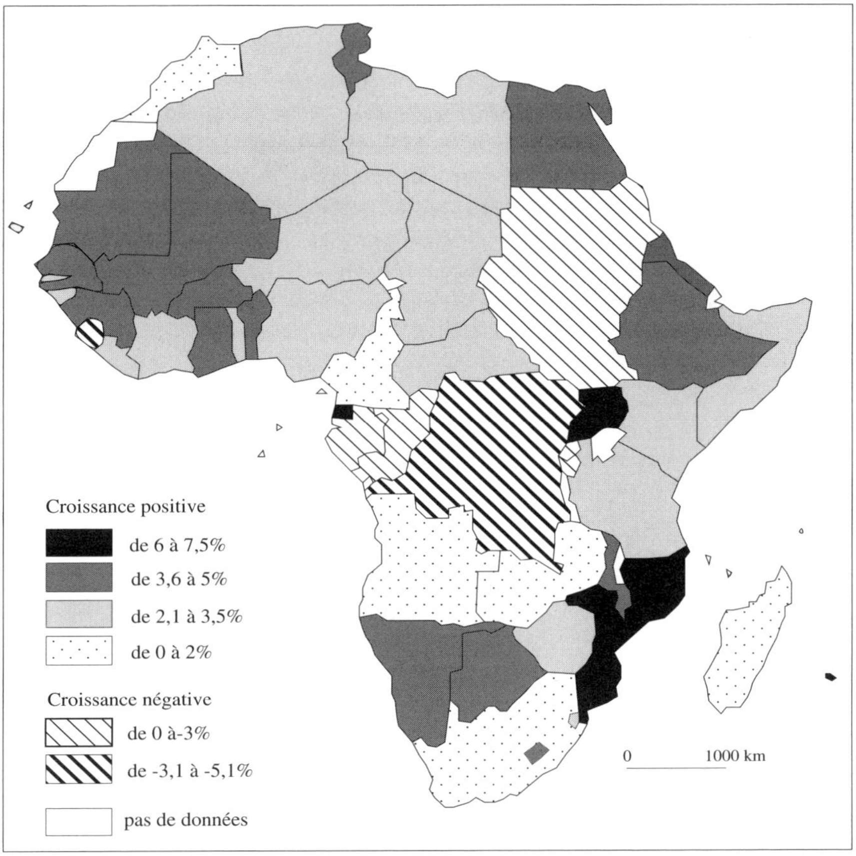

3. Taux moyen de croissance annuel du PIB 1990-2000.

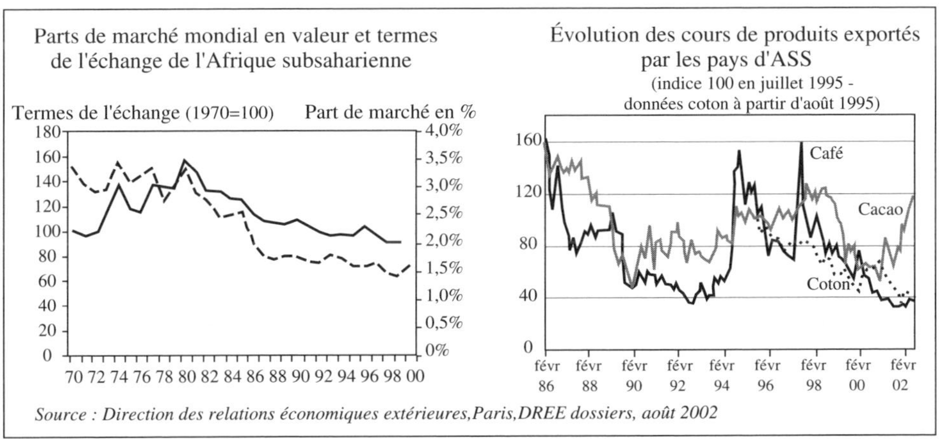

4. Vulnérabilité de l'Afrique subsaharienne
Termes de l'échange (1970-2000) et cours du café, du cacao, du coton (1986-2002).

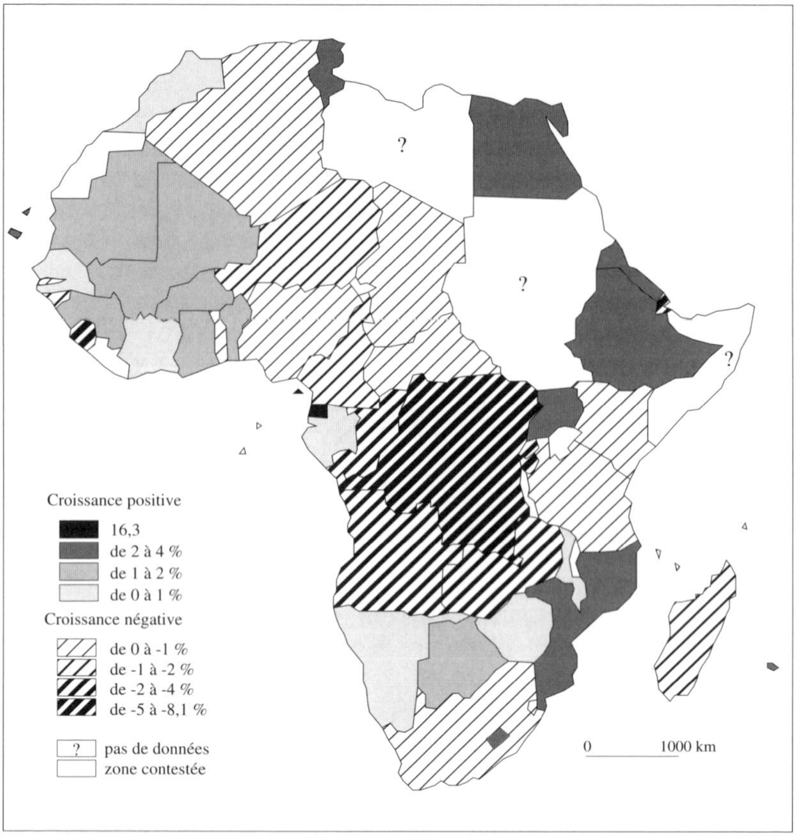

5. Croissance moyenne annuelle du PNB par habitant 1985-1995.

les conditions d'une croissance soutenue dans le cadre d'une ouverture au marché mondial reposant sur les principes d'avantages comparatifs et de libre circulation des facteurs de production.

Deux décennies après le lancement du premier prêt d'ajustement structurel (Sénégal, 1980), où en est-on ? À court terme, les programmes d'ajustement, mis en pratique par des États censés démanteler eux-mêmes leur propre base d'accumulation rentière, ont été laborieusement mis en œuvre et on ne compte plus les manipulations de prêts transformés en nouvelles ressources de rente, l'ajusteur se trouvant ajusté par les pouvoirs en place (Contamin, Fauré, 1990). Des choix relevant du dogme libéral se sont heurtés aux logiques autochtones (les entrepreneurs africains ont peu investi dans les entreprises privatisables) et beaucoup d'États ont fait de la résistance en appliquant très partiellement certaines mesures afin de préserver leur base sociale, même parmi les meilleurs élèves du FMI comme le Ghana. Le cercle vertueux attendu (assainissement-investissement-relance) a souvent fait place à un cercle vicieux (prêts-alourdissement de la dette-réduction des investissements-difficulté à payer le service de la dette-endettement permanent) qui n'a pas enrayé les dysfonc-

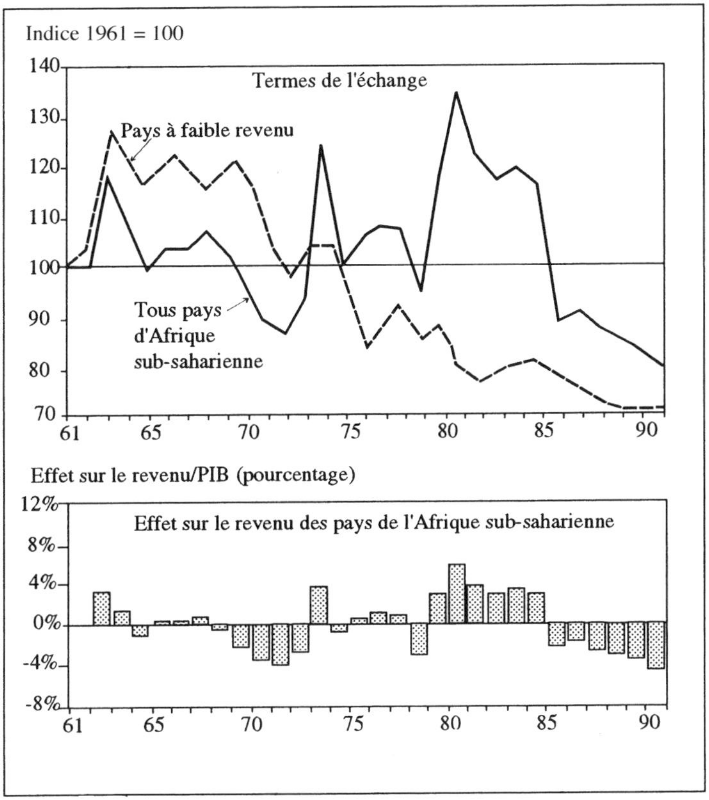

Source : Ph. Hugon, *L'Économie de l'Afrique*, Paris, La Découverte, 2001, p. 45.

6. Effet sur le revenu de l'évolution des termes de l'échange.

tionnements, et il a fallu revoir les conditions financières et prendre tardivement en compte la dimension sociale de l'ajustement et la pluralité des situations.

L'évaluation des effets mesurés et leur compréhension demeurent ainsi très difficiles. Trois éléments majeurs peuvent toutefois être soulignés.

– Selon le FMI et la Banque mondiale, les déficits publics ont été généralement réduits et le service de la dette par rapport aux exportations a été allégé, passant de 19,7 % en 1990 à 14,3 % en 1999 alors que pour l'ensemble des PED ce ratio a été accru (18,7 % à 22,3 %). Mais le montant de la dette extérieure totale (dont le calcul est d'une extrême complexité, les sources étant divergentes) a progressé, d'après la Banque mondiale, de 84 milliards de dollars en 1980 à 192 milliards en 1990 et 216,3 en 1999 malgré les allégements de la dette multilatérale et les annulations « politiques » de certaines dettes bilatérales, et la répartition de l'endettement par pays montre un extrême morcellement du continent (fig. 7 et 9).

– L'Afrique subsaharienne est délaissée par les investissements privés. Le stock d'investissements directs étrangers (IDE) est certes passé de 27 à 116 milliards de dollars de 1980 à 2000, mais la part de l'ASS dans le stock mondial a diminué de 4,4 % à 1,8 % et les flux demeurent très faibles (fig. 8), 1,2 % du total mondial entre 1980

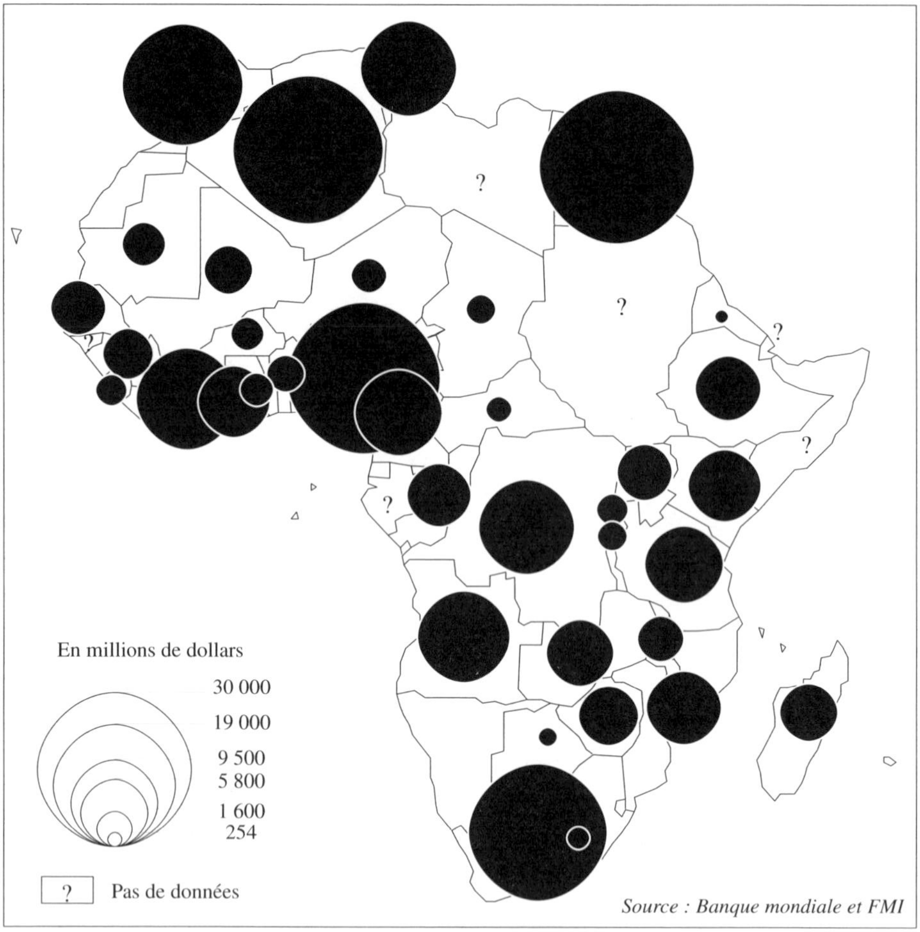

7. Montant total de la dette extérieure en 2000.

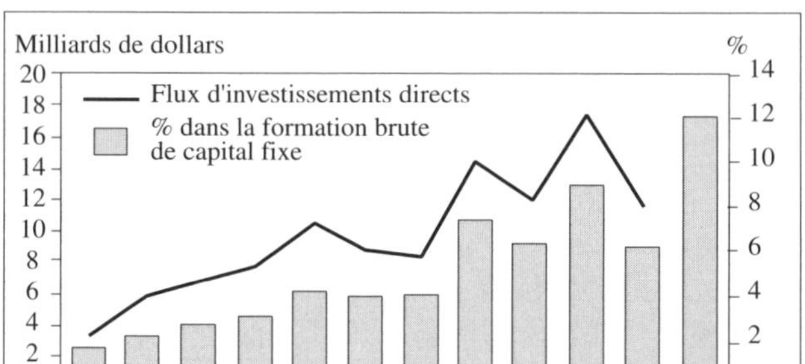

8. Flux d'investissements directs étrangers et pourcentage dans la formation brute de capital fixe

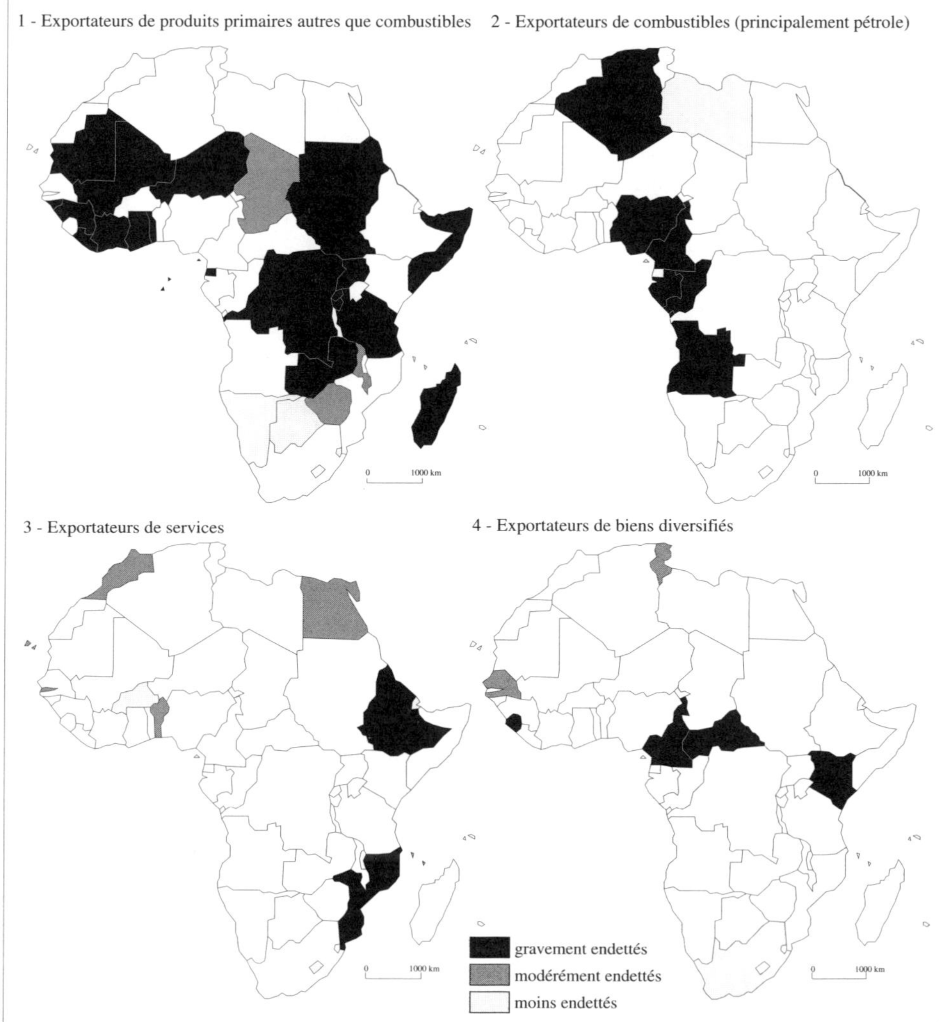

Définitions : Principale catégorie d'exportation : au moins 50% des exportations totales de biens et de services

Exportateurs de biens diversifiés : aucune catégorie ne représente au moins 50% des exportations totales

Degrés d'endettement : gravement endettés | ratio $\frac{\text{dette}}{\text{PNB}} > 80\%$
ratio $\frac{\text{service de la dette}}{\text{exportations}} > 220\%$

: modérément endettés | ratio $\frac{\text{dette}}{\text{PNB}}$ = de 60 à 80%
ratio $\frac{\text{service de la dette}}{\text{exportations}}$ = de 60 à 80%

: moins endettés : ratios < 60%

Source : Banque mondiale.

9. Typologie des États par catégories d'exportation et degrés d'endettement.

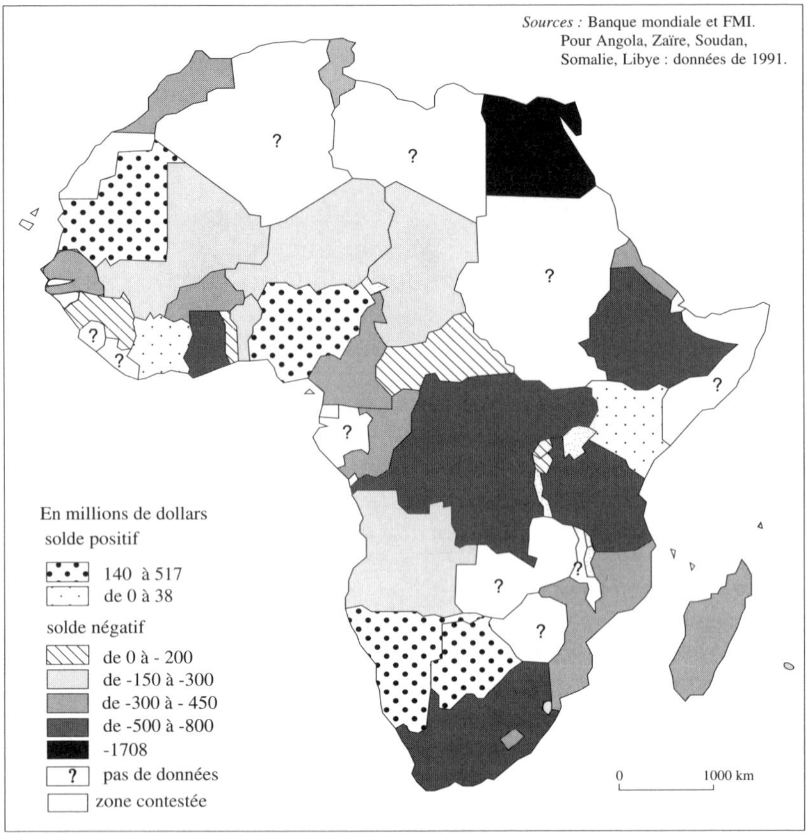

10. *Balance du compte courant en 2000.*

et 1990, 0,9 % entre 1996 et 2000, 1,6 % en 2001 (dont les 3/4 à destination de l'Afrique du Sud et des États pétroliers).

La modestie des flux privés a été en partie compensée par l'aide publique au développement (APD) (fig. 11) qui a plus que doublé de 1981 (6,8 milliards de dollars) à 1994 (16,9 milliards) mais diminue depuis la chute du mur de Berlin (un peu moins de 10 milliards en 2000).

– Depuis 1995, une reprise économique est observée dans plusieurs pays. L'Afrique subsaharienne aurait connu un regain de croissance globale (+ 2,6 % pour la période 1990-2000), mais a été très affectée par la récession mondiale en 2001-2002.

Dans ce contexte, les États de la Zone franc ont plutôt profité de la dévaluation de 50 % du franc CFA, survenue le 11 janvier 1994, et leur PIB a augmenté de + 4,5-5 % l'an de 1995 de à 1999.

Le retour relatif de la croissance apparaît surtout comme le produit d'une conjonction heureuse entre des dévaluations compétitives et une hausse des cours, temporaire, de certaines matières premières. Il reste toutefois inégal (fig. 12), inférieur, aux prévisions (fig. 13) et rien ne permet de penser qu'un cycle long de prix favorables a été amorcé. En février 2002, les cours du coton, du café et du cacao étaient

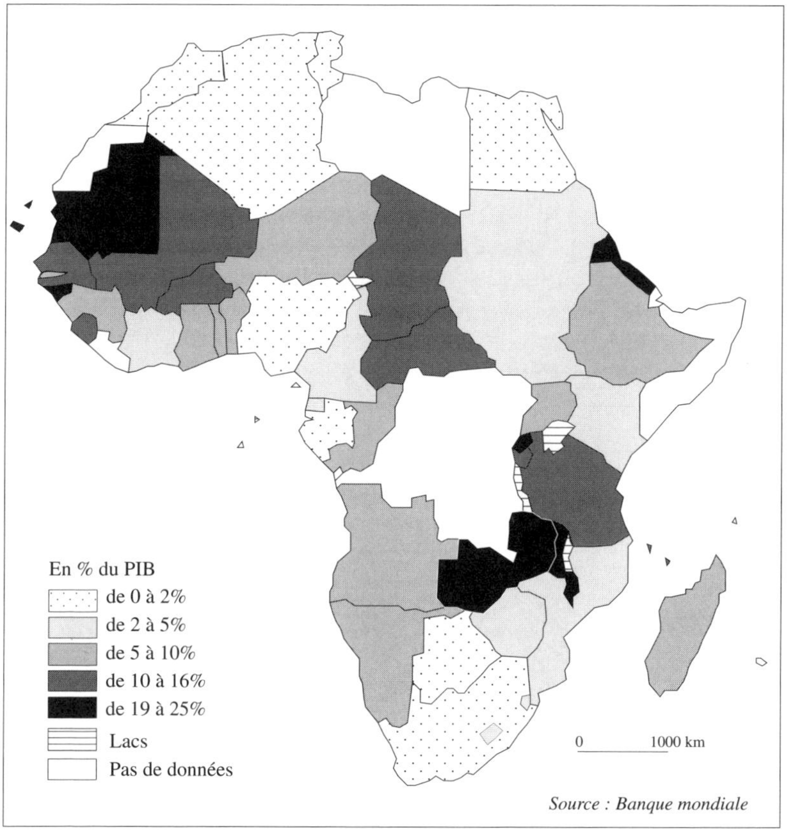

11. L'aide publique au développement en 2000.

inférieurs à ceux de février 1986. Parmi les pays engagés dans les réformes d'ajustement structurel, seul Maurice a atteint les objectifs fixés ; la plupart des autres ont en partie réussi la stabilisation mais sans réelle modification structurelle et l'Éthiopie, la Somalie, la Tanzanie, l'ex-Zaïre n'ont atteint aucun des objectifs initiaux. La véritable question demeure donc celle des capacités internes à surpasser les régimes d'accumulation extensifs.

2.2. Les handicaps internes des régimes d'accumulation extensifs

Toujours peuplé par une majorité de ruraux, le continent noir tire de moins en moins ses richesses de l'agriculture, qui ne fournissait plus que 15 % de son PIB officiel en 2000 contre 28 % aux mines et à l'industrie manufacturière et 57 % aux services. Si l'Afrique ne manque ni de dynamismes paysans ni de capacités d'innovation, elle demeure encore « en réserve » de l'intensification : ainsi que le souligne Couty (1991), l'ère de l'intensif reste à venir. Pour remarquables qu'elles aient été, les adaptations observées lors des années d'ajustement ont, en effet, peu modifié, en

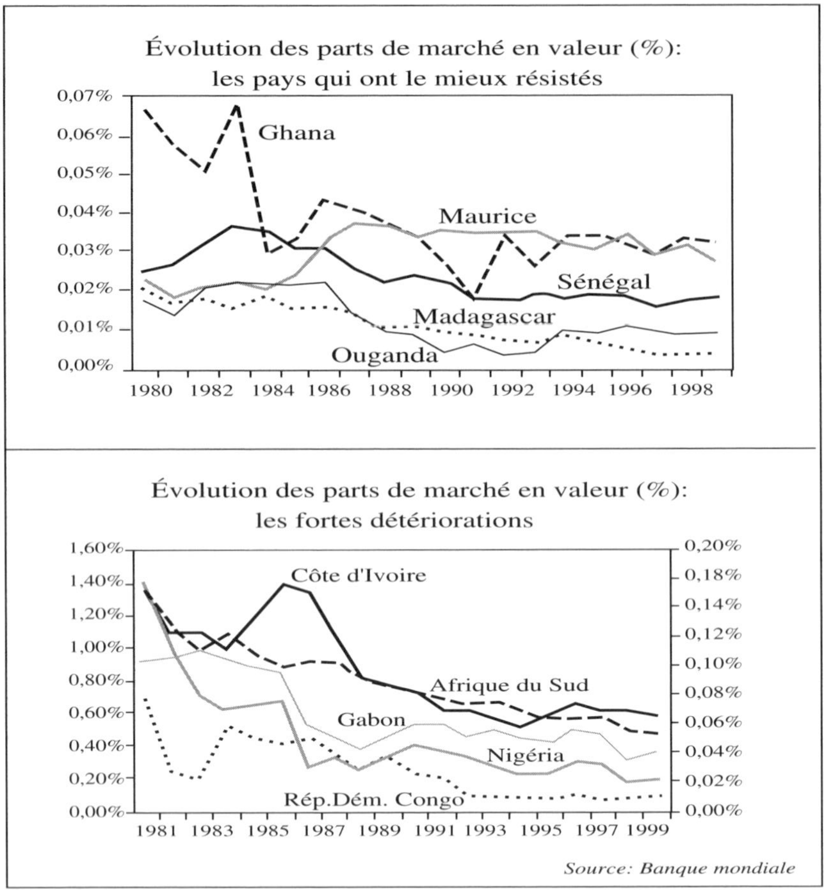

12. Évolution des parts de marché en valeur (%).

apparence, les caractères fondamentaux de l'agriculture. La primauté est toujours donnée, pour garantir la subsistance, à la recherche de la sécurité et à la minimisation du risque par rapport au profit ; la préférence est encore donnée à la rémunération du travail sur la productivité de la terre ainsi qu'aux techniques extensives, plus rémunératrices et qui permettent de conforter l'emprise foncière. Les innovations (changement de pratiques culturales, utilisation de variétés nouvelles, dégagement de surplus vivriers commercialisés vers les marchés urbains) résultent plus d'une modification des systèmes de culture et d'exploitation que d'une intensification des systèmes de production, et les migrations sont toujours utilisées comme moyen de garantie du niveau de subsistance. L'innovation dans et par l'extensification est sans doute rendue moins aisée du fait de la raréfaction d'espaces disponibles, mais des possibilités de reproduction des systèmes extensifs subsistent. On voit poindre toutefois des éléments encourageants : techniques extensives et intensives cohabitent le plus souvent au sein d'une même exploitation, des agriculteurs ont su identifier, dans les paquets technologiques proposés par les développeurs, ce qui répondait à

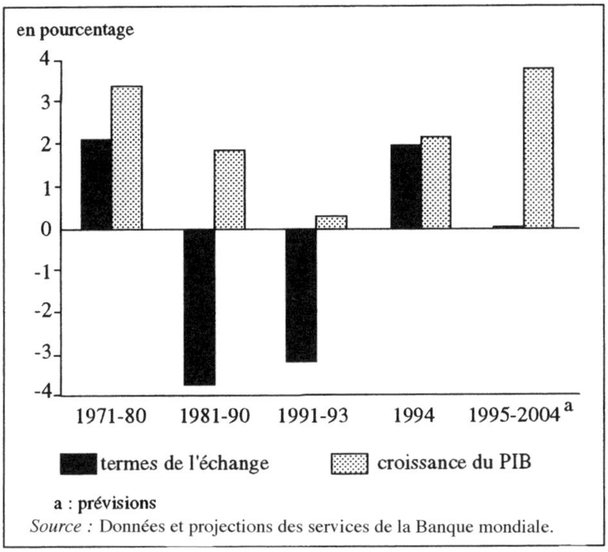

13. Termes de l'échange et croissance du PIB (1971-projections 2004).

leurs besoins et certains systèmes de culture ont eu des effets d'intensification, notamment ceux qui sont fondés sur le coton et que d'aucuns qualifient de « révolution blanche » (Chauveau, 1995). Le lent chemin de l'intensification est déjà emprunté par nombre de paysans et le devenir agricole est sans doute moins sombre que ne le laissent supposer les approches macro-statistiques négligeant l'échelle fine des villages et des terroirs.

Pourvue d'un impressionnant potentiel minier et énergétique, l'Afrique subsaharienne demeure un nain manufacturier : moins de 1 % de la production mondiale, une valeur ajoutée égale à celle de l'Autriche, 3,5 fois moins d'emplois que la seule Corée, des exportations inférieures à celles de la Thaïlande. Aucun NPI n'a émergé sur le continent, les zones franches industrielles, sauf à Maurice, n'ont que de médiocres résultats (Bost, 2000) et l'extraction minière et énergétique n'a eu que peu d'effets industrialisants (Khennas, 1993), Afrique du Sud et Zimbabwe mis à part. Même l'Afrique du Sud, qui fait figure de géant industriel africain (57 % de la valeur ajoutée totale) n'a qu'un rang mondial fort modeste, sa production manufacturière équivalant à celle de la Turquie ou du Danemark.

Amorcée durant la Seconde Guerre mondiale, antérieure à celle-ci dans quelques villes et surtout en Afrique australe, l'accumulation industrielle repose avant tout sur la substitution aux importations et la transformation des matières premières locales, agricoles et parfois minières, pour l'exportation. Ces deux processus, tour à tour dominants dans les années soixante et soixante-dix, mis en œuvre d'abord par, ou avec, des acteurs privés étrangers, puis par des États-entrepreneurs, ont été stimulés par l'adoption de codes d'investissements, véritables protectorats fiscaux à l'échelle des seuls territoires nationaux.

L'intérêt à court terme et les limites de ces deux voies d'industrialisation sont connus. Les marchés, très exigus, sont rapidement saturés et les inductions locales des complexes miniers et agro-industriels sont réduites. La structure productive, dominée par la fonction de consommation finale (agro-industries, textiles) est incomplète, les synergies entre les sphères d'import-substitution et d'exportation, à filières courtes, sont rares, la production de biens d'équipement est inexistante et il n'y a ni innovation ni effets auto-cumulatifs alors que les importations de biens d'équipement contribuent à déséquilibrer la balance des paiements. Au début des années quatre-vingt, aucun pays africain, sauf en partie l'Afrique du Sud dans les conditions très particulières de l'*apartheid*, n'a été en mesure de surpasser ces contraintes structurelles, en « remontant » par exemple les filières et en promouvant la substitution aux exportations comme ont réussi à le faire les NPI asiatiques.

À la fraude et au commerce illégal transfrontalier, qui ont des effets désastreux sur les appareils industriels, s'ajoutent le coût élevé des facteurs de production (énergie, eau, fret, crédit, main-d'œuvre) et le caractère souvent défectueux des services. Un exemple significatif : l'ensemble du continent (pays d'Afrique du Nord inclus) disposait, en 1995, du même nombre de téléphones que la seule ville de Tokyo, regroupant à peine 2 % du parc téléphonique mondial ; sa « télédensité » était la plus basse du globe et il ne représentait que 1,3 % du marché mondial des services téléphoniques. Les réseaux électroniques connectés aux autoroutes de l'information sont rares et la seule place financière d'envergure est celle de Johannesburg, au 17e rang mondial en 2001.

La greffe industrielle suscitée par les volontarismes publics a mal pris du fait de ces handicaps, mais aussi en raison de la nature rentière des États et des rapports de subordination politique entre pouvoirs centraux et investisseurs privés nationaux, entravant l'émergence d'une véritable bourgeoisie d'entrepreneurs industriels. L'Afrique ne manque pourtant ni d'hommes d'affaires très efficaces ni d'un ethos entrepreneurial, mais les logiques à l'œuvre sont fondées sur la reconversion permanente des espèces de capital marchand, social, religieux, politique (Grégoire, Labazée, 1993). Les grands commerçants qui financent la construction de mosquées ou d'églises, renforcent les liens de solidarité religieuse, parfois politique, et ils tirent parti de ce mécénat en accroissant leurs réseaux de redistribution et en diversifiant leur négoce au gré des opportunités. Dans des sociétés où la mobilisation rapide de l'argent (pour les funérailles par exemple) est une nécessité, les entrepreneurs ont peu intérêt à immobiliser leur capital et le commerce offre plus de souplesse que l'activité industrielle : on peut revendre plus aisément un stock de riz qu'une petite usine.

En ce sens, l'outil industriel est rarement privilégié comme moyen de contrôle social. En outre, avec le démantèlement des protectorats fiscaux, le désarmement réglementaire et la privatisation des entreprises publiques, les nouvelles politiques industrielles des années quatre-vingt ont souvent provoqué une désindustrialisation, entraînant une régression spectaculaire de l'emploi salarié. Il faudra donc du temps et des conditions très particulières (réforme de l'État, autonomisation des entrepreneurs locaux, protection des entreprises émergentes, organisation des marchés régionaux) pour passer à une accumulation industrielle intensive et compétitive dans le contexte mondial actuel.

2.3. Le débat sur « l'économie réelle »

Tous les diagnostics formulés par les instances internationales sont fondés sur les statistiques officielles fournies par les comptabilités nationales dont les insuffisances, parfois les errances et les contradictions, ne sont plus à démontrer. Nombre de chercheurs et d'observateurs de terrain, travaillant autrement, à la micro-échelle des ménages et des petites unités de production, contestent non pas l'évolution récessive constatée dans les années quatre-vingt mais l'ampleur affichée. Ils soulignent que les mesures utilisées ne concernent que des activités enregistrées, dites « modernes », alors que les productions vivrières demeurent très mal évaluées, que le poids de l'artisanat et du petit commerce urbains est sous-estimé et que les volumes et les chiffres d'affaires réalisés par les grands réseaux marchands transfrontaliers illégaux (chapitre VI) sont ignorés des statisticiens. À partir d'enquêtes budget-consommation, d'autres approches utilisant des matrices démo-économiques ont permis de reconstituer les productions et les flux d'échange en équilibrant les dépenses et les recettes des ménages et des institutions. Pour l'Afrique de l'Ouest, le PIB « réel » ainsi obtenu surpasserait de 30 à 50 % selon les pays les chiffres retenus par la Banque mondiale (Cour, 1994) ; l'ampleur de la contribution des villes, qui fourniraient 66 % du PIB réel contre 38 % en 1960, a également été soulignée.

Au cœur de cette production trop souvent négligée se trouve le secteur dit « informel », dénomination qui a connu un succès croissant et quasi idéologique avec sa diffusion mondiale par le BIT dans les années soixante-dix. Depuis les travaux de Hart (1973) au Ghana, l'artisanat et le petit commerce, encore appelés secteur « non structuré », « de subsistance » ou « de transition », « économie populaire », voire « spontanée », « petite production marchande », ne sont plus considérés comme marginaux et parasitaires, et des études biographiques fines de petites unités montrent que, loin d'être des résidus anomiques, ces établissements constitutifs du processus d'urbanisation en sont parfois le moteur principal. Avec un recours minimal au capital, souvent issu d'une mobilisation et d'une circulation de l'épargne assurées par des réseaux sociaux à la fois ruraux et urbains, ils produisent et distribuent des biens et des services pour les populations à bas revenus, qui ne peuvent accéder au circuit dit « moderne » tout en fournissant des opportunités de travail aux exclus de tous types du marché officiel de l'emploi. Les comptes de l'économie réelle montrent ainsi que de 1960 à 1990, le tiers de l'accroissement total du PIB ouest africain aurait résulté de l'augmentation des besoins des ménages, l'artisanat et le petit commerce liés au peuplement rapide ayant amplifié les résultats de l'économie enregistrée lors des périodes de haute conjoncture et amorti le choc macro-économique des années quatre-vingt.

Cette mécanique régulatrice a toutefois des limites. Jusqu'au début des années quatre-vingt coexistaient d'une part un « informel artisanal haut de gamme » (confection, réparation, menuiserie, boulangerie, métiers du bâtiment, transports, services financiers) à capital initial relativement élevé, souvent verrouillé par des réseaux familiaux ou lignagers et dont les patrons affectaient le surplus à la multiplication des établissements pour minimiser les risques plutôt qu'à la recherche de gains de productivité, d'autre part un « informel bas de gamme », majoritaire (commerce ambulant, métiers de rue, modestes unités sédentaires), dégageant peu de surplus et assurant une économie de survie. Ce bas de gamme, qui ne s'accroissait pas beaucoup plus vite que la population, jouait alors un rôle de « sas ». Au milieu des années quatre-vingt, la lente évolution du haut de gamme a été freinée par l'effondrement de la demande des citadins salariés et par l'exacerbation de la concurrence alors que le bas de gamme, submergé par l'arrivée massive de jeunes actifs déscolarisés ou non scolarisés et d'expulsés du secteur moderne, est devenu le réceptacle de trajectoires sociales descendantes et ne garantit même plus la survie.

Dans les conditions actuelles, l'artisanat, fut-il de production et de haut de gamme, supporte mal la comparaison avec celui du Maghreb, de l'Asie et de l'Amérique latine. Pourtant, tout en tenant compte du caractère illusoire et mythique des modèles de développement dits alternatifs basés sur les seules micro-entreprises, quelques enseignements peuvent être tirés des années de crise. Les entreprises qui ont le mieux résisté et qui ont même parfois prospéré depuis la mise en œuvre de l'ajustement structurel ne sont ni les plus grandes, ni les plus petites, mais celles qui constituent une catégorie intermédiaire de PMI-PME (Fauré, 1994). Rarement issues de petites unités, surtout liées au transfert d'un capital commercial, créées par des individus ayant acquis une certaine formation, ou les ayant attirés, ces PMI-PME ont une forte capacité d'évolution technique. Les villes recèlent donc un potentiel productif dont l'épanouissement dépend largement de la levée de certaines contraintes (accès à des services sûrs, eau, électricité, téléphone, voirie, système bancaire) liées au fonctionnement des appareils d'État.

3. La greffe et le rhizome : l'État, un acteur disqualifié ?

3.1. La machine gouvernementale : l'État patrimonialisé en question

L'État africain post-colonial a souvent été considéré comme un produit d'importation artificiel, né de la colonisation et manipulé de l'extérieur, déconnecté d'une société dite « civile » à laquelle il serait étranger et qui subirait sa domination au sein d'un cadre territorial aux frontières arbitraires. Cette thèse de l'extranéité d'un État coupé d'une société « civile » violentée, dont la greffe expliquerait finalement l'impuissance économique et les déchirements politiques, est très contestable. Sans nier la réalité du poids des héritages coloniaux et des influences étrangères postérieures aux indépendances, il faut en effet souligner que les sphères du politique, du social, du culturel et de l'économique sont encastrées les unes dans les autres, et que les États africains ne peuvent être réduits à de simples « ballons suspendus en l'air » ainsi que les décrit Hyden, pour lequel l'État et la paysannerie joueraient les rôles respectifs de chasseur et de gibier. L'« État » est en outre une notion générique très ambiguë, qui qualifie d'abord l'appareil central de gouvernement, lui-même composite puisqu'il associe d'une part le cercle restreint et parfois changeant des gouvernants, cœur du pouvoir d'État, d'autre part le dispositif institutionnel et territorial des ministères et de leurs annexes qui permet l'exercice du pouvoir et où les logiques et les choix, techniques en particulier, ne concordent pas toujours avec ceux des dirigeants politiques. L'« État » inclut également une multitude d'organismes dépendant directement ou indirectement du pouvoir central, offices, sociétés d'État, entreprises para-publiques et mixtes. Or, de multiples liens relient cette nébuleuse complexe à la société, laquelle façonne l'État tout autant qu'elle est façonnée par celui-ci. Les chefs d'État, leurs ministres, les directeurs de service et les cadres supérieurs des sociétés publiques ont comme partout ailleurs leurs bases personnelles, mais la « fonction publique » est loin d'être constituée en entité porteuse et garante de la notion d'intérêt général. Au contraire, une véritable osmose fondée sur des rapports lignagers et de clientèle caractérise les relations entre l'appareil d'État et une partie de la société au point qu'on pourrait inverser le discours des tenants de l'extranéité : si le pouvoir central est paralysé, ce n'est pas du fait de son artificialité mais en raison de sa faible institutionnalisation et du maintien de liens étroits qui interdisent à l'administration publique de se constituer en corps autonome de la gangue sociale (Terray, 1987). En outre, les territoires étatiques délimités par les frontières héritées de la colonisation ne sont pas rejetés ; leur unité et leur intégrité sont sans cesse proclamées et revendiquées par tous les acteurs politiques, même quand elles sont devenues des enjeux de guerre civile (Tchad, Ouganda, Soudan, Angola, Mozambique, Liberia). Les découpages territoriaux opérés après la Conférence de Berlin ont été inscrits dans des espaces historiques qui n'ont pas cessé pour autant de fonctionner et qui resurgissent une fois refermé l'épisode colonial, lequel ne fut ni une simple parenthèse, ni un moment de soumission et d'aliénation totales (*apartheid* excepté) et favorisa des recompositions politiques permanentes. C'est donc à la lumière de l'historicité propre de l'État africain (Bayart, 1996) et de la consistance des pouvoirs centraux qu'il faut tenter de comprendre les problèmes actuels.

Aux indépendances, c'est le modèle colonial de l'État, instrument de la domination, que les élites africaines ont investi. Ce modèle n'était pas une copie conforme de l'État de droit démocratique occidental : État autoritaire, fondé sur la contrainte et non sur la légitimité, c'était surtout un appareil administratif attaché au contrôle des populations par le quadrillage du territoire, un État étranger dont la tête était en métropole et qui n'avait pas de compte à rendre aux administrés. Les élites africaines ont investi cette forme singulière et l'ont enracinée dans la société.

Cet enracinement a certes été fondé sur l'africanisation rapide, légale et formelle, de l'administration publique mais aussi sur une appropriation informelle des structures étatiques à chaque échelon, du président au planton et à leur parenté, tous concourant à une privatisation de l'État par la confusion permanente entre domaines public et privé. Monopolisant les ressources financières, l'État est ainsi devenu une machine d'extraction-redistribution au profit des détenteurs de l'autorité et du rhizome que constituent leurs clientèles. L'accumulation privée a été réalisée dans, et par, l'État ainsi patrimonialisé, et les luttes politiques ont été focalisées sur le partage du gâteau national, une « politique du ventre » (Bayart, 1990), expression contemporaine d'une trajectoire africaine du pouvoir inscrite sur la longue durée, depuis le contrôle politique de l'accumulation marchande exercé par les grands empires soudano-sahéliens jusqu'à la régulation de la distribution du revenu et la lubrification sociale par le népotisme et la corruption.

Or, cette régulation, qui fut au demeurant fort diverse selon les pays, est devenue de plus en plus difficile, voire impossible, à assurer. En « panne sèche » d'accumulation, les pouvoirs d'État, qui subissent une désétatisation par le haut (ajustement structurel) et par le bas (la faillite financière freine ou rompt la redistribution) sont violemment ébranlés. En leur sein, les appétits se sont aiguisés et les luttes internes pour le contrôle des ressources anciennes et nouvelles, fournies en particulier par les prêts d'ajustement et l'aide publique au développement, se sont accentuées. La crise du patrimonialisme, terme désignant un système de domination fondé sur l'absence de différentiation entre le public et le privé et fonctionnant sur le mode du patronage et du népotisme, a ouvert, ou accéléré, celle de l'autorité : les partis uniques ou les dictatures militaires, dont les ressorts redistributifs sont cassés, doivent affronter la revendication démocratique issue des oppositions intérieures et de bailleurs de fonds qui lient de plus en plus leur intervention à des conditions particulières d'exercice du pouvoir.

En outre, le nouveau credo du développement privilégie l'échelle et les acteurs locaux. Disqualifié en raison de ses échecs antérieurs et de sa nature, l'État, cantonné dans un rôle de gestionnaire surveillé de l'ajustement, n'est plus le seul partenaire avec lequel sont élaborés les projets et par lequel transitent les financements. Avec l'aval des grands bailleurs de fonds, des ONG et des collectivités locales des pays industrialisés multiplient les relations directes et les collaborations avec des homologues africains sur la base d'une nouvelle doctrine exaltant « le local ». L'échelle locale, qu'il s'agisse du village ou du quartier urbain, est supposée faciliter une meilleure identification des besoins par les populations concernées ; elle est censée offrir de meilleures conditions d'applicabilité des projets, au plus près des destinataires ; elle offrirait enfin un cadre pertinent de participation populaire aux actions de développement, qui doit déboucher à terme sur la diffusion des idéaux démocratiques. Dans ce contexte, où les illusions communautaristes et le néolibéralisme font bon ménage, la question du devenir de l'État est d'autant plus en suspens que ses propres cadres, ou ceux qui aspirent à l'être, ne font guère preuve d'imagination. Les premiers cherchent à en conserver le contrôle, y compris en manipulant les élections au suffrage universel, les seconds s'interrogent surtout sur les moyens efficaces de l'investir. S'il y a une crise du patrimonialisme, celle de la pensée politique n'est pas moins profonde.

L'État affaibli, déconsidéré, voire en cours de décomposition n'a pas pour autant rendu les armes. Ceux qui sont investis du pouvoir formel restent les partenaires des puissances étrangères et des institutions internationales : les gouvernements « subissent » les diktats de celles-ci, mais leur impotence même leur assure une forte capacité de résistance à toute remise en ordre. La crise des administrations fait de maints pays des « terres sans lois », mais celles-ci sont encore appliquées lorsque les puissants y trouvent intérêt et deviennent des « privilèges », comme les immatriculations foncières ; les services, adductions d'eau ou branchements électriques, ne fonctionnent que pour ceux qui ont les moyens, financiers et politiques, de se les approprier ; les armées se transforment en milices privées, au service d'entrepreneurs politiques et de ceux qui, pour le peuple, symbolisent l'État. Il n'est pas d'État plus tyrannique que l'État impotent, et seule peut être plus forte la tyrannie de l'absence d'État, telle que l'ont connue les Ougandais ou les Tchadiens et telle que la vivent encore les Somaliens.

3.2. Quelles mutations aujourd'hui ?

Les situations prévalant en 2002 sont fort variées : d'anciens gouvernants ont survécu à la crise des complexes politico-économiques ou sont revenus au pouvoir après les paroxysmes de crise et, s'ils sont parfois discrédités, leur administration fonctionne tant bien que mal et les encadrements vitaux sont encore assurés ; dans d'autres cas, anciens ou nouveaux gouvernants s'efforcent de maintenir péniblement une gestion publique quotidienne de plus en plus déficiente ; enfin, des États ont implosé, emportés par une crise généralisée que singularisent la violence armée et l'atomisation du pouvoir. Quels enseignements peut-on tirer de cette confusion apparente et qui sont d'autant plus importants pour le devenir des États-nations actuels, dans leurs dimensions politiques et territoriales, que dans le prolongement des pratiques coloniales, une véritable « étatisation » des territoires nationaux (Pourtier, 1983) avait été engagée aux indépendances par l'organisation systématique des cadres spatiaux hérités et la création d'espaces mentaux de référence pour les populations ainsi encadrées ?

Le premier enseignement des années quatre-vingt-dix est l'extrême difficulté à promouvoir la transition démocratique et le passage rapide des régimes de parti unique à des régimes garantissant la libre expression des oppositions et fidèles au verdict des urnes. La libéralisation amorcée à la fin des années quatre-vingt et l'effervescence politique observée de 1989 à 1992 ont abouti à une situation hétérogène, pleine d'incertitudes, qu'on peut analyser en terme de reflux, voire d'avortement, du processus de démocratisation. En Afrique du Sud, à un moindre degré en Namibie, la révolution « négociée » a certes mis fin à l'apartheid et permis à la majorité noire de gouverner après des élections libres, et de réels progrès ont été enregistrés sur le continent (révision des constitutions, multipartisme, vie associative, pluralisme de la presse, tenue d'élections libres). Mais les militaires ont verrouillé le Nigeria, les élections ont parfois été remportées par d'anciens présidents et partis uniques à l'issue de compétitions douteuses et très contestées (en particulier au Cameroun, en Côte-d'Ivoire, au Gabon, au Togo, au Zimbabwe, dans l'ex-Zaïre), certains des nouveaux régimes n'appliquent guère les règles démocratiques (République centrafricaine, Congo, Guinée, Tchad) et les plus ouverts d'entre eux (Mali, Bénin, Niger, Zambie) demeurent fragiles. La violence physique l'emporte le plus souvent sur la négociation entre dirigeants et oppositions et les reconstructions politiques débouchent parfois sur la revanche des vainqueurs électoraux et l'insoumission des perdants comme de ceux qui se sont exclus du jeu (Ouganda, Érythrée, Éthiopie).

Aux formes de restauration autoritaire s'ajoute, deuxième enseignement, le laborieux retour à la paix dans les pays déchirés par des guerres civiles au cours des dix dernières années. Si au Mozambique le cap de la réconciliation nationale semble avoir été franchi, en Angola l'accord sur un gouvernement d'union n'a été réalisé qu'en mars 1997 ; en Sierra Leone et au Liberia, les accords de paix datent à peine de 1996 et les procédures de retour à une vie politique apaisée n'ont pas été appliquées. Plus grave apparaît l'extension de conflits armés qui ne sont plus cantonnés à l'échelle infra-étatique mais dépassent les aires de guerre déjà connues et acquièrent une dimension régionale. S'il n'y a pas de conflit ouvertement déclaré entre des États membres de l'ex OUA devenue Union Africaine le 11 juillet 2000, beaucoup d'entre eux sont de plus en plus impliqués par l'extension rapide des zones de combat. Certaines factions libériennes avaient ainsi des bases arrières dans l'ouest de la Côte-d'Ivoire et les actuels gouvernants tchadiens se sont largement appuyés sur le Soudan occidental avec lequel ils entretiennent des relations privilégiées. En Ouganda, le territoire réel des guérilleros nordistes est étendu à l'ex-Zaïre et au Soudan, alors que ce dernier doit faire face à des insurrections armées contrôlant des territoires transgressant les frontières avec l'Éthiopie et l'Ouganda. Les archétypes du conflit « régional » à enjeux multiples et emboîtés sont évidemment ceux, récents, de l'ex-Zaïre, des Grands Lacs et de la Côte-d'Ivoire. La victoire militaire remportée en octobre 1997 par les milices « Cobras » de Sassou Nguesso, (ancien chef de l'État congolais battu aux élections d'août 1992 qu'il avait lui-même suscitées) sur les troupes du président élu Lissouba est due pour l'essentiel à l'intervention directe de l'armée angolaise dans un conflit ayant offert au gouvernement de Luanda l'opportunité d'attaquer des rebelles utilisant le Congo (après avoir été soutenus par le Zaïre de Mobutu) comme base arrière ; à l'acheminement d'armes *via* des États d'Afrique centrale proches de la France, comme le Gabon ; à la « neutralité » d'Elf-Congo qui contrôle plus de 50 plates-formes *off shore* et les trois quarts de la production pétrolière du pays. Le génocide perpétré au Rwanda en 1994 contre les populations tutsi et des Hutu modérés, la victoire militaire du FPR dont les bases ont longtemps été localisées dans les forêts orientales de l'ex-Zaïre et en Ouganda, l'exode massif de populations tutsi, puis hutu, fuyant les exactions réciproques, en direction de l'ex-Zaïre (où ils ont gagné des espaces peuplés de longue date par des migrants provenant eux aussi des hautes terres orientales), du Burundi, de la Tanzanie et de la Zambie, ont étendu la question rwandaise à l'échelle de l'Afrique centrale et orientale et vivifié les oppositions locales au régime de Kinshasa, encouragées et soutenues par l'Ouganda et le Rwanda. L'épicentre du conflit a été déplacé dans l'ex-Zaïre en 1997 : le régime dictatorial du maréchal Mobutu Sese Seko s'est effondré, a été remplacé par une autre dictature que masque la trompeuse appellation de république « démocratique » du Congo, les problèmes internes rwandais et burundais n'ont pas été réglés et la question fondamentale de la (re) distribution de la population entre des hautes terres surpeuplées et des contrebas encore peu humanisés n'est toujours pas débattue collectivement par les États concernés.

Peut-elle d'ailleurs l'être et qui aurait intérêt à conduire une telle discussion ? Le troisième enseignement, en effet, est que l'effondrement d'États sous leur forme institutionnelle est souvent accompagné du maintien, voire de l'essor, d'activités économiques florissantes en raison de l'implication croissante des opérateurs politiques et économiques dans l'illégal : « l'informalisation » des exportations de bois au Liberia ou de diamant en Sierra Leone, à laquelle participent des acheteurs occidentaux pratiquant parfois le troc, pérennise ainsi les flux antérieurs. Il ne s'agit plus de corruption classique portant sur des exportations frauduleuses et dont certains chefs d'État particulièrement kleptocrates (Bayart, 1995) s'étaient fait une spécialité. Aux trafics déjà connus de diamants, d'or, d'émeraudes, de métaux rares, d'œuvres d'art, par exemple, et qui sont amplifiés par l'absence de contrôle administratif aux frontières, s'ajoute la montée en puissance du blanchiment d'argent sale et de narcotrafics, voire du commerce d'enfants, que facilitent la dérégulation des marchés et la mondialisation des échanges. Cette insertion accrue de l'Afrique et de certains de ses opérateurs dans l'économie mondiale par le biais du commerce illégal fait partie des mutations en cours : l'État zaïrois, discrédité, a implosé, mais les ventes de stocks de métaux non ferreux du Katanga (ex Shaba) en Afrique du Sud ont continué, la province du Kasaï a battu sa propre monnaie gagée sur sa production de diamants, les réseaux des commerçants mandé sont étendus jusqu'à Dubaï et Hong Kong et des courtiers sénégalais facilitent le change monétaire et le trafic d'émeraude entre la Zambie, Johannesburg et l'Afrique de l'Ouest.

Si les mutations en cours ne se réduisent pas à ces formes de criminalisation économique, de redoutables problèmes sont néanmoins posés. Les politiques d'ajustement ont pour maître d'œuvre principal l'État, paradoxalement appelé à supprimer lui-même ses propres assises d'accumulation. Quelle est la pertinence du discours dominant sur la bonne gouvernance et la gestion rigoureuse des finances publiques dès lors que les États, sous leurs apparences institutionnelles, fonctionnent sur d'autres registres ? Quelle est la pertinence de la notion d'État-nation alors que, déjà mises à mal par l'exode des cerveaux, les capacités administratives se délitent, que la souveraineté est bafouée par les trafics illégaux et que la plupart des pouvoirs centraux ne contrôlent qu'une partie de leurs territoires ? On peut toujours penser que le commerce illicite produira finalement des effets de croissance et d'intégration, comme en Colombie, en Thaïlande ou en Chine, mais sauf à livrer le continent aux seuls jeux du marché, l'urgence est bien de construire des États remplissant leur rôle de maîtres des horloges : la redistribution, la conception et la surveillance des mécanismes de péréquation à l'échelle nationale au bénéfice de tous les citoyens sont du ressort d'un État distinguant clairement le domaine public du domaine privé. La construction de cet État, qui relève des responsabilités et des pratiques politiques autochtones, demeure encore une idée neuve en Afrique.

DOCUMENTS

L'économie non enregistrée : l'exemple du Zaïre en 1987

En 1987, le PIB réel du Zaïre se répartissait entre 24 % de valeur ajoutée non monétarisée, 52 % de valeur ajoutée enregistrable (même cette part officielle de l'économie est très mal saisie par les statistiques et la comptabilité nationale) et 24 % de valeur ajoutée non enregistrable. Du fait de l'importance des transferts, l'économie « parallèle » représentait 41 % des dépenses des ménages.

Le « modèle démo-économique » remet fortement en question l'image d'ensemble de l'économie du pays telle qu'elle est reflétée par les données de la comptabilité nationale officielle. Dans le cas du Zaïre, il en ressort un PIB trois fois plus élevé que le PIB officiel, une consommation globale des ménages cinq fois plus élevée et une valeur ajoutée des industries manufacturières multipliée par vingt. Les échanges entre le Zaïre et ses partenaires africains seraient dix fois plus élevés que ne l'indiquent les statistiques officielles. Les activités non enregistrées, dont certaines impliquent des échanges à très grande distance (Arabie Saoudite, Taïwan) sont organisées avec des taux de change parallèles parfaitement définis, des tribunaux informels, des systèmes d'abonnement pour les contrebandiers habitués de certains itinéraires.

Le salaire régulier représente moins du dixième du revenu des fonctionnaires qui passent leur temps à « chercher l'argent ». Les prélèvements opérés par les administrations (par exemple la taxe « c'est mon tour ») sont plusieurs fois supérieurs aux prélèvements enregistrés. Au Zaïre comme dans tous les autres pays où une telle analyse a pu être conduite, les activités directement liées aux besoins locaux et aux marchés intérieurs ont une importance relative beaucoup plus grande qu'on ne le croit habituellement. Alors que dans les comptes officiels, les activités intérieures et les revenus et dépenses qui en découlent ne représentent que 40 % de l'activité totale du pays, leur part réelle est proche de 85 %.

Face aux chocs conjoncturels et aux changements politiques, l'économie réelle du Zaïre a bien peu de chances de se comporter comme le prédisent les modèles macro-économiques classiques. C'est ainsi qu'en 1987 une réduction de moitié de la part des salaires dans les dépenses courantes des administrations n'aurait entraîné qu'une baisse de 4,7 % des revenus par habitant de la catégorie des fonctionnaires tout en suscitant un accroissement de 9,3 % des prélèvements non enregistrés, provoquant une baisse de 2,7 % du PIB réel.

D'après Jean-Marie Cour,
in Villes en développement,
septembre 1991, p. 3.

Dynamisme industriel au sud-est du Nigeria

Du fait des investissements effectués dans les unités de production, comme les usines de pièces détachées basées, pour un bon nombre de produits, sur l'imitation de la technologie du sud-est asiatique, le secteur des affaires n'a pas connu un ralentissement important de ses activités. En effet, la demande de pièces détachées bon marché s'est accrue car le coût des pièces importées est devenu prohibitif en raison de la dévaluation de la naira. De ce fait, la demande en pièces détachées des usines d'Aba-Nweni a énormément augmenté, créant de la sorte une relance de la production et de la distribution. Grâce aux réseaux de distribution nationaux et régionaux déjà en place, la production des usines a été écoulée facilement et les ventes ont profité à la fois aux producteurs et aux revendeurs. Ce phénomène a encouragé la fabrication locale de pièces et en même temps beaucoup de sociétés sont passées de la production de pièces pour véhicules à la production de pièces pour machines industrielles… L'augmentation de la production de pièces détachées locales est peut-être l'élément le plus important de la relance de l'activité industrielle du complexe d'Aba-Nweni, mais il faut également souligner l'émergence de productions textiles ainsi que l'importance grandissante de l'agro-alimentaire et de la production pharmaceutique…

Les experts nigérians associent ce dynamisme à des phénomènes de peuplement. Cet esprit d'entreprise très fort qui a caractérisé les réseaux commerciaux et industriels igbo à l'est du Nigeria n'est pas sans lien avec les défis qui se posent aux populations de cette région en raison d'une pression démographique importante dans un contexte de saturation foncière…

Les organisations des Igbo et des Ibibio prélèvent une partie des salaires de ceux qui sont en ville afin de financer le développement de projets communautaires dans leurs villages d'origine… Il semblerait qu'un réseau d'entraide ait contribué à l'expansion de la population du sud-est capable d'amasser des richesses à l'étranger qui, sur la base des expériences passées, ont pu être collectées pour la mise en place d'industries de pièces détachées intensives en capital.

D'après A. O. Olukoshi et B. Ahonsi,
« Population Dynamics in Eastern Nigeria
and their Socio-Economic and Political Consequences »,
document de travail de l'étude
« Perspectives à long terme en Afrique de l'Ouest »,
*in Pour préparer l'avenir de l'Afrique de l'Ouest:
une vision à l'horizon 2020*,
OCDE, BAD, CILSS, Paris, décembre 1994, p. 53.

CHAPITRE II

LES POPULATIONS : RÉPARTITION ET DYNAMIQUES DÉMOGRAPHIQUES

Répartition et dynamiques du peuplement en Afrique au sud du Sahara ont été, bien avant l'époque coloniale, au centre des questions qu'on se posait sur ce continent mystérieux, dont seules les marges étaient connues. Au temps de la traite des esclaves, se soucier du peuplement, c'était, hélas s'interroger sur la marchandise majeure de l'Afrique ; plus tard, au temps des colonies, faute d'investissements, toute activité supposait le recours au travail humain. Ressource rare, d'autant plus rare que la traite l'avait réduite, et ressource mal répartie. Or aujourd'hui, en une sorte de revanche de la vie, c'est l'ampleur de la croissance démographique qui a retenu l'attention : au dernier rang des continents pour tous les indices classiques de développement économique et d'équipement, l'Afrique au sud du Sahara s'est située par contre à la première place mondiale pour l'ampleur et la continuité de l'augmentation de sa population. Jusqu'au SIDA…

1. Un continent peu peuplé, en croissance démographique rapide

Le contraste vigoureux entre ces temps de l'histoire rend compte, au moins pour une part, des caractères majeurs de la démographie africaine. Le continent reste peu peuplé : sa densité moyenne, 27 au km² en 2000, est à peine supérieure à celle de l'Amérique latine (25), très inférieure à celle de l'Amérique centrale (54) et, évidemment, fort éloignée de celle de l'Asie (116). Mais ce niveau de densités médiocre se combine pourtant avec une croissance très forte dans le dernier demi-siècle : la densité moyenne de l'Afrique tropicale en 1950 était dérisoire (7 au km²) ; en cinquante ans, sa population a été multipliée par 3,7 et, en quinze ans, de 1985 à 2000, elle a été multipliée par 1,5, ce qui témoigne d'une nouvelle accélération d'un dynamisme déjà pourtant considérable.

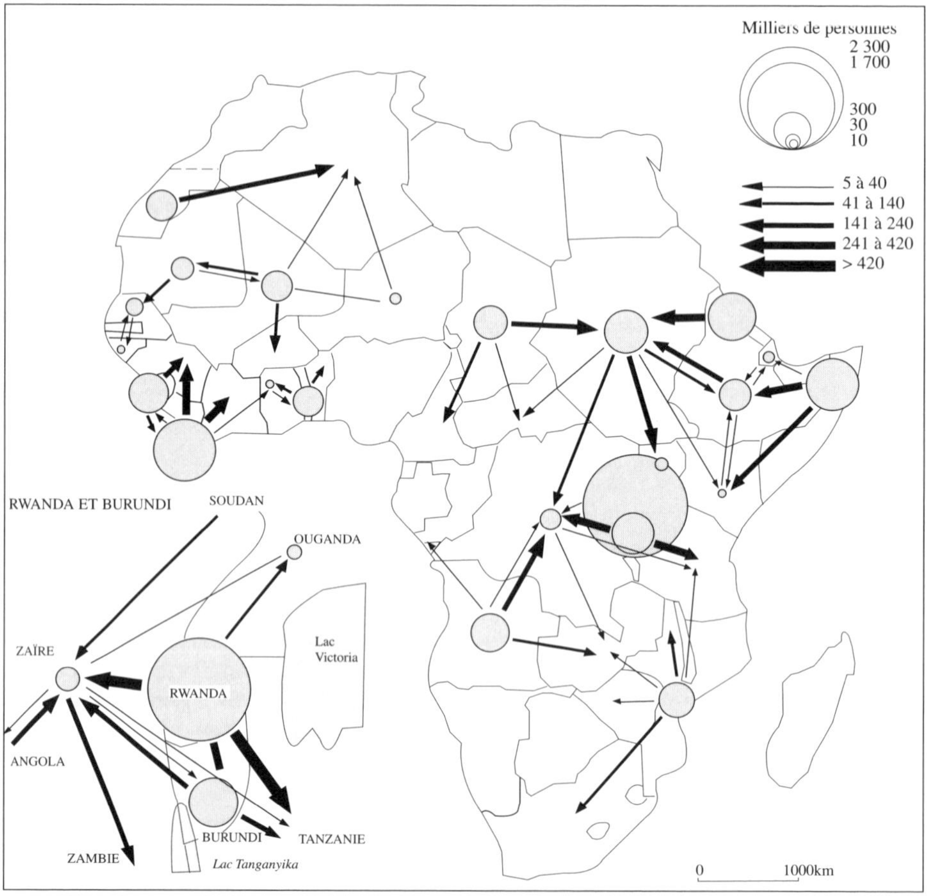

Source : A. Laclau, V. Lassailly-Jacob, « Où vont les réfugiés africains ? », *Politique Africaine.*

14. Les réfugiés. Pays d'origine et destination.

De telles moyennes n'ont toutefois guère de sens, tant les contrastes de répartition sont affirmés et jouent un rôle fondamental. Certes, les populations africaines font preuve d'une grande mobilité, volontaire (dans le cas des migrations de travail, de l'exode rural et des mouvements pionniers) ou involontaire, s'agissant des déplacements massifs de réfugiés, plus nombreux sur le continent que partout ailleurs dans le monde, mais le dynamisme démographique d'ensemble reste tel que les contrastes majeurs du peuplement, qui relèvent du temps long, sont seulement nuancés par les mobilités actuelles.

1.1. Une répartition très inégale

La carte de répartition de la population en Afrique au début des années quatre-vingt exprime parfaitement ces contrastes, à petite comme à grande échelle. À considérer d'abord les grands ensembles, on note une vigoureuse opposition entre deux unités relativement bien peuplées, sur les façades occidentale et orientale du continent et une vaste bande de sous-peuplement, qui court du Soudan à la Namibie, *via* l'ex-Zaïre et la Zambie, englobant Tchad, République centrafricaine, Congo, Gabon, Angola et l'essentiel du Cameroun : au début des années quatre-vingt, les densités n'y excédaient 5 habitants au km^2 qu'en quelques secteurs d'étendue médiocre, les plus importants étant une bande zonale de densités moyennes des bouches du Congo au Kasaï et les Hautes Terres du centre de l'Angola (pays ovimbundu), auxquels s'ajoutaient les rives du Nil dans le Soudan central, le Nord-Ouest de l'ancien Zaïre (province d'Équateur) et le Kivu, qui, par ses populations « autochtones » comme par ses immigrés, surtout rwandais, s'apparente à l'Afrique orientale. Cette « diagonale du vide », qui ne rassemble que 15 % de la population de l'Afrique tropicale joue pourtant sur le continent un rôle aussi essentiel que négatif : sous-peuplement, sous-administration, isolement, insécurité la caractérisent ; elle constitue un écran entre deux blocs très sensiblement mieux peuplés, l'Afrique de l'Ouest avec 40 % de la population totale et l'Afrique de l'Est (37 %) à laquelle on peut ajouter l'Afrique australe (8 %). Ces deux grands ensembles, dont l'histoire ancienne fut, à maints égards, orientée dans des directions différentes, ont paru se tourner le dos et aujourd'hui semblent s'affronter : ne voit-on pas dans l'histoire présente de l'ex-Zaïre, dans la chute de Mobutu et dans la marche de Kabila de Goma à Kinshasa la revanche de l'Est sur l'Ouest, du swahili, langue née sur les rives de l'océan Indien, sur le lingala, parler véhiculaire des riverains du Congo, une progression de l'influence arabe, voire asiatique ?

1.2. L'opposition Est-Ouest

De population sensiblement égale, les deux fractions honorablement peuplées de l'Afrique subsaharienne offrent des styles de répartition du peuplement fort différents. À l'ouest, domine une disposition zonale : deux bandes majeures, mais discontinues, de peuplement se distinguent, l'une, au nord, correspondant aux zones sahéliennes et soudano-sahéliennes, l'autre, au sud, bordant le golfe de Guinée. La répartition du peuplement en deux pôles, septentrional et méridional, séparés par des zones centrales presque vides, caractérise nombre d'États, disposés en bandes perpendiculaires à la côte – Côte-d'Ivoire, Ghana, Togo, Bénin, Nigeria, Cameroun – et elle influe fortement sur leur économie et leur géopolitique. Certes, à plus grande échelle, il convient de nuancer davantage : de fortes densités existent sur les rives orientales du golfe de

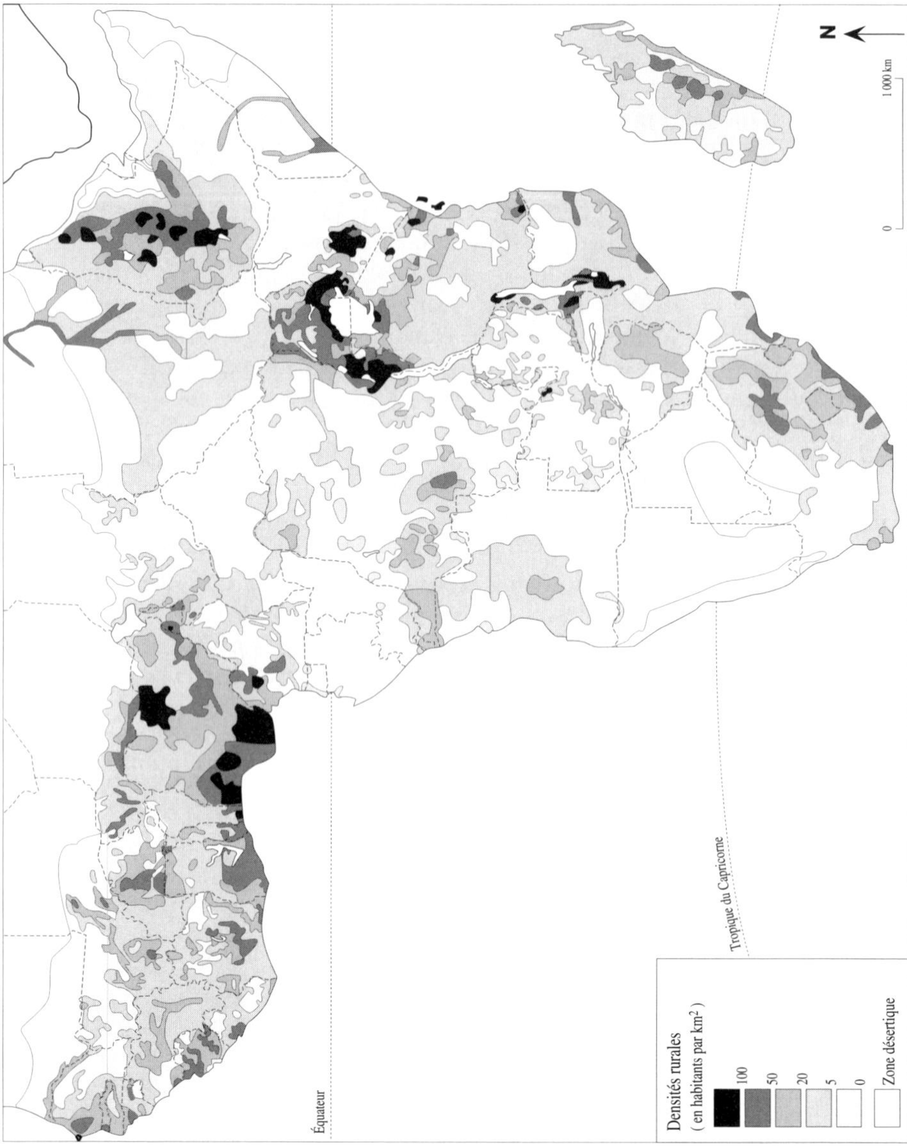

Source : A. Dubresson, J.-Y. Marchal et J.-P. Raison (dir.), *Les Afriques au sud du Sahara*, Paris, Belin-Reclus, *Géographie Universelle*, tome VI, 1994.

15. Les densités de population rurale en Afrique.

Guinée, jusqu'au Ghana inclus, tandis que le sud de la Côte-d'Ivoire, malgré une forte immigration depuis l'indépendance, reste sensiblement en retrait ; au Sahel, les densités élevées constituent des noyaux (pays serer, rives du Sénégal et du Niger, pays mossi et haoussa), séparés par des aires de densités médiocres.

À l'est, la répartition de la population ne manifeste aucun type de corrélation avec la latitude. Pourtant, deux ensembles peuvent être distingués, dont la limite passe sensiblement au nord de la Tanzanie. Dans la partie septentrionale s'affirment des oppositions très vigoureuses entre vastes plages de peuplement infime et secteurs de peuplement très dense, comme il en existe peu en Afrique occidentale. Certains de ceux-ci sont de vastes dimensions, comme les Hautes Terres éthiopiennes et les rives septentrionales et orientales du lac Victoria, d'autres au contraire sont d'étendue restreinte, comme les massifs du Kenya oriental et du nord-est de la Tanzanie, ou encore le Rwanda et le Burundi. Plus au sud, le peuplement s'étale davantage, avec des densités rurales comprises entre 5 et 20, et quelques plages de plus forte population, relativement étendues (rives du lac Malawi, Rand sud-africain, voire façade côtière). En Afrique australe, cette façade orientale honorablement peuplée s'oppose à la façade occidentale, presque vide : une opposition est-ouest que l'on retrouve à Madagascar où, comme en Afrique du Sud, les habitants se concentrent sur la côte orientale et sur une partie des Hautes Terres centrales.

Une carte un peu plus ancienne, comme celle qu'élabora Pierre Gourou pour son ouvrage sur *L'Afrique* à la fin des années soixante (Gourou, 1970), donne une image comparable : seul le niveau des densités a notablement varié. Les différences (d'ailleurs difficilement décelables puisque la carte la plus récente ne concerne que les populations rurales et que les seuils choisis sont différents) ne portent que sur quelques régions et sont l'effet de circonstances particulières : accentuation du peuplement dans le centre et le sud-ouest de la Côte-d'Ivoire, liée à l'extension des caféières et des cacaoyères, concentration de population au Kasaï, suite au retour des Luba qui avaient émigré au Shaba ; en Tanzanie, le peuplement semble plus étalé, résultat de la politique de villagisation des années soixante-dix et de la progression de fronts pionniers céréaliers.

À plus grande échelle, on peut déceler, au moins jusqu'à une date récente, d'autres vigoureux contrastes de densité : au niveau de la petite région comme de l'unité d'habitat s'opposent brousses ou forêts périphériques et espaces humanisés à des degrés divers. Rien d'ailleurs en cela de bien original : la Gaule abondait de même en zones tampons entre tribus, dont il reste aujourd'hui plus d'une trace sous forme de forêts domaniales, et les périphéries de nos terroirs ont souvent conservé ou récupéré leur auréole périphérique de boisements ou de landes. C'est à plus petite échelle, au niveau des régions et surtout des grands ensembles que la répartition des populations africaines demande le plus de finesse d'analyse.

2. Milieu, espace et société dans la répartition du peuplement

Les tentatives simplistes de justification des densités par des contraintes physiques ont fait long feu. La répartition des hommes paraît, *a priori*, remarquablement mal corrélée au climat, voire à la végétation. Pourquoi tant d'hommes au Sahel, dans des concentrations qui sont fort anciennes ? Pourquoi, en Tanzanie centrale, est-ce la partie la plus aride qui compte le plus d'habitants, cependant que sur l'essentiel des plateaux s'étend une forêt claire quasi vide ? L'aridité aurait-elle moins rebuté les hommes que l'humidité ? On a voulu y voir une conséquence du caractère malsain de la forêt sempervirente : c'est oublier que, dans plus d'une région, la forêt équatoriale a disparu sous l'action de défricheurs nombreux. Le pays igbo, au sud-est du Nigeria, a des concentrations de plus de 300 personnes au km^2, sous un climat qui diffère somme toute peu de celui de la cuvette congolaise, quasi vide… À chaque exemple, on peut opposer un contre-exemple, tout aussi frappant.

2.1. Quelques illusions de l'explication historique

Faut-il alors, rejetant tout déterminisme physique, chercher des explications dans l'histoire du continent ? C'est courir le risque d'utiliser une « boîte noire » d'autant plus commode que les faits historiques régionaux et locaux nous sont souvent fort mal connus, faute d'archives et par insuffisance des traditions orales, qui ignorent assurément les évaluations chiffrées. Il paraîtrait raisonnable de penser que les régions les moins peuplées le sont en raison d'une occupation tardive : dans un « ancien régime démographique » marqué par l'extrême faiblesse des taux de croissance et l'importance de la mortalité de conjoncture, le fort peuplement semble lié à une longue occupation, à l'existence de structures sociales et politiques qui garantissent sécurité et stabilité. Ce serait le cas des Hautes Terres abyssines, riches de trois mille ans d'histoire. On justifierait par contre le très faible peuplement du centre du continent par le caractère relativement tardif, et peut-être lent, des migrations bantoues (2 500 ans environ), leur tendance à contourner ces régions forestières pour progresser plus à l'est, par les fossés des Grands Lacs. Gilles Sautter a ainsi mis en lumière, pour le Congo et le Gabon, la multitude de migrations qui, venues des franges septentrionales de la forêt, semblent rapidement s'y dissoudre (Sautter, 1966). De même, l'occupation encore limitée de l'Afrique australe serait une conséquence d'une arrivée tardive (au début de notre ère) dans ce « finistère » de la grande vague bantoue, déjà fort atténuée, alors qu'à l'inverse les densités plus fortes de l'Afrique occidentale seraient en rapport avec leur fonction de creuset des civilisations noires.

Ce type d'explication est d'autant plus facile qu'il repose sur des conjectures pour le moins hasardeuses et des classifications ethniques dont la base, linguistique, est l'objet de maintes polémiques. Vue de plus près, l'image se brouille : le berceau présumé des Bantou, la moyenne Bénoué, aux confins du Cameroun et du Nigeria, ne brille pas par des densités remarquables ; à l'inverse, des régions tardivement occupées par les Bantou, comme le pays kikuyu, au Kenya, sont lourdement chargées d'hommes.

2.2. Les effets de la traite des esclaves

Les arguments historiques sont-ils plus solides pour des périodes plus récentes ? Pierre Gourou, notamment, a souligné les effets considérables de la traite des esclaves et des troubles politiques, militaires et sanitaires qui marquèrent la veille de l'époque coloniale. Le vide humain de la zone médiane de l'Afrique de l'Ouest, Cameroun inclus, serait une conséquence de la traite : prises entre les empires esclavagistes du Nord sahélien et les foyers côtiers de la traite atlantique, les populations de ces régions auraient été décimées. Il en aurait été de même au sud du Soudan et en République centrafricaine. Auraient mieux résisté les groupes réfugiés dans les massifs montagneux (« falaise » dogon de Bandiagara et Hombori au Mali, monts du Mandara au nord du Cameroun, monts Ingessana au Soudan, pays ovimbundu en Angola), où leur nombre et les difficultés du relief auraient constitué des défenses efficaces. On a avancé le même argument pour justifier le fort peuplement de l'Imerina, à Madagascar, considéré comme irrationnel au regard des faibles potentialités de cette région fraîche et dépourvue d'arbres. Les concentrations seraient particulièrement fortes quand, comme en Abyssinie, au Rwanda ou au Burundi, l'efficacité de l'encadrement politique s'est combinée aux conditions topographiques de refuge.

Ces hypothèses sont aujourd'hui discutées pour des motifs inégalement fondés. Certains tendent à minimiser les effets de la traite esclavagiste. Le bilan chiffré de la traite n'est certes guère mis en cause : 11 millions d'Africains auraient traversé l'Atlantique entre le XVe siècle et la fin du XIXe ; du VIIIe au XIXe siècle inclus, 7,4 millions auraient été exportés vers la Méditerranée et le monde arabe et 1,4 million seraient morts dans la traversée du Sahara ; par l'océan Indien seraient parties 5 millions de personnes, dont un tiers au XIXe siècle. Ce seul siècle aurait, au total connu 6,2 millions de départs, le maximum d'activité de la traite se situant entre 1740 et 1830. Mais, pour certains auteurs, la croissance démographique était telle, grâce à des techniques agricoles performantes, que cette ponction aurait été supportable (Coquery-Vidrovitch, 1985 ; Kjekshus, 1977).

Cette opinion paraît injustifiée : si l'on admet que l'Afrique de l'Ouest comptait 28 millions d'habitants en 1850, elle aurait subi un prélèvement annuel de l'ordre de 2 à 3 % de sa population, soit bien plus que toute croissance démographique plausible. De surcroît, il convient de prendre en compte deux faits complémentaires : d'abord le caractère sélectif de la traite, car les proies les plus recherchées étaient les jeunes, les personnes les plus vigoureuses, voire les plus capables et les plus dynamiques ; d'autre part, les expéditions de traite provoquaient la destruction des récoltes et des habitats, favorisaient famines et épidémies, ruinaient les systèmes politiques et sociaux, entraînant les peuples victimes dans une spirale d'anéantissement, qui a été bien décrite notamment pour les plateaux centraux de l'Adamaoua, au Cameroun (Hurault, 1969-70).

Il est vrai que les effets de la traite se lisent logiquement surtout dans les régions le plus tard ou le plus longtemps frappées, comme les confins de l'ex-Zaïre, du Soudan et de la République centrafricaine, encore saignés à blanc jusqu'au début du XXe siècle. De même, au sud de l'équateur, la prolongation de la traite atlantique pendant une grande partie du XIXe siècle a contribué à vider l'intérieur sans provoquer de concentrations côtières. Par contre, lorsque les interventions européennes ont arrêté ou limité le commerce transcontinental des esclaves, la traite intérieure a conduit à des accumulations de population au profit des sociétés les plus vigoureuses et les mieux organisées. Dans le golfe de Guinée, en raison du blocus réalisé par la flotte britannique à partir de 1815, à l'exportation d'esclaves s'est substituée leur utilisation dans les régions côtières, notamment pour la production d'huile de palme destinée au « commerce moral », expliquant les fortes densités précoces au sud du Bénin, en pays yoruba et igbo (Nigeria), alors que sociétés lignagères et faible peuplement caractérisaient encore le littoral ivoirien ; à un moindre degré un processus identique s'est esquissé sur la côte swahili du Kenya et de Tanzanie. Au Malawi, l'établissement précoce de stations missionnaires pour parer aux ravages de la traite contribue à expliquer un peuplement dense qui contraste avec la très faible occupation des pays voisins.

2.3. Encadrements et densités

Jusqu'à quel point, toutefois, les encadrements politiques sont-ils à l'origine des fortes densités ? Beaucoup d'entre eux les doivent à la prédation aux dépens des voisins : c'est le cas des empires mossi, du Dahomey, de l'Imerina, voire du Buganda ou de l'Abyssinie. Nombre d'autres, et notamment les empires des savanes de l'ancien Zaïre, s'accommodaient de densités fort médiocres. Sans même qu'intervînt le désir de se procurer des esclaves, les guerres entre États ont eu bien souvent des conséquences catastrophiques. Le cas le plus spectaculaire est celui des campagnes conduites par les Zoulou entre 1818 et 1828, qui ont vidé de leur population une bonne part de l'intérieur de l'Afrique du Sud, en provoquant la migration (le *Mfecane*) de groupes de guerriers nguni jusqu'en Tanzanie, en accroissant l'insécurité autant qu'elle contribuait à la constitution de solides entités politiques et en ouvrant la place au Grand *Trek* des Boers à travers le Veld.

Des structures étatiques ont-elles permis de résister aux attaques des traitants ? Pierre Gourou l'a pensé pour le Rwanda et le Burundi, où se seraient conjugués facteurs écologiques (l'altitude permettant l'élevage bovin) et facteurs politiques : des monarchies assuraient, selon lui, la cohésion sociale et la cohabitation entre Tutsi et Hutu par le jeu notamment des prêts de bétail (*ubuhake*) (Gourou, 1953). En fait, les fortes densités sont sans doute bien antérieures à l'unification par les royaumes tutsi et la venue du bétail en altitude serait un phénomène tardif, de la fin du XIXe siècle. Le plus grand nombre de pôles de forte densité résultant d'une croissance démographique locale coïncide avec la présence de sociétés sans État, repliées sur leurs terroirs, et bénéficiant tout au plus, comme les Serer du Sénégal, de la protection de groupes de guerriers avec lesquels elles avaient conclu alliance (Pélissier, 1966 et *in* Étienne et Gourou, 1985).

S'agit-il pour autant de populations réfugiées, pour qui montagnes et parfois marais, constituaient des protections décisives ? L'argumentaire n'est pas probant. On ne peut nier que certains massifs aient constitué des obstacles aux expéditions de razzia, mais le relief n'était qu'un élément de protection et la forte densité comptait au moins autant, que justifiait souvent la qualité de l'écologie. Nombre de prétendus réfugiés (les Mafa des monts du Mandara par exemple) sont établis de très longue date dans leurs massifs. Il convient en effet de juger les potentialités selon les normes des sociétés qui les mettent en valeur. Pour une agriculture manuelle en zone soudano-sahélienne, les massifs étaient de bons terroirs (Boutrais, 1973) : une pluviométrie légèrement supérieure à la moyenne, et surtout plus sûre, des sols rajeunis où la proximité de la roche-mère assurait la fourniture d'éléments fertilisants. La blocaille, qu'il fallait séparer du sol en constituant des terrasses, n'était pas plus obstacle dans le Mandara que sur les versants des Cévennes avant la révolution industrielle. À l'inverse, des zones mal peuplées ou dépeuplées à l'aube de la colonisation se révèlent, à l'analyse, fragiles selon plusieurs critères : les savanes périforestières entre forêt et zone soudanienne ont certes subi les effets de la traite mais leurs populations devaient aussi lutter contre une écologie particulièrement favorable au paludisme et à la maladie du sommeil et contre une prolifération des grandes graminées qui rendait l'agriculture très ardue. En définitive, il apparaît que les inégalités anciennes de densité résultaient d'une combinaison complexe de facteurs où l'écologie jouait probablement, dans les conditions techniques de l'époque, au moins un aussi grand rôle que l'organisation politique et sociale, et que celle-ci ne doit pas être considérée selon des normes européennes : les royaumes aux plus belles apparences étaient souvent les plus destructeurs, éventuellement même de leurs sujets, et les organisations d'apparence anarchique pouvaient faire preuve d'une plus grande efficacité dans la défense de leurs membres.

2.4. Les temps noirs de la conquête coloniale

L'inégale capacité de résistance des sociétés africaines aux crises et aux calamités s'est nettement manifestée au cours des sombres années qui précédèrent et préparèrent l'irruption des Européens dans l'intérieur du continent. Les deux dernières décennies du XIXe siècle furent en effet des temps particulièrement difficiles. Les conflits internes et les premières manifestations de la pénétration étrangère ont alors favorisé la multiplication des famines et des épidémies, frappant les hommes ou leurs ressources : on songe en premier lieu à la grande épidémie de peste bovine qui traversa tout le continent du nord au sud et d'est en ouest entre1885 et1896, provoquant l'effondrement de maintes sociétés rurales et notamment de groupes d'éleveurs comme les Maasai du Kenya et de Tanzanie, bouleversant, notamment en Afrique orientale, l'équilibre entre ethnies et la répartition de la population. Dans les espaces abandonnés, retournant à la broussaille ou à la forêt claire, on vit au tournant du XXe siècle s'étendre non seulement la faune sauvage, mais les glossines, vecteurs de la trypanosomiase, qui interdirent l'élevage des bovins (Ford, 1971). Quoique les pertes aient été sensiblement aussi importantes en Afrique de l'Ouest, les effets à long terme semblent avoir été moindres : c'est que l'élevage ne s'y pratique pas dans les mêmes conditions écologiques ; les steppes sahéliennes ne conviennent pas aux glossines et les déprises pastorales n'ont été que temporaires.

Mais globalement c'est une Afrique malade qui reçut et subit sans grande résistance le choc d'une colonisation qui venait à son heure : la contre-épreuve nous en est apportée par l'histoire de l'Afrique du Sud. Dans l'est de la colonie du Cap comme au Natal, la progression britannique entamée à partir de 1820 fut lente, coupée de multiples guerres aux résultats incertains : elle résulta sans doute plus de l'action des missionnaires et des commerçants que d'épisodes guerriers décisifs. C'est seulement dans les dernières décennies du siècle que les effets conjugués du progrès technique en Europe et des calamités qui frappaient l'Afrique permirent une conquête rapide. Celle-ci devait marquer non un changement dans la situation démographique, mais un maintien, voire une aggravation différentielle de celle-ci.

Non certes que les Africains aient connu un sort comparable à celui des Amérindiens : pas de choc microbien ravageur (la familiarité était longue...), ni chez les conquérants de volonté délibérée de détruire les premiers occupants. Mais, faute d'investissements, voire de techniques adaptées, la mise en valeur coloniale, la mise en place d'un appareil administratif de type européen sur un continent qui n'en possédait pas les moyens matériels mais devait en supporter les coûts, reposa longtemps, pour l'essentiel, sur la mobilisation du travail humain, facteur pourtant bien rare, on l'a vu. Portage, construction de pistes et de bâtiments, cueillette du caoutchouc, extraction artisanale de l'or ne pouvaient être fondés que sur la corvée, effectuée au détriment des activités de subsistance, fragilisant les économies agricoles. Les grands travaux d'infrastructure, impliquant le déplacement à longue distance d'effectifs nombreux, furent extrêmement meurtriers : l'exemple du chemin de fer Congo-Océan est resté célèbre (Sautter, 1967). Parmi les colonies françaises, l'AEF semble avoir été particulièrement touchée : les confins du Gabon, du Congo et de l'Oubangui-Chari (République centrafricaine) auraient perdu un tiers de leur population entre 1914 et 1921, passant de 800 000 à 587 000 habitants ; le Gabon aurait perdu un tiers de sa population dans la première phase coloniale. Situation comparable, en pire sans doute, dans l'État « indépendant » du Congo, propriété personnelle du roi des Belges Léopold II... On notera que ces pays sont franchement sous-peuplés, et c'est là que se manifeste un mécanisme qui va caractériser l'essentiel de la période coloniale, mais dont les effets se prolongeront bien au-delà. Les régions les plus mal peuplées sont, en l'absence de capitaux et de techniques modernes, toutes choses égales d'ailleurs, les plus insalubres, parfois pour des raisons écologiques, mais aussi simplement parce que l'emprise de l'homme sur le milieu y est plus limitée qu'ailleurs ; or ce sont aussi celles qui ont subi proportionnellement le plus les réquisitions de main-d'œuvre et qui ont bénéficié le moins d'équipements économiques et sanitaires qui y étaient jugés peu rentables. On a vu ainsi se mettre en place de véritables cercles vicieux du sous-peuplement, par lesquels les régions les moins peuplées font preuve d'une particulière vulnérabilité démographique, et s'accentuer encore les disparités de densités.

Nulle part toutefois, jusqu'à la Deuxième Guerre mondiale, l'Afrique tropicale ne s'est montrée prolifique. « Faire du noir » était une obsession des administrations coloniales mais la stagnation, et parfois le déclin, ont été le lot courant. Si, à la fin des années vingt, les progrès de la médecine et quelques efforts d'investissement ont fait espérer un redressement, la crise économique des années trente, puis les rigueurs de l'« effort de guerre » ont ruiné ces espoirs. À Madagascar, peste et paludisme notamment ont fait de l'Imerina, jusqu'en 1950, une terre de désolation démographique. Globalement, la colonisation a été comme un arrêt sur image ; elle a figé les situations pré-coloniales, voire accentué les contrastes de peuplement qui les caractérisaient : les seules exceptions notables, essentiellement en Afrique australe, concernent les régions minières (le Rand, le Katanga et la Copperbelt), les fronts pionniers agricoles ne devant prendre de l'ampleur que dans la deuxième partie du XXe siècle.

3. Une transition démographique tardive

3.1. Un changement brutal

Brutalement, si l'on en croit les chiffres, l'Afrique tropicale aurait entamé, au lendemain de la Deuxième Guerre mondiale, sa transition démographique, avec une chute subite de la mortalité (l'espérance de vie est passée de 36,7 ans en 1950-1955 à 48,6 en 1995-2000, un niveau cependant bien éloigné de celui des autres continents du Tiers Monde) et une augmentation non négligeable de la natalité. Quelques nuances seraient nécessaires : les premières augmentations de population qui aient été relevées, portant sur des effectifs totaux plus que sur des indices démographiques assurés, doivent sans doute au moins autant à la densification de l'encadrement administratif et à l'humanisation du système colonial (la fin du travail forcé notamment) qu'à un retournement de la tendance démographique. Beaucoup de clandestins ont alors quitté leurs forêts refuges ; on n'a plus répugné à déclarer les enfants. Il est sûr cependant que, au cours des années cinquante, la transition est enclenchée, avec un retard très sensible sur les autres continents du Tiers Monde. Au XIXe siècle, quand la population de l'Afrique tropicale stagnait, voire reculait dans certaines régions, le taux d'accroissement annuel de Java aurait été au moins de 1,4 % par an. Le phénomène s'est confirmé dans les autres continents tropicaux au début du XXe siècle : la population de l'empire des Indes aurait augmenté de 15 % entre1937 et 1941 ; la croissance naturelle aurait été de 1,8% par an en Amérique latine entre 1928 et 1938, atteignant 2,3% entre 1948 et 1955, et, en Amérique andine, elle aurait même été de 2,4% l'an entre 1930 et 1960. L'Afrique tropicale est souvent mentionnée, voire stigmatisée, pour son obstination à se maintenir dans la haute croissance démographique (elle est encore aujourd'hui de 2,4% l'an). Ne se contenterait-elle pas de reproduire, avec vingt années de retard, et une amplification qui tient aux progrès mondiaux de la médecine, un processus qu'ont connu les autres continents du Tiers Monde, mais qui a été négligé à une époque où l'attention était moins portée sur la croissance démographique et ses conséquences et où les instruments de mesure étaient moins perfectionnés ?

3.2. Une mutation démographique exogène

La chute de la mortalité est classiquement expliquée par le recul des grandes endémies et particulièrement du paludisme, mais aussi de la fièvre jaune et de la maladie du sommeil ; moins spectaculaire mais plus importante peut-être est l'amélioration de l'encadrement sanitaire général, par la multiplication des centres de soins. La progression de la natalité, et plus précisément de la fécondité, connue ailleurs, semble toutefois être d'une particulière ampleur en Afrique. On sait certes que le paludisme (et les traitements antipaludéens!) réduisent la fécondité par leurs effets abortifs ; il n'est pas sûr toutefois que le recul (très relatif et temporaire) du paludisme suffise à expliquer une aussi spectaculaire évolution.

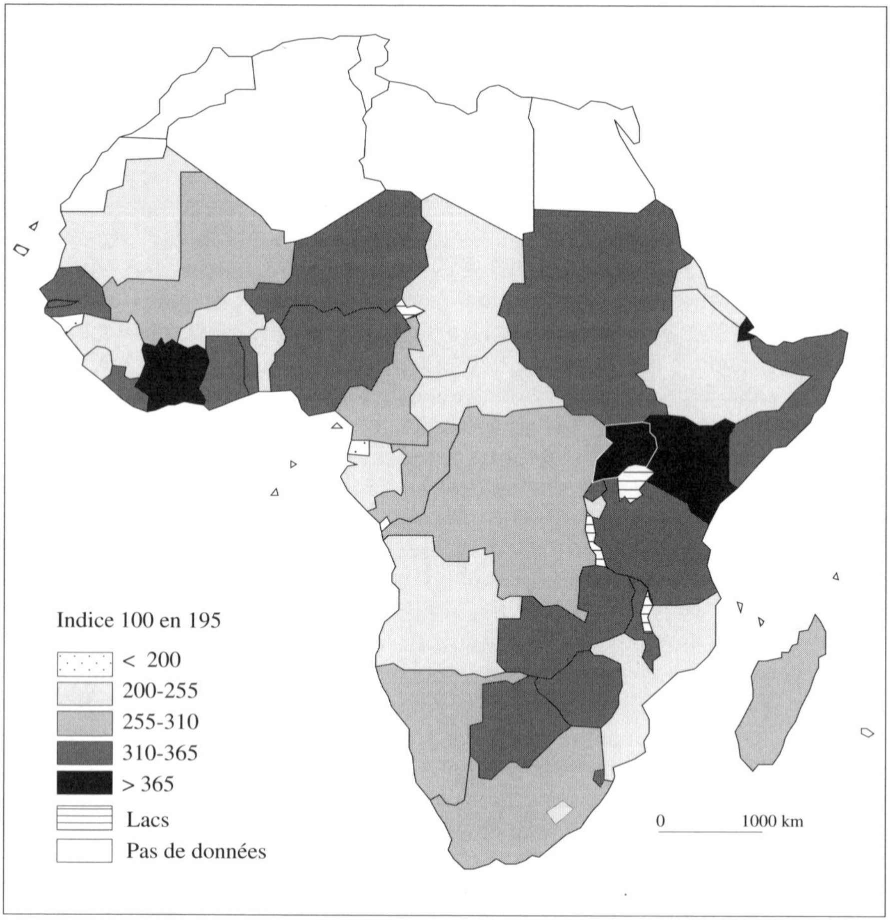

16. La croissance de la population africaine, 1950-2000.

Pour la décennie 1950-1960, le taux moyen d'accroissement naturel n'est que de 1,9 % en Afrique tropicale contre 2,7 en Amérique centrale, 2,3 en Amérique du Sud, 2,1 en Asie. Si l'Afrique atteignait entre1960 et 1967 une croissance naturelle de 2,4 % l'an, on en était alors à 2,9 en Amérique latine, 2,5 en Asie. C'est en définitive dans la décennie soixante-dix que s'opère un décrochage entre le continent noir et les autres parties du Tiers Monde où l'on note un très sensible ralentissement de la croissance, suite à une chute de la fécondité confirmée dans la décennie suivante, tandis qu'en Afrique l'ascension s'est longtemps poursuivie : au Rwanda, l'indice synthétique de fécondité est passé de 7,7 en 1970 à 8,7 en 1978 et il était encore de 8,3 en 1983 pour descendre à 6,2 en 1995-2000. Seuls à l'heure actuelle le Machrek et une partie du Maghreb progressent encore à des rythmes voisins de ceux de l'Afrique subsaharienne.

Cette vue rétrospective apporte sur la démographie africaine un éclairage un peu différent de l'opinion courante qui s'étonne d'un natalisme aussi prolongé qu'impénitent. Si l'accroissement brutal, caractéristique de la première phase de la transition démographique, s'explique non seulement par les brusques apports exogènes de la médecine mais aussi par une discordance entre évolution sociale et infrastructure sanitaire, il est normal que les très forts taux d'accroissement se soient maintenus plus longtemps en Afrique tropicale qu'ailleurs. Reste que les niveaux atteints ont été exceptionnellement élevés, sensiblement supérieurs sans doute à ceux qu'ont connus les autres continents. Peut-on expliquer cette tendance d'ensemble ? Il est vrai que nombre de gouvernements des États nouvellement indépendants ont eu, pendant deux décennies parfois, des positions ouvertement natalistes : confondant masse de population et rythme de croissance, ils voyaient l'Afrique comme un continent sous-peuplé, saigné par la traite, dont le redressement économique aurait dépendu d'une vigoureuse croissance naturelle ; prôner la régulation démographique aurait été se faire complice de puissances extérieures dominatrices. D'une certaine manière, sans doute, feignant de commander à des mouvements qui les dépassaient, ne donnaient-ils qu'une traduction politique et technique à une tendance de fond. Au demeurant, des États anglophones qui, tels le Kenya, ont plus précocement tenté d'encourager une planification familiale ne semblent pas avoir abouti à des résultats plus rapides que les États francophones, plus marqués par le natalisme…

Tableau 2. Nombre d'enfants par femme

	1950-1955	1965-1970	1980-1985
Afrique tropicale	6,7	6,8	6,7
Afrique australe	6,5	6,0	5,0
Chine	6,2	6,0	2,4
Asie du Sud-Est	6,0	5,8	4,3
Asie du Sud	6,1	6,0	5,1
Amérique centrale	6,3	6,2	4,2
Amérique du Sud tropicale	6,3	5,6	4,1
Amérique du Sud tempérée	3,6	3,4	3,0
Ensemble du Tiers Monde	6,2	6,0	4,2

Source : Vallin, 1989.

4. Des inégalités dans une forte croissance

L'évolution démographique du continent n'est certes pas homogène. Mais force est de constater que nous avons du mal à dégager ces disparités. À l'échelle des pays, les indicateurs ne sont pas toujours très fiables, et, pour peu qu'interviennent des troubles politiques, ils deviennent rapidement obsolètes ; à l'échelle régionale, les données manquent ou sont très ponctuelles. Si, à l'époque coloniale, un certain nombre d'enquêtes ont été conduites sur la démographie différentielle des « tribus » ou groupes ethniques, ce type de recherches n'a plus cours, pour des raisons politiques notamment, alors que l'ethnie n'est pas forcément un cadre sans fondement pour des études démographiques, comme l'ont montré notamment les travaux très précis de Podlewski sur le Nord du Cameroun (Podlewski, 1966). Il faut donc se cantonner, avec les réserves d'usage, au cadre national.

La croissance annuelle de la population, pour la période 1990-1995, est partout très forte, mais il existe plus que des nuances entre le taux le plus faible (le Burundi, avec un taux, peu plausible d'ailleurs de 0,89) et le record, d'ailleurs douteux aussi..., du Niger (3,46 %). Les points de plus forte croissance se situent d'une part en Afrique de l'Ouest mais dans des positions géographiques variées (Mali, Niger, Côte-d'Ivoire, Togo), d'autre part dans une bande centrale, courant de l'Angola au Kenya, *via* l'ex-Zaïre et l'Ouganda. Par contraste, deux secteurs de plus faible croissance se dégagent : d'une part l'Afrique australe, de l'autre certains États de l'hémisphère Nord, dont plusieurs (Mauritanie, Soudan, Somalie) se rattachent peu ou prou au Maghreb-Machrek, pourtant lui aussi globalement prolifique.

Si l'on considère des indices qui éliminent les effets de structure de la population ou les effets des migrations, l'image du continent reste assez brouillée. La carte de l'indice synthétique de fécondité (ISF) permet cependant de dégager quelques ensembles : le plus net est l'Afrique australe, au sens restreint du terme, où la fécondité est, tout relativement, basse (inférieure à 5) ; à l'inverse, l'essentiel de l'Afrique occidentale, de l'Afrique orientale et le sud de l'Afrique centrale sont des aires de forte fécondité, tandis que le centre du continent se situe en position médiane. Les indices qui reflètent le niveau de mortalité, sans être strictement corrélés au précédent, tendent en ce sens. La mortalité infantile est faible en Afrique australe, forte au Sahel et dans l'essentiel de l'Afrique orientale, Mozambique et Malawi inclus ; la corrélation étant significative entre taux de mortalité infantile et espérance de vie, les mêmes ensembles se dégagent pour ce dernier critère. Quelques pays devraient donc logiquement se distinguer par une croissance démographique très soutenue, ceux qui ont vu s'accroître sensiblement l'espérance de vie avant que ne se produise une baisse sensible de l'indice synthétique de fécondité : ce serait le cas des États du golfe de Guinée et du Kenya notamment ; or seul ce dernier pays se détache de façon claire. Inconséquence des statistiques portant sur la totalité de la population lorsqu'elles ne font que refléter des estimations établies à partir de projections de croissance ? On peut le croire, quand on songe aux controverses sur la population du Nigeria, que nombre d'annuaires situent encore à 111 millions d'habitants alors que le recensement de 1991 ne lui en attribuait plus que 88 millions et demi! Rares et simples sont, en définitive, les certitudes : la population africaine reste d'une remarquable

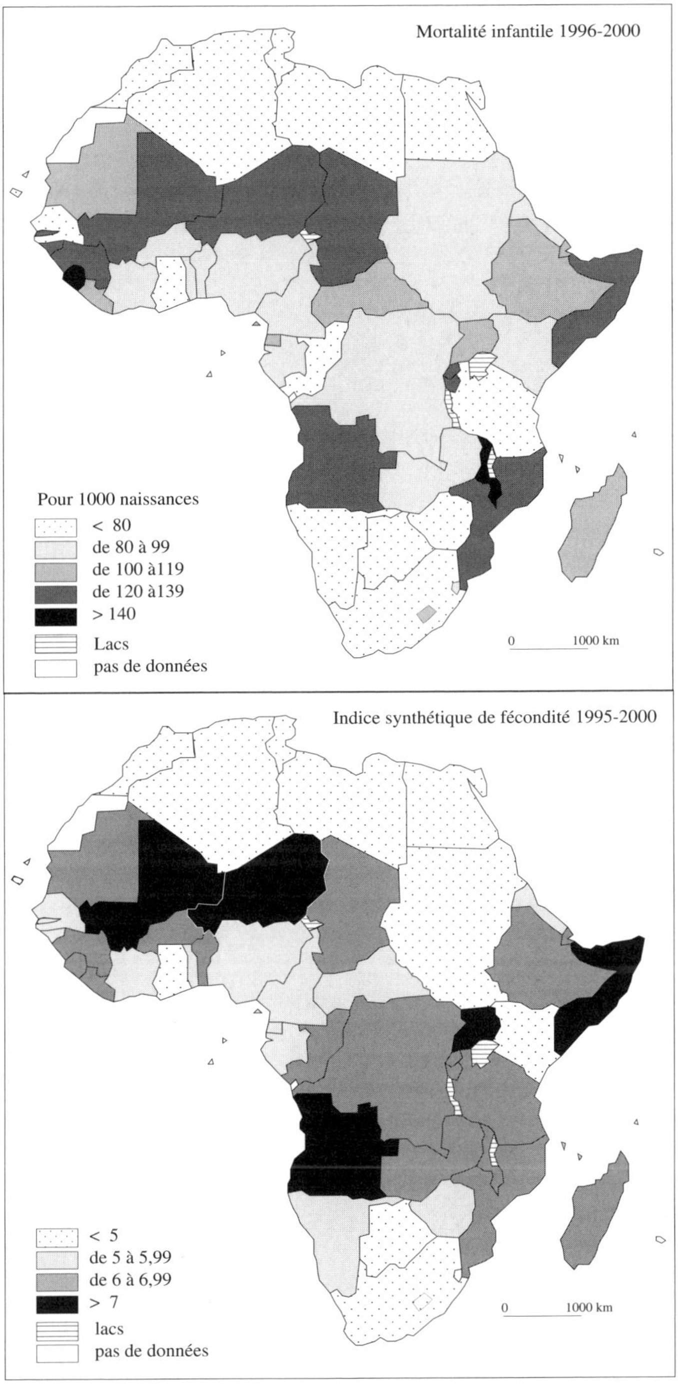

17. ISF et mortalité infantile.

fécondité et si parmi les régions les plus fécondes figurent certaines de celles qui profitent le moins de la modernisation, si d'autre part l'Afrique du Sud et ses voisins immédiats se distinguent clairement par un moindre dynamisme démographique, ailleurs, les inégalités de la croissance urbaine ou du développement économique n'ont pas sur la croissance de la population d'effets évidents.

4.1. Croissance urbaine et densification rurale

Continent encore peu urbanisé, l'Afrique tropicale a connu une croissance urbaine d'une exceptionnelle ampleur depuis les années cinquante : à cette époque, à quelques rares exceptions près, l'Afrique australe minière, ou la région de vieille tradition urbaine qu'est le sud-ouest du Nigeria, les villes n'étaient encore que des organismes embryonnaires : Dakar comptait en 1950 250 000 habitants, Nairobi 135 000, Abidjan 70 000... En 1960, le taux d'urbanisation n'était que de 5 % au Niger, 6 % au Mali. Les temps ont changé, même si les niveaux d'urbanisation (d'ailleurs très approximativement connus) sont très inégaux, forts en Afrique du Sud comme dans certains pays du golfe de Guinée, encore faibles, voire très faibles, en Afrique orientale et au Sahel. Mais ces contrastes paraissent n'avoir que des rapports ténus avec les différentiels de croissance démographique : certes Rwanda, Burundi ou Éthiopie comme Mali et Niger ont conjugué faible population urbaine et forte croissance démographique, mais la Côte-d'Ivoire ou le Liberia ont connu à la fois forte fécondité et forte urbanisation. Contrairement à ce que l'on a noté dans l'Europe du XIXe siècle, la croissance urbaine a été, jusque dans les années soixante-dix du moins, largement soutenue (pour une part allant du tiers à la moitié) par la croissance naturelle des ménages de citadins, par un effet de structure certes (une forte proportion de jeunes en âge de procréer), en raison d'un meilleur équipement sanitaire sans doute, mais aussi parce que la fécondité y est restée élevée. Les générations qui ont pratiqué l'exode rural ne sont certes pas des ruraux exilés en ville : ils se sont approprié celle-ci, ils la construisent et l'organisent, mais, jusqu'à présent, démographiquement, ils sont restés proches des paysans, pour qui grande famille était synonyme de prospérité ; ici encore, l'évolution démographique connaît un temps de retard sur l'évolution sociale et économique. Quoique se dessine un changement d'attitude, la pratique de la contraception concerne pour la quasi totalité des pays moins de 20 % des femmes citadines...

L'exode rural n'a donc pas saigné des campagnes où la toute nouvelle prospérité démographique assurait une forte augmentation des densités : l'Afrique tropicale comptait 150 millions de ruraux en 1950 ; ils sont 440 millions aujourd'hui. Malgré la remarquable croissance urbaine, la part de la population rurale dans la population totale est seulement tombée de 72 % en 1967 à 66 % en 2000. La conquête de « terres neuves » n'a pas davantage provoqué, pour l'heure, un rééquilibrage dans la répartition des hommes. Certes, les franges des régions déjà fortement peuplées ont connu une dilatation du peuplement : parmi de multiples cas, on citera les piémonts de la « falaise » dogon au Mali, des monts du Mandara au Cameroun, les franges du Buganda (Ouganda), du pays kikuyu au Kenya, l'orient sous-peuplé du Rwanda et du Burundi ou, à l'ouest, le Kivu zaïrois. Certes, il existe aussi, suscitant des migrations sur de plus grandes distances, des fronts pionniers agricoles d'une réelle

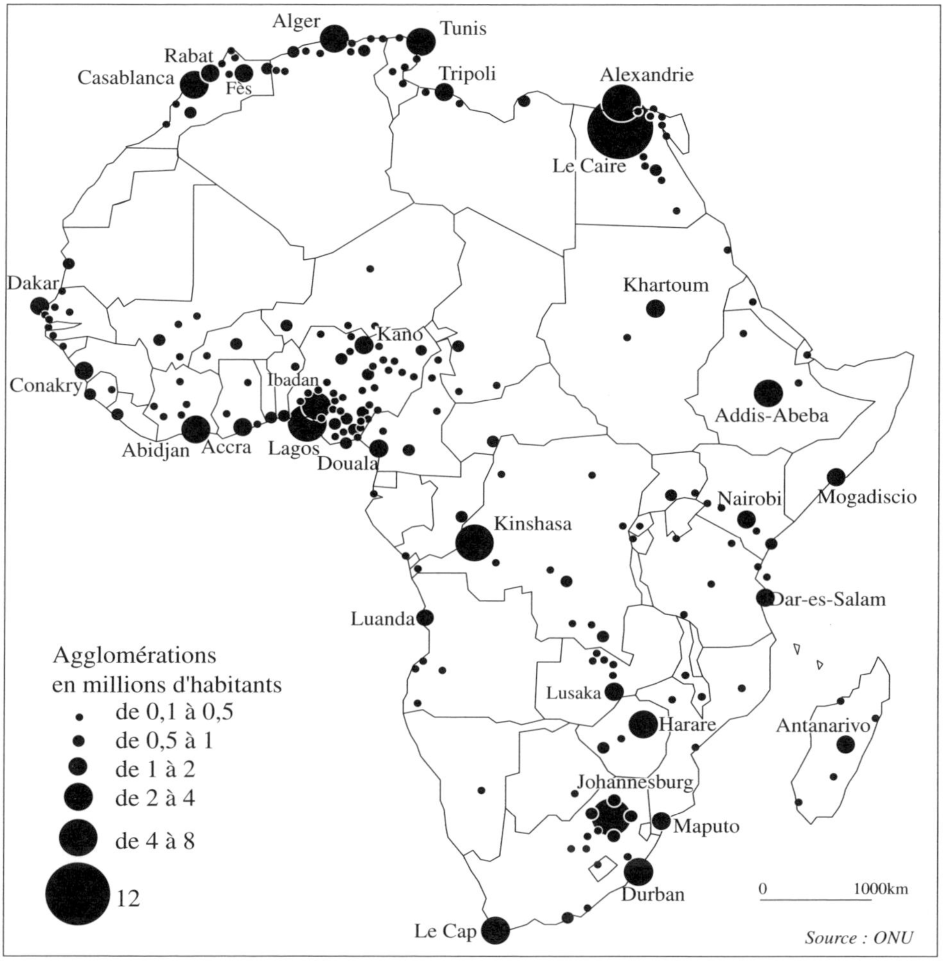

18. Les agglomérations urbaines en 2000.

ampleur ; mais, à y regarder de près, les mêmes exemples sont régulièrement cités : le « front des arachides » au Sénégal, le front du café et du cacao en Côte-d'Ivoire, succédant au front du cacao de l'ancienne *Gold Coast*, essoufflé dès la fin de l'époque coloniale ; à quoi il faudrait ajouter, d'un dynamisme plus récent, l'ouest du Burkina où s'installent les Mossi, ou le *Middle Belt* nigérian, qui accueille des immigrants originaires tant du nord que du sud du pays. Mais que d'exemples de régions sous-peuplées qui sont plutôt des régions répulsives, dans la cuvette congolaise, au centre du Cameroun, comme en Zambie! En règle générale, contrairement à une opinion répandue, la progression pionnière n'est ample et efficace que si l'État, directement ou indirectement, l'encourage et l'oriente, par l'ouverture de pistes, l'établissement d'un minimum d'infrastructures, des incitations foncières ou commerciales : l'atonie des fronts pionniers accompagne crise économique et décomposition des pouvoirs politiques. L'occupation de l'espace s'opère donc encore, pour l'essentiel, par remplissage des terroirs originels, par dilatation des aires « ethniques ». À petite ou même à moyenne échelle, la carte du peuplement africain ne change guère, on l'a vu : tout juste ses trames se densifient-elles, tandis qu'en un nombre de points encore limité s'affirment des concentrations urbaines. Le défi du nombre sous ses deux formes complémentaires, la masse et sa progression, doit être affronté non seulement par des villes qui ont crû à des rythmes bien rarement vus ailleurs et des campagnes où la densité peut atteindre des seuils critiques.

4.2. Des terroirs surchargés...

Les géographes n'usent guère du terme de surpeuplement ; ils se méfient de ses connotations péjoratives, de son caractère normatif, suggérant qu'il existe un peuplement « idéal » : la charge supportable n'est qu'une notion relative, dépendant des capacités productives, et au moins autant de capacités d'organisation, d'un savoir-vivre en commun que le scientifique peut analyser, non mesurer. On peut se demander toutefois si des seuils critiques ne sont pas atteints tant dans le rythme d'accroissement que dans la concentration, rurale ou urbaine, des hommes. Les villes, frappées plus directement, et probablement plus profondément que les campagnes, par les effets des ajustements structurels, sont-elles autant qu'il y a dix ou quinze ans capables d'accueillir de nouveaux immigrants ? Il ne le semble pas, en tout cas pour les plus grandes d'entre elles. En dépit d'exceptions, il semble bien que la tendance générale soit au ralentissement de la croissance des métropoles : l'immigration à Abidjan ne représenterait plus aujourd'hui que 11 % des mouvements entre villes et campagnes en Côte-d'Ivoire et même à Ouagadougou, dont l'expansion est d'autant plus marquée qu'elle a été tardive, la proportion ne serait que de 33 %. Dans nombre de pays, les villes en crise rendent aux campagnes, jugées moins affectées, une part de leur population : si au Burkina, au Mali, au Sénégal, les échanges sont négatifs pour les campagnes, ils sont quasi équilibrés en Guinée et au Niger, positifs pour le monde rural en Côte-d'Ivoire. Nombreux sont pourtant ceux qui tentent encore l'aventure de la ville et ils continuent, semble-t-il, de se diriger, de préférence, vers les plus grandes : l'attirance du petit centre, voire le retour à la terre, semblent plutôt le fait d'habitants de grandes villes et point, en général, des plus mal lotis.

Si même se dessinait un franc renversement de tendance, les campagnes seraient-elles capables de garder leurs habitants, *a fortiori* d'accueillir des urbains « sinistrés » ? Les drames du Rwanda et du Burundi, pays quasiment dénués de villes, ne sont-ils pas des signes avant-coureurs d'une tragique incapacité ? La cause immédiate des massacres est certes politique ; elle réside sans doute dans la criminelle manipulation du thème ethnique par des camarillas attachées au pouvoir et au profit qu'elles en tiraient ; mais auraient-ils pris tant d'ampleur si n'avaient pu servir d'instruments des foules encadrées et endoctrinées, serrées sur des terroirs trop étroits pour leurs capacités productives, qui voyaient dans le génocide l'occasion d'étendre leurs parcelles trop exiguës ? Le problème peut d'autant moins être esquivé qu'aujourd'hui, de toutes parts, à l'afflux de réfugiés chassés par les guerres civiles répondent de plus en plus l'ostracisme, l'expulsion d'étrangers jugés indésirables en ces temps de crise économique. Des pays qui ont connu la croissance, qui furent des pôles d'attraction, ont été les premiers à donner le mauvais exemple, comme le Nigeria et le Gabon ; la Côte-d'Ivoire, qui a largement dû son boom économique à l'afflux de travailleurs des pays « sahéliens » et à l'accueil qu'elle avait su leur réserver, a ôté en 1998 le droit de propriété aux étrangers et sa « politique d'identification » des nationaux, opérée à l'avantage des Sudistes, a débouché sur une guerre civile ; l'Afrique du Sud s'émeut de l'afflux de clandestins, zaïrois notamment. Sans se laisser excessivement impressionner par les mesures spectaculaires, par des expulsions suivies de retour, on note que les enquêtes systématiques montrent des renversements de tendance : les Burkinabè quittant la Côte-d'Ivoire pour rentrer au pays étaient avant même la guerre civile plus nombreux que ceux qui tentaient l'aventure de la migration. À l'heure où la traditionnelle mobilité africaine paraît de plus en plus nécessaire, les obstacles se multiplient et des États qui ont de moins en moins la capacité de contrôler l'immigration par des voies légales risquent d'être de plus en plus tentés par des mesures violentes. La crise que connaît le continent rend de plus en plus insupportable la charge de la forte croissance démographique.

Beaucoup pensaient, il y a peu encore, que le freinage de la croissance démographique serait une conséquence du développement, quand la chute de la mortalité infantile aurait été « intériorisée » et que le nombre des enfants ne serait plus une mesure de la sécurité, quand le bien-être – ou du moins l'espoir d'y parvenir – serait promis aux familles réduites et quand l'éducation et l'information permettraient une régulation volontaire de la population. Cette régulation démographique positive est-elle encore envisageable ? N'est-ce pas, à l'inverse, la pauvreté, l'approfondissement de la crise qui fera s'effondrer le rythme de croissance ? Régulation volontaire, régulation par la crise économique ou crise malthusienne ? La question est posée.

5. Vers un renversement de tendance ?

5.1. Transition démographique ou régression démographique ?

Si l'on s'en tient à une vue superficielle, l'Afrique noire aurait enfin amorcé sa décrue démographique, conformément aux canons de la « transition ». Le rythme de croissance naturelle se calme, avec une baisse de fécondité dans un nombre croissant de pays, y compris parmi les plus natalistes. Le nombre d'enfants par femme serait tombé de 8,1 au Rwanda en 1980 à 6,2 en 1995, pendant que dans un pays comme le Kenya, engagé de longue date dans une politique de planning familial, il chutait de 7,5 en 1978 à 4,6 en 1995. Pour l'ensemble de l'Afrique subsaharienne, on est passé de 6,63 en 1980 à 5,8 en 1995, tandis que le taux de croissance démographique s'abaissait de 2,91 à 2,55 %.

Quelle est, cependant, dans cette évolution, la part d'un mouvement structurel et celle d'attitudes circonstancielles, liées à la crise, donc susceptibles de révision ? L'Afrique a connu précédemment d'autres évolutions brusques, de sens inverse : le nombre d'enfants par femme était passé, au Kenya, de 5,3 en 1965 à 8 en 1978…

La baisse actuelle de la fécondité, indéniable, semble résulter de deux types de comportement. D'une part, on note une restriction volontaire, fort inégale selon les pays. Au Zimbabwe, plus de 48 % des femmes emploient des moyens contraceptifs « modernes » ; elles sont près de 29 % au Botswana, de 28 % au Kenya, mais seulement 10 % au Ghana, moins de 5 % au Sénégal, à peine plus de 1 % au Burundi... Ces chiffres semblent traduire une opposition entre pays anglophones et pays francophones, dont les gouvernements ont toujours été plus « natalistes ». Mais le caractère général de la baisse conduit à chercher d'autres éléments d'explication. Sans doute voit-on se dessiner un décrochage de comportement entre urbains et ruraux, les citadins étant à la fois plus profondément touchés par les difficultés économiques et plus réceptifs au changement : au Sénégal, le nombre d'enfants par femme citadine serait tombé de 6,5 en 1978 à 5 en 1992, alors qu'en milieu rural il serait descendu de 7 à 6. Reste que la baisse de fécondité touche aussi les campagnes, que ses déterminants sont complexes et pour une part conjoncturels. Le recul de l'âge au mariage, qui paraît en être une cause majeure, marque-t-il une évolution sociale ou tient-il aux difficultés économiques, qui rendent beaucoup plus difficile, notamment, l'acquisition de la dot ? La deuxième hypothèse n'est-elle pas la plus probable, quand on voit que, par ailleurs, les difficultés économiques provoquent très souvent un sensible recul de la scolarisation féminine dont on sait, d'après l'expérience d'autres continents, qu'elle est un facteur essentiel d'une baisse de la fécondité ? Bref, le « malthusianisme des pauvres » est-il en Afrique une stratégie consciente ou une adaptation temporaire aux circonstances ?

Le ralentissement du moteur démographique devrait être d'autant plus sensible que, à s'en tenir aux seules pathologies « classiques », tout paraît concourir à déclencher une reprise de la mortalité. La crise de l'État a produit ses effets en matière sanitaire. Les dépenses publiques de santé sont tombées à des niveaux dérisoires : trois dollars par personne et par an au Kenya ! Hôpitaux et dispensaires sont dénués de moyens, leurs personnels, mal payés (quand il le sont encore), cherchent d'autres ressources et la médecine gratuite n'est plus que rêverie. Dans le même temps, conséquence d'un relâchement général des mesures sanitaires et de l'apparition de souches résistantes, les grandes endémies ne sont plus contenues. On note ainsi une spectaculaire recrudescence du paludisme, contre lequel les populations n'ont pas les ressources nécessaires pour lutter. La croissance des villes, voire la surcharge humaine de certains terroirs, favorisent de nouvelles pathologies ; la pollution est devenue une réalité urbaine et, plutôt que de « transition épidémiologique » (où les maladies du développement relaieraient les maladies du sous-développement), il faut parler de « cumul épidémiologique ». Ces faits devraient se traduire dans les chiffres. Or le taux de mortalité infantile, cet indicateur remarquable de la situation sanitaire, voire du niveau de développement, pourtant relativement bien mesuré, semble continuer de baisser. La mortalité infantile serait descendue de 87 à 62 pour mille au Sénégal entre 1980 et 2000 et, pour les mêmes dates, de 119 à 99 au Burkina, de 83 à 65 au Kenya. Tout juste note-t-on, par périodes, des flambées de mortalité, généralement vite jugulées.

Qu'en est-il des effets des calamités, qui se sont multipliées ? Les sécheresses ont eu certes des effets à court terme : dans certains villages du Sahel nigérien, lors de la crise climatique du début des années 70, le taux de natalité est tombé de 61,3 à 34,3 pour mille quand le taux de mortalité montait à 43,3 pour mille. Mais la vie a pris le dessus. Plus rude sur le plan climatique, la sécheresse du début des années 80 n'a pas eu, sauf localement, des effets aussi sensibles ; elle a été *a fortiori* moins meurtrière que l'horrible famine des années 1911-14. Quelles que soient ses imperfections, ses retards, ses détournements, l'aide alimentaire et médicale est, statistiquement, efficace. C'est sur le plan qualitatif qu'il faudrait porter l'attention, et point seulement au plus dur des crises : on n'a, par exemple, que des idées imprécises sur les effets à terme de la malnutrition sur les jeunes générations. Le bilan des guerres civiles n'est pas plus aisé à dresser. Au plan du nombre, les quinze années tragiques que connut l'Ouganda, d'Idi Amin en Obote pour finir en Okello, ne se marquent plus guère que par une échancrure dans la pyramide des âges ; leur effet sur la société ougandaise, sur les comportements sociaux, est sans doute de plus d'importance. Il en va probablement de même pour l'Angola et le Mozambique. Il faut plonger dans l'horreur, comme au Rwanda et au Zaïre, il faut voir s'accumuler les massacres, s'amplifier la fuite de réfugiés sans ressources pour que la population et sa répartition soient profondément modifiées.

En matière démographique comme en matière économique, on ne manquerait pas d'être frappé par la remarquable capacité d'adaptation des populations aux risques, à l'incertitude, à la dégradation des niveaux de vie et des infrastructures. La plasticité sociale et matérielle, le savoir-faire et la débrouillardise sembleraient amortir des chocs pourtant fort rudes. Faut-il penser que la population africaine, plie, s'adapte, mais ne rompt pas ? Ce serait compter sans le SIDA, dont le continent est de loin la principale victime et dont les causes et les effets sont d'autant plus menaçants qu'ils sont encore mal mesurés.

5.2. SIDA : le pire serait-il sûr ?

En 2000, l'Afrique subsaharienne comptait à elle seule, avec quelque 28 millions de personnes, 70 % des séropositifs estimés du monde (Ferry, 2001). En 2000, 2,4 millions de morts auraient eu pour cause directe le SIDA sur 3 millions de décès dans le monde, faisant de cette maladie la première cause de mortalité, bien avant le paludisme. Toute avancée de la recherche épidémiologique réserve son lot de mauvaises surprises, et les caractères de la maladie sont tels qu'il est très difficile d'en mesurer clairement les effets démographiques, qui sont indirects au moins autant que directs. On ne peut que s'en tenir à des constats simples. À l'échelle des États, l'expansion du SIDA est, pour l'heure, très inégale. L'Afrique musulmane sahélienne est peu touchée, et plus généralement l'Afrique de l'Ouest (sauf la Côte-d'Ivoire), alors qu'à l'inverse les taux de prévalence sont très élevés en Afrique orientale, et plus encore en Afrique australe où ils sont généralement supérieurs à 20 % dans la population de 10 à 49 ans (36 % au Botswana, 25 % au Zimbabwe et au Swaziland). Avec des taux compris entre 5 et 10 %, l'Afrique centrale se situe en position intermédiaire. Les données disponibles ne permettent pas une analyse de la répartition au niveau local et autorisent tout juste une esquisse de comparaison entre villes et campagnes. Cette étonnante inégalité entre États contraste avec une remarquable égalité de la répartition par sexes et catégories sociales qui fait de l'Afrique subsaharienne un cas particulier. HIV/SIDA frappe les femmes autant que les hommes, les hétérosexuels autant que les homosexuels. Considérée un temps comme une maladie de « l'Afrique moderne », des cadres, des citadins, de tous ceux qui circulent, elle frappe aujourd'hui autant les campagnes et les catégories de population les plus modestes. Si elle n'est sans doute plus, pour les pays riches, une maladie sans remède, la fatalité des temps modernes, on ne voit pas à quel terme le continent africain, particulièrement affecté, pourrait assumer des traitements en masse.

Or les effets sanitaires et démographiques apparaissent peu à peu d'une ampleur insoupçonnée. À la mortalité directe s'ajoute la mortalité induite par la destruction des barrières immunitaires et, notamment, la recrudescence de la tuberculose. Une très forte remontée de la mortalité infantile et juvénile se manifeste dans les pays les plus atteints. D'autre part, les effets de la maladie sur la fécondité paraissent considérables et contribuent à ce qu'on peut considérer comme une forme particulièrement tragique de transition démographique. Dans ces conditions, il est difficile de se tenir à des prévisions modérément pessimistes, comme celles de Vallin en 1995 pour qui un taux de 50 % de séropositifs dans la population était nécessaire pour réduire à zéro le taux de croissance. Avec un taux deux fois moindre, le Zimbabwe aurait déjà eu une croissance naturelle nulle en 2000, et dès 2003 le bilan démographique de l'Afrique du Sud et du Botswana serait négatif. Cas limites ? ils tracent néanmoins des perspectives d'autant plus inquiétantes que les conséquences économiques, sociales et politiques sont tout aussi considérables.

S'attaquant principalement à la population active, le SIDA bouleverse la pyramide des âges, proportionnellement plus chargée en personnes âgées et en enfants, dont nombre d'orphelins (on en prévoit 28 millions en 2010). Déjà proportionnellement rare, le facteur travail se raréfiera de plus en plus, d'autant qu'il faut tenir compte de l'affaiblissement de la main-d'œuvre et d'un absentéisme croissant qui pèse sur la rentabilité des entreprises et déjà, semble-t-il, sur la production agricole. Les effets sociaux ne sont pas moindres. Frappant de façon imprévue, comme un châtiment dont on ignore les causes, la maladie met à mal les solidarités, y compris familiales, fait planer le spectre de la sorcellerie. Le nombre des orphelins abandonnés se multiplie et plus globalement le nombre des désespérés, sans attaches et sans avenir, prêts à toutes les violences. Les taux de prévalence effarants dans les armées régulières et sans nul doute dans les bandes armées qui se multiplient sont un signe sans équivoque de l'entrée dans une spirale mortifère.

L'hypothèse optimiste, selon laquelle la crise serait le catalyseur d'une modération démographique, ne paraît donc pas se confirmer. Tempéré, le poids du nombre pouvait sembler un des rares atouts de l'Afrique. Or, à la vie « planifiée », choisie, paraît se substituer la certitude d'une mort imprévisible. La fatalité qui pèse sur les individus pèserait-elle sur le continent lui-même ?

DOCUMENTS

Les effets démographiques de la traite en Afrique occidentale

« [Patrick Manning] est parti des données d'un recensement démographique de 1931, prenant pour hypothèse une progression démographique... de 0,5 % pendant la plus grande partie des siècles précédents, compte tenu des exportations d'esclaves suggérées par les chiffres, mis à jour, de Curtin, et en a conclu qu'en 1700 la région d'Afrique occidentale alimentant le commerce des esclaves devait compter 25 millions de personnes. Partant des données relatives à leur âge et à leur sexe, ainsi que des estimations des pertes aux premiers stades du trafic, il a calculé que vers 1850 cette population devait être tombée à 20 millions de personnes, les pertes les plus graves se situant en Angola et dans le golfe du Bénin. Il a toutefois fait valoir également que le véritable coût démographique devait en fait être calculé par rapport à la croissance démographique probable, en l'absence de traite. Partant de ces hypothèses, il a calculé que sans elle, la population de toute l'Afrique subsaharienne aurait pu être de près de 100 millions de personnes, mais qu'en réalité elle n'était que de la moitié. Ces pertes démographiques potentielles survinrent alors qu'on assistait ailleurs à de rapides progressions – la population chinoise doubla au XVIIe siècle – si bien que Manning estime qu'entre 1600 et 1900 la part de l'Afrique dans la population d'Europe, d'Afrique, du Moyen-Orient et du Nouveau Monde chuta de 30 à un peu plus de 10 %.

... Tout le monde ne sera pas d'accord pour dire que le golfe du Bénin souffrit aussi gravement, car Manning est parti de l'hypothèse que la majorité des esclaves venaient de régions proches de la côte, ce qui est discutable. Aucun consensus n'existe sur la question de savoir si la population d'Afrique occidentale a décliné en termes absolus, ni de combien, bien que la plupart des spécialistes estiment que le déclin a dû être faible. Quelques-uns pensent que la région avait peu de perspectives de croissance démographique avant même que la famine et les épidémies ne l'interrompent, mais d'autres font remarquer qu'il y existait de grands espaces médiocrement peuplés, et s'accordent avec Manning pour dire que la question cruciale est de savoir quelle aurait été la croissance démographique de l'Afrique occidentale sans la traite. Malheureusement, deux éléments font qu'il est pratiquement impossible d'y répondre. D'une part, l'hypothèse fondamentale de Manning – un taux de croissance « naturel » de 0,5 % – ne s'appuie pas sur des preuves solides, et ce chiffre est d'ordinaire bien moins élevé dans les sociétés traditionnelles... D'autre part, à cette époque deux autres conséquences, impossibles à quantifier, de l'expansion européenne influencèrent la démographie de l'Afrique occidentale.

L'une fut l'introduction des plantes américaines, en particulier le maïs et le manioc... Inversement, il faut noter que la traite exposa également l'Afrique occidentale à de nouvelles maladies... Il se peut qu'on ait compté parmi elles la tuberculose et la pneumonie bacillaire, contre lesquelles les Africains de l'Ouest ont peu de résistance. Il faut sans doute y ajouter la peste, dont la région avait été jusque-là protégée par le Sahara... Le problème essentiel concerne la variole : si l'Afrique occidentale devait en connaître une variante relativement bénigne, les Européens semblent y avoir introduit une forme beaucoup plus virulente, qui dévasta le continent entre le XVIe et le XVIIIe siècles...

En résumé, nous ignorons dans quelle mesure la traite négrière a affecté l'histoire démographique d'Afrique occidentale... Pour le moment, la réponse la plus vraisemblable est que ce trafic a provoqué un déclin de la population en Angola, et gravement retardé la croissance démographique ailleurs... Le phénomène se produisit à une époque d'expansion démographique rapide sur les autres continents... La traite fut un désastre démographique, mais pas une catastrophe : les Africains survécurent. »

Extrait de J. Illiffe : *Les Africains. Histoire d'un continent*, Paris, Aubier, 1997, p. 198-201.

Les conséquences démographiques du SIDA

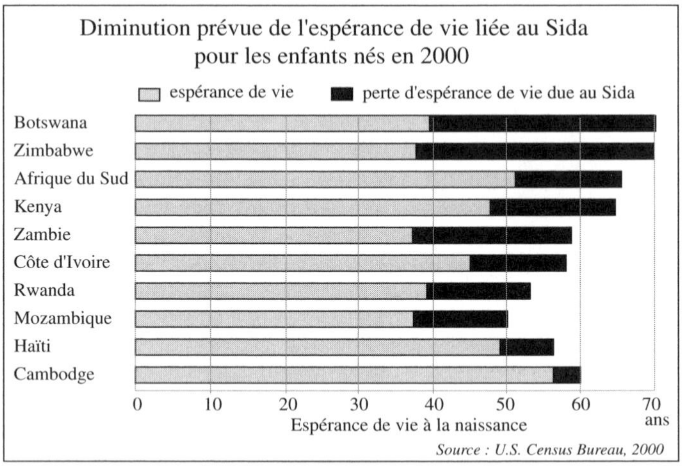

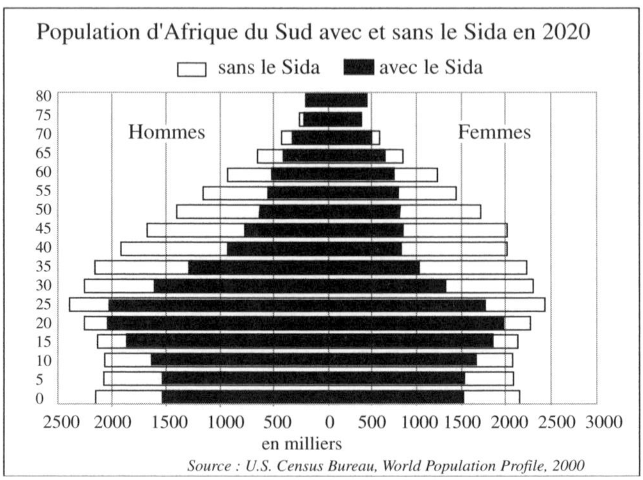

CHAPITRE III

CRISE ET MUTATION DES AGRICULTURES

Encore peuplée d'une majorité d'agriculteurs, puisque plus de 70 % de ses actifs vivraient de la production agricole, l'Afrique tropicale paraît cependant de peu de poids dans la production mondiale.

Tableau 3. Évolution de la production et de la demande alimentaires (taux de croissance en %)

	Production		Demande	
	Totale	Par tête	Totale	Par tête
Monde	2,3	0,5	2,3	0,5
PVD	3,3	0,5	3,6	1,4
Afrique tropicale	1,9	1,1	2,6	– 1,4
Maghreb-Machrek	3,1	– 1,1	4,5	1,7
Asie orientale	4,1	0,3	4,1	2,4
Asie du Sud	3,1	2,4	3,1	0,8
Amérique latine	2,9	0,7	2,9	0,6
Pays développés	1,4	0,6	1,2	0,5
Pays de l'Est	1,2	0,6	1,4	0,6
Autres	1,5	0,4	1,2	0,5

Source : N. Alexandratos, 1995.

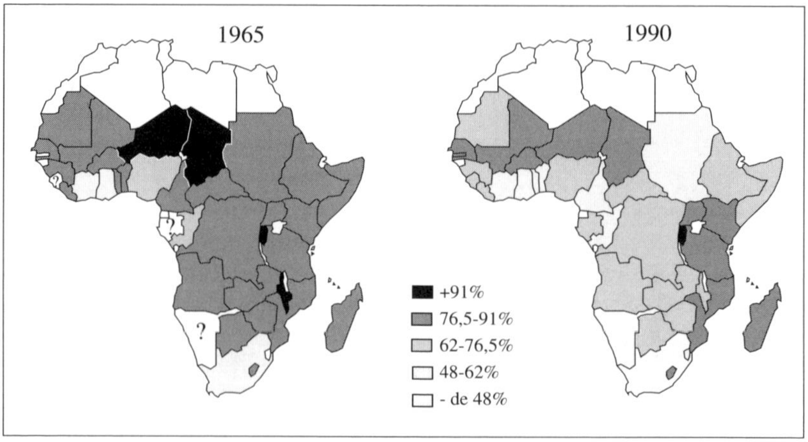

Source : J.-P. Raison *in* Bonnamour J. (dir.), *Agriculture et campagnes dans le monde*, Paris, SEDES, 1996.

19. Évolution de la population active agricole.

La part de l'Afrique tropicale dans le commerce mondial des produits agricoles, un élément pourtant vital pour son économie, ne cesse de se réduire, en raison de la concurrence de nouveaux producteurs plus compétitifs, notamment en Asie : l'Indonésie est devenue le deuxième producteur mondial de cacao et l'*Élaeis* progresse tant en Malaisie qu'en Indonésie. Elle ne dépasserait pas 3 % du total mondial. Or, dans le même temps, le continent, incapable d'assumer les effets de sa croissance démographique, nourrirait de plus en plus mal ses habitants. Quoique la ration calorique des Africains soit considérée comme la plus faible du monde, le degré d'autosuffisance du continent serait remarquablement bas ; pour les céréales, avec 86 %, il ne serait supérieur qu'à celui du Maghreb-Machrek. Cette situation désastreuse n'aurait fait que s'aggraver puisque, cas unique au monde, la production agricole par tête aurait diminué de plus de 1 % par an depuis 1970. Incapable d'entrer dans la modernité, l'agriculture africaine serait de surcroît frappée par la malédiction des calamités naturelles et plus que d'autres inapte à y répondre. Depuis le début des années soixante-dix, l'opinion mondiale est périodiquement alertée par la récurrence des sécheresses et des famines en Afrique, ce à quoi est particulièrement sensible un public français, prompt, pour des raisons historiques, à assimiler l'Afrique à l'Afrique francophone et celle-ci au Sahel.

1. Un bilan considéré comme désastreux

Il faut, à vrai dire, considérer ces données avec circonspection, surtout lorsqu'elles s'habillent du sérieux, souvent fallacieux, de l'appareil statistique. Connaît-on sérieusement la production agricole des pays africains ? La crise des appareils d'État rend de plus en plus improbables des données qui furent toujours fort approximatives et qui sont difficiles à établir dans des pays où l'autoconsommation est largement dominante ; même les données du commerce extérieur sont suspectes, tant ont pris de l'ampleur les trafics « informels » sur les frontières, quand le cacao ghanéen devient togolais ou ivoirien (Stary, *in* Bertrand et Dubresson, 1997) et quand le riz importé au Cameroun passe en fraude la frontière à destination du Nigeria... La charité étant devenue un « marché porteur », les gouvernements comme les organismes d'aide ont d'autant plus tendance à aggraver les prévisions qu'il faut convaincre une opinion peu à peu lassée. Ont aussi tout intérêt à l'accroissement de l'aide ceux qui la détournent : lors des dernières sécheresses du début des années 90, en Zambie et au Zimbabwe, on estime qu'un quart de l'aide alimentaire a été volé... Qui plus est, le recueil des statistiques est marqué par le biais ethnocentrique qui privilégie les informations sur les céréales, alors que nombre d'Africains sont gros consommateurs de racines, tubercules ou bananes d'autant plus mal comptabilisés qu'ils sont souvent récoltés au jour le jour. Au demeurant, avec leurs faiblesses, les statistiques officielles tracent de l'Afrique tropicale un tableau contrasté. L'évolution du taux d'autosuffisance en céréales n'est pas sans surprises ; certes, partout la situation paraît s'aggraver, mais les pays qui résistent le mieux sont ceux que l'on considère comme pays de famine : le Sahel, Sénégal mis à part, et l'Afrique orientale de l'Éthiopie à la Zambie. La baisse du niveau d'autosuffisance caractériserait particulièrement les pays côtiers de la façade occidentale et la diagonale centrale de sous-peuplement du Soudan à l'Angola : deux situations opposées, les pays les plus ouverts au commerce international et les régions les plus enclavées.

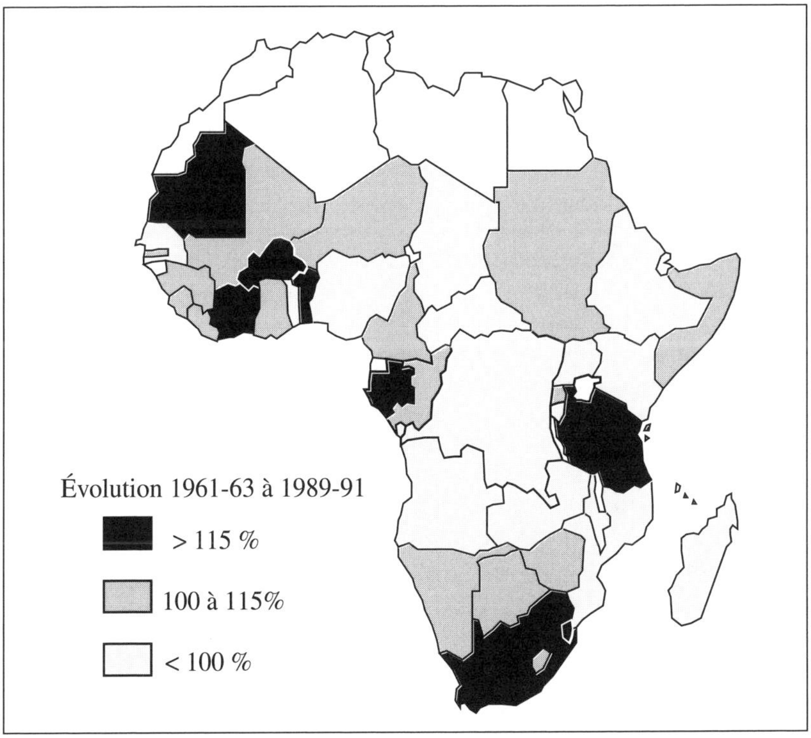

20. Évolution des disponibilités en calories.

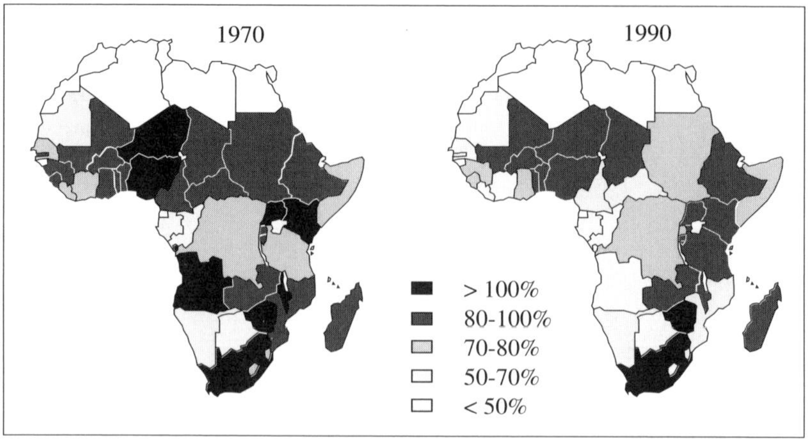

Source : J.-P. Raison *in* Bonnamour J. (dir.), *Agricultures et campagnes dans le monde*, Paris, SEDES, 1996.

21. Évolution du degré d'autosuffisance en céréales.

Le scepticisme sur la qualité des données, que confirment en général les informations précises recueillies à l'échelle locale, ne doit toutefois pas masquer l'ampleur des problèmes. Si même l'on admet que la production agricole n'est pas loin d'avoir accompagné une croissance démographique exceptionnelle, si l'on note qu'elle a généralement bien répondu à une demande urbaine qui a crû bien plus vite encore, on peut s'interroger sur l'avenir. La production agricole n'a-t-elle pas augmenté surtout par une extension des surfaces qui ne pourra se poursuivre longtemps, en raison de la dégradation et de la raréfaction des terres ? Un taux élevé d'autosuffisance n'est-il pas surtout le fait des pays restés les plus ruraux et n'est-il pas synonyme de pauvreté ? Ne s'assortit-il pas aussi d'une dégradation de la qualité des calories consommées, par extension de cultures de fort rendement mais de faible valeur nutritionnelle, comme le manioc ? Bref, combien de temps encore les campagnes supporteront-elles le poids du nombre sans connaître une mutation radicale ?

On évoque généralement un conservatisme des paysanneries africaines, soit, pour certains, qu'elles s'accrochent à la « tradition », soit, selon d'autres, que les conditions économiques, sociales et politiques empêchent un changement qui serait accepté, voire souhaité. Une reproduction de l'agriculture à l'identique, ou le seul recours à des savoirs éprouvés pour intensifier ne sauraient plus suffire aujourd'hui. Faute de mutations, la crise serait inéluctable, et le retour périodique des famines, conjoncturel dans la mesure où il correspond à des sécheresses ou à des guerres, n'annonce-t-il pas (et parfois ne masque-t-il pas déjà) une faillite structurelle (Coussy et Vallin, 1996) ? L'Afrique rurale est vue comme statique ou, au mieux, comme persévérant dans ses tendances propres, qui conduiraient à une impasse. Elle n'a pas connu la Révolution verte fondée sur l'irrigation, dont on a vanté les mérites en Inde ou en Indonésie. Elle ne connaît pas davantage la modernisation fondée sur la mécanisation et l'intervention croissante des agro-industries qui caractérise maintes régions d'Amérique latine. Serait-ce qu'il existe une approche africaine de la modernisation ? Notre hypothèse est que la « crise » des campagnes d'Afrique doit être vue non seulement au sens négatif du mot, mais comme une mutation déjà amorcée, dont les formes sont telles qu'elle est mal appréhendée. « Rebelle » aux modèles importés, même si elle ne les rejette pas en bloc, l'Afrique tropicale cherche ses voies propres de modernisation parce que les conditions du changement n'y sont pas celles que connaissent les deux autres grands ensembles tropicaux. L'analyse des mutations en cours suppose donc que soient précisés, au niveau de l'ensemble continental puis à l'échelle des sous-ensembles majeurs, les caractères spécifiques des agricultures africaines.

2. Traits communs des agricultures africaines

2.1. Une faible productivité

Si variés qu'y soient les conditions écologiques et les niveaux de densité, l'Afrique agricole présente un certain nombre de traits communs, pour l'essentiel d'ordre négatif. Le premier est la faiblesse de la productivité du travail. Cette carence est sans doute à son maximum chez les éleveurs, qui ne bénéficient pratiquement d'aucune aide dans leur travail : pas de chiens de berger, pas d'animaux de selle facilitant le suivi des troupeaux (les éleveurs de dromadaires ne les montent pas), pas d'instruments d'exhaure. Seul existe le travail humain. Sauf sur les Hautes Terres abyssines, dont les techniques se rattachent au monde moyen-oriental et indien, le continent a longtemps ignoré la charrue et l'araire ; le tracteur y reste une rareté, hors de quelques périmètres de modernisation et des grandes exploitations issues, en Afrique australe surtout, de la colonisation blanche. Le travail du sol repose largement encore sur l'énergie humaine, transmise par la houe. La roue a été également ignorée, quoique des chars attelés aient, un temps, franchi le Sahara ; la charrette reste un instrument coûteux et rare. Ont manqué bien sûr aussi des instruments au moins aussi fondamentaux dans l'économie du travail que les semoirs ou les houes tractées. Sauf en Afrique australe où l'adoption de certains de ces instruments par les agriculteurs noirs remonte au début du XIXe siècle, la traction animale a donc été négligée jusqu'au début de notre siècle et elle reste aujourd'hui encore trop peu utilisée.

On ne saurait incriminer les conditions écologiques : certes, le continent a le monopole de la trypanosomiase, qui exclut les bovins sur de très grands espaces, principalement forestiers, mais les glossines reculent lorsque la densité des hommes réduit la végétation arborée et les bovins sont présents non seulement au Sahel, où la faiblesse et la concentration saisonnière des précipitations excluent les glossines, mais partout où le travail humanise la nature. On reviendra plus loin sur les causes possibles de cet étonnant désintérêt, mais on en voit d'emblée les conséquences. Pour donner des ordres de grandeur, on peut estimer que, dans les conditions écologiques et techniques locales, il faut environ quatre heures pour labourer un hectare au tracteur et quatre jours pour remplir la même tâche avec une charrue attelée ; évaluer le temps nécessaire pour travailler la même surface avec une houe est plus délicat, tant peuvent être variées les façons culturales : on peut prendre pour base un temps de quarante jours. Dans ces conditions, la productivité du travail varie au moins dans la proportion de 1 à 60 pour la seule préparation du champ.

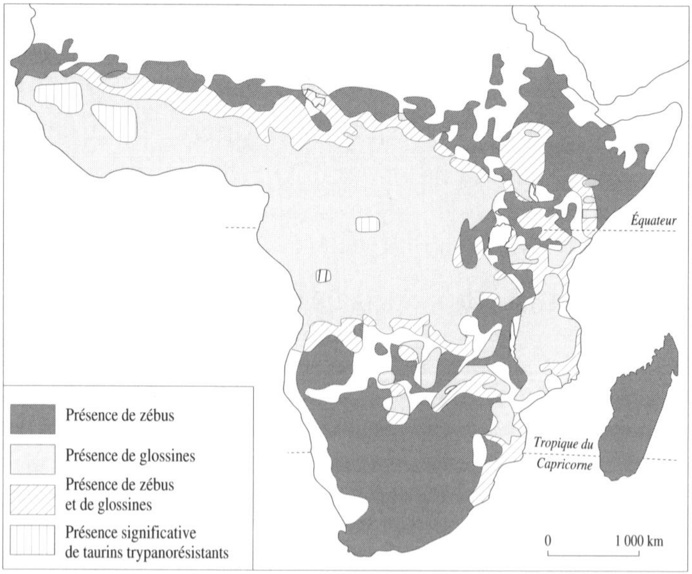

Source : A. Dubresson, J.-Y. Marchal, J.-P. Raison (dir.), *Les Afriques au sud du Sahara*, Paris, Belin-Reclus, 1994.

22. La trypanosomiase en Afrique.

Dès lors, même une agriculture dite extensive ne peut s'étendre sur des superficies considérables. Si le niveau des productions n'est pas d'autre part relevé par de bons rendements (au prix d'un accroissement du temps de travail), les surplus sont par nécessité réduits. Or, corollaire de l'absence de travail animal, l'usage de la fumure est connu mais très limité, les bêtes ne restant pas à l'étable et le transport de fumier en quantité étant difficile faute de charrettes. La fumure animale est bien sûr quasi inexistante là où les glossines interdisent l'élevage des bovins, soit dans l'essentiel des régions de forêt claire ou sempervirente, et dans nombre de savanes boisées. Le maintien ou l'augmentation de la fertilité doit alors être recherché par d'autres voies, coûteuses en temps ou en espace : la variété des solutions à ce problème, fonction des densités et de l'écologie est, on le verra, un des principaux éléments de différenciation des agricultures africaines. À des degrés divers cependant on recourt partout à la friche périodique pour reconstituer la fertilité des sols.

2.2. *Un manque de maîtrise de l'eau*

Autre fait frappant que la négligence, parfois la répulsion, à l'égard des zones de vallée et surtout la faible utilisation des terrains de vallée. Seuls les fleuves sahéliens, Sénégal, Niger ou Nil, sont des axes d'organisation du peuplement. Mais pourquoi néglige-t-on les zones basses dans la plupart des régions soudaniennes ? Les régions les plus humides de l'Asie ne donnent-elles pas l'exemple d'une utilisation systématique des vallées que l'Afrique ignore ? Bien des explications sont assez illusoires, ou ne sont guère plus que des circonstances aggravantes. L'insalubrité des vallées soudaniennes, frappées notamment par l'onchocercose (qui provoque la cécité), est au moins autant une conséquence qu'une cause de leur faible humanisation ; la densification du peuplement les assainit. Les sols de vallée sont certes lourds à travailler à la houe, mais ceci n'a pas arrêté les cultivateurs asiatiques, ni les Malgaches qui doivent à l'Asie leur pratique de la riziculture. Les plantes adaptées aux milieux semi-amphibies ne manquent pourtant pas : l'Afrique de l'Ouest est le berceau d'un riz africain et les riz asiatiques ont tôt gagné l'Afrique orientale ; des taros sont cultivés. Le point central est certainement le manque de maîtrise de l'eau. Les instruments d'exhaure sont ignorés sauf aux marges du monde arabe (Soudan, Tchad, Niger, nord du Nigeria), où l'on utilise le *chadouf*. La construction de canaux est plus courante, mais reste le fait de régions somme toute limitées. On a souligné l'habileté des riziculteurs de l'Ouest africain, de la Casamance au Liberia, dans l'aménagement de leurs rizières (Pélissier, 1966), mais, avec de très fortes pluies dans un régime soudanien unimodal, les amenées d'eau ont plus pour fonction de dessaler les sols de mangrove avant la culture que d'irriguer au cours de celle-ci. Des systèmes d'irrigation existent de longue date en Afrique orientale, dans des massifs et sur des piémonts (Raison, 1997), mais ce ne sont que des aménagements locaux, d'origine incertaine, et qui sont généralement en recul. Ailleurs, les travaux réalisés dans les fonds ont pour fonction de lutter contre l'excès d'eau en saison de pluies ou en crues, non de parer à l'insuffisance ou à l'irrégularité des précipitations. Dans la plupart des grandes vallées, quand elles sont utilisées, l'agriculture est de décrue, donc tributaire des variations climatiques.

Pourquoi cette carence, qui ne doit rien à la maladresse ou au refus de principe ? L'irrigation est un fait de société autant qu'un fait technique et les Africains montrent, quand l'occasion s'en présente, une réelle capacité à la pratiquer ; les sociétés « anarchiques » et individualistes des Diola de Casamance ou des Balant de Guinée Bissau sont de celles qui ont le plus développé l'art d'aménager les mangroves (Pélissier, 1966). Quoi qu'il en soit, les conséquences sont lourdes, et de deux ordres. La plus évidente est une forte vulnérabilité aux irrégularités de la pluviométrie, particulièrement au Sahel où l'insuffisance dans l'ampleur et la répartition des pluies se répercute directement sur la production. La seconde, moins soulignée, est au moins aussi importante : les agriculteurs sous-exploitent, voire négligent, des terroirs où la constance de l'activité organique assure une reconstitution de la fertilité, où les aménagements sont un investissement, car ils accroissent durablement les potentialités des sols. Le problème de l'entretien de la fertilité, déjà posé par la faible liaison entre agriculture et élevage, est donc encore aggravé.

2.3. *L'absence de propriété privée*

La dernière spécificité générale des agricultures africaines concerne les usages fonciers, fort différents de ceux des autres continents du Tiers Monde. Quelle que soit la variété des coutumes, on note presque partout une absence de droit privatif sur le sol. Celui-ci fait l'objet de droits d'usage spécifiques, pouvant se superposer sur un même espace, transmissibles certes, mais qui peuvent s'éteindre s'ils ne sont pas exercés. Le principe est qu'ils sont conservés tant que les traces de leur pratique sont décelables et reconnues, sous l'égide généralement des descendants des premiers occupants. En tout état de cause, la propriété privée, au sens romain du terme, est inconnue, sauf évolutions récentes et généralement très circonscrites : seul le Kenya a cadastré la quasi intégralité de ses terres cultivables, alors qu'en Afrique du Sud le système de gestion traditionnel persiste dans les anciens *homelands* des agriculteurs noirs. Le sol n'est pas un capital, il est ce qui fait vivre ; sauf lorsque la pression des densités se fait sentir, il ne saurait être gagé et nul ne peut en être privé. La seule exception « traditionnelle » confirme la règle, s'agissant des riziculture intensives malgaches ; encore les rizières ne devaient-elles pas être aliénées hors de la famille étendue.

Ces caractères généraux ne sont sans doute pas sans rapports entre eux : la faiblesse de la productivité et les difficultés rencontrées pour reconstituer la fertilité expliquent que l'emprise permanente sur les terroirs soit le plus souvent restreinte ; l'« artificialisation » du milieu sous l'action humaine est rarement complète ou n'intéresse que certaines des facettes écologiques. Partant, la distinction entre nature et culture étant incomplète, l'investissement dans l'aménagement des terroirs étant réduit, il est somme toute logique que les droits sur le sol restent partiels et répartis en fonction d'usages spécifiques. Ce qui importe le plus, toutefois, dans notre perspective, ce sont les conséquences de ces caractères majeurs sur la nature des techniques et les caractères des exploitations agricoles. La faiblesse de la productivité du travail et les difficultés de maintien de la fertilité ont pour corollaire le caractère restreint de la superficie cultivée (mais non point nécessairement de la superficie contrôlée, qui inclut les friches, généralement beaucoup plus étendues que les cultures) : à titre de grossière approximation, la surface des champs ne dépassait guère, jusqu'à date récente en tout cas, 1 ha à 1,5 ha par actif et elle était souvent bien inférieure. L'extensif africain n'est guère étendu : on peut s'étonner sur ce point de différences sensibles avec l'Amérique latine, et notamment avec le Brésil où un *minifundio* peut atteindre 10 ha.

Ici intervient la situation foncière : tant que la tendance à l'appropriation individuelle des terres ne se manifeste pas, que le droit à leurs friches est reconnu aux exploitants, il est inutile de marquer par des cultures le contrôle du sol, les traces d'un défrichement antérieur y suffisant. L'intensification de l'agriculture, d'autre part, ou plus généralement l'aménagement foncier, étant pour l'essentiel fondés sur une énergie humaine peu efficace, elle ne s'applique que dans les cas de fortes densités rurales même si, comme dans toutes les civilisations agraires, les communautés disposent d'une gamme complète de techniques, de l'extensif à l'intensif, celui-ci étant pratiqué au moins sur la surface limitée des jardins, proches des habitations. Ailleurs, la vigueur des mécanismes biologiques, l'importance des recrûs d'herbes, d'arbustes ou d'arbres, essentielle certes au rétablissement de la fertilité, est aussi une contrainte qui en accroissant le travail de défrichement, en limite l'extension : jouant sur les mécanismes écologiques, l'agriculteur en est en même temps le serviteur.

3. Variété des situations, fonction de l'écologie et des densités

3.1. Les pays du risque

Il faut donc revenir à la diversité des situations, selon deux grilles de lecture : l'écologie (particulièrement le climat) et les densités. Un premier niveau de classification oppose aux régions de climat unimodal (une seule saison de pluies, centrée sur l'été) les régions qui connaissent sinon une pluviosité permanente (rythme équatorial) du moins deux saisons de pluies alternant avec des saisons sèches brèves, voire peu marquées (rythme subéquatorial bimodal). Le premier groupe doit lui-même être subdivisé, dans une opposition classique entre « Sahel » et « Soudan ». Les limites entre les deux sous-ensembles peuvent être floues et fluctuantes ; toute tentative de définition par la pluviométrie est arbitraire (selon les auteurs le seuil varie entre 350 et 650 mm de pluies) car importent avant tout les conditions édaphiques, que traduit mieux la végétation : le « cram-cram » (*Cenchrus biflorus*) pour la végétation herbacée, le palmier doum (*Hyphaene thebaica*) pour les arbres sont ainsi dans l'hémisphère nord de bons indicateurs de la zone sahélienne. Si une vue superficielle établit mal la distinction, les deux milieux étant caractérisés par la combinaison de graminées, d'arbres et d'arbustes en proportions variables, les différences sont sensibles dans les pratiques agricoles.

Au Sahel, alternant avec des brousses épineuses, ou ponctué de végétation arborée et d'arbustes, le couvert herbacé est fait de graminées annuelles, d'assez bonne qualité fourragère, constituant une steppe qui laisse des plaques de sol à nu, où le feu ne court pas, et qui laisse peu de résidus en fin de saison sèche, ce qui allège sensiblement le travail de préparation des champs. Mais la saison pluvieuse est courte et incertaine ; la pluviosité, résultant pour l'essentiel de « grains », peut être insuffisante sur l'ensemble de la région, et elle est toujours aléatoire à l'échelle locale. Extension et dispersion sont d'indispensables précautions, et la brièveté de la saison agricole contraint à un semis rapide, aux premières pluies utiles, que seule une longue expérience permet de distinguer d'ondées précoces et sans suite. L'économie de l'eau dans le sol est le facteur majeur de sélection des terres cultivées : les sols sableux, malgré leur fertilité restreinte, sont préférés car, faciles à travailler, ils emmagasinent et restituent bien l'humidité, tandis que les sols argileux des cuvettes sont alternativement inondés ou durcis en surface. La gamme des plantes cultivées, limitée, a été réduite depuis que les communautés villageoises ne recherchent plus une totale auto-suffisance : mil et niébé (*Vigna sinensis*) sont les productions de base, à quoi peut s'ajouter l'arachide. En raison de la faible pluviométrie, les rives des grands fleuves (Sénégal, Niger, Chari, Nil), dont les sources sont situées dans des régions mieux arrosées, constituent des sites très recherchés où la concentration des hommes n'a pas été accompagnée d'aménagements durables : ceux-ci n'ont débuté qu'à l'époque coloniale (Office du Niger, Gezireh soudanaise, plus récemment aménagement du fleuve Sénégal) ; la culture reste dépendante des rythmes de la crue et de la décrue. Les vallées qui, pour une bonne part, courent aux marges extrêmes du domaine cultivable sous pluie, sont des espaces contestés entre agriculteurs et éleveurs, car au Sahel les deux activités ont été couramment pratiquées par des populations différentes, vivant en saison des pluies seulement sur des espaces distincts. Il existe en effet un Sahel pastoral (grosso modo entre 150 et 350 mm de pluies), zone de pâturages fugaces utilisables en période des pluies ; en saison sèche, les troupeaux se replient sur le Sahel agricole, où l'on bénéficie de ressources en eau permanentes et où jachères et friches peuvent être pâturées ; la concurrence spatiale ne porte que sur les vallées quand y est pratiquée la culture de contre saison.

3.2. Savanes et « parcs »

Les régions soudaniennes ne semblent pas offrir des conditions très différentes, puisqu'elles ne se distinguent pas du Sahel par le rythme des précipitations mais par des différences de pluviosité inégalement sensibles selon les années et les conditions édaphiques. L'emploi courant de termes comme « soudano-sahélien » ou « sahélo-soudanien » marque bien le caractère indécis de la transition. Pourtant, quand elles sont bien caractérisées, les régions « soudaniennes » ont des traits spécifiques : issue probablement d'une forêt claire (assez éclairée au sol pour que le tapis herbacé y soit important), encore fort étendue en Afrique australe (le *miombo*), la savane se compose en proportions diverses d'arbres et de graminées ; celles-ci, plus abondantes mais moins riches qu'au Sahel, sont pérennes et couvrent le sol de façon continue, si bien que les feux courants peuvent se développer. La savane est manifestement une formation pyrophile, où le couvert arboré résulte d'une double sélection : l'action des hommes y élimine peu à peu les arbres jugés inutiles, conservant des « parcs » d'arbres sélectionnés pour leur utilité dans l'alimentation humaine ou animale ou pour leurs vertus fertilisantes, comme *Faidherbia albida*. (Pélissier, 1966) ; d'autre part le feu, provoqué ou spontané, y effectue sa propre sélection.

Nous importent surtout les effets de cette écologie sur les pratiques d'agriculture et d'élevage. La pluviosité étant plus élevée et plus sûre, le cortège des plantes cultivées s'élargit : au mil s'ajoutent le sorgho, le fonio, l'éleusine, et aujourd'hui de plus en plus le maïs ; la gamme des légumineuses est plus large ; le coton trouve ici un climat adéquat ; l'igname apparaît. Ces avantages ont leur contrepartie : les graminées pérennes, avec leurs bulbes et leurs rhizomes, reprennent avec vigueur, souvent avant même le début des pluies, grâce à la printanisation que provoquent les feux de brousse. La préparation des champs en est rendue plus difficile ; le sarclage, qui est déjà au Sahel la tâche la plus prenante, est ici plus ardu encore. Plus humides, les régions soudaniennes sont aussi plus malsaines. Dans les vallées, les simulies sont les vecteurs de l'onchocercose, qui a longtemps été un obstacle au peuplement. Sur les interfluves, les arbres et bosquets de savanes sont des gîtes privilégiés pour les glossines si bien qu'ici la présence des bovins dépend de l'action d'agriculteurs assez nombreux pour faire reculer ces vecteurs de la trypanosomiase en limitant le couvert arboré. Peu peuplé, le *miombo* (forêt claire) d'Afrique centrale et australe exclut pratiquement les bovins : la fertilisation y dépend d'un brûlis très extensif qui limite les densités et donc empêche l'assainissement du milieu, ou d'une fertilisation par le végétal (enfouissement des herbes) très exigeante en travail.

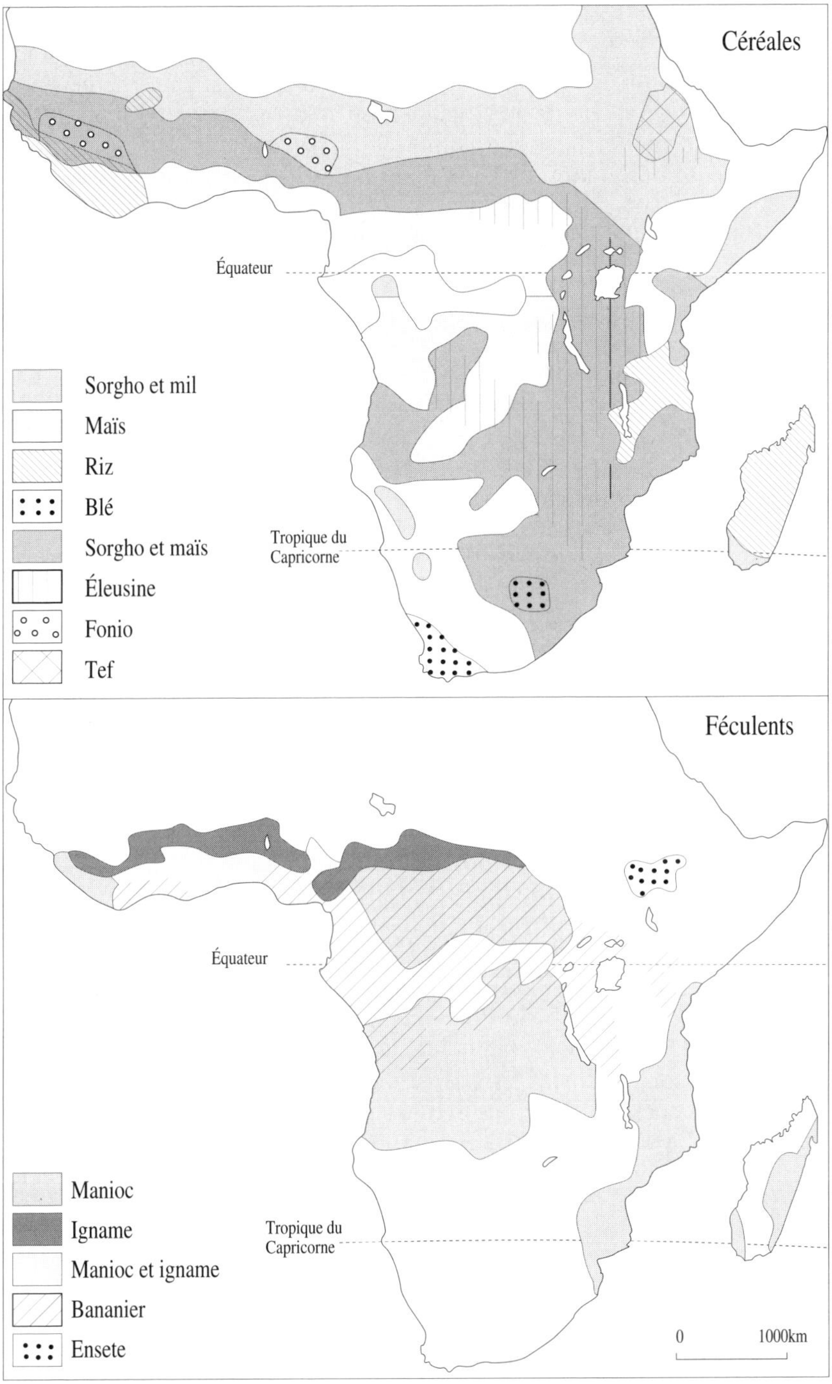

Source : A. Dubresson, J.-Y. Marchal, J.-P. Raison (dir.), *Les Afriques au sud du Sahara*, Paris, Belin-Reclus, 1994.

23. Les principales cultures vivrières en Afrique tropicale.

Quand le niveau des densités et le degré de déboisement autorisent la présence de cheptel, l'organisation des terroirs doit permettre la coexistence des champs et de troupeaux, exigeants en espace faute de cultures fourragères. Une géométrie de l'utilisation du sol y a plus de poids que l'adaptation au détail des conditions édaphiques. Problème d'autant plus délicat que nombre de « Soudaniens » ne sont pas des éleveurs nés : ils confient volontiers leurs bêtes à des spécialistes (les Peul en Afrique de l'Ouest), qui conduisent aussi leur propre élevage, l'année durant, à la périphérie des terroirs : la cohabitation ne va pas sans palabres...

3.3. Les agro-systèmes complexes de la forêt

Quand la durée des périodes pluvieuses, plus que le montant des précipitations, s'accroît sensiblement, on passe sinon à la forêt dense, du moins à une combinaison en mosaïque de forêts et de savanes, instantané d'une évolution qui, sans le développement des activités agricoles, conduirait à une progression du manteau forestier après les épisodes secs qui l'avaient confiné sur des îlots de plus forte pluviosité et de sols qui assuraient une bonne alimentation en eau (Guillot, 1973 ; Blanc-Pamard, 1979). Le cheptel bovin est généralement exclu par la présence de glossines, si bien que la gestion du végétal est la base de l'entretien de la fertilité. Des deux formations, la plus difficilement maîtrisable est la savane péri-forestière, tant il est vrai qu'en agriculture manuelle, dans des milieux non contrôlés, l'herbe est l'ennemie du paysan quand l'arbre peut être son allié. La vigueur de la poussée herbeuse, l'importance des appareils souterrains contraignent à une lutte permanente contre les graminées concurrentes des cultures. C'est sans doute ici que s'exerce le plus la finesse des savoirs paysans ; l'usage codifié des brûlis à feu couvert (l'écobuage au sens propre) et des techniques de travail du sol (à plat, en buttes ou billons) permet à la fois la destruction de la végétation herbacée et l'amélioration de la structure du sol, variant selon les « types de champs » (de Schlippé, 1956).

En forêt, la défriche-brûlis est le mode de culture classique, qui s'exerce moins aux dépens des forêts primaires, dont les grands arbres, au bois dur, résistent au bûcheron et fournissent proportionnellement peu de cendres, que des forêts secondaires, plus luxuriantes, aux bois plus tendres, où la proportion des branches, susceptibles de brûler après un temps de séchage somme toute limité, assure une meilleure fertilisation (Jean, 1975). Le premier abattis de forêt est donc un investissement qu'il faut entretenir par des retours réguliers sur les recrûs (tous les 20 à 25 ans environ). Le temps de mise en culture est restreint : rarement plus de deux ans, non pas en raison de l'épuisement des sols par une culture négligente, mais parce que la croissance rapide des herbes contraindrait, au-delà de ce terme, à d'épuisants travaux de sarclage : la recherche d'une meilleure rémunération de la journée de travail, ressort des choix techniques dans toutes les zones écologiques, pousse à abattre un autre pan de forêt, tant que l'espace ne manque pas.

Si la défriche-brûlis implique de grandes étendues de friches, l'agriculture forestière, tant qu'elle se contente d'assurer l'autosuffisance alimentaire, ne demande que des champs de petites dimensions. Quand, en zone soudanienne, 50 ares par actif sont une norme approximative, en forêt 25 ares peuvent suffire. Le potentiel écologique permet en effet une large gamme de cultures et surtout une grande variété de combinaisons de plantes sur les parcelles. Les zones d'écologie forestière sont souvent considérées comme le domaine de prédilection des racines et tubercules, à quoi s'ajoute le bananier plantain. Ce sont pour l'essentiel des espèces importées (seules certaines ignames sont d'origine africaine) et le manque de matériel végétal adapté expliquerait la conquête tardive des forêts équatoriales. Vue trop schématique : les céréales ne sont pas ignorées, au premier rang desquelles le riz pluvial, exigeant en eau, mais qui se conserve bien dans des climats humides, le maïs également, plus délicat à stocker, mais aussi le sorgho et l'éleusine. Les légumineuses ne manquent pas, notamment l'arachide, plus consommée par les paysans congolais que par les Sénégalais. L'arbre, par contre, intervient peu dans l'auto-subsistance : les « parcs » si caractéristiques des zones soudaniennes, sont plus rares ici et ne concernent pratiquement que le palmier à huile (*Élaeis*) et le palmier rônier.

Cette variété d'espèces est cultivée dans le cadre d'associations beaucoup plus complexes qu'en agriculture soudanienne, qui connaît essentiellement la combinaison de céréales et de légumineuses. Dans ce que certains auteurs appellent des « agrosystèmes généralisés », les complémentarités entre plantes et la diversité des conditions écologiques à l'échelle de la parcelle sont systématiquement utilisées pour obtenir les meilleurs rendements. Si la productivité du travail est faible ici aussi, la productivité à l'hectare est le plus souvent élevée. La multiplicité des cultures et la longueur des périodes pluvieuses permettent d'étaler les travaux et rendent moins cruciale la conservation des productions, d'ailleurs difficile sous ces climats. L'Afrique forestière n'est pas l'Afrique des greniers, mais celle des paniers, car on ne garde dans les maisons que des quantités limitées.

La faible extension des superficies cultivées, l'aspect des champs où souches et troncs abattus, arbres préservés, associations de cultures apparemment désordonnées, l'extension des forêts secondaires ou primaires, donnent un sentiment de faible humanisation que renforce l'absence de vues lointaines. Les espaces forestiers, pourtant, sont également susceptibles de déboisement rapide et de saturation spatiale, car, parmi les cultures possibles figurent des espèces de cycle long ou pérennes, notamment le palmier à huile, le caféier, le cacaoyer, voire le bananier ; ces espèces sont couramment implantées sur les parcelles de cultures vivrières et entrent en production après les vivriers. Il peut donc se produire un phénomène d'accumulation des « plantations » qu'ignorent les zones plus sèches où l'effort doit être renouvelé annuellement. Les régions forestières sont donc celles où les surfaces cultivées par actif peuvent être soit les plus petites soit les plus grandes. Ainsi comprend-on, la quasi disparition, en moins de cinquante ans, des forêts (mais non des arbres…) en Côte-d'Ivoire méridionale, malgré des densités qui restent modestes : de 12 M ha en 1960, la forêt dense ivoirienne serait tombée à 2,2 M ha en 1990 (Rougerie *in* Richard (dir.), 1990). Se pose alors de façon aiguë le problème de l'entretien des plantations, puis de leur renouvellement : passé un quart de siècle, les rendements baissent en effet et le choix est entre un inéluctable déclin, dans un système de plus en plus extensif, le renouvellement du matériel végétal, plus coûteux quand les traits d'écologie forestière ont disparu, ou l'adoption de nouvelles cultures, le plus souvent de cycle court ou moyen. Les systèmes forestiers, dès qu'ils dépassent le stade de la défriche-brûlis semblent entraînés, sauf investissements, dans une évolution linéaire, s'opposant au rythme cyclique des régions plus sèches où reviennent annuellement les mêmes productions, pour lesquelles seule l'intensité varie selon la pression démographique.

3.4. Des montagnes aux marais : les écosystèmes spécifiques

Ces trois grands types n'épuisent pas la diversité des situations. Quatre autres cas, au moins, doivent être mentionnés. Il s'agit d'abord des hautes terres et des montagnes, deux réalités qui ne se confondent pas (la première se réfère à l'altitude, la seconde au relief). Ainsi l'essentiel de l'Afrique au sud de l'équateur est-il constitué de hautes surfaces à plus de 1 000 m (altitude rarement atteinte en Afrique occidentale), tandis que les reliefs sont modérés. À soi seule, une telle altitude modifie peu les conditions écologiques : il faut monter plus haut, ou se rapprocher du tropique pour que la fraîcheur hivernale joue un rôle appréciable et interdise saisonnièrement certaines productions, mais en autorise d'autres comme les céréales et les légumes des régions « tempérées ». Aux alentours de 2 000 m, en Éthiopie par exemple, la gamme des cultures est radicalement modifiée.

Le relief, même à altitude médiocre, a des effets plus sensibles. Les « montagnes » africaines (le terme pouvant s'appliquer à des hauteurs de bien faible élévation, comme les monts du Mandara au Cameroun ou les massifs kabyé au Togo) diffèrent certes selon le contexte climatique régional, mais constituent généralement, si du moins leur substrat géologique s'y prête, des terroirs privilégiés pour une agriculture manuelle : pluviosité un peu plus élevée et surtout plus sûre en raison d'effets orographiques, sols enrichis minéralement par la décomposition de la roche sur les versants sont des éléments positifs. Le peuplement dense de beaucoup de massifs montagneux ne s'explique pas, ou pas uniquement, par leur rôle de refuge en temps d'insécurité mais par leurs qualités ; leurs densités élevées sont logiques car elles seules permettent, compte tenu des techniques, un aménagement des versants contre l'érosion. Ce qui devrait surprendre, ce sont les exceptions au principe de fort peuplement, comme dans plusieurs massifs du Sud tanzanien.

Deuxième ensemble original que les zones arides ou sub-arides de l'Afrique orientale, de la Somalie à la Tanzanie. Cette partie du continent est en effet marquée par l'« azonalité » de son climat et la faiblesse des pluies aux basses latitudes, en dépit de rythmes équatoriaux. 350 à 750 mm de pluies répartis sur deux saisons ne permettent qu'une agriculture aléatoire ; ils assurent de bons pâturages, mais ils favorisent aussi la prolifération des glossines, que les éleveurs ne savent pas contrôler autrement que par une très forte charge en bétail. Si les troupeaux se réduisent, comme ce fut le cas à la fin du XIXe siècle, avec la grande épizootie de peste bovine, des immensités sont soustraites à un domaine pastoral que les agriculteurs ne peuvent ou ne veulent conquérir. Seules les parties les plus arides ont échappé à la trypanosomiase, et sont, par un apparent paradoxe, les plus chargées en hommes et en troupeaux.

Les grandes vallées et les zones de marais constituent rarement, hors Sahel, des pivots d'entités régionales, qu'elles soient des zones sous-utilisées (c'est le cas du sud du Soudan, de la cuvette congolaise, de la vallée de la Kilombero en Tanzanie), ou qu'elles constituent seulement une facette d'une combinaison de terroirs. Sauf au Sahel, où les techniques d'exploitation sont restées pourtant sommaires, les grands axes hydrographiques sont sous-peuplés et sous utilisés : ainsi des Nils en amont du Soudan. Seule exception notable : certaines parts de la côte du golfe de Guinée, où les « rivières du Sud » ont été le berceau de rizicultures très élaborées et où, au Bénin, la vallée de l'Ouémé est intensivement utilisée par des systèmes d'agriculture de décrue.

3.5. Variations selon les densités

Cette typologie fondée sur les grands traits de l'écologie doit être croisée avec les densités, très variables dans des conditions naturelles similaires. Même dans les régions où la pluviosité ne permet guère que la vie pastorale, les charges en hommes et en animaux diffèrent (et de surcroît fluctuent) très sensiblement ; ceci est bien plus marqué dans les régions agricoles. Certains facteurs de variation relèvent du temps long : Paul Pélissier (1985) souligne ainsi l'opposition entre des groupes solidement ancrés à des terroirs, privilégiant l'accumulation des hommes sur place et, partant, l'intensification et d'autres qui, au contraire, se projetant dans l'espace, évitaient d'y recourir. Le deuxième facteur relève d'une histoire plus brève : la colonisation européenne, dans son souci de limiter la mobilité spontanée pour canaliser les mouvements selon ses projets, a figé des situations contrastées, fruits des temps de calamités et de troubles qui la précédèrent, voire, dans certains pays (Kenya, Rhodésie, par exemple) a accentué les contrastes en cantonnant des populations pour faire place à des entreprises agricoles européennes.

Ces contrastes n'auraient pu se maintenir sans crises si les paysanneries n'avaient disposé d'un stock large de techniques allant du plus extensif au plus intensif, pratiquées simultanément mais dans des proportions variées. Car, pour reprendre ici encore Paul Pélissier, toutes savent que, si l'intensif nourrit, l'extensif rapporte, car il rémunère mieux la journée de travail. Au demeurant, l'opposition entre les deux options n'est pas totale en Afrique : l'agriculture africaine intensive produit plus à l'unité de surface, moyennant une charge de travail accrue sur une période plus longue de l'année et des rendements modestes faute d'intrants, tandis que l'extensif, compte tenu des goulets d'étranglement dans le calendrier de travail, n'implique pas une grande extension de la superficie cultivée : la différence majeure n'est pas dans l'étendue des champs, ni dans les revenus, mais dans l'extension des friches, la physionomie des champs ; bref dans les paysages, à grande comme à petite échelle. En définitive, dans les conditions économiques, techniques, démographiques qui ont longtemps prévalu, l'Afrique tropicale a pu paraître étrangère aux grandes mutations de l'agriculture mondiale, poursuivant dans sa voie, car elle possédait apparemment, par l'ampleur des terres disponibles, la souplesse des régimes fonciers, la variété des techniques et des plantes cultivées, la garantie d'écoulement de ses produits auprès des anciens tuteurs coloniaux, les moyens de parer à la croissance démographique, de participer à une modeste monétarisation de l'économie. Qu'elle n'ait guère eu les moyens d'opter pour une modernisation radicale est une évidence ; que celle-ci lui ait été maladroitement proposée en est une autre ; mais elle ne semble guère en avoir eu l'envie, c'est-à-dire peut-être le besoin.

4. Crises et mutations

Or cette évolution auto-centrée et limitée, ce refus des paysanneries de se laisser « capturer » (Hyden, 1980) par la modernisation agricole, semblent aujourd'hui dépassés par une mutation qui tend à s'accélérer. On décrit ce changement comme une crise, en donnant au terme son sens négatif ; il est sans doute plus pertinent d'y voir une mutation qui devrait entraîner de profonds renouvellements.

4.1. La terre est « finie »

La forme la plus spectaculaire de la crise agricole est assurément la succession des sécheresses qui ont affecté en particulier le Sahel à partir de la fin des années soixante, mais que le reste du continent n'a pas ignorées (ainsi en Afrique australe au début de notre décennie). Depuis lors, même s'il est abusif de parler d'une « désertification », agriculteurs et plus encore éleveurs sont soumis non plus au risque, mais véritablement, à l'incertitude climatique, face à laquelle les habituelles stratégies anti-risques paraissent très insuffisantes. Plus que la baisse périodique des rendements, ou qu'une dégradation écologique sans doute moins dramatique qu'on ne l'a cru, il faut retenir les effets spatiaux et fonciers de cette conjoncture : le Sahel pastoral, qui avait progressé vers le tropique à la faveur d'une suite d'années pluvieuses, a brutalement reculé : l'isohyète 100 mm, à peu de chose près sa limite sèche, a reculé de 400 km certaines années. Les pasteurs ont dû se replier sur le Sahel agricole, lui-même affecté. L'espace utilisable s'est donc restreint au moment même où la demande de terre s'accroissait. Se firent alors sentir de manière décisive les effets de la grande mutation démographique qui a suivi la Deuxième Guerre mondiale, avec l'arrivée à l'âge de l'autonomie des premières générations de la transition démographique : les terroirs durent assumer en moins de vingt ans un doublement du nombre des exploitations. Problème d'autant plus épineux que, la croissance démographique entraînant une augmentation de la proportion d'inactifs, une agriculture déjà peu productive ne pouvait que s'orienter davantage vers l'extensif. Dans un espace que l'on découvrait « fini », et puisque le droit à la terre ne reposait que sur son usage, apparaissait l'impérieuse nécessité d'étendre le patrimoine en multipliant les défriches, donc en accentuant l'aspect extensif des systèmes de production et en usant de toute la panoplie des stratégies de blocage, d'encerclement, de cantonnement, de marquage foncier par des plantations lâches que pratiquent les paysanneries dépourvues de cadastre. À plus grande échelle, l'insécurité climatique accrue dans maintes régions a conduit à s'intéresser à des terroirs jusqu'alors négligés, notamment aux zones basses, insalubres, et dont les sols lourds paraissaient difficilement cultivables.

C'est à cette époque que les responsables de projets de développement, qui jusqu'alors se lamentaient de ne pas voir atteint leurs objectifs d'extension, ont constaté un brutal renversement et une tendance au dépassement des objectifs. Les suivis de terroirs confirment le phénomène : le taux d'occupation du sol, qui n'avait que faiblement progressé entre 1950 et 1970, s'est brutalement élevé. Les fronts pionniers, jusqu'alors très circonscrits, se sont vigoureusement activés : au Burkina Faso pour le coton, mais aussi, pour les céréales, au Kenya, sur les pourtours des anciennes

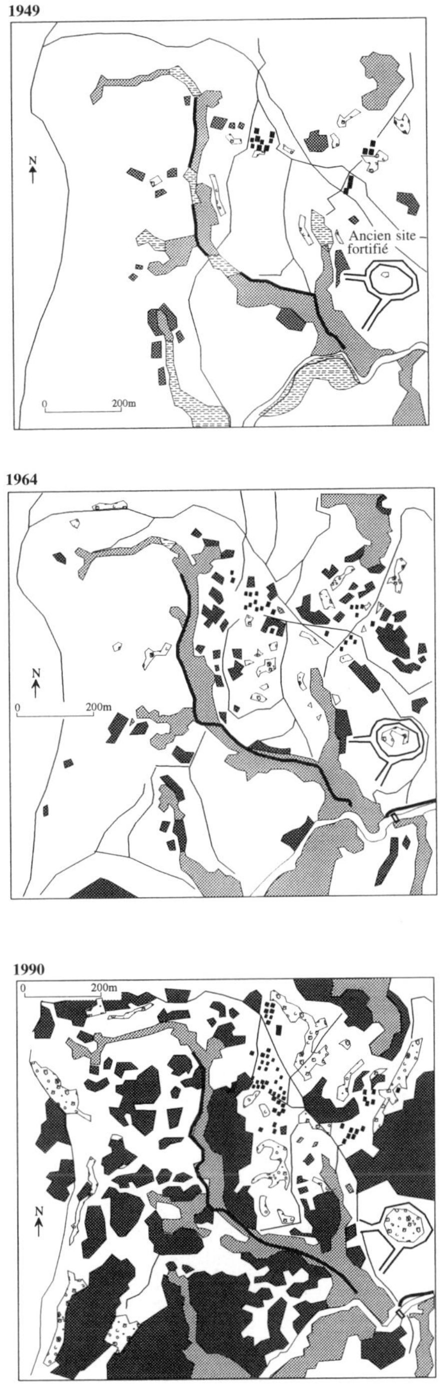

Source : H. Rakoto-Ramiarantsoa, *in Paysanneries malgaches dans la crise*, Paris, Karthala, 1994.

24. Les mutations du terroir d'Ambohiboromanga (Imerina, Madagascar).

« terres blanches » de la *Rift Valley*, et sur les piémonts des massifs tanzaniens ; bananeraies et caféières ont fortement progressé sur les périphéries du Buganda, en Ouganda. Dans des pays déjà très densément peuplés, comme le Rwanda et le Burundi, les phénomènes, plus discrets car portant sur des superficies plus restreintes, ne sont pas moins frappants : l'évolution de la répartition des densités au Rwanda montre leur égalisation par la conquête des périphéries orientales, longtemps négligées, tant en raison de l'emprise foncière des éleveurs qu'en raison d'une écologie moins favorable aux cultures vivrières de base.

Le phénomène n'est donc nullement spécifique de la zone sahélienne et sahélo-soudanienne, ce qui prouve bien que la crise climatique, indéniable accélérateur, n'est pas seule en cause. Le moteur est sans nul doute démographique et l'extension concerne presque tout le continent (seuls y échappent les pays très peu peuplés, comme le Congo et le Gabon). Selon la thèse d'Ester Boserup (Boserup, 1970), la croissance démographique devrait provoquer une intensification agricole : rien de moins évident, en tout cas de moins systématique ici. Boserup, en effet, confondant masse et mouvement, néglige un fait essentiel : si, à terme, l'accroissement des densités impose l'intensification, la croissance démographique brutale l'entrave, en provoquant une diminution relative de la force de travail ; l'intensification ne serait possible qu'au prix d'un accroissement de la productivité, ce qui suppose une capacité d'investissement.

4.2. *La modernisation dans un contexte de crise économique*

Or d'autres facteurs ont entravé celle-ci. Après la phase de hauts prix des années cinquante, les cours des produits d'exportation ont connu une évolution à la baisse, accentuée par la disparition des « préférences impériales », par la naissance de la CEE et la mutation agricole des pays européens, réduisant leur dépendance pour certains produits tropicaux (les oléagineux notamment) et accroissant leurs surplus en céréales, en viande, en produits laitiers, poussant à la baisse des prix des productions vivrières africaines. La parade proposée aux Africains était un accroissement de la productivité, par le développement de la culture attelée et l'emploi d'intrants nouveaux (engrais, insecticides, herbicides) à des prix subventionnés. La réponse africaine n'a pas été négative ; elle a été détournée. On note, à partir de la fin des années soixante, une progression de l'équipement, une adoption des intrants nouveaux ; mais leur usage continue de se situer largement dans une logique générale de culture extensive. Les engins attelés sont utilisés pour étendre les cultures plus que pour améliorer les façons ; l'engrais pare à la réduction du temps de jachère plus qu'il n'assure l'accroissement des rendements ; l'herbicide est très apprécié parce qu'il fait sauter le goulet d'étranglement du sarclage. D'autres outils favorisent la course à l'extensif : les tronçonneuses accélèrent assurément les défrichements en forêt ; on imagine moins aisément que bicyclettes et mobylettes favorisent la course à la terre, en réduisant le temps de déplacement vers les lointains « champs de brousse » ; on est surpris de voir la moto « tous terrains » devenir un instrument de travail des gardiens de troupeaux ; de même, l'introduction d'engins de transformation des produits, tels que les moulins à céréales, en dégageant les femmes de certains travaux domestiques, permettent d'accroître leur participation au travail de production agricole. La modernisation s'est régulièrement accompagnée d'un accroissement du travail féminin.

Pour qui prend un peu de recul, il est indéniable qu'agriculteurs et éleveurs africains ont ajouté à leurs savoirs anciens de réelles capacités techniques dans l'utilisation de nombre d'outils de la modernisation. Ne s'en étonneront que ceux qui leur en ont dénié la capacité parce qu'ils ont refusé de prendre en compte leurs logiques, c'est-à-dire le faisceau de contraintes dans lesquels ils exercent leurs activités. L'expérimentation a de tout temps été empiriquement pratiquée (Richards, 1985) et les choix ont été faits en fonction de coûts et de bénéfices qu'il faut évaluer selon le contexte économique et social. Aujourd'hui les ruraux ont peu à apprendre des vulgarisateurs ; ils savent doser engrais et insecticides, ou vacciner leurs bêtes.

Les effets de cette amplification et de cette diversification des capacités sont sensibles même dans les conditions les plus difficiles. L'exemple du terroir serer de Sob (Sénégal), suivi sur vingt ans, est frappant (Garin, Faye *et al.*, 1990). En raison de la pression démographique, l'ancien système d'assolement triennal, qui assurait le maintien de la fertilité, a dû être abandonné ; une part croissante du troupeau ne séjourne que saisonnièrement au village ; faute de ressources l'engrais n'est plus employé ; le « parc » de *Faidherbia albida* est dégradé ; la pluviométrie est plus faible (628 mm en moyenne en 1965-1969, 482 mm en 1985-1987). Or la catastrophe prévisible ne se réalise pas : pour l'essentiel grâce à un meilleur travail du sol, que permet la culture attelée, les rendements ont augmenté.

Tableau 4. Évolution des rendements à Sob (rendements en quintaux)

	Moyenne 1965-1969	Moyenne 1985-1987	Variation
Mil non fumé	2,6	5,4	+107 %
Mil fumé	3,8	7,6	+100 %
Sorgho	2,7	7,3	+170 %
Arachide	5,6	8,2	+ 46 %

Source : Garin *et al.* 1990.

Sans doute les rendements restent-ils très faibles et leur croissance ne fait-elle guère que suivre celle de la population ; mais une plus grande sécurité est assurée. En tout état de cause, on voit à l'œuvre l'ingéniosité d'une paysannerie face aux défis. Encore faut-il qu'à l'avenir, ces possibilités techniques soient (ou demeurent) accessibles au plus grand nombre.

Or d'autres éléments, de nature économique et politique, crise des États et mutation des politiques économiques, étroitement liées, pèsent aujourd'hui sur la modernisation rurale. Le choc écologique et démographique des années soixante avait été suivi d'un accroissement des investissements dans le monde rural : l'émotion provoquée par les famines a sans doute moins joué que le premier choc pétrolier et la nécessité de recycler la masse des pétrodollars. L'Afrique a accepté d'investir davantage sans mesurer le poids de l'endettement qui en résulterait ; des investissements à long terme dont les effets positifs ne pouvaient se faire sentir avant que ne se manifeste le poids de la dette.

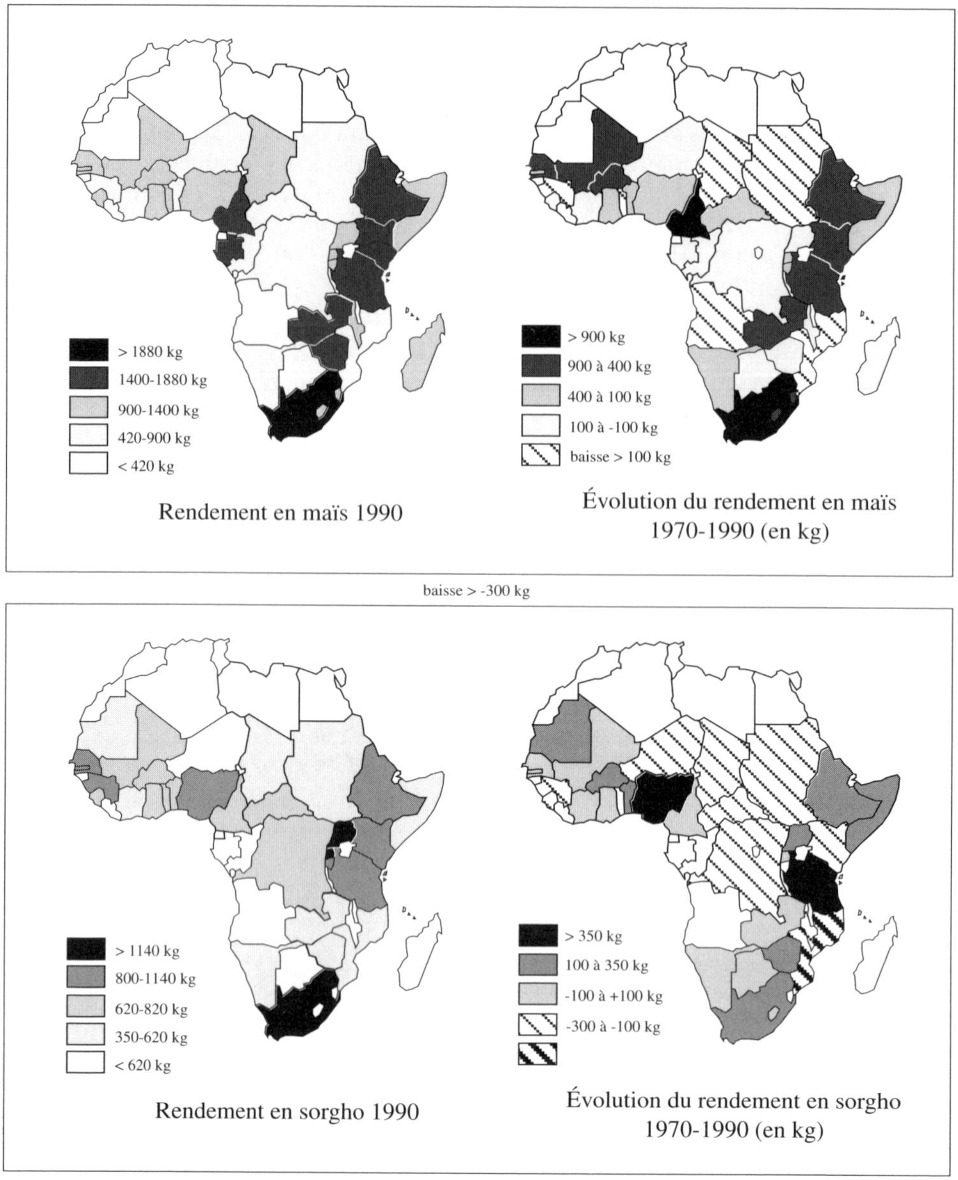

Source : J.-P. Raison, *in* Bonnamour J. (dir.), *Agricultures et campagnes dans le monde*, Paris, SEDES, 1996.

25. Évolution des rendements en maïs et en sorgho.

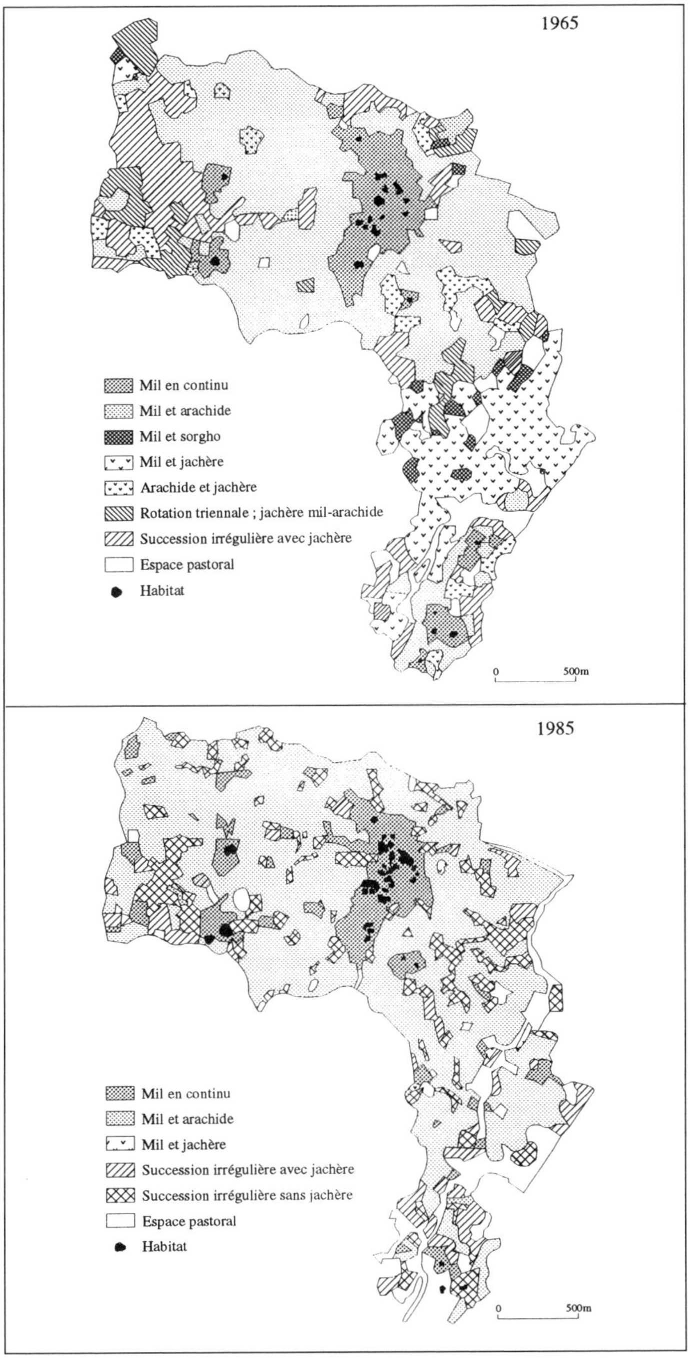

Sources : d'après A. Lericollais, *Sob. Étude géographique d'un terroir serer*, ORSTOM, 1972, Garin *et al.*, 1990.

26. La saturation de l'espace sur le terroir de Sob (Sénégal).

Un niveau d'endettement insupportable a conduit à la mise du continent sous la tutelle du FMI et de la Banque mondiale.

4.3. L'obligation d'autosuffisance

On connaît les principes généraux de l'intervention des institutions de Bretton Woods : réduction des dépenses et (si possible) augmentation des recettes, dévaluation, désengagement de l'État allant jusqu'à son dépérissement, établissement d'une économie de marché qui ferait jouer, à l'échelle mondiale, la règle des avantages comparatifs. Le monde rural a pu d'abord paraître moins affecté que les villes par ce bouleversement de fond. Les villes n'étaient-elles pas les principales bénéficiaires de l'action des États providence ? La surévaluation des monnaies permettait l'achat à bas prix des produits d'importation, y compris agricoles, dont les citadins étaient, de loin, les principaux consommateurs et défavorisait au contraire la production agricole d'exportation. La prolifération des fonctionnaires touchait surtout le monde urbain et les subventions portaient plus sur les prix à la consommation que sur les intrants agricoles. La remise en ordre a pu d'abord paraître une revanche des ruraux sur les gens des villes et la baisse des revenus a été plus forte, en proportion, en ville que dans les campagnes. Les faits sont cependant plus complexes et méritent une analyse plus fine, tant sont grandes les conséquences géographiques des politiques actuelles.

Il est vrai que les restrictions aux importations et les dévaluations ont pu favoriser la production agricole. Madagascar, qui a importé jusqu'à 300 000 tonnes de riz, les offices d'État s'étant montrés incapables d'assurer la collecte, doit aujourd'hui compter avant tout sur sa production, reconstitue des filières d'achat et augmente les prix au producteur. Partout, les ruraux s'efforcent de vendre des surplus vivriers, se mettent à produire des substituts aux importations : viande, produits laitiers, légumes, voire vins et apéritifs... Cette relative contrainte d'autosuffisance, pour satisfaire le marché de villes dont la population s'est formidablement accrue en trente ans, constitue la base du dynamisme de maintes campagnes. Les vieilles régions caféières ou cacaoyères du sud-est de la Côte-d'Ivoire se reconvertissent pour partie dans l'approvisionnement d'Abidjan, assuré jusqu'à présent par les productions vivrières intercalées dans les jeunes plantations du front pionnier occidental (Chaléard, 1996). La région cotonnière de l'Ouest burkinabè et du sud du Mali tire autant de ressources monétaires de la vente de maïs que de la culture industrielle d'exportation (Tersiguel, 1995). La production de légumes et de fruits pour les villes, voire pour les marchés européens en contre saison, est, même dans certaines régions éloignées des grands centres, un « marché porteur » : ainsi des oignons de l'est du Niger vendus à Abidjan. En moins de trente ans, le Betsileo a constitué un vignoble qui assure l'essentiel de la consommation malgache... Bref, les villes assument effectivement leur rôle d'animatrices des campagnes et poussent à leur modernisation.

Ces productions paraissent capables de résister aux produits importés. En effet, les citadins restent dans l'ensemble conservateurs pour leurs nourritures de base, quoique le pain fasse maintenant partie des menus courants, y compris dans des bourgs ; or pour la plupart des bases de la cuisine africaine, les marchés mondiaux sont très réduits. Seul le riz fait l'objet d'un commerce notable, mais les seuls vendeurs importants sont les États-Unis et la Thaïlande et d'éventuels surplus d'autres pays asiatiques seraient vite absorbés par la demande de certains autres, dont la Chine. La tendance dans les pays « industriels » est à la réduction des stocks, qui pèseront moins sur les cours. Enfin, l'impécuniosité des pays africains limite leur capacité d'achat. La carte des importations de céréales par habitant en Afrique tropicale montre la faiblesse de celles-ci et leur concentration sur quelques cas très spécifiques : pays très faibles producteurs et bénéficiant de rentes minières (Gabon, Mauritanie), pays consommateurs de riz de l'extrême ouest africain, notamment le Sénégal, où il s'agit d'une vieille tradition coloniale. Le vrai danger réside dans une aggravation de la crise urbaine, limitant la consommation des citadins, les incitant à se rabattre sur des produits de moindre valeur, voire à revenir à l'auto-production. L'étonnant est, à vrai dire, que ceci n'apparaisse pas davantage, mais, à n'en pas douter, la baisse du niveau de vie pèse sur le prix des produits.

4.4. Moins d'État, trop peu d'État

La crise et le changement de modèle économique ont néanmoins d'autres effets, beaucoup moins positifs. Si les dévaluations peuvent, sous conditions, favoriser les exportations, elles pèsent sur les coûts de production, de même que la suppression des subventions aux intrants, dont la pertinence économique est d'ailleurs discutée : un handicap d'autant plus sensible que ces coûts étaient déjà élevés par rapport à ceux des pays asiatiques (Ruf, 1995). Les effets sont particulièrement sensibles pour ceux des agriculteurs qui avaient le plus joué le jeu de la modernisation et de l'intensification : c'est le cas au Cameroun pour les Bamiléké producteurs de café *Robusta* dans la vallée du Mungo (Losch *et al.*, 1991), qui pratiquaient la monoculture et qui, recourant largement à l'engrais, aux insecticides et aux herbicides, atteignaient des rendements voisins de ceux des « plantations » étrangères de la même région. Les exploitations les moins vulnérables sont celles dont les pratiques gardent un caractère extensif. Ajoutons que la mode écologiste qui s'instaure chez nombre de bailleurs de fonds internationaux, allant parfois jusqu'à refuser de financer des projets s'ils prévoient l'emploi de produits chimiques polluants qu'utilisent les pays du « Nord », ne peut que contribuer, en entravant une intensification économe en travail, à une course à l'extensif qui reste, tant qu'il y aura des espaces libres, dans la logique des agricultures africaines, et dont on dénonce par ailleurs les effets nocifs sur l'environnement!

La crise de l'État pèse de plus en plus sur les campagnes. Elle a des effets multiples sur le quotidien des ruraux. C'est (sans même parler des pays en guerre) la multiplication des vols, qui oblige à replier au village la production des champs de brousse, jadis conservée dans des greniers éloignés, qui parfois fait renoncer à cultiver ces champs lointains, et qui réduit l'élevage bovin ; une insécurité qui peut limiter les déplacements de saisonniers, voire provoquer l'abandon de régions pionnières perturbées, comme on l'a vu à Madagascar dans les années quatre-vingt. Ce sont les abus de fonctionnaires mal ou point payés, le garde forestier qui verbalise pour des feux imaginaires, l'infirmier qui monnaie ses soins, les gendarmes, vrais ou faux, qui multiplient les péages « informels », augmentant considérablement les frais de transport, aggravés aussi par la dégradation des routes. Alors que s'amplifient les transactions foncières, s'accroît l'inefficacité des services domaniaux, incapables de traiter les piles de dossiers qui s'accumulent. État impotent ne signifie pas État sans pouvoir : bon gré mal gré, c'est avec lui que traitent les bailleurs de fonds dont les injonctions, fondées ou non, n'entrent pas automatiquement en application ; c'est encore lui qui fixe nombre de règles du jeu, qui, consciemment ou non, établit les conditions de leur contournement. À la limite la capacité de nuisance de l'État, dans les campagnes, augmente avec son impotence, car elle s'exerce au détriment des plus faibles.

Cette situation est d'autant plus grave que l'État, par-delà sa philosophie affichée, s'était partout montré des plus interventionnistes en matière d'agriculture et d'élevage. Le gouvernement ivoirien s'affirmait « libéral », mais il avait multiplié les entreprises de production d'État et quadrillé le pays d'un réseau de sociétés de développement qui intervenaient non seulement dans le domaine technique mais aussi dans l'organisation de la commercialisation des produits. Certes, l'intervention en ce domaine a toujours été plus importante pour les productions d'exportation que pour celles qui étaient destinées au marché intérieur, mais le contrôle du commerce des produits vivriers de base n'a pas été le monopole des régimes marxistes-léninistes, de la Guinée à Madagascar. Un des plus beaux exemples en la matière est celui de la Zambie (Raison, 1996) où a été conduite pour le maïs une opération du style Révolution verte, organisant l'encadrement technique de la production selon des schémas stéréotypés, indifférents à la variété écologique, et la commercialisation par le biais d'offices étatiques et de « coopératives » impulsées d'en-haut, achetant le grain à des prix relativement élevés, uniformes dans tout le pays et revendant la farine à bas prix dans les villes, parfois au tiers du prix de revient. L'étonnant est que ce système ait fonctionné, que les grains aient été régulièrement achetés et transportés, coûtant d'autant plus cher à l'économie zambienne que la machine tournait à la satisfaction des ruraux et des urbains! Madagascar a dans sa phase « socialiste » atteint un plus haut degré d'absurdité : l'étatisation de la commercialisation du paddy s'y est traduite par un fort recul des achats, une baisse de la production, jugée d'autant moins rentable… que les riziculteurs, du moins ceux qui vivaient près des routes, pouvaient eux-mêmes acheter à faible prix une ration de riz importé…

Le dépérissement organisé de l'État s'effectue certes sans grande cohérence, puisqu'il n'exclut pas, de la part de la Banque mondiale, l'établissement de lourds systèmes de vulgarisation, appliquant des méthodes surannées pour « instruire » des paysanneries qui ont acquis assez de connaissances pour n'en avoir que faire. Mais il est à peu près général dans des domaines où il est discutable, comme la gestion des périmètres hydrauliques, confiée à une « profession agricole » qui se cherche, et sur des points où il est sans doute souhaitable, mais difficile à organiser. Après des décennies où les commerçants privés ont été pourchassés, où le recouvrement des prêts aux coopératives a été conduit de manière très négligente, faut-il s'étonner que la Zambie ait du mal à organiser des filières privées de commercialisation, que les banques récupèrent très difficilement leurs avances ? Le problème peut être particulièrement grave pour les filières d'exportation où le contrôle de la qualité du produit, la capacité de vente à terme sont des éléments cruciaux et sont difficilement réalisés par des opérateurs peu compétents ou malhonnêtes. Les situations sont très variées d'un pays à l'autre, fonction de la qualité des encadrements et de la variété des contextes politiques : quand le Cameroun paraît avoir dilapidé les avantages de la dévaluation du franc CFA, la Côte-d'Ivoire avait pour un temps tiré son épingle du jeu.

4.5. *Le retour des rentes géographiques*

La fin de l'économie administrée, phénomène général, prend donc des formes variées, mais elle a aussi des effets géographiques cruciaux à plus grandes échelles. Les États africains ont en effet longtemps raisonné sur un schéma volontariste : créer un espace homogène ou isotrope dans lequel chaque exploitant devait bénéficier des mêmes avantages, vendre ses produits au même prix, quel que soit le montant des frais de collecte et de transport. À des degrés divers, ils ont également appliqué un principe d'homogénéisation des productions, cherchant à favoriser certaines nourritures de base pour les villes, et les produits d'exportation qu'ils estimaient pouvoir vendre dans les meilleures conditions ou que mettaient en avant certains *lobbies*. Vues théoriques certes, rarement réalisées : le cas zambien est exemplaire mais unique. Cette politique a toutefois estompé les inégalités régionales, et, là où elle a le mieux fonctionné, elle a contribué à freiner la diversification. Or aujourd'hui, le principe fondamental des avantages comparatifs et la libéralisation des filières commerciales redonnent tout leur sens à la diversification des espaces : spécificités écologiques, position par rapport aux axes et aux marchés devraient devenir des facteurs essentiels d'une diversification des productions. Revanche de la géographie assurément, mais aussi accentuation d'une géographie des inégalités... La crise elle-même en générait ; les politiques préconisées pour la surmonter introduisent de nouveaux facteurs de différenciation dans un monde rural où l'égalitarisme, même à l'intérieur d'un groupe limité, a toujours relevé de l'utopie, mais où entraide et redistribution tamponnaient les contrastes excessifs.

5. Un monde en mutation : inégalité ou solidarité

Les conditions dans lesquelles doit évoluer le monde rural sont marquées par de très sévères contraintes alors que les charges qu'il doit assurer sont multiples : fournir une part importante des exportations, nourrir les villes et conserver l'essentiel de la croissance démographique rurale, compte tenu du sous-emploi en ville, voire accueillir des sinistrés du monde urbain ou des citadins en quête d'une activité agricole. Or les moyens de la modernisation sont limités. Le capital est évidemment un facteur rare : il l'a toujours été, faute de crédit, et maints achats d'équipements légers (charrues ou houes tractées) ont été effectués par la seule épargne paysanne (Pélissier, *in* Anonyme, 1972). Contrairement à une idée courante, le travail est également, en proportion du moins, un facteur rare ; on peut craindre de surcroît que sa capacité soit affaiblie par la dégradation des conditions sanitaires. La terre ne manque pas encore dans la plupart des régions (la superficie périodiquement cultivée se situe, le plus souvent, entre un quart et la moitié de la superficie cultivable), mais elle se raréfie et, en l'absence d'un cadastrage, son contrôle dépend de sa mise en valeur, au moins sommaire, donc des facteurs capital et travail. Ceux-ci ne sont d'ailleurs pas véritablement substituables l'un à l'autre dans la situation actuelle : au mieux, le capital disponible permet d'opérer une substitution partielle. C'est le cas pour la culture du coton au Burkina : des tracteurs légers peuvent réduire fortement le temps d'ouverture des champs et de semis, des herbicides limiter le temps de sarclage, mais le goulet d'étranglement est reporté à la cueillette ; ainsi comprend-on que des exploitations dotées de tracteurs légers ne puissent cultiver plus d'un hectare de coton par actif (Tersiguel, 1995).

5.1. Contrôler la force de travail

Le contrôle de la force de travail reste donc essentiel à la modernisation des exploitations ; or il est problématique. L'éclatement des « grandes familles » patriarcales a été amorcé très tôt, dès les débuts de la colonisation, et dans le monde rural actuel, les responsabilités en matière de décision, de production, de consommation sont à ce point variées et imbriquées qu'on s'interroge sur la définition de l'exploitation agricole. On peut cependant admettre que, dans leur écrasante majorité, il s'agit de familles-ménages, à la seule exception de quelques régions de cultures pérennes ou des exploitations reprises aux colons européens, comme au Kenya ou au Zimbabwe. Cependant il existe un semis de « grandes exploitations », caractérisées par l'extension des cultures mais aussi par des effectifs d'actifs très supérieurs à la moyenne et leur nombre, comme leur poids économique, ira plutôt en se renforçant. Le terme de « grande exploitation » ne doit pas tromper : les superficies cultivées sont fort limitées à l'aune des exploitations d'Amérique latine ; la comparaison la plus adéquate serait sans doute avec le « laboureur » dans la France des « temps modernes ». Si le caractère commun est l'importance de la population active, l'origine et les formes d'organisation de ces entreprises sont d'une extrême variété.

Il existe encore des familles étendues issues de l'organisation ancienne qui ont résisté mieux que d'autres à l'érosion, en raison des pratiques sociales de leurs chefs ou de l'isolement. Ainsi chez les Bwa du Burkina, où les familles étendues constituant des unités d'exploitation pouvaient atteindre la centaine de personnes au début du siècle, ce sont des groupements de 25 personnes environ, dont une douzaine d'actifs, qui ont constitué le groupe des producteurs de coton travaillant au tracteur léger (Tersiguel, 1995). Ces unités correspondent en général au groupement d'un père, de ses fils mariés et de ses petits-enfants actifs dépendants. Ce type de groupement durait généralement au mieux jusqu'à la mort de l'ancien ; or on constate aujourd'hui que des fils restent unis (avec des modalités de gestion très variées) quand la possession d'un matériel agricole hérité rend rationnel, voire nécessaire, le maintien d'une unité de dimensions suffisantes. L'investissement « moderne » justifie donc les formes « traditionnelles » d'organisation du travail. L'aménagement « moderne » peut avoir les mêmes effets : dans les périmètres irrigués de l'Office du Niger (Mali), les exploitations les plus vastes et les plus performantes correspondent à des familles étendues anciennement établies, qui ont résisté aux nombreux avatars qu'a connus l'Office et préservé un lot de terre important. Le contrôle de cet espace, la difficulté d'obtenir un lot individuel, l'intérêt technique du travail en commun, l'équipement ont maintenu le groupement qui s'adapte aujourd'hui positivement à la remise en état des périmètres et à la politique d'intensification.

Dans d'autres cas, on assiste à la recomposition d'unités où la parenté, impliquant en réalité dépendance, est un mode de relation sociale, un langage, parfois plus qu'une réalité : autour d'un « notable » se regroupent des actifs mal dotés en terre, ayant perdu leur capital (leur troupeau par exemple), des jeunes qui n'ont pas réussi, ou pas osé tenter l'aventure de la ville… Comme une forme de transition, aux limites de ce type, sont les terres des « grands planteurs » sur certains fronts pionniers cacaoyers : les planteurs baoulé du Centre Ouest ivoirien y combinent des formes très variées de relations de travail, le salariat permanent (rare), le salariat à la tâche ou à la journée, mais aussi le pseudo-métayage de l'*abusan* et, outre le travail des enfants, celui de jeunes parents venus pour « six mois » acquérir quelque argent ou tâcher de se placer. Avec les *abusan*, et *a fortiori* avec les derniers types de main-d'œuvre, les relations sont assez couramment sur le mode de la parenté. Dans un contexte pourtant très différent, des formes similaires ont été observées dans la grande plaine rizicole du lac Alaotra (Madagascar). Autre cadre de regroupement que l'appartenance religieuse : on l'a précocement notée avec les marabouts mourid du front arachidier sénégalais (Copans, 1980) ; les mêmes structures maraboutiques apparaissent sur l'actuel front cotonnier de l'Ouest burkinabè.

5.2. Les « entrepreneurs agricoles »

D'autre part, des formes nouvelles de concentration de la force de travail apparaissent, où le salariat joue un rôle prépondérant. Les maîtres d'œuvre sont d'origine diverse. On songe bien entendu au monde politique, pris au sens large : Houphouët était le plus grand « planteur » de Côte-d'Ivoire et la possession de plantations est dans ce pays une nécessité sociale pour tous les hommes politiques ou les hauts fonctionnaires ; il n'en va pas différemment au Kenya où pourtant la terre est rare. Mais les groupes intéressés sont plus variés : c'est le cas des grands commerçants, comme au Niger ou au Soudan, et d'une gamme de plus en plus large de fonctionnaires de tous niveaux, en activité ou mis à la retraite suite à l'ajustement, d'anciens employés des sociétés d'aménagement mis au chômage par la réduction des financements aux « projets de développement », de diplômés qui retournent à la terre faute de trouver un emploi. Ces faits ne sont pas absolument nouveaux, mais l'ampleur de leur manifestation et leur effet sur la production a sensiblement évolué. Ce qui n'était souvent que nécessité sociale (montrer sa réussite et son emprise dans son « village ») ou pis-aller devient activité rentable ; ce qui était essai sans lendemain, sur initiative du gouvernement (dans le cas notamment des chômeurs diplômés) devient activité suivie et de plus en plus cohérente. Il est d'autre part frappant de noter que ces entreprises, qui furent longtemps surtout le fait des fronts pionniers d'agriculture d'exportation, existent aujourd'hui dans tous les types de pays, toutes les gammes de situations écologiques et tous les types de région : on en trouve au pied du mont Cameroun comme sur les franges les plus arides du Sahel nigérien et soudanais, près des villes comme sur les marges pionnières ; elles s'intéressent aussi bien aux cultures vivrières de consommation intérieure qu'aux produits d'exportation. Tout donne donc à penser qu'elles sont le fruit d'une nouvelle conjoncture.

Les traits communs à ces entrepreneurs d'origine très variée apportent des éléments d'explication. Tous ou presque ont comme caractère d'être en quelque sorte « un pied dedans, un pied dehors », de disposer de ressources monétaires d'autre origine que la production agricole, d'être liés à la ville sans avoir rompu avec les campagnes, de combiner dans des proportions variées connaissances techniques et savoirs locaux. Les deux premiers points sont sans doute les plus importants. Alors que le manque de crédit frappe durement les petits exploitants, les entrepreneurs, en raison de leurs autres activités ou par leur statut, ont accès à l'emprunt s'ils ne disposent pas eux-mêmes de réserves monétaires ; il n'est pas rare que, par des moyens pas toujours réguliers, ils disposent d'un matériel dont ils ne prennent guère en compte l'amortissement (tracteurs « récupérés » ou empruntés, véhicules de service...). Or, dans la conjoncture actuelle, quelle que soit la rareté relative de la force de travail, la rareté pécuniaire est plus grande encore : qui surmonte l'obstacle peut salarier à des taux qui n'ont cessé de baisser. Sur les Hautes Terres centrales malgaches, au début des années soixante-dix, la journée de travail agricole équivalait à plus de dix kilos de paddy, contre moins de trois aujourd'hui (Raison, 1984 ; Rakoto-Ramiarantsoa, 1996). Dès lors, l'intensification, fût-elle fondée sur le seul travail humain, peut être rentable à tel point qu'on voit réapparaître des techniques traditionnelles que le coût du facteur travail semblait avoir condamnées. Les plus beaux greniers de terre sont construits au Niger par des négociants-producteurs, alors que les paysans modestes ont dû adopter des « magasins », modernes d'allure, plus aisément construits mais bien moins efficaces.

Cette capacité à recourir au salariat est au maximum quand le malheur des temps multiplie les sinistrés, vrais prolétaires. Au centre du Soudan, les commerçants arabes ont pu étendre de grandes exploitations produisant du sorgho malgré une pluviosité faible et aléatoire parce qu'ils recouraient aux réfugiés érythréens regroupés dans des camps proches des périmètres de « grande agriculture » et à qui n'étaient attribués que de menus lopins. L'intensification rizicole sur les périmètres réaménagés de l'Office du Niger doit en partie sa réussite, pour ce qui concerne les gros exploitants, « traditionnels » ou « non résidents », à l'afflux de Touareg et de Peul à qui sécheresse et guerre civile ont fait perdre leurs troupeaux : comment comprendre autrement que des hommes touareg acceptent de repiquer le riz ?

Autre point crucial : ces entrepreneurs ont des sources de bénéfices bien plus larges que les petits exploitants. Qui dispose de surplus importants peut transformer une mauvaise année agricole en une bonne année commerciale, car la hausse des prix des produits vivriers est souvent supérieure à la baisse des rendements. Mais, de surcroît, ces hommes de l'articulation ville-campagne accroissent leurs gains en jouant sur des segments plus étendus des filières : à la production, ils ajoutent souvent le commerce, voire la transformation et la vente au détail. Dans ces conditions, on comprend que l'agriculture devienne une activité de rapport. Ceci est particulièrement sensible pour le nouveau secteur en expansion qu'est l'approvisionnement des villes, où il est plus aisé d'élargir son activité, alors que, pour les cultures d'exportation ne pèse qu'un nombre assez limité de notables aux fortes bases politiques. Pour les gros exploitants de l'Ouest burkinabè, la vente de maïs est nettement plus rentable que celle du coton, dont la filière est étroitement encadrée.

Il est donc logique que les disparités dans les revenus monétaires s'accentuent plus encore que dans les superficies cultivées. L'exemple de Boho Kari, village bwa de l'ouest burkinabè, étudié par Philippe Tersiguel, est d'autant plus frappant que les « entrepreneurs » de ce village, dotés de tracteurs légers grâce à des crédits de la Sodefitex sont relativement peu liés à la ville et se confinent dans la production, travaillant avec leur famille, même s'ils peuvent conclure des contrats avantageux pour la vente de leur maïs. Leurs exploitations restent de taille modeste (25 ha, contre 10 pour ceux qui disposent de charrues attelées) et la superficie cultivée par actif (2 ha) n'est pas très différente de celle des exploitants en culture attelée ; mais ceux qui maîtrisent bien les nouvelles techniques parviennent à de hauts revenus, selon les normes de l'agriculture soudanienne : les deux tiers d'entre eux ont des gains nets par actif supérieurs à 200 000 F CFA (avant la dévaluation de 1994), niveau atteint par un tiers seulement de ceux qui pratiquent la culture attelée, et, ce qui importe au moins autant, leur revenu net d'exploitation est très sensiblement supérieur puisque leurs actifs sont presque deux fois plus nombreux. Pour l'ensemble des exploitations du village, le revenu net par exploitation varie dans la proportion de 1 à 800, le revenu par actif dans la proportion de 1 à 67… Certes, on peut s'inquiéter du devenir d'entreprises dont les coûts de production dépendent fortement du prix d'intrants importés, mais la réussite fort honorable de certains possesseurs de simples charrues tractées par des bœufs montre qu'ils pourraient prendre le relais.

5.3. *Inégalités et prolétarisation*

L'affirmation d'une minorité de notables risque toutefois d'être d'autant plus sensible que le dépérissement programmé de l'État leur donne plus de chances d'asseoir leur assise. Passer la main à une « profession agricole » dont des États qui se voulaient omniscients ont tout fait pour empêcher l'émergence ne risque-t-il pas de conduire à déléguer l'encadrement des campagnes à ces « entrepreneurs » qui sont souvent d'anciens ou actuels agents de l'État, ou qui, comme les grands commerçants, lui sont de longue date fortement liés ? Qui d'autre sera en état d'assurer la gestion de périmètres irrigués d'une certaine ampleur ? Qui, même, en crée aujourd'hui, du moins sous des formes rustiques, dans la basse vallée du Sénégal, sinon des commerçants, des marabouts, ou des fonctionnaires ? Qui peut reprendre à son compte les fonctions de commercialisation ? De ce point de vue, l'évolution des banques villageoises de céréales est significative : conçues pour assurer la sécurité alimentaire des producteurs modestes et leur garantir un accès au crédit, elles tendent à devenir des entreprises commerciales dont l'efficience est liée à leur fédération, et du coup à leur contrôle par des « notables ».

Dans ce contexte, où la production, donc la terre qui l'assure, est un enjeu d'importance, on peut s'inquiéter des effets d'une politique foncière qui viserait à définir rapidement et à délimiter une appropriation privée de la terre, ainsi que le préconise la Banque mondiale, qui y voit une nécessité pour permettre l'établissement d'un impôt foncier nécessaire au budget de l'État, mais aussi un moyen d'assurer, par le jeu des hypothèques sur les bien-fonds, un accès au crédit rural. La seule expérience menée à ce jour en vrai grandeur, celle du Kenya, peut sérieusement inquiéter. Remembrement et cadastrage, réalisés depuis la fin des années cinquante, ont multiplié le nombre des ruraux sans terre. L'appropriation privée n'a pas pour autant assuré la sécurité des agriculteurs nantis, comme l'ont montré les troubles de 1992-1994 dans la *Rift Valley*, où arguant de leurs droits « ancestraux », les Kalenjin (l'ethnie du président) et les Maasai ont entrepris, non sans succès, de chasser de leurs terres, pourtant juridiquement garanties, les immigrés kikuyu, tant les puissants sont, plus que tous autres, aptes à jouer à la fois de la « tradition » ethnique et de la « modernité » politique.

Certes, l'ingéniosité et la solidarité d'agriculteurs plus modestes leur permettent parfois d'accéder eux aussi à la ville, d'augmenter la rémunération de leur travail. Ainsi, en Côte-d'Ivoire, les Lobi, depuis leur lointain Nord-Est, parviennent non sans mal à affréter des camions pour aller vendre à Abidjan les ignames précoces, produit de luxe, de conservation difficile (Chaléard, 1996). Dans le Nord-Ouest de Madagascar (Rabearimanana *in* Raison (dir.), 1994), se constituent dans les villages des groupements de producteurs, à base familiale ou au moins ethnique, qui chargent l'un d'entre eux, le *tale*, de vendre en ville manioc, arachides, riz ou autres produits vivriers. Le *tale* utilise en général le réseau des parents citadins, qui fournissent des entrepôts rustiques, donnant le temps aux ruraux d'obtenir des prix plus avantageux, ou qui parfois assurent la vente en demi-gros ou au détail. Mais s'agit-il plus que d'une ingéniosité des pauvres, d'une lutte désespérée pour la survie ?

À un rythme accéléré, depuis plus d'un quart de siècle, l'Afrique tropicale a vu se multiplier les initiatives pour favoriser la structuration d'une paysannerie, par la formation technique, mais aussi l'alphabétisation, l'initiation à la gestion, la constitution de groupes d'épargne et de crédit, d'associations villageoises, non sans ambiguïtés car les États, soucieux de contrôle des populations, avaient des vues bien différentes de celles des experts en « animation rurale ». Ce qui tentait de se faire dans le cadre des « projets de développement intégré » s'est amplifié et diversifié avec la multiplication des ONG, tant nationales qu'étrangères. Dresser un bilan de ces expériences serait prématuré et dépasserait notre propos. On ne peut qu'évoquer quelques problèmes, à travers le cas des projets de « gestion des terroirs villageois » qui se sont multipliés, notamment en Afrique sahélienne et soudanienne.

5.4. *Les communautés rurales au défi de la modernité*

Nés pour une bonne part de l'idée qu'une saine gestion de l'équilibre population-ressources ne pouvait être opérée sans que tous s'en sentent responsables, qu'aucun investissement foncier sérieux ne saurait être réalisé sans sécurisation des ruraux sur leurs terroirs, et que, au demeurant, les investissements à long terme (comme les reboisements) étaient moins coûteux et mieux assurés s'ils étaient conduits par les ruraux eux-mêmes, les projets de gestion des terroirs ont séduit les bailleurs de fonds, y compris la Banque mondiale, très sensible aux thèmes écologiques, et soucieuse de montrer qu'elle s'intéressait aux plus pauvres. Malgré ces cautions de haut niveau, les projets ont-ils des chances de remettre à des collectivités locales représentatives une responsabilité réelle sur une fraction du territoire ? Il faut d'abord certes, que ces communautés aient un sens pour leurs membres, qu'elles ne soient pas déchirées par des multitudes de conflits internes. Il faut aussi, ce qui n'a rien d'évident, parvenir à concilier le désir de contrôle foncier au niveau familial, le souhait de voir définies des formes d'appropriation que formulent les instances extérieures et l'affirmation d'une gestion collective d'une partie des ressources. Mais il faut aussi et surtout que les pouvoirs publics acceptent cette forme de souveraineté locale : on peut douter qu'ils y soient prêts et qu'ils acceptent de laisser des citoyens prendre en main leur destin ; le risque est grand de les voir soit simplement user de leur plus grande force, l'inertie, soit, plus subtilement, construire des alliances avec ceux qui, notables et entrepreneurs, voire chefs « traditionnels », restent les plus proches d'eux. Le contrôle de la majorité paysanne a toujours été pour les jeunes États indépendants un point crucial : il ne peut que l'être davantage aujourd'hui où cette majorité s'éveille, s'ouvre au monde extérieur sans être cependant capable de s'organiser à une échelle significative, de déborder le cadre de la famille, du village, ou, au plus, de l'entité ethnique. Les campagnes et l'agriculture sont actuellement un enjeu disputé, ce qui suffirait à contredire les bilans catastrophistes que nous évoquions en début de chapitre ; n'y a-t-il donc pas tout lieu de craindre que l'enjeu soit emporté par les plus puissants, que ne s'accentue la prolétarisation dans les campagnes, que la « capture » des paysanneries s'opère ?

Loin du mythe des paysanneries égalitaires, de l'utopie des « socialismes traditionnels », la croissance des inégalités sociales est sans doute plus à craindre que le risque des inégalités régionales. Celles-ci ne sont toutefois pas à négliger. La diversité qui s'esquisse a des aspects positifs ; elle permettrait notamment de mettre en valeur la palette des variétés écologiques, d'utiliser enfin la finesse des savoirs locaux avant qu'ils ne se perdent, de « passer d'une logique de développement agricole fondée sur la maîtrise des milieux à une autre, fondée sur la connivence avec les écosystèmes : jouer avec la variabilité des systèmes, et non contre », selon les termes de Griffon et Weber (1996), bref, d'amorcer la « révolution doublement verte » qu'on annonce et dans laquelle l'Afrique, moins marquée que l'Asie par la première « révolution verte » et moins chargée en hommes, moins perturbée que l'Amérique latine par les inégalités foncières et la montée des agro-industries, pourrait trouver sa voie. Encore faut-il que le déclin des infrastructures, le dépérissement des contrôles territoriaux ne fassent pas sombrer de larges parts du continent dans le chaos et l'économie clandestine et délictueuse. Encore faut-il aussi que les disparités de densité ne s'aggravent pas et ne dégénèrent pas en conflits violents, à l'heure où les tensions foncières s'accentuent, où les égoïsmes nationaux, voire régionaux, tendent à multiplier les frontières quand ils ne conduisent pas aux massacres, comme au Kivu. Ceci implique, sans nul doute, plus qu'une capacité à utiliser les terres : une organisation de l'espace et de la société.

DOCUMENTS

Le « surpeuplement » du Rwanda

Les événements tragiques du Rwanda ont attiré l'attention sur l'extraordinaire densité de population qu'avait atteint ce pays. Les géographes n'usent pas volontiers du terme de surpeuplement, qui n'a qu'une valeur relative : les seuils critiques sont fonction des techniques de production, des encadrements, du niveau de développement économique. Dans le cas du Rwanda, pays resté essentiellement rural (90 % de la population dans l'agriculture), presque dépourvu d'industries, et dont l'agriculture intensive reposait presque uniquement sur des techniques traditionnelles, on peut parler d'un surpeuplement relatif : si les massacres sont un mode sinistre de régulation démographique, il n'est pas douteux que la pression foncière a tragiquement attisé les passions.

Au milieu de 1993, la densité atteignait 292 hab. au km^2 (Ouganda : 76, Zaïre : 18).

Évolution de la population totale rwandaise

Années	Population
1950	2 000 000
1970	3 700 000
1975	4 400 000
1978	4 800 000
1991	7 300 000
1993	7 900 000

Le taux de croissance naturelle était de 3,1 % en 1993 (soit un doublement des effectifs en 23 ans) ; la fécondité, de 6,2, était pourtant en baisse (7,7 en 1970, 8,5 en 1983), suite au tardif démarrage (1987) d'une politique de planification familiale, mais surtout en raison d'un retard de l'âge au mariage, provoqué par le manque de terre. Une baisse de fécondité amorcée dès le début des années 1960 aurait pu réduire de moitié le taux d'accroissement naturel : « traditionalisme » et pressions de l'église catholique ont empêché de prendre à temps conscience de l'ampleur du problème.

C'est dans la catégorie des 20-24 ans que la fécondité a le plus reculé. Un autre élément dramatique, l'expansion du SIDA, est susceptible de provoquer une chute du taux de croissance : il provoquerait, en milieu urbain (à vrai dire très minoritaire), 90 % des décès des femmes de 15 à 49 ans. Mais bien entendu, les massacres, au Rwanda puis au Zaïre, l'exode vers les pays voisins ont pour l'heure des effets plus amples et plus immédiats.

Le haut niveau des densités avait évidemment pour corollaire un manque de terre arable, car les programmes d'émigration au Congo belge n'ont pu être maintenus après l'indépendance : la taille moyenne des exploitations était inférieure à 1 ha, alors que commençait à se développer une spéculation foncière. Les données sur l'utilisation du sol au Rwanda (en hectares) sont parlantes :

Taux de fécondité pour 1000 par âge et ISF* au Rwanda					
Âge	**1970 Enquête**	**1978 Recensement**	**1983 Enquête**	**1991 Recensement (Ajustement)**	**1992 Enquête**
15-19	47	49	79	59	60
20-24	336	302	327	242	227
25-29	383	405	378	327	294
30-34	349	377	367	310	270
35-39	252	309	296	258	214
40-44	180	198	184	146	135
45-49	47	91	68	39	46
ISF	7,7	8,7	8,5	6,9	6,2

*Indice synthétique de fécondité.

	1970	**1980**	**1986**	**Évolution 1970-1986***
Pâturages	487 884	322 060	199 360	41
Boisements communaux	27 156	57 200	99 500	366
Jachères	200 000	154 000	123 000	61,5
Cultures	527 660	710 400	826 500	156,5
Total	1 242 700	1 243 660	1 248 360	100,5

* Base 1970 = 100. Les autres données sont en hectares.

L'expansion des cultures s'est faite au détriment des pâturages, mais à une augmentation de la surface cultivée de 56,5 % entre 1970 et 1986 correspondait une augmentation de population de près de 85 %. De surcroît, à partir de la fin des années quatre-vingt, la superficie des jachères a augmenté, signe d'une dégradation de la fertilité des sols.

D'après *Population et Sociétés*, décembre 1996, n° 139.

L'évolution d'un terroir forestier de Côte-d'Ivoire : Bodiba

Les terroirs étudiés de façon détaillée dans les années 1960-1970 sont aujourd'hui « revisités ». Ces retours permettent de mesurer l'ampleur des changements dans les campagnes africaines. Ainsi pour le terroir de Bodiba, dans le Centre-Ouest de la

Côte-d'Ivoire, alors front pionnier de l'expansion du café et surtout du cacao, précédés sur les nouvelles parcelles par des cultures vivrières pour une bonne part commercialisées. Le terroir, couvrant 14 km^2, semblait déjà « saturé » en 1980, en raison d'une rapide immigration de Baoulé et de Burkinabè surtout. Or l'immigration s'est poursuivie (63 exploitations d'immigrés en 1973, plus de 90 en 1992), cependant que des « autochtones » (les Gban) émigrés revenaient « au pays » en raison des difficultés en ville (72 exploitants contre 61 en 1973).

Population de Bodiba		
	Total	**Dont étrangers**
1953	170	0 %
1975	695	56 %
1992	> 1000	> 60 %

On trouve de nouvelles formes de mise en valeur des friches, jachères et vieilles plantations, avec des formes d'intensification qui doivent peu aux techniques modernes, trop coûteuses. Le cacao a totalement éclipsé le café, quoique son prix d'achat ait alors baissé de moitié (il est remonté depuis). Dans les cacaoyères on encourage le recrû forestier, pour assurer aux arbustes une écologie favorable, compensant le manque de fertilisation. On améliore la replantation des cacaoyers, en plaçant les jeunes plants dans des sacs plastiques. La gamme des cultures vivrières a évolué pour tenir compte de la déforestation et de l'apparition d'années sèches (surtout depuis 1987) : consommateurs de riz et de bananes, les Gban cultivent de plus en plus le manioc, imitant les Baoulé et les Burkinabè ; ils adoptent des variétés de riz à cycle court et cultivent de moins en moins la banane plantain ; les Baoulé limitent leur production et leur consommation d'ignames ; les Burkinabè développent maïs et riz à cycle court.

Le poids économique des différents groupes ethniques évolue. Les Burkinabè, qui maintiennent une forte cohésion sociale et une entraide, capitalisent en terre (ils représentent les deux tiers des nouvelles exploitations depuis 1973), tandis que Baoulé et Gban ont de moins en moins les moyens de recourir au travail des salariés, plus rares (les Burkinabè se salarient moins, les salariés extérieurs viennent moins, n'ayant plus l'espoir d'acquérir de la terre).

La recherche du meilleur prix pour le cacao, après la dérégulation, se révèle difficile : les groupements coopératifs villageois donnent des résultats médiocres. Il n'y a pas eu compensation par une augmentation de la vente des cultures vivrières, sauf peut-être pour les Burkinabè, qui vendent plus de riz et de maïs ; les Burkinabè, surtout, diversifient leurs ressources : ils sont devenus acheteurs de produits agricoles et transporteurs, ont investi dans la location de maisons et sont aujourd'hui les principaux prêteurs. Par contre, les Baoulé rencontrent des difficultés : ils assurent difficilement leur autosuffisance alimentaire et manquent de fonds de roulement pour maintenir leurs activités annexes de transport et commerce. En 1992, le village dépendait de plus en plus du cacao, même si son prix avait diminué de moitié.

Au vieillissement des cacaoyères (qu'il faudrait renouveler, après 20 ou 25 ans, mais à prix élevé, compte tenu de la disparition de l'écologie forestière) correspond un vieillissement parallèle des exploitants, moins dynamiques : l'avantage va alors aux Burkinabés, plus tard venus et plus jeunes, qui acceptent des conditions de vie plus rudes : par le rachat de vieilles plantations, la location et la prise en gage de terres, ils accroissent la superficie de leurs exploitations : on peut à la limite parler de « cycle ethnique », ce qui est générateur de tensions sociales et qui explique pour une part le foisonnement d'églises et de mouvements anti-sorciers.

D'après J.-P. Chauveau :
Pression foncière, cycle domestique et crise économique.
Étude de cas en Côte-d'Ivoire forestière,
in Ch. Blanc-Pamard et L. Cambrézy :
Terre, terroir, territoire. Les tensions foncières,
ORSTOM, 1995, p. 107-129.

La différenciation économique des exploitations à Boho Kari (Burkina Faso)

Le village bwa de Boho Kari est situé dans l'ouest du Burkina Faso, zone d'expansion de la culture du coton, combiné au maïs, dont les temps de travaux sont complémentaires de ceux du coton et qui profite bien des arrière-effets de l'engrais appliqué au coton. À la culture à la houe s'est substituée dans une très large mesure la culture attelée, puis une expérience d'introduction de petits tracteurs a été conduite, qui s'adressait à des agriculteurs déjà aisés : importante main-d'œuvre familiale, possession d'un troupeau de bœufs, bonne pratique de la culture du coton. Trois catégories d'exploitations peuvent donc être distinguées : les exploitations dites « manuelles », qui, en fait, font généralement labourer leurs champs à la charrue, mais sarclent à la houe, les exploitations « mécanisées » (culture à la charrue attelée) et les exploitations « motorisées ». Entre elles les différences se marquent très vigoureusement :

On voit que les résultats économiques des trois types d'exploitations sont fort contrastés : les revenus par actif varient de 1 à 4 pour la moyenne des trois types (et beaucoup plus pour les cas extrêmes) ; la moyenne des revenus des exploitations varie dans la proportion de 1 à 17,4. La différence tient au nombre des actifs, bien plus grand dans les exploitations motorisées. Pour la culture du coton, les exploitations motorisées n'ont pas un avantage significatif par rapport aux exploitations en culture attelée ; par contre leurs résultats sont remarquables pour la culture du maïs, grâce à un meilleur travail du sol, fait à temps. La modernisation, d'autre part, implique un risque, vu le montant des investissements, et implique des rendements plus élevés. On notera enfin que culture attelée ou motorisation provoquent, somme toute, une extension modeste des superficies cultivées par actif (de 1 à 2,6 ha en moyenne), car certaines tâches, notamment la récolte, restent partout effectuées manuellement.

Les différentes catégories d'exploitations agricoles à Boho Kari			
	Manuelles	**Mécanisées**	**Motorisées**
Nombre d'actifs par exploitation	3,1	8,4	11,8
Surface moyenne (ha)	2,36	9,57	23,5
Surface par actif (ha)	0,76	1,16	1,97
% de la superficie en coton	27	48	49
% de la superficie en maïs	21	29	42
Temps de travail par ha de coton (j)	140	119	92
Temps de travail par ha de maïs (j)	90	84	56
Rendement moyen en coton (kg)	1 185	1 489	1 797
Rendement moyen en maïs (kg)	1 125	2 043	3 297
Coût de production/ha de coton (F CFA*)	42 852	39 592	90 132
Coût de production/ha de maïs (F CFA)	2 302	29 757	82 619
Rémunération de la journée de travail pour le coton (F CFA)	483	831	837
Rémunération de la journée de travail pour le maïs (F CFA)	308	740	1 174
Rendement critique** pour le coton (kg)	458	425	969
Rendement critique pour le maïs (kg)	515	661	1 836
Revenu moyen par exploitation (F CFA)	107 511	777 469	1 874 085
Revenu moyen par actif (F CFA)	38 141	101 111	160 081

* Valeur du franc CFA avant la dévaluation de 1994.
** Le rendement critique est le rendement qu'il fallait obtenir, aux prix de l'époque, pour couvrir les coûts de production.

Données tirées de Philippe Tersiguel, *Le pari du tracteur. La modernisation de l'agriculture cotonnière au Burkina Faso*, Paris, ORSTOM, 1995.

CHAPITRE IV

VILLES ET CITADINS : QUELLE AFRIQUE URBAINE ?

De toutes les transformations qui ont affecté le continent noir depuis les années cinquante, l'urbanisation est sans conteste la plus spectaculaire. Outils de l'échange marchand, lieux d'accumulation du capital financier, commercial et parfois manufacturier, concentrations humaines qui facilitent brassages et innovations, espaces de construction et de légitimation des pouvoirs post-coloniaux, les villes, produits et vecteurs du changement social, sont particulièrement sensibles à la crise des complexes politico-économiques.

Celle-ci est accompagnée d'une décélération du rythme général de la croissance démographique urbaine, très rapide durant quarante ans, d'une apparente perte de vitesse des métropoles et d'un essor relatif, quoique contrasté, de nombreuses villes petites et moyennes. La dé-hiérarchisation du rythme de croissance est remarquable dans la plupart des pays où le modèle mono-macrocéphale classique était vérifié, mais tous les systèmes de villes existants ne sont pas réductibles à ce modèle et l'évolution actuelle n'est pas partout une nouveauté. Là où elle paraît l'être, il faut identifier et jauger la part réelle des effets de crise : sont-ils à l'origine du transfert de croissance vers « le bas » ou celui-ci, inscrit dans la longue durée de la maturation des systèmes urbains, est-il simplement accéléré ? La relative perte de vitesse des grandes cités est-elle durable ou réversible et vers quelle(s) configuration(s) urbaine(s) tend l'Afrique subsaharienne ?

Au faciès urbain de la crise des économies rentières, dont témoignent la montée du chômage et l'informalisation généralisée, se conjuguent les dysfonctionnements du modèle urbanistique appliqué depuis les indépendances. Dans la plupart des grandes cités de l'Afrique « ajustée », la maintenance des réseaux est déficiente, les investissements ont périclité, les trajectoires sociales sont descendantes et la pauvreté s'est accrue. Qualifiée de « crise urbaine » (Stren, White, 1993), la désorganisation partielle ou totale des systèmes d'encadrement « par le haut » a longtemps été amortie par les vigoureux dynamismes « du bas ». Ces derniers révèlent toutefois leurs limites ; de nombreux citadins en sont réduits à multiplier les tactiques de survie, et si quelques innovations ont bien été suscitées, les solutions alternatives aptes à relever le défi urbain restent à inventer.

1. Une croissance urbaine rapide, des systèmes urbains complexes

1.1. Quarante ans d'urbanisation à très grande vitesse

Encore largement rurale, comptant environ un tiers de citadins en 2000, l'Afrique subsaharienne est engagée depuis les années cinquante dans un processus d'urbanisation extrêmement rapide, dont le rythme moyen annuel, proche de 5 % et parfois supérieur, est l'un des plus élevés du monde (tableau 5). La population totale a plus que triplé de 1950 à 2000, mais le nombre de citadins a été multiplié par 11, passant de 19,3 à 210 millions selon les estimations des Nations Unies.

Tableau 5. Taux d'accroissement moyen annuel de la population urbaine (en %) (1950-2000)

Régions	1955-1960	1960-1965	1965-1970	1970-1975	1975-1980	1980-1985	1985-1990	1990-1995	1995-2000
Afr. sub-sahar.	5,0	5,2	5,3	5,4	5,5	5,4	5,2	5,1	4,9
Afr. occidentale	5,77	5,50	5,49	5,51	5,52	5,37	5,10	4,75	4,54
Afr. orientale	5,77	6,06	6,07	6,28	6,56	5,36	5,56	5,31	5,10
Afr. centrale	4,29	5,56	5,77	3,81	3,92	3,88	4,17	4,62	3,97
Afr. australe	3,32	3,00	3,03	2,82	2,64	2,73	2,63	3,50	3,50
Afr. du nord	4,36	4,64	4,01	3,63	3,57	3,54	3,39	2,96	2,69
PED	4,05	4,15	3,74	3,64	3,89	3,80	3,79	3,21	3,01
Pays développés	2,32	2,10	1,75	1,46	1,06	0,91	0,88	0,67	0,50
Monde	3,07	3,04	2,71	2,57	2,60	2,61	2,66	2,31	2,19

Source : Nations Unies, *World Urbanization Prospects, The 2001 Revision*, New York, 2002.

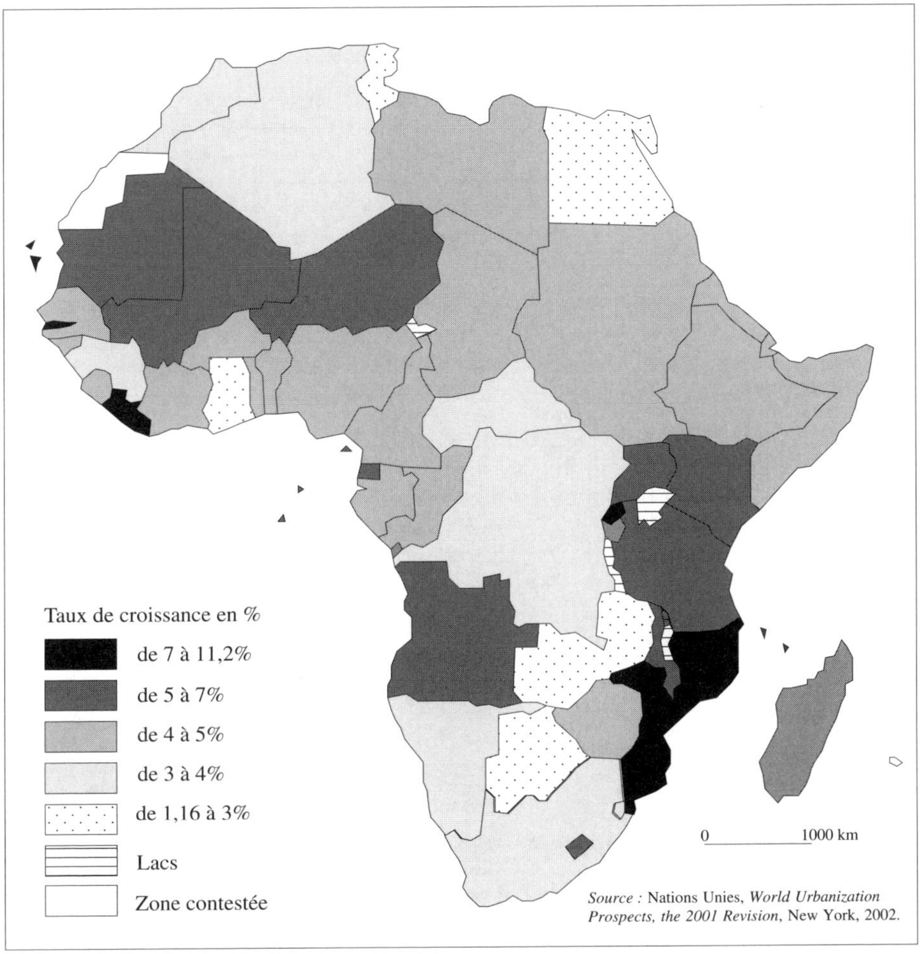

27. Taux moyens annuels de croissance urbaine 1995-2000.

Même en tenant compte du fléchissement de rythme observé dans la décennie quatre-vingt-dix (fig. 27), il y aura probablement 315 millions de citadins en l'an 2010 (39,9 % de la population totale) et 621 millions d'individus, soit un Africain sur deux, pourraient vivre en ville en 2030 (tableau 6).

Les statistiques disponibles sont certes discutables, périodiquement corrigées, et la notion de « ville » varie d'un pays à l'autre, voire d'un recensement à l'autre dans un même État. La mobilité saisonnière et la pluriactivité générale comme l'existence de conflits armés rendent délicate toute distinction claire entre résidants et actifs urbains et ruraux, mais toutes les données concordent pour attester la vigueur et l'ampleur du fait urbain. En ne retenant que les localités de plus

Tableau 6 : Évolution et projections de la population urbaine 1950-2030 (en milliers de personnes)

		1950	1960	1970	1980	1990	2000	2010	2025
Afrique orient.	PU	3 436	6 059	11 132	21 131	36 492	64 405	96 959	206 678
	%U	5,3 %	7,3	10,3	14,7	18,9	24,5	30,5	41,8
Afrique centr.	PU	3 736	5 687	9 975	14 735	21 914	33 862	52 924	119 819
	%U	14,2	17,9	24,9	28,2	31,1	35,5	41,1	52,7
Afrique austr.	PU	5 958	8 257	14 667	14 767	18 022	26 740	31 663	36 592
	%U	38,2	41,9	43,6	44,6	46,3	53,9	60,9	70,0
Afrique occid.	PU	6 118	10 901	18 883	32 784	55 331	88 063	133 920	258 119
	%U	10,1	14,5	19,6	25,7	32,3	39,3	46,0	57,1
PU ASS		19 249	31 796	51 182	85 319	133 038	210 071	315 465	621 009
% d'urbains		11,5	14,8	18,9	23,4	27,9	33,9	39,9	51,9
Afrique orient.	PU	3 436	6 059	11 132	21 131	36 492	64 405	96 959	206 678
	%U	5,3 %	7,3	10,3	14,7	18,9	24,5	30,5	41,8
Afrique centr.	PU	3 736	5 687	9 975	14 735	21 914	33 862	52 924	119 819
	%U	14,2	17,9	24,9	28,2	31,1	35,5	41,1	52,7
Afrique austr.	PU	5 958	8 257	14 667	14 767	18 022	26 740	31 663	36 592

* ASS : Afrique au sud du Sahara
Effectifs en milliers. PU : population urbaine
Source : Nations Unies, World Urbanization Prospects, The 2001 Revision, New York, 2002

de 10 000 habitants, seuil d'agglomération au-delà duquel rares demeurent les villages, on constate que la variation annuelle du taux d'urbanisation a été très forte dans la plupart des États, supérieure à + 3,8 %, voire à + 5 %, entre 1950 et 1990.

Ce spectaculaire essor repose sur l'augmentation de la population des villes existantes et la multiplication du nombre de localités urbaines. En 1960, l'Afrique subsaharienne comptait 1081 villes de plus de 5 000 habitants ; on en dénombrait 3484 en 1990 et au rythme actuel de croissance, il y en aura probablement plus de 9600 en 2020 (tableau 7). Alors qu'une seule ville dépassait le million d'habitants en 1960, il y en avait 12 en 1980, 18 en 1990 et peut-être 34 en 2000. Peu urbanisée par rapport à l'Amérique latine et à certains pays asiatiques, où les mégapoles ont une autre envergure (seule Lagos regroupe sans doute environ 10 millions d'habitants en 2000), l'Afrique noire rattraperait son retard à marche forcée : ses citadins, qui ne représentent que 6,6 % de la population urbaine mondiale, pourraient, selon les projections des Nations Unies, en constituer 12,1 % à l'horizon 2030.

Tableau 7. Évolution et projection du nombre de villes par classes de taille

Nombre d'habitants	1960	1990	2020
+ de 5 millions	0	0	11
1 à 5 millions	1	18	59
500 000 à 1 million	6	26	75
100 000 à 500 000	39	180	585
20 000 à 100 000	285	790	2200
5 000 à 20 000	750	2470	6700
Ensemble	1081	3484	9630

Source : Nations Unies, *World Urbanization Prospects, The 1994 Revision*, New York, 1995.

À l'échelle infra-continentale, les disparités sont toutefois très marquées (tableau 6) : près de la moitié de la population est déjà citadine en Afrique australe alors que l'Afrique orientale demeure peu urbanisée.

À l'échelle étatique (fig. 28), les inégalités sont encore plus affirmées : en 2000, le taux d'urbanisation retenu par les Nations Unies était de 9 % au Burundi et 6,2 % au Rwanda mais il atteignait 68,5 % au Congo, 81,4 % au Gabon et près de 70 % des Sud-africains, soit plus que les données officielles, sont probablement citadins ; en Afrique occidentale, 47,4 % des Sénégalais vivraient en ville contre 18 % des Burkinabè et 30 % des Maliens.

1.2. Ralentissement du rythme, évolutions des armatures : le modèle de la mégapole macrocéphale en question

D'après la plupart des recensements nationaux, la décennie quatre-vingt a été marquée par un fléchissement du rythme moyen de croissance démographique urbaine, et les années quatre-vingt-dix sont celles du ralentissement. La plupart des pays seraient entrés dans une « transition urbaine » caractérisée par la saturation progressive de leur taux d'urbanisation. Selon la Banque mondiale, la tendance générale est plutôt à la stagnation à un niveau de vitesse encore élevé qu'à un recul significatif et les évolutions sont d'autant plus contrastées que dans les années quatre-vingt et quatre-vingt-dix, les corrélations entre taux d'urbanisation, rythmes urbains et croissance économique ont été fort divergentes.

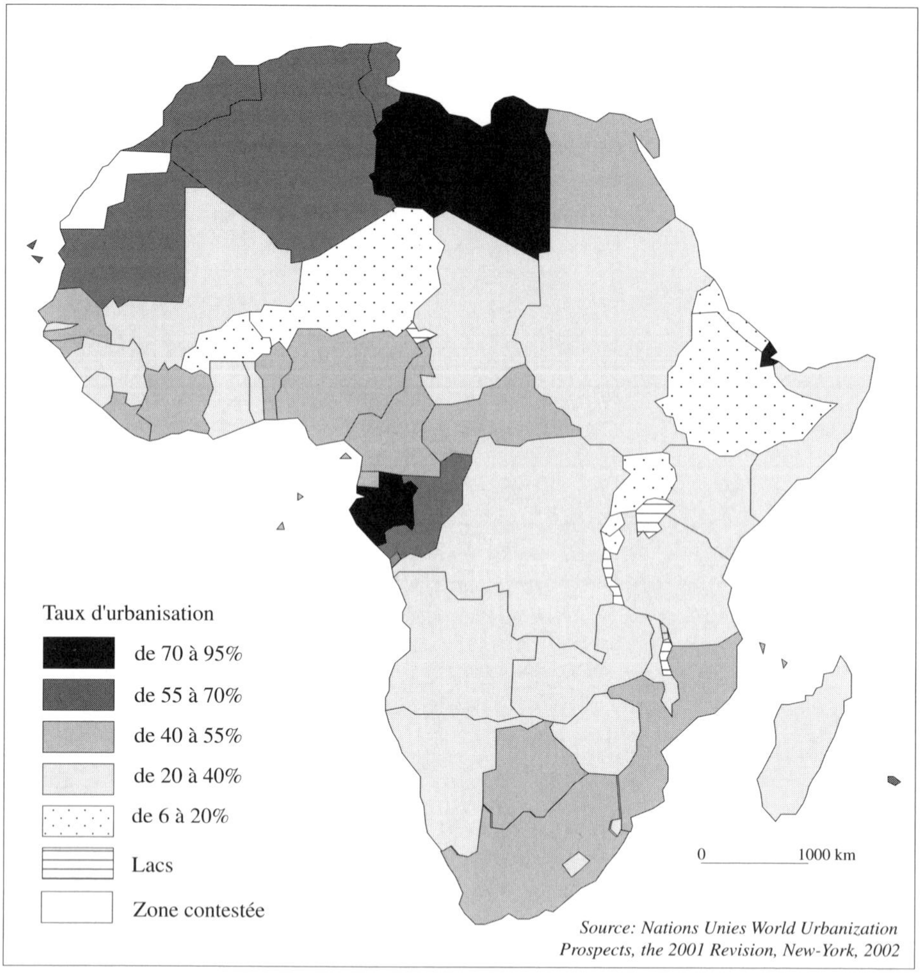

28. Taux d'urbanisation en 2000.

Le Cameroun, la Côte-d'Ivoire, le Gabon et le Malawi par exemple sont caractérisés à la fois par une diminution du rythme de croissance urbaine et du PIB/hab. de 1985 à 1995, mais au Mali et au Burkina Faso la croissance urbaine est plus soutenue alors que le PIB/hab. a stagné ou régressé ; au Botswana, le PIB/hab. s'est accru et la vitesse d'urbanisation s'est réduite, mais au Tchad et en Ouganda, croissances urbaine et économique positives sont synchrones.

À ces contrastes entre États qui seront encore marqués en 2015 (fig. 29), s'ajoutent les évolutions différentes au sein des armatures urbaines. D'après les *Images à long terme de l'Afrique au sud du Sahara* (SCET-INTER SCET-AGRI, SEDES, 1984) les 47 premières villes rassembleraient 28 % des citadins en 2020

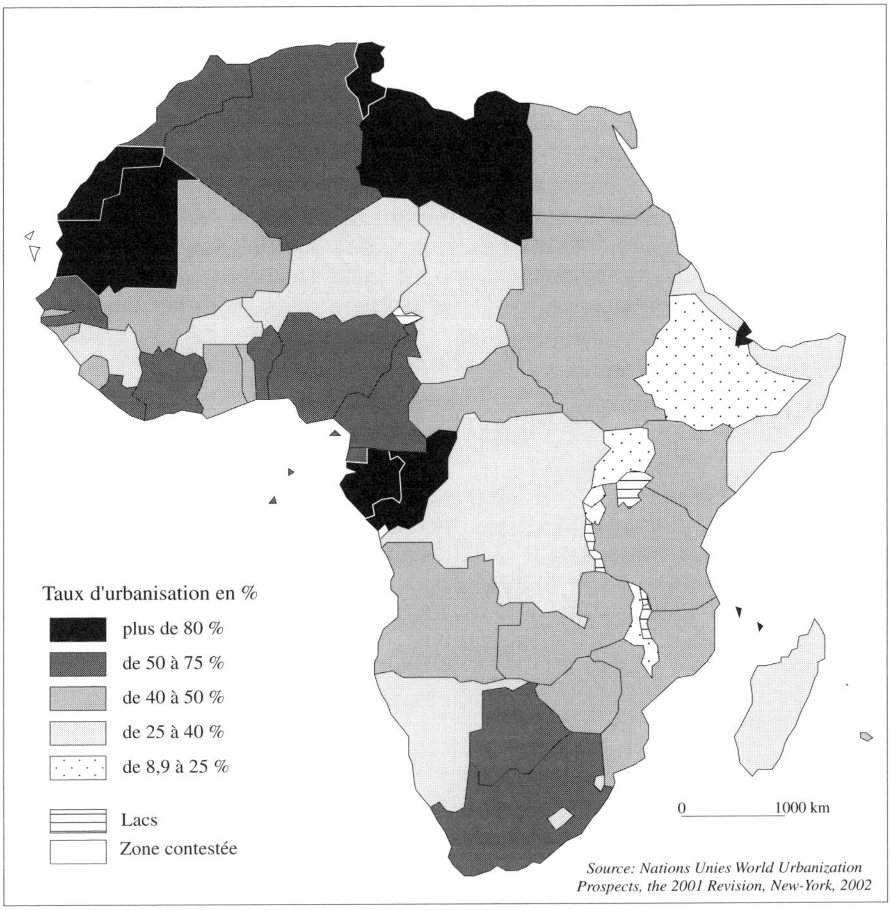

29. Taux d'urbanisation projetés en 2015.

(Kinshasa, Lagos et Abidjan dépassant alors les 10 millions d'habitants) contre 26 % en 1980 et 23 % en 1950, la concentration étant exacerbée en Afrique francophone où les cités millionnaires pourraient regrouper 48 % des citadins en 2020 contre 22 % en 1980. Selon les Nations Unies, 22 % des citadins africains vivaient dans les 18 villes millionnaires en 1990 ; en 2020, les 70 villes millionnaires devraient en regrouper 37 %. Un modèle d'urbanisation se serait imposé à l'échelle continentale et le calcul des coefficients de primatie et de macrocéphalie accrédite l'idée d'une armature fragmentaire, de plus en plus dominée par les échelons supérieurs de la hiérarchie. Le continent serait ainsi engagé dans un processus comparable à celui de l'Amérique latine et de l'Asie, une mégapolisation inéluctable décalée dans le temps.

STATISTIQUES SUR LES VILLES : DES RAISONS D'ÊTRE PRUDENT

Les comparaisons entre États demeurent difficiles. On a dénombré 25 définitions différentes dans 38 pays en fonction de critères fondés tantôt sur des seuils démographiques (plus de 2 000 habitants « agglomérés » en Angola, au Liberia, au Gabon, plus de 5 000 au Soudan, au Ghana, en Zambie, plus de 10 000 au Sénégal par exemple), tantôt sur des attributs administratifs (localités érigées en communes au Togo ou désignées comme villes au Botswana), sur des combinaisons des deux ou encore sur des structures de population active et de subtils libellés : au Zaïre, ont été définies comme villes les agglomérations de plus de 2000 habitants dont l'activité n'est pas de type agricole et les agglomérations mixtes qui sont considérées comme urbaines en raison de leur type d'activité économique mais qui par leur dimensions sont en fait rurales (sources : d'après Joël Gregory, « Migrations et urbanisation », *in* D. Tabutin (dir.), *Population et sociétés en Afrique au Sud du Sahara,* Paris, L'Harmattan, 1988, p. 369-399 et Françoise Dureau, *Migration et urbanisation. Le cas de la Côte-d'Ivoire,* Paris, ORSTOM, 1987, 654 p.).

En Afrique du Sud, près de 70 % de la population peuvent être considérés comme urbains, mais la politique d'*apartheid* a donné naissance à des types urbains particuliers. Sur les quelque 29 millions de citadins, beaucoup ne le sont que fonctionnellement, travaillent en ville mais ne résident pas toujours dans des zones dépendant des municipalités urbaines, de sorte que la définition de la ville demeure très incertaine (d'après Philippe Gervais-Lambony, « Les villes d'Afrique du Sud : gestion de l'héritage et recomposition de l'espace », *Hérodote,* juillet-septembre 1996, p. 41-60).

Dans un même pays, les divers recensements, quand ils existent, sont réalisés dans des conditions matérielles difficiles et leurs résultats, souvent discutables, sont rarement comparables dans le temps en raison de changements multiples intervenant entre les périodes censitaires (définition de la ville, modification des limites administratives). Des enquêtes régulières à passages répétés permettent toutefois de pallier quelques insuffisances, liées par exemple au calendrier (il est ainsi très important de savoir si un recensement a eu lieu en saison sèche ou en saison des pluies).

Des pouvoirs centraux ou régionaux utilisent les statistiques comme arme politique : au Nigeria, où les natifs autochtones sont citoyens nigérians mais ont la nationalité de leur État de naissance, le recensement de 1973 a ainsi été « annulé » après un coup d'État et celui de 1988 est encore contesté ; à une autre échelle démographique, les gouvernants gabonais tentent depuis longtemps de démontrer que leur pays rassemble au moins 1 million d'habitants.

– Une institution internationale peut livrer des informations contradictoires avec celles fournies par des institutions locales : selon les Nations Unies, le Gabon comptait 50 % de citadins en 1995 mais le recensement national de 1993 en dénombrait déjà plus de 70 %. Elle peut aussi réajuster ses données : pour l'année 1990, le Congo avait 40,5 % de citadins selon *World Urbanization Prospects* version 1992, 53,5 % dans la version révisée en 1994 et 55,7 % dans l'édition 2002.

L'observation des faits (fig. 30) invite cependant à la prudence. Depuis les années cinquante, les armatures se sont étoffées, les strates de villes petites et moyennes ont été consolidées (Vennetier, 1991) et l'accroissement de la concentration au bénéfice des mégapoles doit être examiné avec circonspection : près de 57 % des citadins d'Afrique noire vivaient encore dans des villes de moins de 500 000 habitants en 2000, la concentration demeure fort inégale à travers le continent (tableau 10) et les évolutions récentes sont contradictoires.

Tableau 8. Pourcentage estimé de la population urbaine selon la taille des villes en 2000 (en millions d'habitants)

	+ de 10	5 à 10	1 à 5	0,5 à 1	- de 0,5
Afrique de l'Est	0	0	33,4	6,2	60,4
Afrique centrale	0	15,0	23,8	10,4	50,8
Afrique occidentale	15,2	0	14,9	9,0	60,9
Afrique australe	0	0	61,2	2,7	36,1
Maghreb	12,0	0	21,1	9,0	57,9
Afrique	8,1	1,7	25,3	8,1	56,8

Source : d'après Nations Unies, *World Urbanization Prospects, The 2001 Revision*, New York, 2002.

Le poids relatif de la plus grande ville est très contrasté selon les pays : en 2000, Conakry regroupait 74,9 % des citadins guinéens, mais Accra et Dar es-Salaam ne rassemblaient respectivement que 25,5 % et 21,3 % des citadins ghanéens et tanzaniens. Les évolutions observées avec une grande rigueur méthodologique ne vont pas toujours dans le sens d'une concentration accrue : en Côte-d'Ivoire, le poids relatif d'Abidjan, soit environ 44 % de la population urbaine du pays, a été remarquablement stable entre 1936 et 1975 (Dureau, 1987), et il a même régressé entre 1975 et 1988. L'écart de taille entre la métropole ivoirienne et les autres villes, en particulier Bouaké, s'est bien accru, mais la fulgurante croissance abidjanaise n'a nullement empêché la croissance de villes petites et moyennes ayant accueilli autant de nouveaux citadins que la métropole. Le pourcentage de citadins vivant dans les villes de plus d'1 million d'habitants aurait fortement augmenté depuis 1970 en Guinée, au Soudan, au Sénégal, mais il aurait nettement diminué au Mozambique, au Kenya, en Tanzanie, en Afrique du Sud.

Il y a donc des évolutions divergentes au sein d'une pluralité de systèmes spatiaux urbains, non réductibles à un modèle unique mono-macrocéphale : des configurations polycéphales complexes caractérisent ainsi le Nigeria (que spécifie aussi le bourgeonnement urbain dans l'aire culturelle yoruba) et l'Afrique du Sud, où sont dénombrées 6 grandes aires métropolitaines dont la plus importante ne regroupe que 14 % des citadins du pays ; la bicéphalie singularise le Cameroun, le Kenya et le

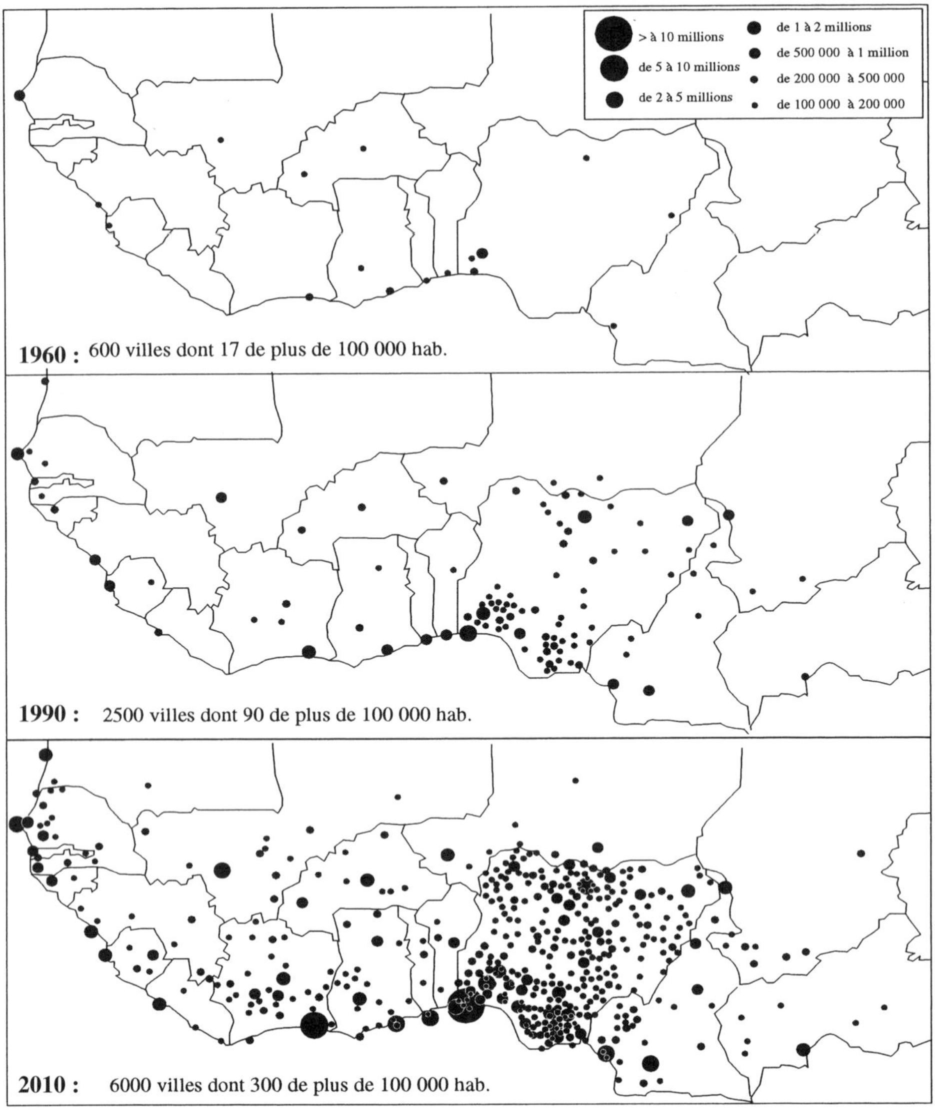

Source : OCDE, BAD, CILSS, 1994.

30. Évolution du semis urbain ouest-africain 1960-projection 2010.

Malawi alors que le poids de la capitale macrocéphale est écrasant en Guinée et en Angola. On voit en outre s'affermir des systèmes de villes transnationaux, de part et d'autre des frontières du Nigeria, chevauchant la frontière entre ex-Zaïre et Zambie, étirés sur le littoral du golfe de Guinée, où la route bitumée reliant Abidjan et Lagos sur plus de 1000 km est accompagnée d'un chapelet urbano-rural déjà fort dense au Ghana, puis de Lomé à Aného et de Cotonou à Porto-Novo.

Ce pluralisme et les évolutions contradictoires observées ne sont pas faciles à interpréter et rendent tout exercice prospectif aléatoire. Dans les perspectives esquissées pour le début du XXIe siècle, deux constantes apparaissent néanmoins : la réduction significative du rythme démographique de la plupart des grandes villes et la diminution progressive du poids relatif de beaucoup d'entre elles ; en 2015, Abidjan, Accra, Addis-Abeba, Luanda, Nairobi, pourraient ainsi regrouper un pourcentage de citadins moindre qu'en 1990, contrairement à Harare et le poids de Lagos pourrait être stabilisé.

Aux échelons moyens et inférieurs des armatures urbaines, les diminutions de rythmes de croissance sont moins prononcées et, sauf cas particuliers liés aux conséquences de guerres civiles récentes (Rwanda, ex-Zaïre, Somalie, Liberia, Sierra Leone) ou plus anciennes (Angola, Mozambique) et aux récessions durables d'économies minières (villes du Shaba dans l'ex-Zaïre dont le solde migratoire serait négatif, cités de la Copperbelt zambienne à propos desquelles on évoque un processus de « contre-urbanisation »), c'est souvent la vitalité démographique des villes petites et moyennes qui frappe les observateurs. Selon Moriconi-Ébrard (1993), le taux de croissance des villes de 10 000 à 20 000 habitants s'est maintenu à plus de 4 % l'an entre 1950 et 1980 et le rythme moyen annuel des villes de 20 000 à 80 000 habitants, 4,4 % au moins, a été nettement supérieur à celui des plus grandes villes dans les années soixante-dix et quatre-vingt. Dans de nombreux pays d'Afrique de l'Ouest, les villes secondaires, de plus en plus nombreuses, ont un rythme supérieur à celui des grandes cités et l'évolution est comparable en Afrique orientale : en Tanzanie, de 1978 à 1988, la croissance moyenne de Dar es-Salaam, +4,7 %, a été inférieure à celle des villes dites « intermédiaires » ; au Kenya, le taux moyen de croissance de la plupart des villes petites et moyennes a été supérieur à celui de Nairobi de 1979 à 1989.

La crise économique a sans nul doute accentué la pluralité des structures et des formes spatiales, renforçant parfois des systèmes simples et réellement macrocéphaliques, contribuant ailleurs à équilibrer d'autres systèmes, ce qui n'exclue nullement, dans certains cas, l'affirmation de mégapoles au sein d'armatures urbaines de plus en plus étoffées. En valeur absolue, les grandes villes agglomèrent toujours un nombre important de néo-citadins, mais la dynamique de croissance semble désormais déplacée vers les échelons inférieurs de la hiérarchie. Il faut donc s'interroger sur la concomitance entre la vitalité démographique des villes petites et moyennes, la perte apparente de vitesse des grandes cités et les crises. Un ralentissement structurel de la croissance démographique urbaine, inscrit sur le long terme, est en cours en raison de la modification du rapport de peuplement entre villes et campagnes. Inscrites dans ce ralentissement, en quoi et comment les crises peuvent-elles induire une redistribution de population ?

1.3. L'évolution récente de la dynamique de peuplement

Favorisée par l'afflux d'adultes jeunes, le rééquilibrage progressif entre hommes et femmes, le comportement nataliste de néo-citadins issus du monde rural et abandonnant souvent les pratiques villageoises d'espacement des naissances, la fécondité urbaine est longtemps demeurée très élevée, au moins jusqu'au début de la décennie quatre-vingt. Parfois atténuée par rapport à celle du monde rural, surtout dans les plus grandes villes à partir des années soixante-dix, elle atteignait encore 6,2 enfants par femme au Nigeria en 1981-82, 6,0 au Sénégal en 1978, 5,1 au Soudan, 5,7 à Abidjan et 6,2 dans les autres villes ivoiriennes en 1980-81. Depuis, la dégradation de la condition citadine a provoqué des effets d'ajustement à court terme, comme le recul de l'âge médian au premier mariage et de l'âge de la première maternité. Le retard des calendriers de descendance a ainsi contribué à infléchir la fécondité : à Accra, celle-ci est passée de 5,5 enfants par femme en 1978 à 4,5 en 1988 et à 3,6 en 1993 ; à Abidjan, elle a reculé de 5,7 à 4. Dans l'ensemble des villes africaines concernées par les enquêtes DHS (Demography and Health Survey) la fécondité est en moyenne 1,4 fois inférieure à celle des campagnes. Jusqu'à l'apparition du SIDA, la régression générale du taux de mortalité urbaine, tous quartiers et catégories sociales confondus, a été encore plus forte. La mortalité juvénile urbaine est par exemple inférieure de 45 % à celle du monde rural au Zimbabwe, de 20 % au Soudan, au Togo, en Ouganda et le taux de mortalité a reculé de 25 ‰ en 1960 à 15‰ en 1990 pour l'ensemble des villes. Selon les Nations Unies, l'accroissement naturel urbain était d'environ + 3,3 % par an de 1990 à 1995 et il devrait tendre vers + 2 % à l'horizon 2020 en raison d'une baisse attendue de la fécondité. Toutefois les conséquences à moyen terme de l'ajustement structurel sur la santé publique sont encore mal mesurées et à court terme les inégalités devant la mort, déjà fortes[1], se sont accrues entre catégories sociales, quartiers et types d'habitat. Alors qu'on s'interroge sur un possible ralentissement du déclin de la mortalité urbaine et que le paludisme est entretenu par les déficiences de l'assainissement, les citadins sont confrontés à la propagation rapide du SIDA, la prévalence atteignant 20 à 25 % des 30-35 ans dans les principales villes du Rwanda, de l'Ouganda, du Malawi, de Zambie, et 35 % dans celles du Zimbabwe et du Botswana (Ferry, 2001). Frappant des adultes actifs et des femmes en âge de procréer, le SIDA est devenu l'une des principales causes, peut-être la première, de décès en ville ; à Abidjan, près de 25 000 décès dus au SIDA ont été décelés de 1986 à 1992. Quelles que soient les inconnues relatives aux conséquences du SIDA sur la fécondité, les parts respectives de l'accroissement naturel et du solde migratoire rural ont probablement été modifiées : le premier, qui représentait entre 30 à 40 % de la croissance urbaine totale dans les décennies soixante-dix et quatre-vingt, semble être aujourd'hui prépondérant dans la plupart des grandes villes.

Le recul du poids relatif des migrations en provenance des campagnes a d'abord une explication structurelle. Le réservoir rural, dans les années soixante, était environ 6 fois plus peuplé que les villes, de sorte que l'arrivée en ville de 1 % de migrants ruraux équivalait à 6 % d'accroissement de la population urbaine. En 1990, avec un rapport de 1 à 2, 1 % de migrants ne contribuait plus qu'à 2 % de croissance

1. À Abidjan, en 1978, le taux de mortalité juvénile était 58,5 fois plus élevé dans les quartiers d'habitat précaire (117‰) que dans le bâti de haut standing (2‰), 2,4 fois plus élevé que dans les cours communes (47‰) et était supérieur au taux moyen des campagnes ivoiriennes.

de la population urbaine. Cet effet mécanique n'explique pas tout : de nombreuses villes, et singulièrement les plus grandes, sont devenues des lieux de départ. Des rétro-migrations ont été décelées dans de nombreux pays, mais il n'est pas toujours aisé de distinguer les permanences et les ruptures par rapport à des systèmes circulatoires antérieurs fondés sur des va-et-vient entre villes et campagnes (chapitre V) comme au Kenya ou à des mouvements tributaires d'aléas climatiques. Certains retours relèvent d'un type très particulier de mobilité dans les pays sahéliens où, lors des années de sécheresse, les réfugiés affluaient dans les villes secondaires. Entre 1976 et 1987, Gao est passée de 31 000 à 55 000 habitants, Tombouctou de 19 000 à 32 000, mais beaucoup de migrants temporaires sont repartis vers les campagnes ou vers Bamako. Des retours dans les villages d'origine ont toutefois été identifiés : au Ghana, une grande partie des 46 000 bénéficiaires du programme d'accompagnement de l'ajustement structurel seraient retournés à la terre ; des mouvements d'exode urbain, spectaculaires dans les villes minières du Shaba (Katanga) avant l'effondrement du régime de Mobutu, caractérisent l'évolution récente de villes camerounaises, du sud-est nigérian et des cités de la Copperbelt zambienne.

L'ampleur et la durée de ces mouvements sont-elles suffisantes pour affirmer qu'un processus de contre-urbanisation est amorcé ? À l'évidence, non. Les situations sont très différentes d'un pays à l'autre et d'une ville à l'autre ; dans une même ville, les mobilités sont complexes, discriminées par l'âge des actifs, leur revenu, leur statut au sein des groupes de parenté, et il est malaisé de tirer des enseignements clairs des mouvements en cours. Ainsi que le souligne Georges Courade (1994) pour le Cameroun, « la migration s'inverse : on va se ressourcer dans la campagne, sans vouloir forcément y rester ». De même, dans les régions forestières ivoiriennes d'économie de plantation, des flux significatifs urbain-rural ont été observés, mais les hommes de retour au village n'ont pas toujours accès à la terre et, utilisés comme aides familiaux ou manœuvres, ils sont plutôt en transition, « en attendant » de trouver des opportunités en ville (Beauchemin, 1999). En outre, la plupart des politiques d'aide au retour et à la réinstallation rurale de salariés licenciés ou de jeunes déscolarisés ont abouti à de piètres résultats, sauf peut-être au Ghana.

On ne peut évoquer une contre-urbanisation quand le taux de croissance moyen annuel de la population urbaine, même en recul, se maintient à un niveau aussi élevé, bien supérieur à celui des campagnes, et qu'il affecte une population sans cesse croissante. Enfin, les migrations sont des marqueurs de conjonctures politiques parfois combinées aux sécheresses : près de la moitié des habitants de Khartoum, soit 1,8 millions de personnes, seraient des réfugiés (Pérouse de Montclos, 2001). Quant au dynamisme démographique de nombreuses villes petites et moyennes, il concerne à la fois d'anciennes cités revitalisées et de nouvelles localités surgissant de la gangue rurale (Bertrand et Dubresson, 1997).

Cette dynamique par le bas, contrastant avec l'essoufflement du rythme de la plupart des grandes villes, procède de facteurs très divers. Une modification des bassins migratoires, recentrés aux échelles locales et régionales, façonnés par des mouvements en provenance du monde rural et désormais dirigés vers les villes secondaires plus que sur les grandes villes est peut-être enclenchée. Si tel est le cas, comme le suggèrent les résultats d'enquêtes coordonnées par le CERPOD[2] en Côte-d'Ivoire, au Mali, au Niger (mais les

2. Centre d'études et de recherches sur la population et le développement, Institut du Sahel, Bamako (Mali).

capitales continuent à capter plus de ruraux que les autres villes au Burkina Faso, en Guinée et au Sénégal), s'agit-il d'une conséquence temporaire de la crise économique ou d'une vive accélération d'un processus déjà inscrit dans la durée ? Le déploiement spatial des grands réseaux marchands transnationaux utilisant les discontinuités monétaires et multipliant les outils de l'échange illégal de part et d'autre des frontières a incontestablement favorisé les dynamiques urbaines sur les périphéries des États ouest africains, le plus bel exemple étant celui des villes dédoublées ourlant les frontières du Nigeria (chapitre VI). Enfin, si les migrants en provenance des capitales d'Afrique de l'Ouest se dirigent le plus souvent vers le monde rural (sauf au Niger où ils feraient surtout mouvement vers d'autres cités), ils gagnent aussi des localités urbaines, y compris quand ils sont natifs des campagnes : en Côte-d'Ivoire, les flux au départ d'Abidjan et à destination des campagnes durant les années 1988-1992 (253 000 migrations relevées) sont à peine supérieurs à ceux dirigés vers les villes (226 000 migrations). Les cités petites et moyennes, dans lesquelles l'accès au sol demeure plus aisé, pourraient ainsi bénéficier d'une redistribution des populations au sein des semis urbains.

Les résultats des enquêtes menées dans sept pays ouest africains (CERPOD, 1995 ; Bocquier, Traoré, 2000) rendent toutefois perplexe : de 1988 à 1993, les villes dites principales (non compris la plus grande de chaque État) du Burkina Faso, de Côte-d'Ivoire et de Guinée auraient eu des soldes migratoires négatifs et sauf au Niger – et peut-être en Mauritanie – les croissances migratoires auraient été inférieures à celles des villes primatiales. En outre, les villes plus petites, dites secondaires, auraient eu des soldes migratoires négatifs dans les 7 pays et la balance des flux entre villes non primatiales et campagnes aurait été négative au Burkina Faso, en Côte-d'Ivoire et en Guinée. Si ces résultats sont conformes à la réalité, ils marquent, dans le cas de la Côte-d'Ivoire, une spectaculaire rupture avec l'évolution observée de 1975 à 1988. Les biais méthodologiques d'enquête (les mouvements internes aux sous-préfectures ivoiriennes n'ont pas été pris en compte) n'ayant qu'une influence réduite, s'agit-il d'un réel repli rural, une tactique de citadins attendant le retour d'opportunités urbaines, ou faut-il en conclure que durant la décennie quatre-vingt-dix, les systèmes urbains africains, affectés par une accélération des mobilités géographiques multipolaires, sont devenus de plus en plus complexes ? Quelle que soit la réponse, les exercices prospectifs ne sont guère facilités. Selon les projections des Nations Unies, le cap des 50 % de citadins devrait être franchi autour de 2025 et l'Afrique subsaharienne pourrait compter près de 621 millions d'urbains en 2030. L'urbanisation est une tendance lourde, inscrite sur le temps long, mais le chemin de la ville, dans le contexte actuel de crise(s), n'est pas sans retour et les mouvements contradictoires d'une décennie à l'autre déroutent l'observateur et embarrassent le prévisionniste.

2. Crise dans la ville, crise de la ville et réponses citadines

2.1. Le faciès urbain de la crise du modèle rentier

Le grippage, puis le blocage, des processus d'accumulation (chapitre I) ont eu des conséquences considérables sur les bases économiques urbaines officielles, recensées et de ce fait abusivement qualifiées de « modernes », qui fournissent environ 2/3 du PIB total du continent, et sur les citadins dont la vie quotidienne en dépend. Après les indépendances, la quête de légitimité des pouvoirs d'État reposait en partie sur l'élargissement de leur base sociale aux nouvelles catégories citadines. Quelle que soit l'option idéologique de développement affichée, des politiques distributives avaient alors offert à ces nouveaux clients un accès privilégié aux ressources urbaines, sol, logement et services, mais aussi un travail salarié fourni par un important secteur public et para-public et, dans quelques pays, Afrique du Sud et Zimbabwe, à un moindre degré Ghana, Côte-d'Ivoire, Sénégal, Cameroun, Zambie, par un appareil manufacturier conséquent que favorisèrent de véritables protectorats fiscaux.

La crise financière et les politiques monétaristes d'ajustement imposées depuis les années quatre-vingt pour la surmonter ont eu pour conséquence l'effondrement des effectifs salariés des secteurs public et privé. Les fermetures, les restructurations et les privatisations de nombreuses sociétés publiques et para-publiques ont été accompagnées de suppressions massives d'emplois alors que les recrutements ont cessé dans la fonction publique. Les industries de transformation, qui fournissent 15 à 20 % du PIB urbain, ont été durement atteintes par le démantèlement des protections tarifaires et l'ouverture au marché mondial, de sorte que de nombreuses villes ont perdu leur substance industrielle, connu au mieux une stagnation des investissements, y compris en Afrique du Sud où la croissance économique, très faible depuis 1995, a été quasi nulle en 1998 et peu soutenue depuis 1999.

Le travail urbain salarié régulier, déjà loin d'être majoritaire avant les années de crise, sauf dans quelques cas (Abidjan, Libreville, villes minières, aires métropolitaines sud-africaines) a été partout raréfié, même en Afrique du Sud où 220 000 emplois miniers ont été supprimés de 1985 à 1995 et où l'emploi manufacturier a nettement régressé depuis 1985. Tandis que pèsent sur les rescapés les contraintes salariales de la restructuration, les jeunes entrent de plus en plus tardivent dans le marché du travail à Dakar ou à Yaoundé (Antoine *et al.*, 2001). En outre, les niveaux d'endettement et les déficits publics ne permettent plus aux États de financer les grands travaux d'équipement dont les villes, particulièrement les capitales, furent souvent les grandes bénéficiaires, et les activités de BTP, grandes pourvoyeuses d'emplois, confrontées à un effondrement de la demande publique, ne sont plus motrices comme dans les « années folles » du pétrole ou du cacao et des projets gigantesques, des « éléphants blancs » au Nigeria, à un moindre degré au Gabon, au Togo ou en Côte-d'Ivoire. Parmi les nombreux exemples de régression du marché du travail salarié, celui d'Abidjan est très significatif : plus de 15 000 postes de travail y ont été supprimés entre 1983 et 1993, auxquels il faut ajouter des milliers d'emplois journaliers, et l'artisanat et le petit commerce, sédentaires ou non, procurent désormais plus des 2/3 des emplois contre environ 40 % en 1978.

Ce processus d'accélération de l'informalisation, général à l'ensemble des villes africaines, est accompagné d'une diminution de l'écart de valeur ajoutée entre urbains et ruraux, réduit de 6 à 3 entre 1980 et 1990, d'une baisse des revenus monétaires et d'une réduction du pouvoir d'achat de la majorité des citadins. En 1978, les écarts de revenus entre ruraux et urbains étaient de l'ordre de 1 à 3 dans les pays les plus pauvres où le revenu par tête était inférieur à 200 dollars, mais aussi dans les plus riches où le revenu par tête excédait 400 dollars ; ils étaient de 1 à 5, et atteignaient même 1 à 8, dans les pays intermédiaires où le revenu par tête oscillait alors entre 200 et 400 dollars (Hugon, 1993). Ces écarts semblent avoir été réduits, parfois inversés. Les politiques d'ajustement structurel auraient provoqué une régression significative des différences entre villes et campagnes, mais les situations sont fort contrastées d'un pays à l'autre et, pour conduire une analyse crédible, il faudrait pouvoir prendre en compte tous les micro-transferts directs et indirects réalisés par les collectifs familiaux et les individus. Des cas d'inversion ont toutefois été soulignés au Nigeria, en Sierra Leone, en Ouganda, en Tanzanie, au Lesotho. Les calculs de moyennes masquent évidemment les profondes disparités entre citadins, mais le déclassement social et la paupérisation sont attestés par de nombreux indicateurs : à Abidjan, en 1988, 4,3 % des ménages avaient 2 US $/personne/jour ou moins ; on en comptait 29,3 % en 1995 ; dans les villes zambiennes, le pouvoir d'achat du salaire minimum a diminué, en kwachas constants, de 60 % de 1983 à 1991 et 70 % des ménages de Lusaka ont un revenu inférieur au seuil de pauvreté en 2000.

Si les citadins ivoiriens, burkinabè ou béninois ne sont pas, que l'on sache, en situation de détresse alimentaire, approvisionner les cuisines est un problème de plus en plus difficile à résoudre pour les familles urbaines pauvres de Tanzanie où le salaire minimum mensuel couvre à peine l'achat du maïs nécessaire à l'alimentation d'un groupe résidentiel de 5 personnes, et où le revenu moyen mensuel au début des années quatre-vingt-dix, toutes ressources confondues, permettait de nourrir une unité de 6 personnes durant trois jours seulement. Au Kenya, 30 % des salariés urbains ne peuvent se procurer le minimum vital de calories pour subvenir aux besoins d'une unité de résidence de 5 personnes ; en Zambie, une véritable crise alimentaire urbaine est ouverte, les familles pauvres ayant cessé d'acheter de la viande, du poisson et du pain, et la malnutrition toucherait particulièrement les enfants, comme en Angola, en Sierra Leone ou dans l'ex-Zaïre où la plupart des habitants de Kinshasa ne consommeraient plus qu'un seul plat dans la journée.

Mesurés à l'aune de trois indicateurs, l'emploi permanent, la stabilité du revenu et la sécurité alimentaire, tout en maniant avec prudence les résultats des diverses enquêtes disponibles et en soulignant la variété des situations, il faut bien convenir que les avantages comparatifs de nombreuses grandes villes ne sont désormais guère probants.

2.2. *Un déficit de la pensée et de l'action urbanistiques longtemps amorti par les citadins*

Héritant de pratiques coloniales fondées sur un nouvel ordre foncier et des normes techniques importées, les gouvernants africains ont peu ou prou reproduit un modèle urbain dont la mise en œuvre n'a jamais réussi à régler la question de l'habitat pour le plus grand nombre de citadins, même au temps de la haute conjoncture économique dans les États les plus interventionnistes. Ce modèle repose sur quatre éléments principaux. L'administration publique, étatique ou locale, exerce un monopole foncier, contrôle l'accès au sol urbain et octroie des droits d'usage provisoires ou définitifs (concessions en Afrique francophone, *leasehold*, *freehold* en Afrique anglophone) ou des titres de propriété individuels et immatriculés. Une stricte division fonctionnelle de l'espace, programmée par un urbanisme de plan reposant sur une multitude de schémas directeurs et de règlements, est censée assurer le contrôle des extensions urbaines et de la localisation des activités. Outil de production physique de l'espace urbanisé, le lotissement en forme de damier, inégalement équipé en réseaux et en services selon les catégories sociales concernées, est aussi l'instrument d'un agencement social reposant sur les prix de cession et le respect de normes techniques (taille des parcelles, matériaux utilisés). Enfin, des filières publiques de production de logements sociaux visent théoriquement à satisfaire la demande des salariés modestes.

L'application du modèle, très inégale selon les États et les villes, a réussi à maintenir, voire à développer, des fragments de modernité dans les capitales politiques ou économiques. Les zones industrielles ont été multipliées à proximité des ports ou des gares ferroviaires, les centres villes d'Abidjan, de Nairobi, de Lagos, ont été hérissés de tours parfois constitutives de CBD ; des quartiers cossus de villas-jardins, des cités de fonctionnaires, des ensembles de logements collectifs, en bandes horizontales ou en blocs verticaux, construits par les promoteurs publics et privés, ont été disséminés dans les aires péricentrales, voire sur des fronts d'urbanisation (plateau de Yopougon à l'ouest d'Abidjan, route de Rufisque à l'est de Dakar). La morphologie des tissus urbains a ainsi été diversifiée : l'héritage colonial opposant le centre des Blancs aux lotissements périphériques des Africains, qu'illustrait la division officielle entre la « Ville » et la « Cité » à Kinshasa, a été modifié et la division sociale de l'espace légal est devenue plus complexe. Dans certaines villes, comme Nairobi ou Lusaka, une nette ségrégation socio-spatiale a certes été favorisée, mais la différenciation n'est pas partout aussi claire : les cours abidjanaises « en dur » du centre ville et des périphéries associent couches moyennes et couches populaires, riches et pauvres se côtoient dans certains quartiers de Lomé.

Le modèle n'a cependant pas permis de relever le défi urbain. Dans la plupart des pays où l'accession des populations à la modernité était un objectif affiché par les pouvoirs centraux, les mesures adoptées ont finalement concouru à l'exclusion de très nombreux citadins de l'espace urbain légal. Le rythme de création des lotissements officiels, même sommairement équipés, n'a jamais répondu aux besoins, les logements dits « sociaux » construits par les sociétés publiques ont été détournés au profit des classes moyennes, dont les pratiques (modification des logements, taille des ménages élevée) ont par ailleurs subverti les projets officiels. Même en Zambie, pays pionnier en matière de trames assainies pour les plus démunis, une solution alternative pour les bas revenus n'a pu être trouvée[3]. En Afrique du Sud et en Namibie, où l'urbanisme d'*apartheid* a d'abord dénié aux Noirs le droit de prendre pied durablement en ville, puis a tenté de s'accommoder de leur présence, le contrôle des flux migratoires et des installations au sein des *townships* massivement créées par les municipalités après 1948, la violence policière d'État et les réformes successives n'ont pas empêché l'afflux et l'installation illégale de millions de *squatters* et de sous-locataires vivant dans des conditions précaires (Gervais-Lambony *et al.*, 1999 ; Guillaume, 2000).

Aux exclusions de fait ou de droit est organiquement liée l'extension des espaces illégaux. Grâce aux multiples filières foncières parallèles animées par des possesseurs coutumiers ou prétendus tels, par des intermédiaires lotisseurs, par d'anciens

3. JAGLIN S., PIERMAY J.-L., « Lusaka, de la ségrégation à l'archipellisation ? », *in* DALOZ J.-P., CHILESHE J., *La Zambie contemporaine*, Paris, Karthala-IFRA, 1996, p. 217-258.

citadins désireux d'accéder à la « propriété », fût-elle illégale, de constituer des patrimoines fonciers et immobiliers et d'en tirer parfois une rente locative, par des acteurs, et non des moindres (chefs d'État, ministres, hauts fonctionnaires) jouant sur plusieurs registres légaux et illégaux, l'accès au sol urbain a été plutôt bien assuré (Piermay, 1993). L'émergence rapide du tâcheronnage, animé par des artisans-maçons travaillant à façon pour les acquéreurs de parcelles et mobilisant les nombreux corps de métier du bâtiment, a permis l'auto-production de logements plus souvent construits « en dur » (parpaings de ciment et toit de tôle) qu'en matériaux précaires (Canel *et al.*, 1990). Sauf dans quelques cas extrêmes (Addis-Abeba, Luanda, Nairobi, dans une moindre mesure Lagos), les bidonvilles n'ont jamais atteint, avant les années quatre-vingt, l'ampleur de leurs homologues latino-américains et asiatiques. En créant un parc locatif utile, en démontrant souvent leur capacité à ériger des logements décents, les bâtisseurs des périphéries ont non seulement su répondre à la demande croissante, mais ils ont souvent lancé un défi aux pouvoirs publics, certains d'entre eux engageant de véritables stratégies reposant sur un pari de légalisation. Pour ce faire, vendeurs de terrains, géomètres et acquéreurs de parcelles se sont réappropriés les normes officielles, créant ainsi des formes urbaines anticipant une légalisation : à Abobo (Abidjan), à Pikine (Dakar) ou dans les périphéries de Kinshasa, rien ne distingue les rues, les cours communes et les villas-jardins illégales de celles des lotissements administratifs.

Face à l'essor rapide de cette petite production marchande illégale de logements, les autorités administratives ont longtemps louvoyé entre des politiques de destruction systématique (« déguerpissement ») et des attitudes de tolérance, le laisser-faire étant d'autant mieux opportun que les marchés parallèles résolvaient en partie, en mobilisant l'épargne privée que les systèmes bancaires drainent mal ou pas du tout, la question du logement locatif. Il reste que le logement n'est pas tout l'habitat et que les petits investisseurs privés, comme les habitants, ne peuvent financer et construire les nécessaires réseaux de desserte (eau potable, électricité) et d'évacuation d'eaux pluviales et usées ; seuls 21 % des citadins au Mozambique, 17 % en Éthiopie, 14 % au Niger, 22 % au Togo ont accès à l'assainissement. Depuis les années soixante-dix, les actions répressives ont été souvent abandonnées au profit d'options réformistes préconisées par la Banque mondiale et le Centre des Nations Unies pour les établissements humains (CNUEH). De grands bidonvilles (Mathare Valley à Nairobi, Balbala à Djibouti) ont été restructurés par la création d'une voirie hiérarchisée et la légalisation de la tenure foncière ; d'anciens quartiers dits spontanés ont été lotis et équipés (périphéries de Lusaka, de Dakar, Zone Nylon à Douala). L'une des opérations les plus spectaculaires a été réalisée à Ouagadougou, où la quasi-totalité de la périphérie irrégulière a été lotie en 5 ans, de 1984 à 1989 (Jaglin, 1995). L'offre foncière légale a été ouverte à des fractions de population jusqu'alors exclues, avec la mise en vente ou en location de parcelles à bâtir pré-équipées, à bas prix, destinées à l'auto-production des logements par les attributaires : parcelles assainies à Dakar, opérations *sites and services* dans les villes d'Afrique orientale et australe, lots à équipements minimaux à Abidjan, programmes de coopératives d'autoconstruction assistée à Addis-Abeba, *Build Together Program* à Windhoek. Les dynamiques illégales et les restructurations ont accentué la diversité morphologique des villes : le modèle opposant un centre moderne et des périphéries démunies est rarement applicable car nombre de périphéries sont peuplées par des couches moyennes et la plupart ont un contenu social diversifié. Si des dominantes sociales apparaissent à l'échelle des agglomérations, à celle des quartiers c'est bien souvent la juxtaposition d'îlots socialement différents qui l'emporte, brouillant les schémas simplistes. Avec le peuplement rapide des périphéries, dont les rythmes de croissance sont supérieurs à ceux des centres villes, cette diversification complexe est sans doute la caractéristique majeure de l'organisation contemporaine des tissus urbains.

Dans les années quatre-vingt et quatre-vingt-dix, la décentralisation, la gestion par des collectivités locales démocratiquement élues, l'exaltation de la participation populaire dans les quartiers et, là où sévissait l'*apartheid*, la réunification des administrations urbaines, sont devenues les axes centraux des politiques officielles. Celles-ci n'ont toutefois pas réussi à endiguer l'étalement des tissus urbains, une boulimie d'espace qui aggrave les problèmes de transport et accroît le coût des services, de sorte que, même en tenant compte du ralentissement démographique, la croissance spatiale des villes, et singulièrement celle des plus grandes, est loin d'être maîtrisée par les pouvoirs publics.

De plus, la crise financière, en réduisant les ressources des collectivités locales, a eu des effets considérables sur la qualité et la fourniture des services de base : à Dar es-Salaam, les dépenses de services et d'infrastructures ont diminué de 8,5 % par an de 1978 à 1987 ; à Nairobi, elles ont régressé de 27,80 dollars (constants) par habitant en 1981 à 2,47 en 1987, la maintenance passant de 7,3 à 2,30 dollars par habitant. La dégradation des infrastructures et des équipements existants, particulièrement des établissements scolaires et de santé publique, a par ailleurs de graves conséquences : dans la plupart des grandes villes, le taux de scolarisation diminue ; à Lusaka, le choléra a aggravé la mortalité dans plusieurs quartiers en 1996 et en 2000 ; dans les villes ghanéennes, on compte plus d'enfants de deux ans souffrant de diarrhées que dans les campagnes et à Accra, où près de la moitié de la population vit au-dessous du seuil de pauvreté, on impute 70 % du coût économique des problèmes de santé à des maladies résultant surtout de la médiocrité de l'environnement urbain.

Ce qui surprend n'est pas l'ampleur de la « crise urbaine », entendue comme une diminution des investissements par habitant qui a accru la précarité, mais plutôt la façon dont elle a été longtemps amortie par les pratiques citadines et la vitalité des réseaux sociaux. Les migrations et l'insertion en ville ont été longtemps balisées et encadrées par des collectifs familiaux, ethniques ou régionaux (chapitre V) et les multiples associations constituées sur des bases territoriales, culturelles, religieuses, ont été d'efficaces outils d'insertion des nouveaux venus, fonctionnant aussi comme des sociétés de secours mutuel qui financent, par exemple, les coûteuses cérémonies de funérailles. Loin d'avoir reproduit le modèle occidental de famille, les citadins africains ont innové non seulement en développant des formes de familles élargies originales, mais aussi en multipliant les systèmes résidentiels polycentrés (fig. 31), les individus circulant quotidiennement entre différentes parcelles, voire entre différents quartiers, pour prendre leur repas, dormir, rencontrer parents et amis et tisser des liens sociaux.

Les associations de « ressortissants » ont également joué un rôle décisif dans le processus de citadinisation, organisant réunions périodiques, bals, fêtes musicales et compétitions sportives qui permettent certes de cultiver l'identité régionale mais qui constituent autant d'occasions de régler des problèmes personnels. Dans les divers lieux de convivialité non nécessairement ethniques ont été façonnés des styles de vie, surtout

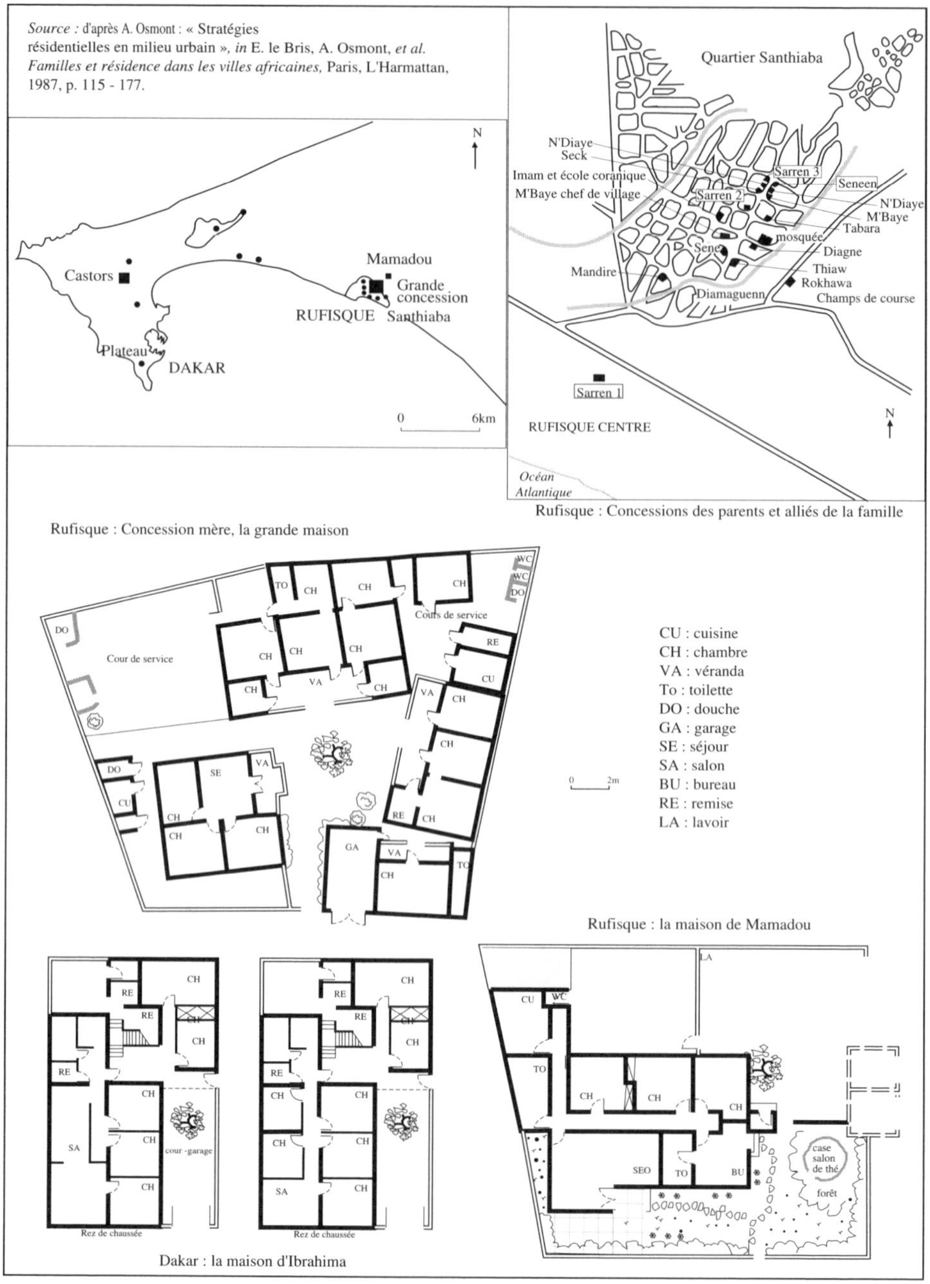

Source : d'après A. Osmont : « Stratégies résidentielles en milieu urbain », *in* E. le Bris, A. Osmont, *et al.* *Familles et résidence dans les villes africaines*, Paris, L'Harmattan, 1987, p. 115 - 177.

31. Un système résidentiel éclaté dans la région urbaine de Dakar.

populaires dans les « maquis » d'Abidjan ou les « chantiers » de Yaoundé, plus huppés pour la jeunesse dorée des « sapeurs »[4] animant les bals de Brazzaville et de Kinshasa, qui ont contribué à l'émergence d'une identité citadine complexe, faite certes de distinction sociale mais aussi de brassages culturels intenses que le type de répartition des populations dans la ville, plutôt regroupées par affinités ethniques à Brazzaville et à Yaoundé, très dispersées au contraire à Abidjan et à Lomé, n'a nullement entravés. Les chanteurs zaïrois, camerounais, sénégalais, maliens, qui retravaillent les rythmes autochtones en s'inspirant des musiques issues du monde afro-américain, caraïbe en particulier, ont un succès considérable du haut en bas de la société, de l'homme d'affaires à l'apprenti qui ne fréquentent pas toujours les mêmes bars mais se reconnaissent dans la même musique ; les peintures sur verre de Dakar, les tableaux naïfs de Lubumbashi, les pièces jouées dans les théâtres populaires nigérians, les caricatures politiques sénégalaises et togolaises, les styles vestimentaires des femmes qui séduisent les hommes et défient leurs rivales en utilisant le langage des pagnes, le foisonnement d'expressions orales malicieuses mêlant truculence et dérision, témoignent de la vitalité culturelle urbaine. Appartenant souvent à de multiples associations, les citadins naviguent en permanence entre héritages, recompositions et innovations, ainsi que le montrent leurs pratiques religieuses (chapitre V), de sorte que tous font preuve d'une surprenante plasticité en maints domaines, leur socialisation dans la ville ayant été réalisée sur un mode souvent non violent, du moins en apparence, car sorcellerie et poison ne sont pas l'apanage des campagnes. Amortie, la crise l'a également été par la capacité à contourner les normes étatiques en jouant sur diverses filières, légales et illégales d'accès au sol (Bertrand, 1994) et au logement, par le recours quasi systématique à l'économie informelle et à l'activité agricole intra ou périurbaine.

Or, ces divers « filets » sociaux et économiques paraissent proches de la rupture alors que l'étroit contrôle social qui permettait de réguler les tensions internes a perdu en efficacité. Après avoir plutôt fonctionné comme une machine intégratrice, la cité est désormais un lieu sinon d'exclusion, du moins d'éviction, en particulier du marché du travail, et les natifs des villes qui disposent d'un bon ancrage local ne sont pas mieux protégés que les migrants (fig. 32).

Selon le BIT, le nombre de chômeurs urbains serait passé de 9 à 28 millions au cours de la décennie quatre-vingt-dix, le taux de chômage moyen, 10 % en 1975, aurait atteint 18 % en 1990 et toucherait 30 % des actifs en 2000. Sont particulièrement frappés les jeunes déscolarisés[5] et ceux qui, sans formation, ne peuvent, au mieux, compter que sur les activités précaires de rue.

2.3. Les pratiques citadines de crise : intérêt et limites des dynamismes « du bas »

Jusqu'au début des années quatre-vingt, la croissance urbaine a été accompagnée d'une inégale mais réelle amélioration des conditions d'existence et les villes favorisaient plutôt la mobilité sociale ascendante. La fermeture du marché du travail

4. SAPE : société des ambianceurs et des personnes élégantes.
5. En 1988, dans les villes sénégalaises, le taux de chômage atteignait ainsi près de 28 % dans les classes d'âge 15-29 ans.

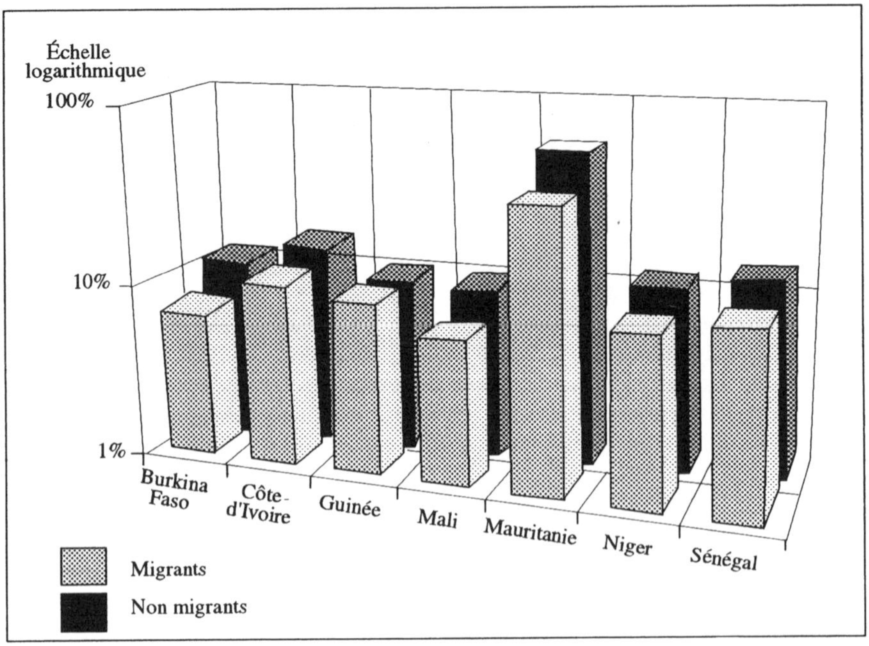

Source : CERPOD, 1995.

32. Taux de chômage urbain selon le statut migratoire en Afrique de l'Ouest (d'après l'enquête CERPOD, 1995).

salarié a exacerbé la compétition autour des emplois préservés et entraîné un mouvement de descente générale, déformant la pyramide sociale par translation vers le bas des catégories moyennes et aggravation de la condition des plus démunis. Dans certaines cités cosmopolites, Lagos, Abidjan, Dakar, Libreville, des tensions latentes ont été avivées, entre populations nationales d'une part, entre celles-ci et les ressortissants étrangers d'autre part ; l'ethnicisation rapide des conflits, arme simpliste mais très efficace de mobilisation, a souvent provoqué des expulsions massives d'étrangers et abouti à des affrontements violents entre nationaux[6] habitant des quartiers distincts, dont l'archétype est la situation de guerre civile urbaine (fig. 33) qui prévalait en 1996 à Brazzaville avant le victoire des milices « Cobras » en octobre 1997.

Dans cette spirale régressive, comment peut-on demeurer citadin et où ? En jouant sur plusieurs registres, qui visent au maintien dans l'espace urbain de tout ou partie des unités résidentielles et privilégient des mobilités spatiales dans – ou hors de – la ville, le recours aux activités informelles et à l'agriculture urbaine.

Beaucoup de ménages éprouvent des difficultés à conserver leur logement locatif, quand ils n'en sont pas exclus, en raison de la diminution de leurs ressources financières. Cette contrainte est accentuée par les diverses opérations de restructuration

6. On n'évoque pas ici les ethnocides perpétrés dans les villes et qui résultent de guerres civiles non directement liées à la question urbaine, au Rwanda et au Liberia par exemple.

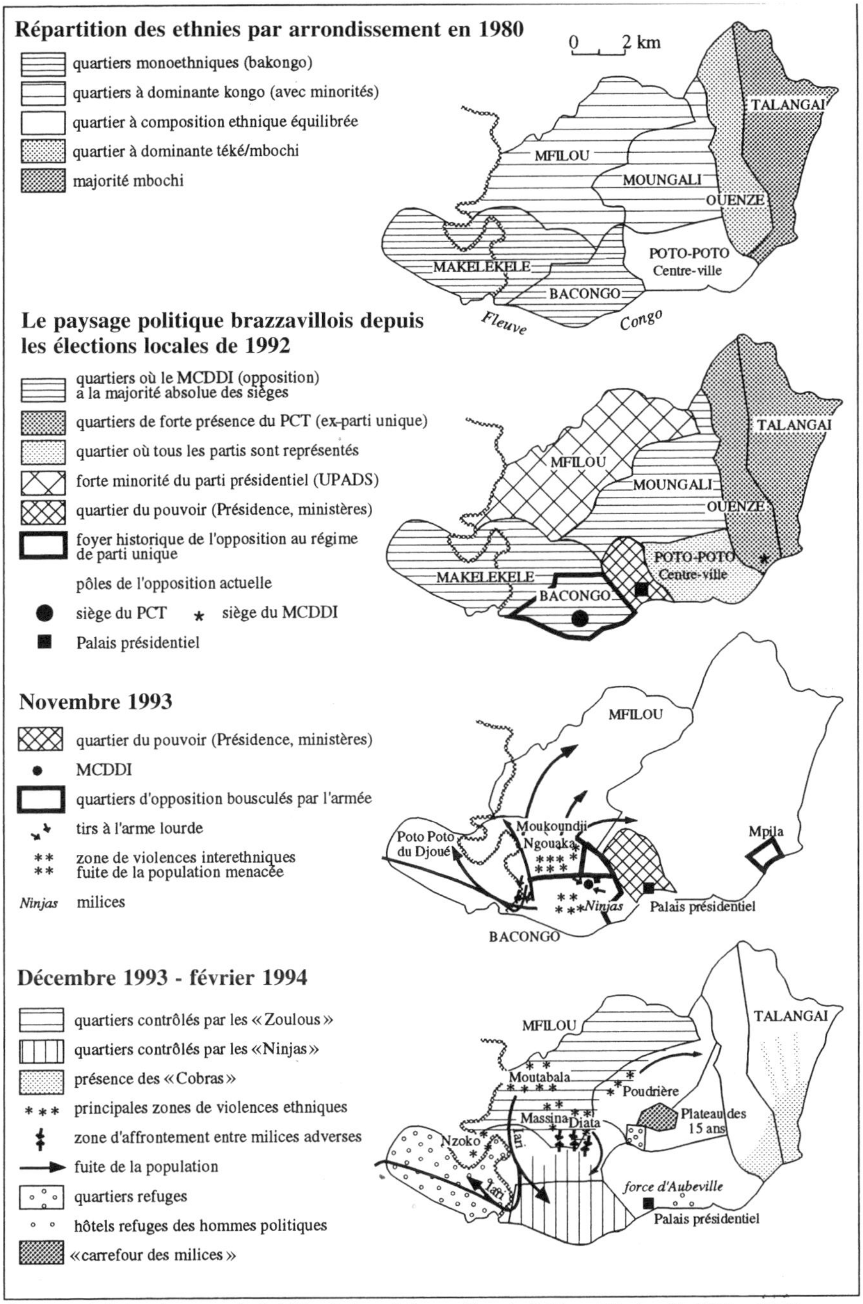

Source : extrait de « Jeunesse et ethnicités citadines à Brazzaville », *in Politique Africaine*, 64, 1996, p. 73-88.

33. Violences à Brazzaville : l'ethnicisation des conflits urbains.

Les violences des milices qui ont suivi les élections de 1992 ont été rapidement qualifiées d'« ethniques ». Le rapport entre violence et géographie est le fait d'une manipulation par les partis politiques d'une jeunesse instruite, peu ethnicisée mais dont les débouchés professionnels sont nuls. La répartition de la population dans la capitale a facilité cette manipulation et conduit à la création de bases territoriales urbaines d'où sont menées les exactions réciproques.

financées par les bailleurs de fonds internationaux dans les anciens quartiers centraux, dont sont victimes les locataires les moins fortunés, par les politiques de privatisation et de mise en vente des parcs de logements publics en Afrique de l'Ouest et des maisons (*matchboxes*) parsemant les *townships* municipales héritées de l'*apartheid* au Zimbabwe, en Namibie, en Afrique du Sud. Ceux des ménages qui ne peuvent pas acheter leur logement, ni faire face aux augmentations de loyers, tentent parfois de se maintenir sur place en sous-louant une partie de l'appartement ou de la parcelle, contribuant par là même à accroître les densités de population et le nombre de *squatters* dans les villes d'Afrique australe. D'autres citadins, à Abidjan, à Bamako, font mouvement vers des quartiers d'habitat précaire où les loyers sont certes moins onéreux mais où le niveau d'équipement est médiocre. Ces mouvements intra-urbains ont des conséquences contradictoires sur les relations entre espace et société ; à l'échelle des quartiers, la ségrégation socio-spatiale s'accentue, mais à celle des parcelles, propriétaires et locataires cohabitent toujours et dans les cours locatives ouest-africaines, les résidants ont des assises sociales fort diverses.

Certaines unités de résidence sont ajustées par réduction de la taille du ménage : à Lomé, de nombreux ménages utilisent des résidences dissociées, le responsable demeurant en ville, l'épouse (ou les épouses) étant relocalisée(s) à la campagne ; à Abidjan, le sens de circulation des enfants confiés est souvent inversé, des adolescents sont désormais scolarisés dans de petites villes, des enfants sont envoyés dans les écoles primaires rurales, des jeunes déscolarisés et sans emploi sont réaffectés dans les villages d'origine. L'ajustement démographique va parfois jusqu'à la réduction de la fécondité, mais toute analyse doit demeurer prudente car les comportements et les modèles familiaux urbains demeurent fort contrastés (Pilon *et al.*, 1997) et beaucoup d'inconnues subsistent quant au caractère durable de cette diminution du nombre d'enfants, due le plus souvent à l'espacement des naissances. En outre, il est des cas d'accroissement de la taille des ménages quand se perpétue la cohabitation entre citadins et migrants : à Dakar, ces derniers sont hébergés plus longtemps que leurs prédécesseurs et les jeunes adultes accèdent au statut de responsable familial tardivement, 30 % seulement des hommes âgés de 35 ans étant chefs de ménage en 1995 (Antoine *et al.*, 1995). Au contraire, le nombre de femmes et d'enfants délaissés par des hommes ne cesse de croître à Windhoek où les ménages de taille réduite dont les responsables sont féminins augmentent rapidement. À Lomé comme à Lagos, les abandons d'enfants se multiplient et on compterait 100 000 enfants de la rue à Nairobi. Un débat est ainsi engagé sur les processus d'individualisation dans, et par, la pauvreté (Marie, 1997).

La diversification des ressources par la recherche de revenus complémentaires dans l'économie informelle, voire le repli total sur cette dernière, dont l'essor est favorisé par le démantèlement des services publics, est une autre tactique de survie urbaine. L'emploi informel, vers lequel se replient désormais les exclus du travail salarié, est majoritaire dans la quasi-totalité des villes. Selon le BIT, 60 % des emplois urbains seraient, en moyenne, informels et leur contribution à l'emploi total serait passée de 69 à 75 % en Mauritanie, de 63 à 79 % au Mali de 1980 à 1990 ; elle atteindrait 93 % au Bénin, 61 % au Kenya. Les systèmes informels, *kalabule* au Ghana, *magendo* en Ouganda, *jua kali* au Kenya, peuvent amortir de rudes chocs tout en palliant les carences des services publics : dans toutes les grandes villes africaines, des entreprises privées assurent la desserte des périphéries délaissées ou ignorées par les lignes officielles de transport public ; des comités de quartiers, des associations locales, des ONG, mobilisent activement des citadins et parviennent à financer la construction d'écoles, de maternités, de dispensaires, à assurer la pré-collecte des déchets domestiques ou l'entretien de la voirie ; certains comités de développement ou des fontainiers gèrent des points d'eau collectifs selon un système de contrat avec les sociétés de distribution (Windhoek, Lusaka, Ouagadougou) ; de petits ouvrages d'infrastructure sont réalisés grâce au système des « travaux à haute intensité de main-d'œuvre » (TUHIMO). Cette mobilisation citadine permet certes de faire face à l'urgence, mais elle ne compense nullement le déficit d'investissements publics dans les nécessaires réseaux structurant les espaces urbanisés et reliant les quartiers les uns aux autres ; en outre, la gestion urbaine ne peut être réduite à la multiplication d'opérations dispersées à l'échelle de l'îlot, du voisinage, voire du quartier, qui accentuent souvent les inégalités géographiques intra-urbaines, concourant ainsi à la fragmentation des villes sans s'attaquer aux racines de la pauvreté.

Faut-il penser que l'artisanat de production, de service et le petit commerce sont susceptibles de résoudre la question de l'emploi, voire de constituer un terreau duquel pourraient émerger de petites et moyennes entreprises constituant l'avenir de l'économie urbaine ? La faillite générale des politiques volontaristes de formation d'entrepreneurs et les limites des petites activités marchandes, très hétérogènes, ont été maintes fois soulignées. Même si un « haut de gamme » constitué de PME émergentes semble avoir profité de la crise dans certains pays comme le Nigeria, où la petite métallurgie urbaine (pièces détachées pour véhicules automobiles, moulins à manioc et à céréales) est en plein essor, la réduction drastique des revenus salariaux diminue les ressources captables et menace la survie de nombreux ateliers et petites boutiques. Contrairement aux idées reçues, les petites unités, dont les effectifs d'apprentis, d'aides familiaux et d'ouvriers diversement rémunérés (on évoque souvent un métayage urbain) n'ont jamais été pléthoriques, ne sont pas en mesure d'absorber sans limites une demande croissante, même lorsqu'elle provient des collectifs familiaux. Il y a des arbitrages rationnels entre contraintes sociales et impératifs financiers de l'activité, qui n'ont rien de commun avec les présupposés sur la « solidarité africaine » dont on sait combien ils voilent les rapports de force et de dépendance entre aînés et cadets sociaux, situation que ces derniers acceptent de moins en moins, voire combattent ouvertement aujourd'hui, y compris sur la scène politique.

L'informalisation est accompagnée d'une utilisation croissante de la petite restauration marchande de rue, et certains ménages remplacent les repas à domicile par l'allocation d'un petit pécule aux enfants et aux hébergés qui mangent à l'extérieur en fonction des moyens attribués. De plus en plus nombreux sont les citadins qui recourent directement à la production agricole, contribuant ainsi à une ruralisation de la ville. Depuis fort longtemps les cuisines urbaines, où sont préparés des plats semblables à ceux du monde rural, les modes de consommation alimentaires étant assez peu différents entre villes et campagnes, sont en partie approvisionnées par des cultures localisées au sein des espaces urbanisés ou à leur immédiate proximité. Les quantités consommées de céréales, de manioc, d'igname, de banane plantain, de haricots, seraient difficilement compréhensibles sans la prise en compte de l'autoproduction vivrière citadine. Dans la plupart des villes où les conditions édaphiques

AGETIP ET TUHIMO : TRAVAUX D'URGENCE ET EMPLOIS DANS LES VILLES AFRICAINES

Pour faire face aux urgences, la Banque mondiale a financé au Sénégal, en 1989, un projet urbain original, basé sur un nouveau type d'institution privée et indépendante dénommée AGETIP (Agence d'Exécution de Travaux d'Intérêt Public contre le sous-emploi). Le succès de ce projet à conduit la Banque mondiale a étendre l'expérience à plusieurs pays (Mauritanie, Mali, Burkina Faso, Niger, Tchad, Guinée, Bénin, Togo, Madagascar). La Caisse Française de Développement (CFD) fait appel à ces Agences pour réaliser des opérations de réhabilitation et d'entretien des infrastructures.
Les AGETIP, associations sans but lucratif, ont trois objectifs : créer des emplois grâce à des travaux à haute intensité de main-d'œuvre (TUHIMO), développer la compétitivité des PME locales et mettre en œuvre des procédures transparentes. Elles exercent, pour le compte de l'État ou des collectivités locales, un mandat de maîtrise d'ouvrage déléguée de travaux publics d'infrastructure et de bâtiment et d'entretien des réseaux de voirie et de drainage. La convention de mandat fixe la rémunération de l'Agence (5 % maximum du montant des travaux). Le financement provenant des bailleurs de fonds est directement mis à la disposition de l'Agence, qui choisit les opérations à réaliser, lance les appels d'offre, sélectionne des entreprises locales inscrites sur une liste d'agrément et doit veiller au bon déroulement des travaux. A Cotonou et Porto Novo (Bénin), l'Agence d'Exécution de Travaux Urbains (AGETUR, statut d'ONG) a ainsi concentré ses interventions sur de petits chantiers utilisant beaucoup de travailleurs non qualifiés (pavage et assainissement de voies de circulation dans les centres villes avec une participation financière des riverains et des circonscriptions urbaines à hauteur de 32 % et 8 % du coût total selon les programmes).
Ayant favorisé l'émergence de compétences locales (ingénierie, maîtrise d'œuvre) qui résultent d'une mobilisation rapide de jeunes diplômés, les AGETIP ont aussi stimulé de petites entreprises du BTP, des artisans modestes pouvant accéder à des marchés de travaux publics. Mais les collectivités locales sont parfois marginalisées, l'articulation entre les priorités des élus et celles des Agences n'est toujours bonne et la multiplication de petits chantiers, fort utiles mais souvent dispersés, ne résout pas les grands problèmes d'urbanisme et ne dispense pas les pouvoirs publics d'une action de grande envergure.

D'après J.-L. Venard,
Agence française de développement.

le permettent, les résidants, surtout les femmes, utilisent leurs parcelles et les espaces publics attenants lors des périodes pluvieuses. En outre, les agriculteurs à temps complet, très nombreux dans les petites villes, parfois dans les grandes, comme Nairobi, Lusaka ou Ibadan, et qui constituent près de 30 % de la population active urbaine, ne sont pas les seuls acteurs de l'agriculture intra-urbaine : beaucoup de citadins dont les principaux revenus ne sont pas agricoles sont aussi cultivateurs, surtout dans les villes petites et moyennes où l'espace est moins disputé que dans les métropoles et où les concurrences foncières sont souvent moins exacerbées.

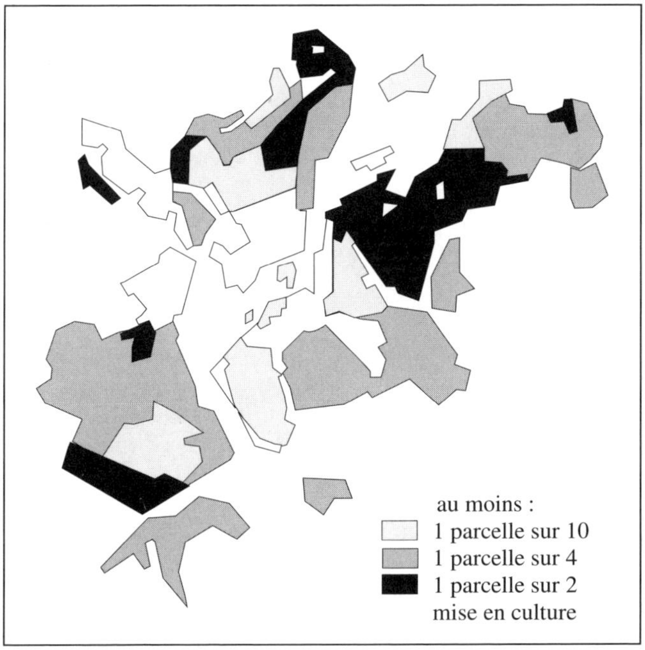

Source : J.C. Bruneau *et al.*, 1987.

34. Mise en culture des parcelles urbaines à Lubumbashi.

Le recours à l'agriculture est systématique en temps de crise et le repli sur la production vivrière caractérise des salariés en difficulté comme de petits entrepreneurs affectés par le recul de la demande pour peu qu'ils aient accès à la terre, comme à Lubumbashi (fig. 34).

Les systèmes agro-urbains, mêlant productions vivrières, arboriculture et petit élevage ne sont pas uniquement tournés vers la satisfaction des besoins domestiques. Les formes d'agriculture intensive intra-urbaine ont été multipliées en réponse à la demande citadine. Les bas-fonds sont valorisés par la riziculture irriguée ou inondée et les cultures maraîchères, mais le trait le plus spectaculaire demeure la poussée de la polyculture vivrière marchande périurbaine sur les pourtours des grandes cités et des villes moyennes. Ces formes d'agriculture associant céréales, racines et tubercules ont été développées par des acteurs très divers : villageois autochtones, commerçants contrôlant des filières d'intégration verticale (circuit du manioc), salariés et artisans louant des terres. Des fronts pionniers de reconversion ont été ouverts par des sinistrés de la crise, tels les anciens mineurs des villes cuprifères du Shaba. Pour être réalisées, ces diverses reconversions supposent toutefois que le sol demeure accessible, ce qui est loin d'être le cas dans les grandes villes, et même dans les cités plus modestes, les appétits fonciers s'aiguisent, particulièrement autour des bas-fonds cultivables, et les conflits se multiplient entre autochtones, ou supposés tels, et migrants. À la production agricole citadine s'ajoutent les approvisionnements en provenance des réseaux familiaux villageois, qui ont pu être maintenus, voire accentués, du fait de l'évolution différente des villes et des campagnes. Dans ces dernières, les effets négatifs de la baisse des cours et de l'ajustement structurel ont souvent été décalés dans le temps : si le revenu des citadins ivoiriens a fortement baissé dès 1979, celui des planteurs de cacao n'a chuté qu'à partir de 1987. Ayant subi avec retard, inégal selon les cultures marchandes et les pays, la baisse des revenus affectant les citadins, les ruraux ont pu un temps soutenir ceux-ci en intensifiant les livraisons vivrières intra-familiales.

Lorsqu'ils ont épuisé toutes les solutions intra-urbaines et que leur parenté rurale est elle-même en difficulté, quand l'accès au travail ou la création de petites entreprises sont devenus incertains puis impossibles, les actifs adultes quittent la ville ou participent à l'expansion du commerce frauduleux et de la contrebande. Certains rejoignent des bandes organisées, renforcées depuis une décennie par des jeunes exclus de tout accès aux ressources et dont la masse (les moins de 20 ans constituent près de la moitié des citadins) facilite une criminalisation des économies urbaines. Sauf dans certaines villes comme Nairobi et Lagos, la délinquance a longtemps été le fait de malfrats et de trafiquants sans envergure et les violences urbaines étaient avant tout le fruit d'affrontements politiques ethnicisés. Les citadins étaient alors « tenus » : la redistribution clientéliste de l'État-rhizome, la multitude des encadrements de toute nature qui contribuaient à arbitrer les conflits et la certitude d'une amélioration possible des conditions de vie assuraient une relative paix sociale. Aujourd'hui, chômeurs, déclassés et déscolarisés reconnaissent de moins en moins la légitimité des encadrements existants, à commencer par l'État, et ils en cherchent d'autres, en particulier auprès des nouvelles et anciennes religions revisitées. Les plus modestes recourent désormais à la violence pour manifester leur mécontentement et des adolescents cherchent leur place dans la société, en suscitant parfois des mouvements de sursaut (« Set setal » à Dakar) mais aussi en s'engageant sur les voies de la délinquance (Areas Boys de Lagos qui rançonnent les commerçants). Les armes circulent facilement et certaines grandes villes, Lagos, Nairobi, Kinshasa, Addis-Abeba, Le Cap, sont devenues dans la décennie quatre-vingt-dix des relais mondiaux du narco-trafic d'héroïne et de cocaïne. Sans généraliser hâtivement des cas souvent mis en exergue par la presse, force est de souligner que les régulations sociales antérieures fonctionnent de moins en moins et que les incantations sur « l'ingéniosité des citadins » paraissent bien illusoires si on ne pose pas la question du politique, c'est-à-dire de l'État.

La crise des économies rentières a provoqué un déclassement social, induit, ou accéléré, une redistribution spatiale des populations et réduit les investissements urbains : en terme d'emploi, de distribution des services de base et de qualité de l'environnement, la régression est incontestable. Mais la faillite des politiques urbaines, quand elles existaient autrement qu'à l'état de discours, et les impasses des choix étatiques, perceptibles bien avant les années quatre-vingt, nourrissent aussi l'état de crise. Les impulsions décentralisatrices et les diverses formes de participation ou de mobilisation populaire, si fructueuses et nécessaires puissent-elles être à l'échelle du quartier, ne peuvent à elles seules constituer une solution alternative : nombre de citadins font certes preuve d'une imagination parfois surprenante, mais cela ne compense nullement le recul des investissements publics. Toutes les villes ne sont pas identiquement touchées, et s'il convient d'être prudent tant les changements sont rapides, aujourd'hui prévaut l'idée que les avantages comparatifs des grandes villes ayant en partie disparu, le futur de l'urbanisation n'est plus nécessairement celui d'une mégapolisation généralisée réduite au modèle d'une ville primatiale laminant toutes les autres cités du pays. Avoir permis de (re)découvrir la diversité des systèmes urbains africains et celle des fabriques sociales qui les façonnent est une paradoxale vertu pédagogique de la crise économique. Penser cette diversité est cependant d'autant moins aisé que les analyses classiques, séparant à tort villes et campagnes, sont totalement dépassées. Concevoir l'encadrement de systèmes complexes et évolutifs, ce qui est avant tout l'affaire des pouvoirs africains, est encore plus difficile car toutes les recettes planificatrices connues sont obsolètes. De plus, la mise en œuvre des principes de gouvernance semble accentuer, voire provoquer, la multiplication d'isolats intra-urbains de plus en plus autonomisés, sans régulation d'ensemble. C'est donc à l'innovation que sont conviés les décideurs nationaux, qui doivent rapidement inventer de nouvelles politiques urbaines en tentant d'articuler au mieux la richesse des initiatives citadines de base, celle des dispositifs locaux et les ressources d'un nécessaire système global d'encadrement. Rude tâche dans l'extrême urgence, qui ne va pas sans susciter de nombreuses interrogations sur les complémentarités d'échelles d'intervention et les rôles respectifs de l'État, des collectivités locales et de citadins appelés de plus en plus à devenir des citoyens.

CHAPITRE V

CRISE DES ENCADREMENTS, ENCADREMENTS DE CRISE

Les encadrements sont d'ordres divers : systèmes de parenté, structures politiques de tous types sont certes des encadrements, mais jouent aussi un rôle encadrant les religions, les langues, l'écriture, la culture au sens large, tous éléments qui, sans être spécifiquement géographiques, interviennent dans l'organisation et dans les mutations des paysages sans toujours bien s'y lire. On ne peut les ignorer, mais ils ne constituent pas des outils neutres, et si tous ont une histoire, tous ont évolué : on doute qu'il existe de simples survivances vouées à la disparition dans une société dite de progrès. Point particulièrement important pour un géographe, les sociétés, comme les espaces, sont faites non seulement d'éléments juxtaposés, plus ou moins liés entre eux, mais aussi de systèmes hiérarchisés régis par des encadrements adaptés aux différents types d'échelles. Chaque encadrement s'applique à une échelle spatiale donnée, du lignage ancré dans un terroir à l'islam ou au christianisme, de dimensions universelles ; qu'à certaines échelles, de la famille au monde, manquent les encadrements adéquats et c'est le fonctionnement du système global qui est mis en cause.

1. Générations et échelles d'encadrement

Pour comprendre comment les sociétés africaines d'aujourd'hui « tournent » malgré tout, comment surtout elles peuvent changer, un inventaire s'impose donc, qui est délicat du fait de l'extrême diversité des situations passées et présentes : il y a des

Afriques. En matière d'encadrements, celles-ci souffriraient de pléthore au moins autant que de pénurie. On pense souvent que cette prolifération est un facteur de crise autant qu'une manifestation de celle-ci. Certains encadrements seraient plaqués sur un réel inapte à assurer leur enracinement. Ceci a été maintes fois évoqué pour l'État, souvent considéré comme un modèle européen abusivement surimposé aux réalités africaines (chapitre I), et pour les institutions qui lui sont le plus directement liées : le parti politique par exemple ne serait-il pas un concept creux, et le multipartisme le déguisement du tribalisme ? Ces institutions ne seraient pas vides de sens, mais investies de significations spécifiques par l'inclusion des solidarités familiales ou tribales : structures anciennes et structures nouvelles s'affaibliraient mutuellement au lieu de s'étayer et de se compléter.

La pléthore tient pour une bonne part à ce que les sociétés africaines contemporaines paraissent marquées par la sédimentation de strates d'encadrements, correspondant à des phases historiques. Le quadrillage administratif colonial s'est superposé au maillage plus souple des unités anciennes ; le droit foncier de type romain imposé par la colonisation n'a pas fait disparaître les droits d'usage, même si, dans la logique de l'État, il prime théoriquement sur eux. Chefferies et royaumes ont été coiffés par les administrations coloniales, puis par des États-Nations, mais ces structures politiques n'ont pas pour autant disparu, même si elles ont changé de sens, et elles sont, à des degrés divers, respectées, manipulées, utilisées par les structures nouvelles : les souverains du Buganda et du Bunyoro trouvent place dans l'Ouganda nouveau de Museveni. La crise des institutions « modernes » provoquerait soit un retour aux sources soit une adhésion à des encadrements nouveaux, de la bande guerrière à la secte religieuse, de l'ONG à l'association d'originaires. On tend souvent à distinguer et opposer sommairement encadrements pré-coloniaux, encadrements coloniaux prolongés dans la phase des indépendances, enfin encadrements de crise, répondant à l'effondrement des cadres antérieurs ; c'est, au mieux, définir ces structures par leur date de naissance : elles perdurent toutes plus ou moins, s'adaptent, se composent en une stratification complexe.

À la pléthore d'institutions à certains niveaux s'opposerait la rareté des structures d'encadrement à certains autres. À l'échelle locale, les encadrements, anciens ou modernes, sont multiples ; au niveau national, par contre, rien ne viendrait contrebalancer l'État, qui, dans une volonté monopolistique, a tout fait pour créer le vide autour de lui. Le système de parti unique, qui s'était généralisé jusqu'à la dernière décennie, aurait tué la réflexion et le militantisme politiques à l'échelle nationale ; syndicats, voire églises, ont fait l'objet de tentatives d'embrigadement ; la parenté, les solidarités ethniques, l'idéologie de la redistribution, tout autant que la faiblesse de l'évolution économique et sociale auraient ainsi entravé la naissance de consciences de classe capables de s'exprimer à l'échelon national ou supra-national. Si, d'autre part, à chaque échelle, des encadrements sont repérables, on peut penser qu'ils se lient mal d'une échelle à l'autre : la région garde un fondement ethnique que, formellement, répudie l'État. Le sur-encadrement tuerait l'encadrement, et, dans la lutte de l'ancien et du moderne, qui ne sont pas strictement l'autochtone et l'importé, la victoire du second n'aurait rien d'assuré, si affaibli que soit le premier. Un tel dualisme est-il réellement pertinent ?

Une telle position suppose qu'il n'y ait pas de troisième voie : si la crise suscite effectivement de nouvelles structures d'encadrement ou la reviviscence de structures anciennes, elles n'auraient pas vocation à la surmonter, à conduire à la paix et au progrès. Elles seraient au mieux d'illusoires remèdes (l'escapisme, le « contournement » de l'État), au pire des institutions criminelles, tirant profit de l'effondrement des structures régulières. Mais raisonner ainsi suppose aussi que les divers encadrements soient figés, incapables de se redéfinir les uns par rapport aux autres, ce qui reste à démontrer. Nous pensons, au contraire, que les encadrements autochtones ont profondément évolué, se sont affaiblis peut-être mais sûrement adaptés ; leur ancienneté n'est pas synonyme d'archaïsme et leur adaptation a dû prendre en compte l'existence de structures « modernes », et réciproquement. Articulation donc qui a longtemps pu « tamponner » les effets de la crise, mais qui arrive au bout de ses ressources et qui, à terme, pourrait être perverse. N'aurait-elle pas justement provoqué l'affaiblissement des États ? Si le problème crucial est aujourd'hui le devenir de ceux-ci, quelles articulations, avec quels encadrements lui permettraient d'assurer son rôle, et de tenir tête à ce qui, par ailleurs, vit de sa destruction ou la provoque ?

2. L'évolution des encadrements anciens

Les sociétés « traditionnelles » se fondaient pour la plupart sur des équilibres soigneusement pesés entre structures concurrentes et complémentaires. L'organisation verticale fondée sur la filiation réelle (le lignage) ou mythique (le clan) était contrebalancée par des systèmes horizontaux (classes d'âge, associations d'entraide de jeunes), transversaux (groupes de chasseurs...). La prééminence politique des segments les plus puissants pouvait être équilibrée par le poids d'un pôle religieux, régissant les relations avec la terre et ses génies, privilège des premiers établis. Le conquérant tenait compte de la puissance occulte de l'autochtone ; tout pouvoir était compensé ; nul ne dépendait (et ceci, nous le verrons, reste très actuel) de façon univoque d'une structure d'encadrement. Sans doute est-ce par ce biais que, dans des sociétés où tout être était conçu moins comme un individu libre de ses actes que comme une personne insérée dans des réseaux, où l'épanouissement individuel comptait bien moins que la survie collective du groupe, pouvait toutefois s'exprimer l'initiative individuelle. Ainsi peut-on sans doute combiner des jugements d'apparence contradictoire. « L'isolement, en Afrique, est une position difficilement soutenable » (Morice *in* Agier *et al.*, 1987) mais d'autres auteurs évoquent l'« individualisme forcené » des Africains (Bayart, Ellis, Hibou, 1997).

Dans la multitude des encadrements qui sur le temps long ont structuré sociétés et espaces, on opérera un choix, en se concentrant sur les plus significatifs, les plus susceptibles d'« efficacité spatiale » et sur ceux qui, en apparence, ont le mieux su s'adapter et jouent le plus grand rôle dans les sociétés actuelles. Leur étude implique quelques précautions de méthode et d'abord une grande vigilance dans la lecture de leurs formes anciennes. Ceux qui, travaillant au plus près de la situation pré-coloniale, les ont d'abord décrites, ont été très souvent victimes de sérieux biais d'enquête et d'analyse. Cherchant à vérifier des schémas ethnologiques conçus pour l'ensemble des sociétés « primitives », on leur a fréquemment livré ce qu'ils recherchaient, car leurs informateurs exprimaient les principes, ce qui aurait dû être, bien plus que le fonctionnement concret des institutions, fait de conflits et d'accommodements aux circonstances. La présentation normative, faussant les réalités d'hier, conduit, face aux réalités d'aujourd'hui, à conclure à une dégradation, une déformation d'encadrements qui leur ôterait toute « authenticité ». Des sociétés précoloniales figées, sans histoire, n'auraient pu évoluer qu'en se niant. Les faits nous paraissent tout autres.

2.1. *La famille, toujours présente*

Ainsi de la grande famille et/ou du lignage, unités de base dans des sociétés où l'individu, voire le ménage, n'avaient pas d'existence autonome. L'ensemble composé d'un ancien, de ses frères et de leurs descendants sur plusieurs générations a sans doute été souvent de dimensions relativement réduites, compte tenu de la faible espérance de vie : les grands polygames et leur vaste entourage ont frappé les imaginations, mais ils étaient peu nombreux. Ajoutons que, dans les systèmes de parenté matrilinéaires où les successions s'opéraient au bénéfice des fils des sœurs, les conflits, courants à la mort de l'aîné, aboutissaient souvent à l'éclatement de ces cellules. Le souci majeur était, sous le principe de la parenté mais avec beaucoup d'accommodements avec elle (adoptions, accueil de clients ou de captifs progressivement assimilés), de rassembler sous une même autorité un groupe suffisant pour assurer la sécurité soit contre les attaques, soit tout simplement contre les aléas de la pratique agricole. Sur ce point notamment, ces groupements ont montré leur pertinence, dans des systèmes où la productivité du travail est faible et où certaines tâches comme les semis ou les sarclages doivent être effectuées prestement, dans des sociétés où la maladie, la succession rapide des grossesses affaiblissent périodiquement une part des personnes actives.

Organisée en vue de la survie biologique et de la perpétuation du groupe, la famille étendue a été fortement secouée dès les débuts de la colonisation, avant tout progrès sanitaire : la multiplication des corvées, le paiement en numéraire de l'impôt de capitation que les anciens refusaient souvent d'assumer ont conduit à l'apparition précoce de mobilités, parfois sans retour, qui sapaient le pouvoir des aînés que les « cadets sociaux » contestaient au nom de leur fraîche expérience. L'autorité des chefs de famille s'exerçait en effet soit dans un sens conservateur, soit dans le souci de se réserver les possibilités d'accumulation : en témoigne notamment l'interdiction faite aux cadets de pratiquer à leur compte les cultures commerciales, qui, dans des groupes très conservateurs, comme les Lobi (Burkina, Côte-d'Ivoire) ne fut levée qu'à la veille des indépendances. Dès cette époque, la très grande majorité des exploitations était proche du type de la famille-ménage. Or, aujourd'hui encore, le contrôle d'une importante force de travail (*cf.* chapitre III) reste un facteur de réussite agricole, à tel point que des regroupements familiaux s'opèrent, qui favorisent la modernisation technique, notamment l'utilisation d'outils comme la charrue, dont la rentabilité suppose l'exploitation de superficies relativement importantes. La famille étendue n'a donc pas totalement disparu, même si elle se présente sous des formes plus souples, n'impliquant pas notamment l'unité d'habitat dans les grandes « concessions » qui faisaient l'originalité de l'Afrique ancienne, laissant plus de marge aux initiatives individuelles. Il est plus difficile, car les formes d'évolution sont multiples, d'analyser l'évolution des entités plus vastes, lignages ou clans, ou des systèmes de relations entre ces unités, notamment les aires d'échanges matrimoniaux… Il semble bien cependant que ceux-ci aient gardé une réelle pertinence et continuent de structurer des espaces ruraux, constituant des sortes de « petites régions ». Le mariage hors des normes, devenu plus courant, est en effet souvent sapé par l'hostilité du milieu familial et il se révèle fragile. La monétarisation de la « dot », dont le versement est indispensable pour « acquérir » une épouse, aurait dû permettre aux « cadets » qui ont réussi de s'affranchir des décisions des aînés, détenteurs des biens dotaux traditionnels, réservés à ce seul usage, mais l'inflation des dots a été telle que peu de jeunes ont pu affirmer pleinement leur autonomie. Là encore, sous des formes plus insidieuses, les solidarités et les contrôles anciens ont gardé du poids.

Par contre, les associations de jeunes, les systèmes de classe d'âge, en ce qu'ils avaient de rigide, ont sinon disparu du moins profondément changé de sens : conçues dans des buts d'entraide, mais bénéficiant largement aux aînés, elles se sont muées, quand elles n'ont pas disparu, en groupes de tâcheronnage qui exécutent les travaux moyennant rémunération. Au demeurant, l'entraide, qui implique des aspects festifs (repas, boissons), s'étant fortement monétarisée, est devenue un mode de travail coûteux qu'emploient surtout ceux qui entendent affirmer leur prééminence sociale et seulement dans les cas où la mobilisation d'une nombreuse main-d'œuvre est un impératif technique (ainsi pour l'écabossage du cacao chez les « grands planteurs » baoulé de Côte-d'Ivoire). Le mythe de la solidarité villageoise africaine, sorte de « pré-socialisme », a fait long feu, après le temps des utopies qui ont fleuri au lendemain des indépendances…

2.2. Le village : un contrat social

Le village et son terroir constituent une réalité de base d'un autre ordre : entité spatiale dans sa définition, il n'est que rarement une traduction spatiale d'un groupe de parenté. Plus qu'un seuil démographique, toujours discutable, ce qui distingue le village du hameau, c'est que le second est un groupement de parents (ou se pense comme tel), tandis que le premier réunit des groupes de parenté sans liens, ou sans liens proches, entre eux, appartenant à des lignages, voire à des clans ou des ethnies différents, unis par un contrat social pour l'exploitation et l'organisation d'un espace. En témoigne fréquemment son plan, subdivisé en quartiers fondés sur la parenté, qui se projettent dans l'espace sous forme de territoires à usage lignager. Les hiérarchies qui le structurent ne sont pas fondées sur l'aînesse, mais sur l'ancienneté d'installation (les premiers occupants étant « maîtres de la terre »), voire sur une hiérarchie entre groupes (dans les sociétés organisées en « groupes statutaires » ou en « castes »). Le village est un niveau dans une hiérarchie de lieux : est village le groupement humain qui en a le statut, même s'il est moins peuplé que des « hameaux » ou « campements » qui se trouvent sur son territoire, fait fréquent dans le Centre-Ouest de la Côte-d'Ivoire forestière où maints « campements » baoulé sont plus peuplés et plus actifs que les « villages » bété. En pays baoulé, la distinction était clairement établie : le village (*kro*) était non seulement le lieu de pouvoir, mais le lieu de la vie, où devaient se dérouler conceptions et naissances, tandis que le campement (*nyamwé*) était un simple lieu de travail, sans caractère sacré. Consciemment ou non, les administrations ont transposé cette opposition en constituant des « villages administratifs », groupant autour d'un centre, souvent appelé village, des « hameaux administratifs ».

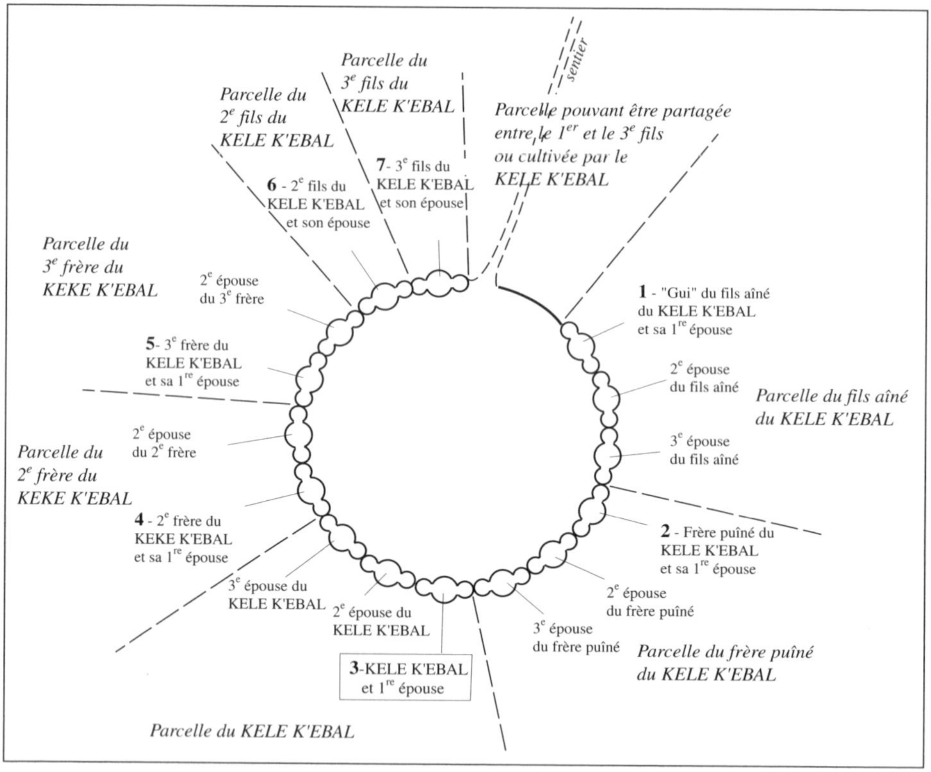

Source : H. Barral, *Tiogo*, Paris, ORSTOM- MSH, 1968.

35. Une pluricase à Tiogo (pays léla, ouest du Burkina).

Le village apparaît souvent dans la littérature africaniste, notamment francophone, comme un des points stables des sociétés rurales, une image spatiale de l'organisation de celles-ci. Opinion discutable, qui résulte pour une part de biais d'observation : la recherche française a fortement mis l'accent sur l'Afrique soudanienne et sahélienne, considérée comme une « Afrique des villages ». Mais, même dans cette aire, cette forme de groupement n'a pas toujours eu la permanence et la solidité qu'on imagine : les études conduites sur le pays bwa (ouest du Burkina), modèle de « société villageoise » à l'époque coloniale, ont bien montré que les villages résultaient de regroupements de hameaux lignagers opérés dans la deuxième moitié du XIXe siècle pour parer à l'insécurité (Capron, 1973). Les villages ont ensuite subsisté, quitte à changer fortement dans leur contenu, pour une bonne part parce que l'administration coloniale appréciait ce groupement qui favorisait le contrôle de la population. Les archives coloniales témoignent d'ailleurs partout, et notamment en Afrique centrale, faiblement peuplée, où les unités d'habitat étaient petites et fugaces, des efforts répétés des administrateurs pour regrouper les populations, les concentrer près des routes ou tout simplement pour contrecarrer la tendance de la dispersion, preuve que le groupement villageois n'était pas, dans la tradition, un absolu (Sautter, 1966).

2.3. Les fluctuations des formes d'habitat

De larges parties de l'Afrique ont apparemment ignoré et ignorent toujours l'habitat groupé en villages. Ceux-ci sont, en particulier, presque absents de l'Afrique orientale. L'entité villageoise paraît notamment peu compatible avec les niveaux extrêmes de densités rurales. Les plus fortes paraissent significativement corrélées avec une dispersion élémentaire de l'habitat, comme en pays bamiléké ou dans les monts du Mandara (Cameroun), en pays kikuyu (Kenya) ou chagga, sur les pentes du Kilimandjaro (Tanzanie). Il est vrai que, au niveau de densité aujourd'hui atteint, la distance entre les habitations ne paraît guère plus grande qu'entre celles du « village nébuleuse » des Serer (Sénégal), où les elles sont entourées de « champs de case ». À l'autre extrême, les groupements sont de très petites dimensions, plutôt des hameaux, dans les régions faiblement peuplées de l'Afrique centrale.

On peut donc penser que les formes de l'habitat sont fortement liées aux formes d'activité rurale et donc, pour une part aux écologies. La forte densité impliquant intensification agricole n'incite-t-elle pas à rapprocher les maisons des champs, ainsi mieux surveillés et plus régulièrement travaillés ? N'existe-t-il pas une antinomie entre la pratique de longues jachères forestières et la concentration en villages, qui impliquerait de longs déplacements vers des champs éloignés ? L'agriculture des régions humides, où les contraintes de calendrier agricole paraissent moins sensibles, qui accorde moins de place que d'autres à l'entraide, pourrait impliquer un moins vaste spectre de relations sociales. À l'inverse, en régions de climat soudanien et sahélien, le groupement est favorisé non seulement par les nécessités de la culture mais aussi par le besoin où l'on se trouve d'établir une gestion de l'espace qui fasse place tant aux animaux et à leurs pâturages qu'aux champs.

D'autres facteurs jouent, qui sont d'ordre social et culturel. Les systèmes matrilinéaires, dont on a souligné la relative instabilité dans les phases de succession, ne favorisent pas la stabilité des unités d'habitat qui tendent à se défaire à la mort des anciens : on a souvent expliqué ainsi la faible dimension des groupements en pays bantou. En pays koukouya (Guillot, 1973), les hameaux des gens du commun, matrilinéaires, sont de petite taille et ne vivent guère qu'une génération, tandis que les lignages dominants, patrilinéaires, ont des groupements d'habitat plus grands. Mais les Agni de Côte-d'Ivoire, matrilinéaires, vivent de longue date dans des villages importants, qui évoluent en bourgs. Les difficultés de régulation des relations sociales, traduites par des accusations de sorcellerie notamment, contribuent à l'éclatement de maints lieux d'habitat (ainsi chez les Yao du Malawi). La brièveté de vie des groupements humains empêche évidemment l'accumulation démographique. À l'inverse, on peut penser que l'islam, les règles d'existence qu'il préconise, l'importance des liens noués autour des lieux de prière sont des facteurs de

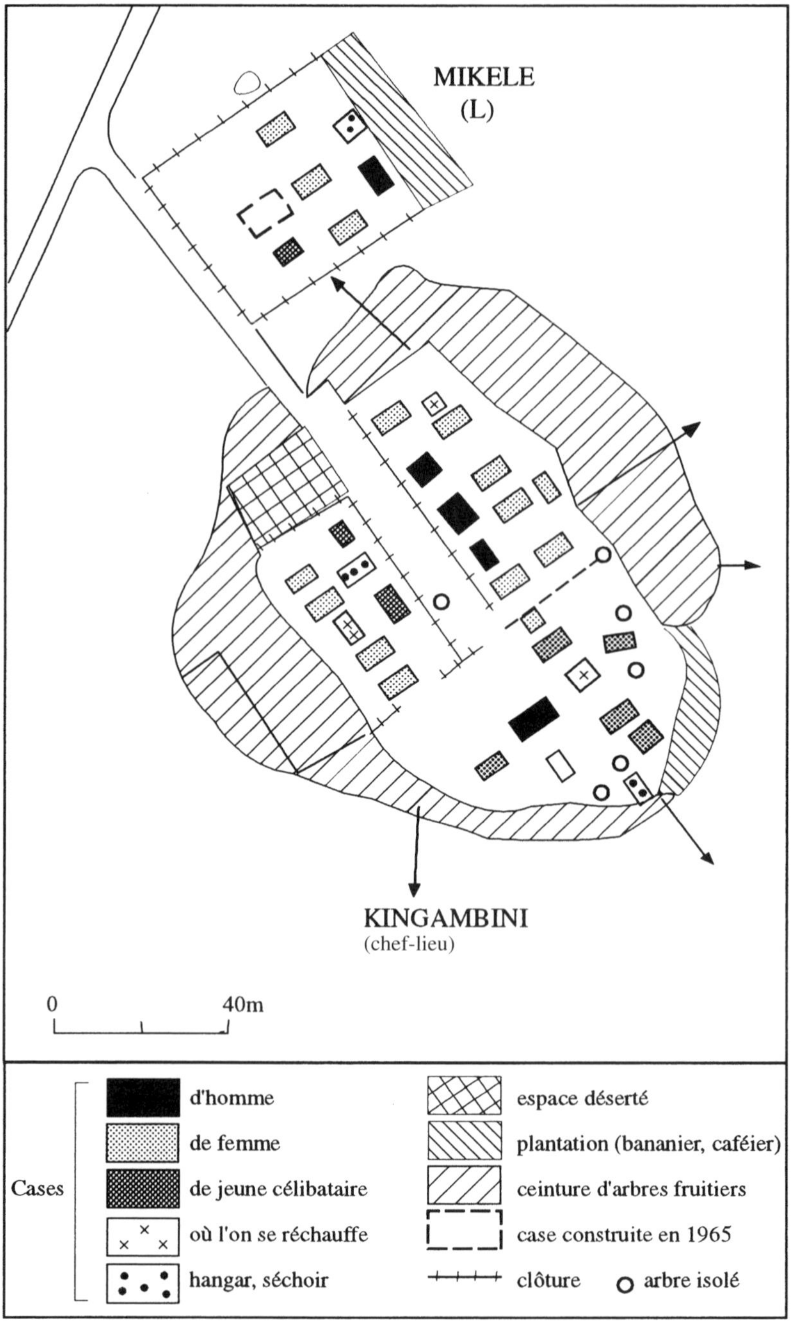

Source : B. Guillot, *La Terre Enkou. Recherches sur les structures agraires du plateau koukouya (Congo)*, Paris, EPHE et Mouton, 1973.

36. Hameaux koukouya (Congo).

villagisation ; le pays haoussa du Nigeria est région de villages, alors que les fortes densités des chrétiens igbo, au sud-est, s'accompagnent d'un habitat dispersé ; la côte swahili, islamisée de longue date, est la seule partie de l'Afrique orientale où l'habitat groupé soit de règle. Aucun de ces facteurs n'est en soi décisif ; seules des conjonctions de causes peuvent rendre compte des situations. Le fait est que les régions africaines présentent chacune une assez belle homogénéité interne de formes d'habitat ou de combinaisons de ces formes, signe des relations entre habitat et civilisation.

L'évolution des formes d'habitat a été des plus variées ; si elle paraît s'accélérer, c'est selon des schèmes similaires de ceux de l'époque coloniale. Aujourd'hui encore, dans la plupart des cas, l'administration pousse au groupement, souhaite la concentration le long des routes, pour les mêmes raisons qui animèrent les « commandants » coloniaux : le groupement favorise le contrôle de la population, il permet aussi d'apporter le « progrès » sous forme d'équipements. On a donc tenté de freiner l'éclatement des villages ; on a souvent aussi essayé d'en créer *ex nihilo*. Les montagnards du Mandara ont été, dans les années soixante, « invités » à descendre de leurs massifs pour s'installer en bord de route, tout comme les Kabyé du Togo (qui l'ont fait plus systématiquement parce que l'« ethnie présidentielle » a bénéficié d'équipements structurants). Les politiques de « villagisation », accompagnées de constructions d'équipements, ont été pratiquées dans des pays aussi différents que la Côte-d'Ivoire et la Tanzanie ; dans ce dernier pays, au cours des années soixante-dix, toute la population, hormis celle des massifs de très fort peuplement, a été contrainte de s'établir en habitat groupé. Le village est alors un symbole de progrès, et la villagisation *ujamaa* tanzanienne devait s'accompagner de socialisation ou à tout le moins de modernisation agricole : l'habitat groupé est un symbole dans ses formes, ses localisations. On notera cependant des exceptions : la modernisation agricole kenyane a été, à l'inverse, conçue dans le cadre d'un habitat systématiquement dispersé et de la construction d'un bocage, selon le modèle des agronomes anglais du XVIIIe siècle. Niveau de densité élevé et idéologie du développement interfèrent ici pour créer des paysages ruraux d'une grande originalité.

Le mouvement spontané des populations paraît pour sa part aller dans deux sens contradictoires. D'un côté, maintes entités villageoises ont éclaté sous l'effet de l'augmentation de la pression démographique, de la raréfaction de la terre, dont le corollaire est le souci de se constituer un patrimoine, fût-ce en usant de techniques agricoles extensives, d'instruments nouveaux qui permettent de cultiver plus grand et plus loin (la charrue, parfois la charrette, la mobylette). S'établir sur ses terres permet d'y affermir ses droits et de contrôler les avancées des autres agriculteurs : ainsi, face à l'immigration mossi, les villages bwa ont-ils éclaté, soit en hameaux correspondant aux anciens quartiers à base lignagère, soit en habitations dispersées (Benoît, 1977). Mais à l'inverse, et parfois dans les mêmes régions, des regroupements spontanés s'opèrent ; des villages-centres attirent par leurs équipements, dispensaires, écoles, moulins à maïs. Les hiérarchies d'habitat s'affirment donc, qui n'expriment pas de façon mécanique les hiérarchies sociales. Parmi les premiers à s'écarter des villages peuvent se trouver les agriculteurs les plus prospères, mais plus généralement tous ceux qui cherchent à se libérer des encadrements villageois : ainsi, dans le Sud-Est malgache, les « cadets sociaux » qui veulent échapper au poids des prestations cérémonielles. Il n'est pas rare d'autre part que les plus aisés jouent sur plusieurs tableaux, possédant un habitat de « campement » et un autre dans un village-centre, comme nombre de grands planteurs baoulé des fronts pionniers ivoiriens. La géographie de l'habitat rural dans sa répartition comme dans la nature du bâti, est donc mouvante, et le passé ne laisse parfois que peu de traces, compte tenu de la faible durée de vie des constructions traditionnelles : sur certains massifs kabyè seuls des arbres, surtout les palmiers à huile, témoignent du dense semis d'habitat qu'ils portaient il y a moins de trente ans, alors que la masse des habitations est dans les plaines périphériques, en bord de route. N'en faisons pas une règle générale : la Haute-Guinée montre de multiples exemples de villages qui semblent n'avoir pas changé depuis le début du siècle ; l'utopie révolutionnaire de Sékou Touré n'a pas durablement marqué les paysages.

2.4. De l'ethnie à la région

Un troisième niveau d'encadrement dans l'échelle spatiale, sans doute celui qui est l'objet des plus intenses débats, est le groupe ethnique. Le terme est vague à souhait et peut sembler n'être qu'un vocable plus présentable pour désigner ce qu'on appelait « tribu » aux temps coloniaux. Il désigne un groupe fermé, descendant d'un ancêtre commun ou du moins se réclamant d'une même origine, possédant une culture homogène et parlant une langue commune, ce qui ne suffit pas à le distinguer des échelons inférieurs ; sans doute faut-il y voir un ensemble de taille supérieure, telle que la référence à la parenté (y compris la parenté mythique) s'efface au profit d'une référence culturelle, prise au sens le plus large du terme. Dès lors, effectivement, la porte est ouverte à l'arbitraire : où s'arrête le culturel ? Existe-t-il en la matière des coupures si nettes qu'elles permettent de définir des groupes, de délimiter rigoureusement des espaces ? Les ethnies ne sont-elles pas un découpage arbitraire, une création de l'étranger, et plus précisément des colonisateurs ?

Ce type de débat peut paraître assez vain si, en prenant une perspective historique, on évite de voir dans les ethnies des invariants et des ensembles homogènes, sans subdivisions internes. Il est sûr que, comme bien d'autres, les populations africaines se sont définies, suivant les circonstances, dans des communautés d'échelles variées, lignage et/ou clan, aires d'échanges matrimoniaux, tribu ou ethnie, voire royaume ou État, que le niveau auquel on se situait était fonction des circonstances, de la nature des activités à conduire ou des problèmes à résoudre. Il est sûr aussi qu'il n'existait généralement pas de frontière tranchée entre groupes, que des franges d'incertitude existaient entre des noyaux mieux définis, franges qui pouvaient basculer d'un côté ou d'un autre suivant les circonstances. Le cas des monts du Mandara (Cameroun) où des ethnies juxtaposées parlent des langues sans parenté entre elles, où les comportements démographiques semblent différer fortement de l'une à l'autre (Podlewski, 1966) paraît un cas exceptionnel. Si l'on suit Gérard Prunier dans son analyse des réalités ethniques en Ouganda (*in* Chrétien et Prunier, 1989), la seule coupure décisive se situait sensiblement au centre du pays, coupure culturelle renforcée par une coupure écologique, la barrière du Nil et du lac Kyoga, entre les groupes nilotiques au nord et les groupes bantous au sud. À l'intérieur de chaque ensemble on pouvait déceler un continuum linguistique et culturel. Il est sûr

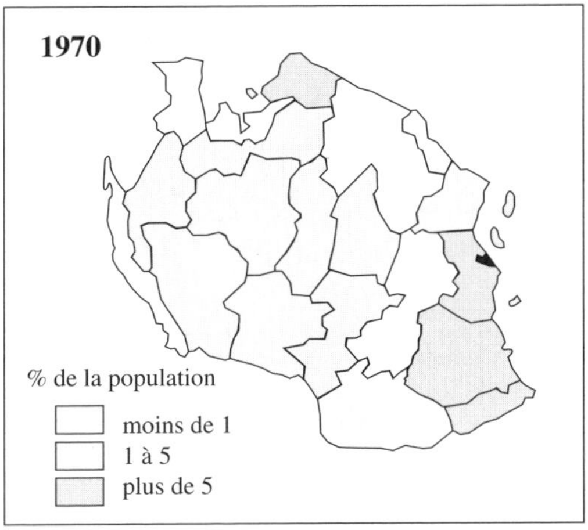

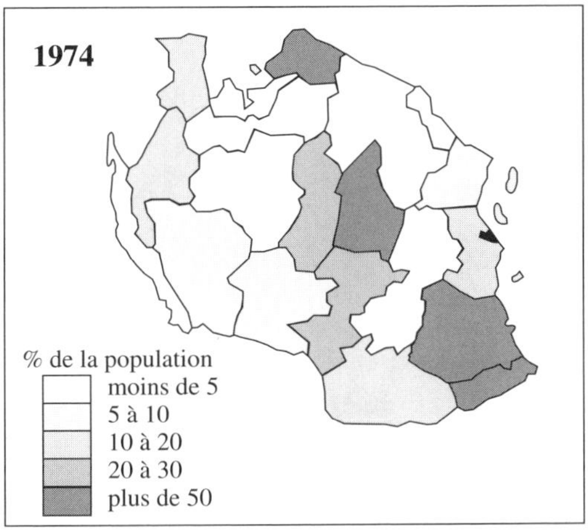

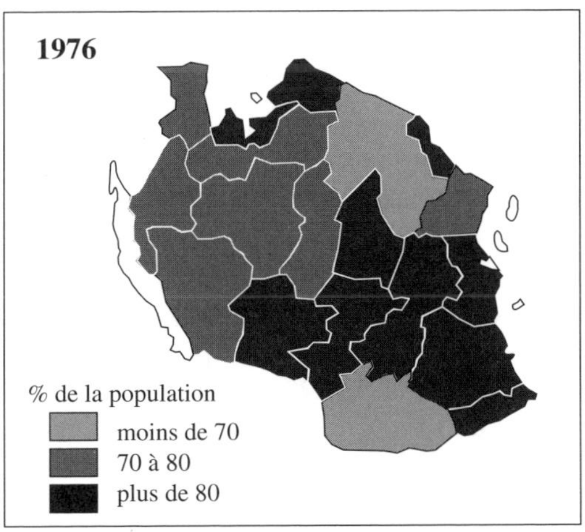

Source : « Les erreurs géographiques de l'Ujamaa tanzanienne » *in Tropiques : Lieux et liens*, Paris, ORSTOM, 1989.

37. Le processus de villagisation en Tanzanie.

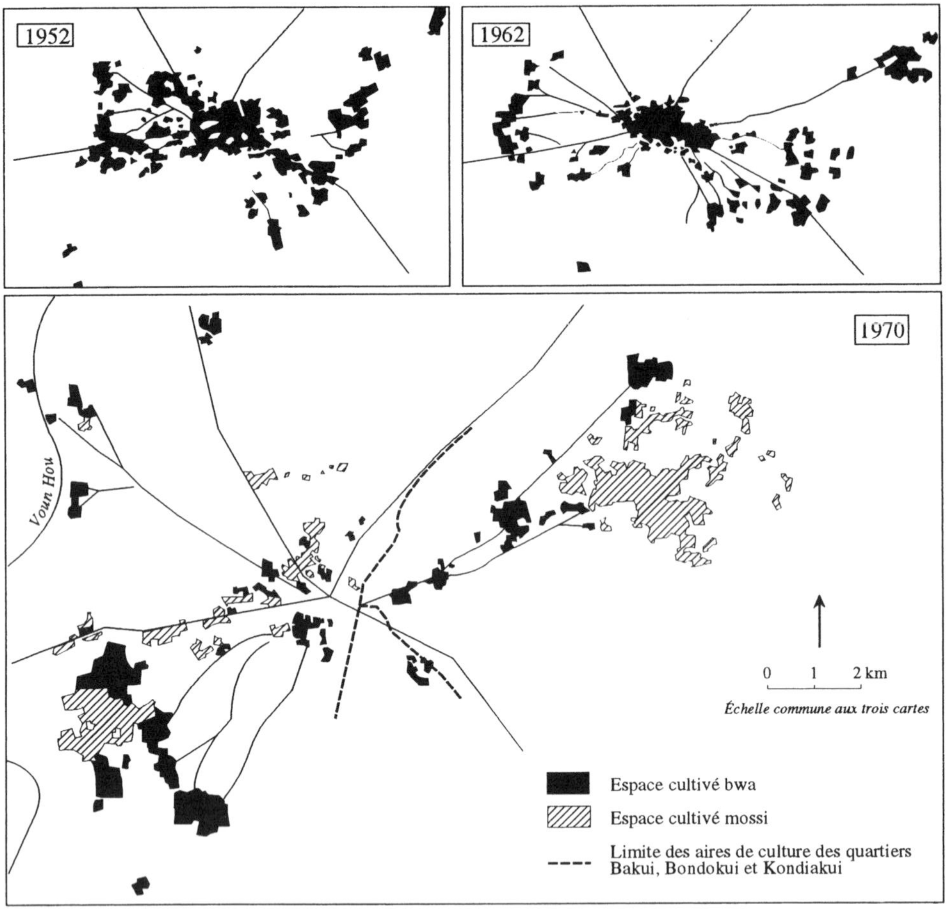

Source : Benoît, 1977.

38. L'éclatement du terroir de Daboura (pays bwa, Burkina Faso).

enfin qu'on est défini ethniquement moins par soi-même que par les autres, qui vous voient comme différent, étranger et ennemi.

Il convient d'ajouter que sous le terme d'ethnie, on tend à regrouper deux réalités différentes : d'une part des groupes qui se définissent par une culture commune, et dont les éléments constituants sont homologues, et d'autre part des groupes qui, au contraire, se définissaient par la manière dont ils rassemblaient des populations dont les héritages techniques, les activités, le passé étaient différents, et connus comme tels, et qui pourraient être considérés (ce ne sont pas les seuls) comme des États ou des proto-États, même si le niveau d'autorité n'était spatialement que de l'ordre de la « chefferie ». Ainsi au royaume mossi du Yatenga, cohabitaient sous l'égide politique des *Nakombse* (« gens du pouvoir »), non seulement des « Mossi du commun » (les *Talse*), mais des Kurumba et des Dogon (autochtones), ainsi que de petits groupes « castés » (Marchal, 1983). Ce deuxième type, qui pourrait être considéré comme plus fragile, car soumis à l'évolution de rapports de forces, a pu se maintenir à travers les siècles, comme c'est le cas au Yatenga.

Il n'est pas douteux d'autre part que la colonisation a considérablement influé sur l'organisation, la définition et le devenir des ethnies. Le point majeur est sans doute la démarcation de territoires de groupes, supposant une définition univoque. Là où régnait l'imprécision, l'équivoque sur les limites, on a cherché à établir un « pavage » spatial strict, qui permettait de définir des entités administratives, en particulier, on y reviendra, dans les systèmes dits d'administration indirecte et là où, comme au Kenya ou en Afrique du Sud, la colonisation agricole européenne avait pour corollaire la délimitation de « réserves indigènes ». Faute de pouvoir généralement s'appuyer sur des limites politiques dont le caractère était flou, les colonisateurs, marqués par l'esprit du temps, ont eu recours à la langue, mais les distinctions linguistiques elles-mêmes étaient marquées par l'influence européenne. Les missionnaires – et surtout les missionnaires protestants, soucieux de traduire la Bible dans les langues africaines – ont joué un rôle essentiel dans leur fixation et imposé des modèles aux entités qu'ils définissaient, limitant de ce fait l'intercompréhension entre groupes, voire créant des divisions totalement arbitraires. En Afrique du Sud, le zoulou et le xhosa, entre lesquels existait un continuum, ont été fixés à partir des parlers locaux les plus éloignés l'un de l'autre ; ceci n'empêche pourtant pas les Xhosa d'aujourd'hui de suivre sans problème majeur à la télévision les émissions en zoulou…

Définissant des entités rigoureusement distinctes (divisant pour régner…), les colonisateurs en ont usé à des fins politiques : la délimitation ethnique serait le préalable à l'établissement d'une administration indirecte, qu'on présente généralement comme typique de la colonisation britannique, selon laquelle les dirigeants des groupes se voyaient déléguer ou maintenir nombre de fonctions d'administration, de justice, voire d'économie, dans le respect des spécificités et des coutumes « tribales ». À l'inverse, la colonisation française, s'appuyant sur un modèle jacobin centralisateur, aurait pratiqué l'administration directe, visé à l'assimilation, donc à la disparition des différences. Cette opposition est excessive : partout les administrateurs, peu nombreux, ont largement recouru à des encadrements « indigènes », créant des chefs s'il n'en existait pas, utilisant tout particulièrement, non sans méfiance il est vrai, les structures qui semblaient s'apparenter à des proto-États : les Français ont maintenu en place, et parfois renforcé dans leurs prérogatives les *lamidos* peul du Nord-Cameroun ; ils ont tenté, dans l'Ouest et le Sud malgaches, d'établir des « protectorats intérieurs ». Partout les distinctions ethniques ont servi de base aux découpages administratifs ; les stéréotypes ethniques ont été partout utilisés. Toutefois, dans les colonies anglaises et belges, les spécificités culturelles, juridiques et politiques des groupes les mieux typés ont été systématisées, voire déformées, pour les rapprocher de modèles politiques européens et définir des domaines de souveraineté interne contrôlée : ainsi du Buganda, des émirats du nord Nigeria, du Rwanda, du Burundi… Mais, dans ces deux derniers cas seulement, limite de la colonie et limite des royaumes coïncidaient, généralisant des systèmes politiques remodelés sur le modèle féodal, tandis que partout ailleurs existaient des édifices baroques combinant des modes différents d'administration, « colonies » et tribus au Sierra Leone, « royaumes » bantous et chefferies nilotiques tenues en lisière en Ouganda : disparités politiques statutaires ou régionales reflétant et renforçant des inégalités

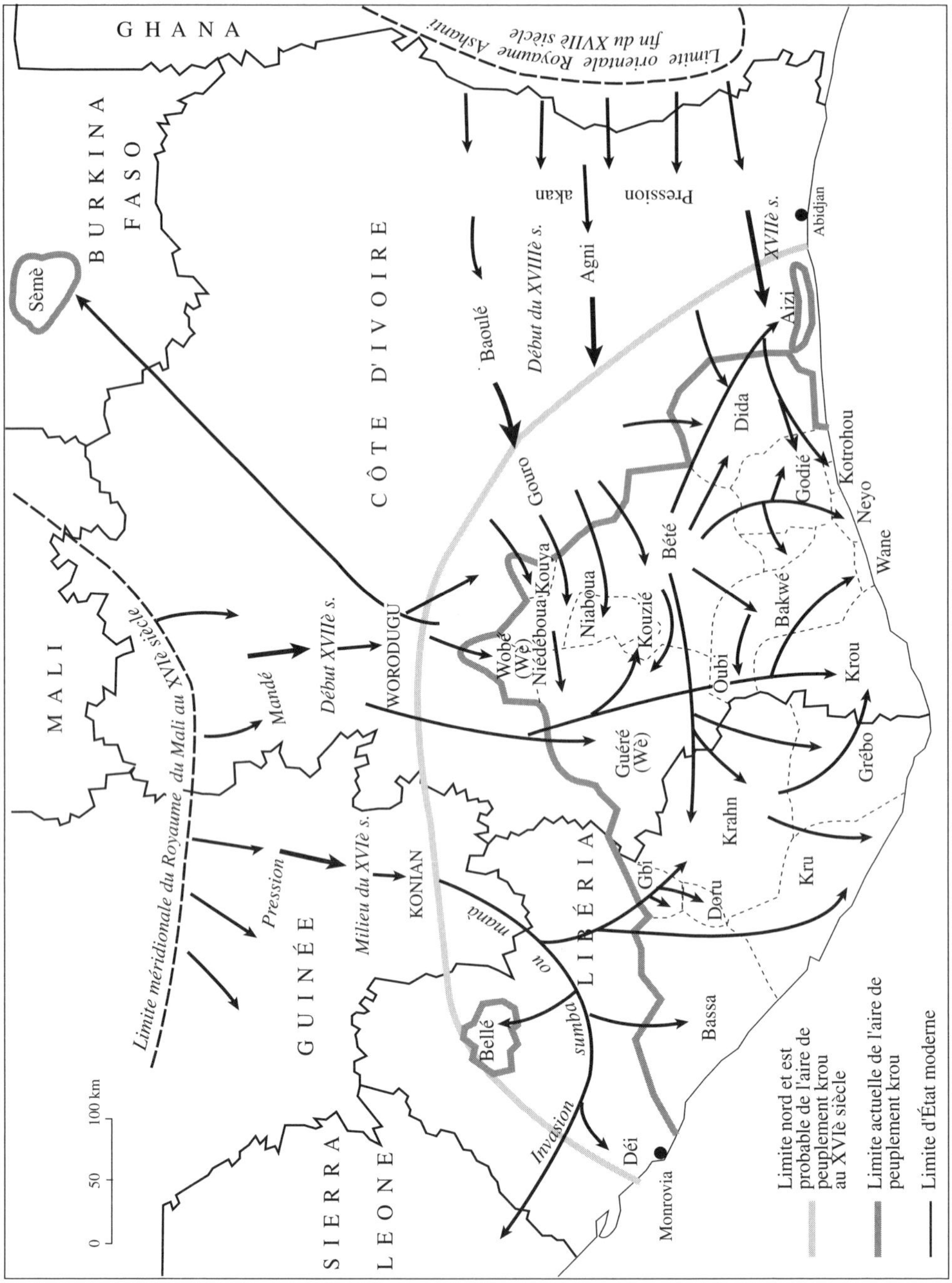

Source : A. Schwartz, *Sous-peuplement et développement dans le Sud-Ouest de la Côte-d'Ivoire*, ORSTOM, 1993.

39. La constitution de l'ensemble Krou (Côte-d'Ivoire).

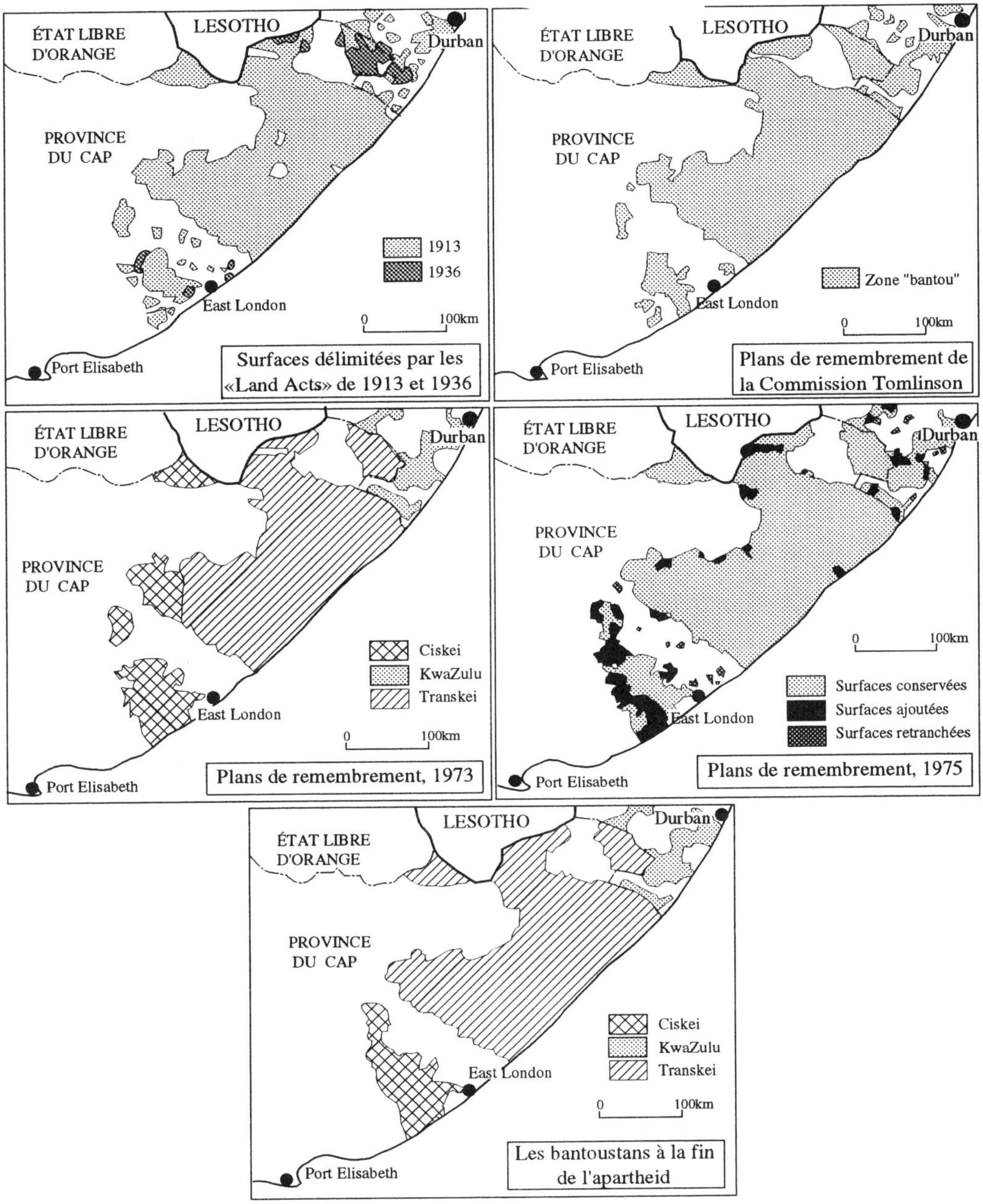

Source : A.J. Christopher, *The Atlas of Apartheid*, Routledge-WUP, 1994.

40. La laborieuse constitution des « bantoustans » au temps de l'apartheid : l'exemple du Ciskei.

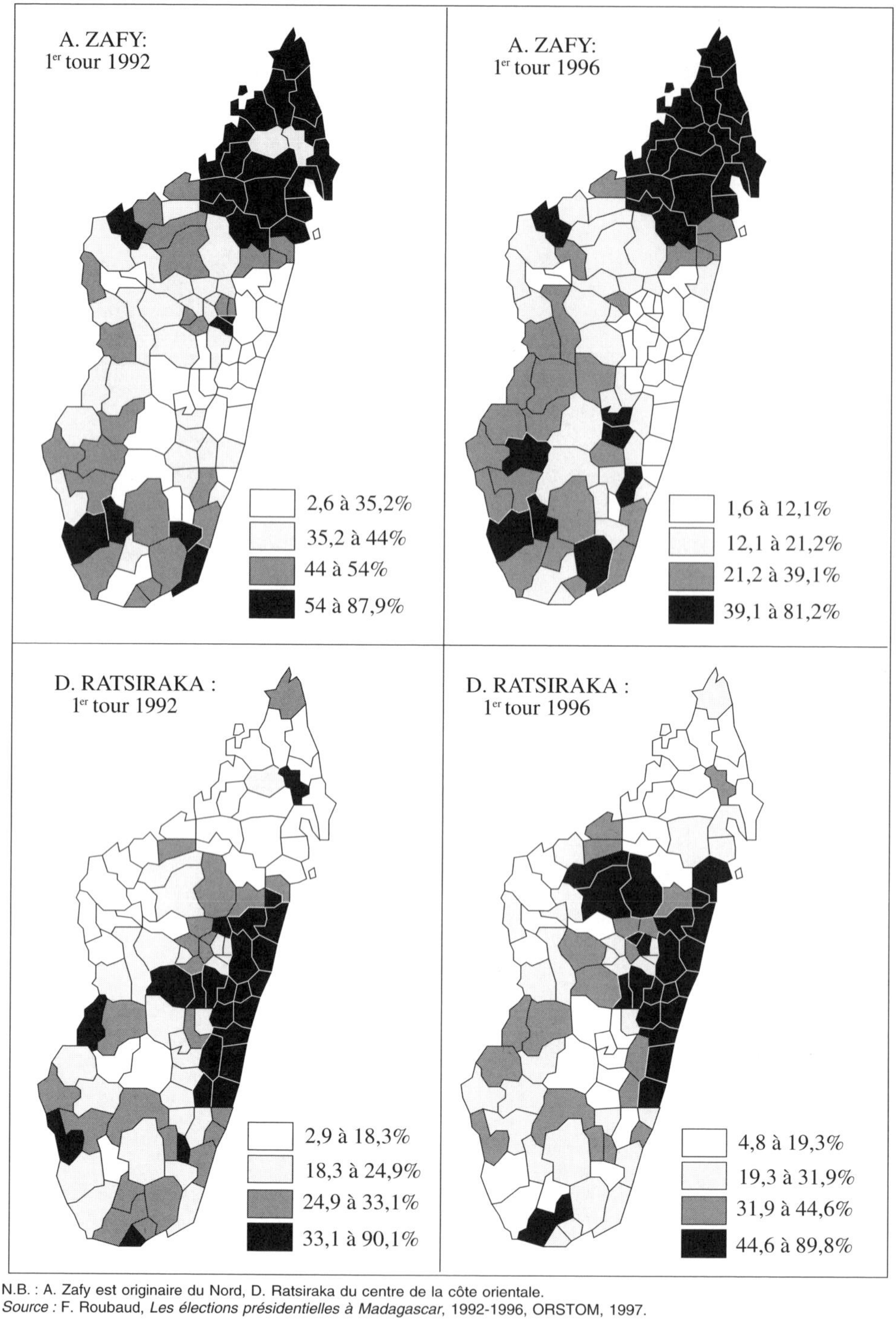

N.B. : A. Zafy est originaire du Nord, D. Ratsiraka du centre de la côte orientale.
Source : F. Roubaud, *Les élections présidentielles à Madagascar*, 1992-1996, ORSTOM, 1997.

41. Vote ethnique ou vote régional ?
Les élections présidentielles à Madagascar, 1992 et 1996.

antérieures, créant les bases d'oppositions politiques ; maints États ont failli en mourir, en mourront peut-être.

Que l'ethnicité dérive en tribalisme, avec son cortège de violences, suffit-il pour nier sa consistance, pour négliger ce qu'elle contient de réalité, au risque d'en exacerber la manipulation par des entrepreneurs politiques en quête de troupes ? Si hétérogènes que soient leurs contenus, si discutables qu'aient été leurs délimitations, si différents que soient leur mode d'organisation sociale et politique, maintes ethnies ont donné à leurs espaces des caractères spécifiques dans leur utilisation et leur organisation. Que l'entité bamiléké soit une « société de frontière », agrégeant des groupes aux héritages très variés, comme le rappelle Jean-François Bayart (Bayart, 1996), n'empêche pas l'existence d'une région bamiléké originale, étant entendu qu'elle a toutes chances de s'étendre aux Grassfields, marqués par la colonisation britannique, mais par ailleurs fort similaires. Ainsi que l'écrit Gilles Sautter : « ... Tout espace individualisé tend à donner naissance à une ethnie, tandis que chaque ethnie se confond, au départ, avec un espace. Un espace qu'elle marque à la longue de ses techniques de production et de contrôle territorial... Que la rencontre se produise à la bonne échelle, ni trop vaste, ni trop restreinte, et l'on se trouvera en présence d'une région » (Sautter, 1968). Toutes les régions ne sont pas « ethniques » (le Sud-Ouest ivoirien ou la Rift Valley par exemple), mais beaucoup de régions « ethniques » sont parmi les constructions spatiales les plus solides en Afrique et des ethnies qui se constituent aujourd'hui le font en référence à un espace autant qu'à un leader, comme les Nibolek de la vallée du Niari (Congo), néo-ethnie de Pascal Lissouba, ou les Kalenjin de la Rift Valley kenyane, l'ethnie du président arap Moi.

2.5. Le rôle encadrant des réseaux marchands

Sur de plus vastes espaces, mais sans constituer de territoire, une autre forme d'organisation structurante est celle des réseaux, principalement liés au commerce. L'Afrique pré-coloniale était sillonnée de lignes d'échange le long desquelles circulaient des hommes que la commune activité, les relations professionnelles et sociales, l'usage d'une même langue, le même *ethos*, souvent la même religion, rapprochaient jusqu'à les fédérer en « ethnie ». Ces « hommes du voyage » étaient d'une certaine manière détachés des références territoriales, partout étrangers. Le commerçant africain, dès que ses affaires ont quelque envergure, réussit souvent mieux hors de chez lui, détaché des contraintes de la redistribution, protégé de la dilapidation de son capital, mais aussi mieux admis du pouvoir car ne pouvant le briguer. Ce statut n'a jamais exclu toute relation territoriale : les Swahili en Afrique de l'Est se référaient à l'empire de Zanzibar ; Samori a tenté de constituer un État dioula ; les Asiatiques d'Afrique orientale jouent du maintien de leurs rapports avec l'Inde ou le Pakistan et les Libanais, si puissants en Afrique de l'Ouest, restent fortement liés à leur patrie. Mais plus importante sans doute est la référence à une structure englobante plus large, culturelle et religieuse : l'islam notamment, qui ouvre à d'autres univers et d'autres marchés ; dans l'islam même, les appartenances confrériques ont joué un rôle essentiel dans le commerce (Bertrand, *in* Bertrand et Dubresson, 1997).

Ces réseaux ont été considérés de façon ambiguë à l'époque coloniale : concurrents potentiels du commerce européen, ils inquiétaient aussi par leur caractère trans-colonial, leurs affiliations étrangères, fréquemment leur caractère islamique. Surveillés certes, ils n'ont pas pour autant disparu, qu'ils se soient cantonnés dans des commerces intra-africains (ainsi de la cola ou des bovins), ou qu'ils soient apparus comme des partenaires indispensables par leur capacité à s'insérer dans les petites villes, voire en brousse. Leur rôle structurant n'est pas douteux ; il est cependant d'analyse difficile. Le plus souvent certes, il joue plus sur les grands espaces transnationaux que sur les régions, voire les États (une exception notable : la Tanzanie est dans une large mesure l'héritière de l'empire commercial de Zanzibar). Les grands commerçants de Kankan, en Haute-Guinée, animent peu la région, mais jouent un rôle essentiel dans les échanges entre le Fouta Djalon et le Mali, entre les gisements de diamants de Guinée ou de Sierra Leone et le vaste monde (Bertrand, *in* Bertrand et Dubresson, 1997). Par contre, les négociants du Yatenga, achetant les céréales dans la Kossi, y entretiennent des réseaux de rabatteurs, de collecteurs, de transporteurs qui structurent peu à peu un espace régional associant région d'émigration et « terres neuves ». La nature des commerces pratiqués explique pour une bonne part ces différences ; leur instabilité, s'agissant largement de commerces d'« opportunité », nuit sans doute à leur efficacité spatiale.

À toutes les échelles, la plupart des encadrements « traditionnels » paraissent donc avoir perduré pendant la colonisation, quitte à subir adaptations et déformations. Plus étonnant peut-être, les plus perturbés n'ont pas toujours été ceux qui, par leurs fonctions et leur échelle, pouvaient le mieux faire pièce à la puissance coloniale, pas même les États : dans ses formes les plus achevées, l'administration indirecte, en Ouganda, au Rwanda, dans le nord du Nigeria, a circonscrit leurs pouvoirs, mais les a cristallisés dans une assiette territoriale plus ferme. Ce sont à certains égards les niveaux d'organisation les plus modestes, famille étendue ou village, qui ont été les plus perturbés, sapés par la monétarisation de l'économie, maintenus de force ou remaniés par les politiques de regroupement autoritaires. Le pouvoir colonial, tout en s'en méfiant, a eu plus de révérence pour les pouvoirs pré-coloniaux (jusqu'à inventer de toutes pièces des « chefs » pour des sociétés acéphales) que pour les cellules élémentaires du peuplement, pour les puissants que pour les petits. L'épreuve de force a été plus manifeste après les indépendances : les États n'en sont pas toujours sortis vainqueurs.

3. Les encadrements ruraux à l'épreuve des villes

L'évolution du peuplement n'a-t-elle pas cependant aujourd'hui des effets particulièrement corrosifs ? Dans quelle mesure ces structures d'encadrement nées dans un univers rural gardent-elles de leur efficacité dans des villes, dont l'expansion brutale est, pour l'essentiel, postérieure à la colonisation. Dans les villes coloniales, « centres extra-coutumiers » selon la formule officielle adoptée au Congo belge, les habitants semblaient affranchis des liens anciens, de la chefferie comme de la coutume. Qu'en fut-il réellement ? Spatialement, ville et pouvoir « traditionnel » n'ont pas toujours été dissociés : Mengo, capitale du *kabaka* du Buganda, est couplée avec Kampala ; les « sultans » résident dans les plus grandes villes du Nord du Nigeria, Ouagadougou était la résidence du Mogho Naba mossi, Garoua, N'Gaoundéré, Maroua celle de *lamidos* peul. Peu nombreux, parfois célibataires forcés, souvent instables par la volonté même des colonisateurs, parfois fixés dans des quartiers au contenu ethnique affiché (ainsi Bacongo, quartier des Bacongo à Brazzaville), les nouveaux citadins, comme tous les migrants en phase d'installation, ont eu tendance à affirmer des solidarités ethniques qui leur garantissaient accueil et insertion. La petite phalange des intellectuels n'a pas été en reste, qui a souvent trouvé dans l'ethnie une manière d'affirmation d'une identité, voire le cadre d'une revendication nationaliste : ainsi au Kenya avec la *Kikuyu Central Association*, créée en 1924 ; en dépit de son nom, la *Kenya African Union* créée en 1944, était dominée par les Kikuyu. Pourtant, dans le même temps, leur formation, leurs relations avec le colonisateur européen, avec des Africains d'autres ethnies leur donnaient un statut social de « détribalisés », ouverts à de plus grands espaces, riches de liens dont les plus solides ont été assurément ceux qui se nouèrent entre « promotionnaires » des écoles supérieures (l'Université de Makerere en Ouganda, l'École William Ponty en AOF) : une contradiction qui n'a cessé de s'exprimer dans des partis politiques résolument unitaires, jusqu'au monopartisme, et en même temps marqués par les tensions ethniques, éclatant au grand jour en temps de pluralisme.

3.1. Les ruraux citadins dans la ville

Cette ambiguïté de la ville et des citadins n'a pas disparu, en effet, avec l'accélération de la croissance urbaine. Se combinent en ville encadrements endogènes, qu'ils soient proprement autochtones (les premiers occupants du lieu) ou transplantés et recomposés par les migrants, et formes administratives. De surcroît, et surtout dans les pays francophones, faute parfois d'institutions municipales que ni les colonisateurs ni les États ne se sont hâtés de mettre en place, ou en raison du faible poids de celles-ci, il n'est pas rare que se trouvent directement face à face l'État et ses représentants d'un côté, des structures transposées du monde rural de l'autre. Ceci est bien sûr particulièrement vrai dans les petites villes, dont les quartiers sont issus directement de villages, et gardent des traits des « chefferies », mais se retrouve jusque dans les plus grands centres : Tananarive, longtemps ville il est vrai essentiellement merina, garde la trace de ces noyaux villageois aujourd'hui coalescents ; la répartition ancienne de l'espace entre les groupes statutaires n'a pas perdu son sens dans la ville ancienne. Dans bien des cas, la création urbaine, faute d'une action suffisante de l'État, a été activée par des chefs de terre, lotissant selon des formes régulières des quartiers au statut juridique « irrégulier » : Brazzaville, Kinshasa ou Bamako en fournissent de bons exemples. Certes, il peut arriver que des petits groupes d'immigrés, sous un leadership spontané, s'instituent d'emblée en communautés ; le plus souvent toutefois, les chefs « autochtones » sont d'abord les chefs de quartier et l'on peut considérer comme un signe de maturité urbaine la disjonction entre autochtonie et autorité à l'intérieur des quartiers.

L'insertion, puis l'existence, en ville n'ont cessé de reposer sur des solidarités forgées dans les campagnes, reprenant les échelles d'organisation de l'univers rural. Point d'installation réussie sans recours à un « logeur », un de ces pionniers qui ont

Source : G. Salem, *in Politique Africaine*, p. 45, 1992.

42. L'équipement en bornes-fontaines à Pikine : l'irrégulier privilégié.

les premiers tenté l'aventure et qui assurent au nouvel arrivant le vivre et le couvert, qui, plus encore, se portent garants de lui auprès des autres citadins et facilitent son insertion professionnelle. Ces liens peuvent remonter à un lointain passé : les diamantaires sénégalais établis à Brazzaville dans les années soixante auraient ainsi bénéficié de l'influence acquise par des immigrés venus, pour les premiers grands travaux, dès la fin du XIXe siècle (Bredeloup, 1994). À un niveau plus fin, la « grande famille » est restée la structure de référence dans les ménages urbains : le foyer citadin se doit d'accueillir les parents nouveaux venus, scolarisés ou jeunes travailleurs ; il n'est pas exceptionnel qu'il sollicite la venue de jeunes, ce « confiage » permettant de disposer de main-d'œuvre à bas prix, parents ou descendants de « serviteurs », pour les activités professionnelles ou domestiques. Ce phénomène ne se limite pas, bien au contraire, aux couches populaires ; qui a réussi se doit d'accueillir les parents, de redistribuer les fruits d'une réussite qui, souvent, a été permise par un investissement collectif. Ainsi à Édéa (Agier, 1987), ville industrielle camerounaise, la politique de hauts salaires, la construction de cités pour les ouvriers permanents réalisée par Alucam dans l'espoir de détacher les ouvriers qualifiés des « structures traditionnelles » a eu plutôt l'effet inverse : la famille étendue investit les logements prévus pour des ménages nucléaires, les économies sont placées dans les relations sociales.

Si les structures d'encadrement font référence au village, le contenu n'est pas nécessairement identique : vue de la ville, la parenté et l'accueil s'étendent à des parents plus lointains ; dans un ensemble plus vaste, les communautés de référence se dilatent. Le contenu des logements et des quartiers ne cesse d'évoluer ; la demeure du « logeur » est un lieu de passage à partir duquel bourgeonnent de nouvelles unités familiales et naissent des systèmes résidentiels. Mais dans quelle

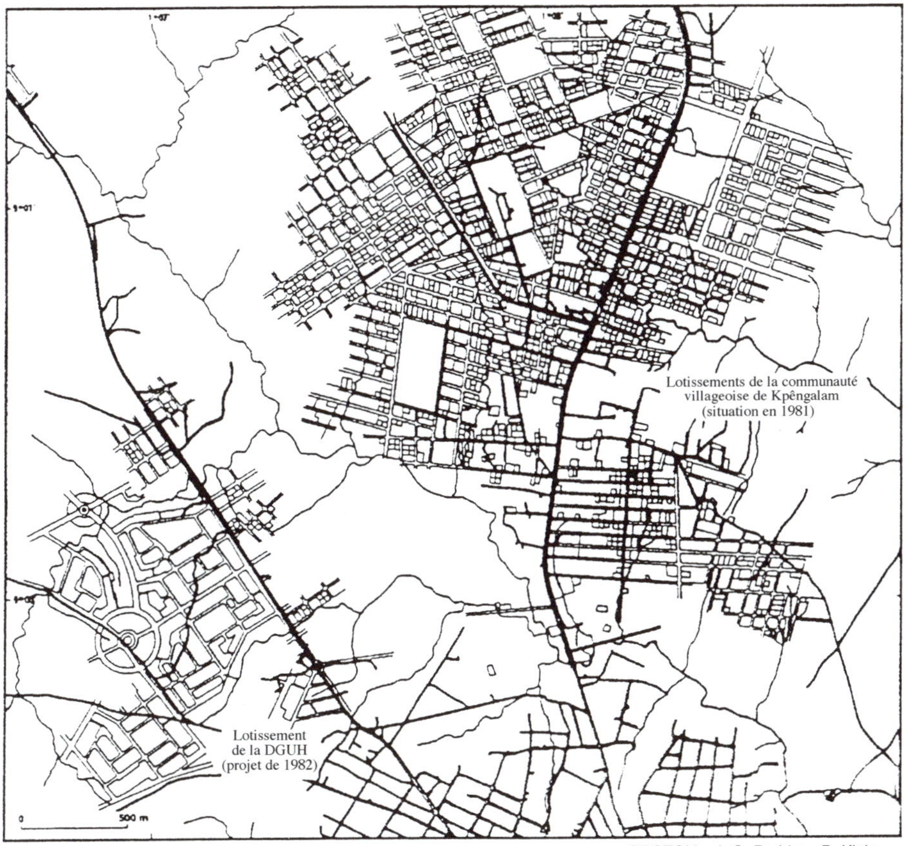

Laboratoire de Cartographie Appliquée - C. Valton ORSTCM - J.-C. Barbier - B. Klein

Source : M. Bertrand et A. Dubresson (dir.), *Petites et moyennes villes d'Afrique noire*, Paris, Karthala, 1997.

43. La croissance « informelle » de Sokodé (Togo).

mesure ces solidarités, projections recomposées du rural dans la ville, résistent-elles aujourd'hui à l'érosion des revenus ? On a pu dire que, dans la crise, la grande famille pliait, se déformait mais ne rompait pas (Pillon, *in* Coussy et Vallin, 1996) ; il est possible qu'il n'en soit pas toujours ainsi et qu'une rapide évolution soit en cours, notamment dans les cités les plus anciennes, parmi les populations les plus précocement et fortement urbanisées. À Lomé comme à Lagos, les abandons d'enfants ou les avortements se multiplient ; les meurtres familiaux, sur fond de sorcellerie, seraient en nombre croissant à Brazzaville (Dorier-Apprill, 1996). On compterait 100 000 enfants de la rue à Nairobi, où tout jeune présent dans le centre est considéré comme un délinquant en puissance. L'embauche préférentielle de parents paraît de plus en plus une charge pour les entrepreneurs comme les artisans, qui cherchent à la limiter, privilégiant la compétence technique, recourant à des stratégies plus complexes de constitution de clientèles plus soumises ou plus efficaces que les parentés, tendant à freiner l'exode rural en apportant leur aide au village.

3.2. De la campagne à la ville, une géographie du va-et-vient

Cet appui est un élément d'un va-et-vient qui reste souvent de règle : entre villes et campagnes hommes, produits et argent circulent. Certes, pour les plus grandes villes, le temps semble révolu où, comme dans les années soixante, les citadines de Brazzaville retournaient périodiquement cultiver du manioc au village (Vennetier, 1991), mais ceci reste de pratique courante dans les petits centres, comme Maradi, au Niger, qui se vide pour partie en période de cultures. La pratique agricole des citadins se limite aujourd'hui souvent à des cultures interstitielles dans le tissu urbain : à Lusaka, les habitations se dissimulent derrière de petites parcelles de maïs, qu'on sème, à Nairobi, jusqu'aux portes des résidences diplomatiques. Les périphéries urbaines, les vallons inconstructibles au cœur de la ville sont soumis à une pression foncière croissante. Si la dissociation entre activités urbaines et rurales s'accentue, des flux d'échanges continuent de lier villes et campagnes : à Dakar, 70 % des ménages citadins reçoivent des vivres du village, un mouvement de produits qui s'associe ici aux immigrations saisonnières typiques des villes sahéliennes. À l'inverse, les citadins, s'ils le peuvent, renouent périodiquement avec le village, pour les funérailles, et plus globalement les célébrations familiales. Le lien avec le village est comme un signe de la réussite en ville et les plus présents sont les plus aisés : ce sont eux qui, sur les Hautes Terres malgaches, poussent à la rénovation des tombeaux collectifs et suscitent les cérémonies de « retournement » des corps, entraînant, ce faisant, les ruraux moins aisés dans une spirale d'endettement, s'assurant une emprise spatiale en prenant leurs terres en gage. Au Kenya comme en Côte-d'Ivoire ou dans l'Ouest du Cameroun, la réussite en ville doit se manifester par la construction d'une maison au village, l'établissement d'une plantation, et, pour les plus aisés par l'évergétisme, la construction d'écoles, de mosquées, d'adductions d'eau, le couronnement pouvant être, comme en pays bamiléké, l'accès à la chefferie locale. La référence à la terre reste un élément essentiel de l'identité ; ceci est spécialement flagrant au Kenya, où maintes familles sont divisées, une part en ville, une part sur le lopin rural ou, pour les plus aisés, sur un domaine acheté grâce aux salaires urbains. Faute de cette référence, de ce statut, l'identité du citadin paraît se défaire, la plongée vers le monde incertain de la désocialisation, voire de la délinquance, menace.

Les références rurales des urbains ne seraient-elles pas une entrave à la prise de conscience d'une condition citadine, au développement de formes de contestation dangereuses parce que physiquement proches du pouvoir ? Celui-ci n'aurait-il pas, pour ce motif, traité les villes comme si elles relevaient encore des encadrements ruraux ? Certains chefs d'État l'ont manifesté : capitale officielle de la Côte-d'Ivoire, Yamoussoukro était d'abord le « village » du président Houphouët, et elle demeure gérée en conséquence (Jaglin, *in* Jaglin et Dubresson, 1993). En Afrique francophone surtout, les municipalités ont été tardivement mises en place et sont restées sous forte tutelle : la gestion urbaine a été, pour les plus grandes villes, du ressort quasi direct de l'État, et pour les plus petites, les « chefferies » ou d'autres pouvoirs ont continué de jouer un rôle majeur. Touba, la capitale mourid, est la deuxième agglomération du Sénégal (300 000 habitants), mais n'a pas de statut et l'urbanisme est le fait des khalifes de la confrérie (Gueye, *in* Bertrand et Dubresson, 1997). Dans les villes minières, une large part des infrastructures et des lotissements relevait de fait ou de droit de l'activité des firmes (Bruneau, 1990). Les Britanniques auraient généralement laissé aux urbains plus d'initiative, mais l'enjeu était tel que les jeunes États n'ont pu s'en désintéresser : la municipalité de Nairobi a constitué une citadelle du pouvoir urbain face au président jusqu'à sa dissolution après vingt ans de contestation (Bourmaud, 1988).

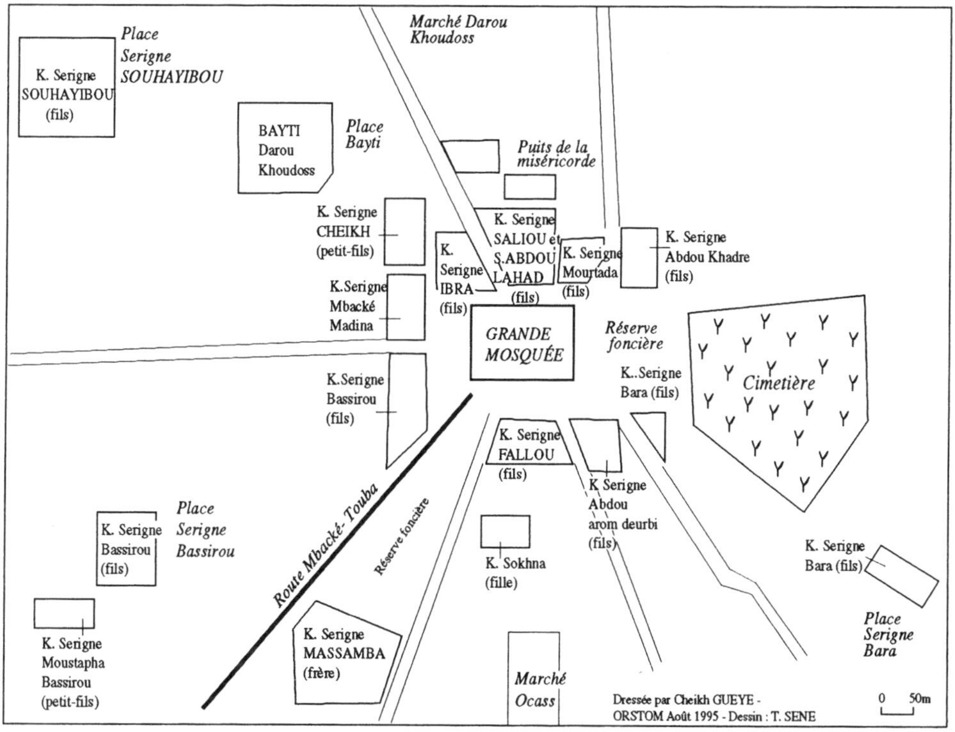

Source : Gueye, in Bertrand et Dubresson (dir.), *Petites et moyennes villes d'Afrique noire*, Paris, Karthala, 1997.

44. L'urbanisme mourid à Touba (Sénégal) : la distribution des concessions de la famille de Cheikh Ahmadou Bamba après le lotissement de 1964.

Les liens entre citadins et ruraux (plus qu'entre villes et campagnes), la « ruralité urbaine » sous ses aspects économiques et sociaux, ont longtemps joué comme des amortisseurs de crise. Ceci a détourné vers un « ailleurs » rural les citadins privés de responsabilités dans la gestion urbaine et retardé l'évolution des genres de vie. Ainsi, notamment, furent longtemps limitées les difficultés du ravitaillement : rares ont été les émeutes de subsistance, liées à la pénurie ou à la hausse des prix. La Zambie est une exception qui confirme la règle : son fort taux d'urbanisation, la syndicalisation dans la *Copperbelt*, et surtout la volonté de mainmise de l'État sur l'organisation de la production et de la vente du maïs expliquent l'ampleur des manifestations provoquées par les hausses de prix et leur rôle dans la chute de Kenneth Kaunda (Raison, *in* Daloz et Chileshe, 1996). Mais ce mode de symbiose a sans doute à terme des effets très nocifs. Conflits urbains et surtout conflits entre élites politiques sont retranscrits dans le monde rural, touchant ainsi des masses aux réactions violentes et peu contrôlables. L'opposition entre Kalenjin (l'« ethnie » du président arap Moi) et Kikuyu (le groupe de son prédécesseur Kenyatta), qui a ensanglanté la *Rift Valley* au début des années 90, a certes eu des motifs fonciers, mais elle y a surtout reporté des luttes factionnelles pour le pouvoir. Et ne peut-on interpréter de même les génocides rwandais et burundais ? Choc en retour, la géographie ethnique resurgit dans certaines villes : Brazzaville et Bangui en donnent des exemples, où les luttes pour le pouvoir s'appuient sur la référence ethnique, construisent une géographie ethnique de la ville, contraignant à une ethnogenèse et à la recherche d'un territoire urbain les partisans du président Lissouba, regroupés en Nibolek – Niari-Bouenza-Lékoumou – (Dorier-Apprill, 1996a). Certes, aujourd'hui, la gestion municipale est à l'ordre du jour, d'autant qu'elle constitue un « gisement » encore peu exploré pour les candidats au pouvoir et à ses avantages. Mais, globalement, les citadins sont à la recherche de cadres qui répondent à leurs problèmes : sans être, loin de là, l'apanage des villes, les encadrements religieux y ont un poids et un dynamisme particuliers.

4. Le foisonnement du religieux

On peut s'étonner qu'une place particulière soit faite aux structures du religieux. Le rôle d'encadrement du sacré est incontestable, mais le religieux, ou le surnaturel sont comme « enchassés » dans les encadrements que nous avons évoqués. Les aînés des lignages sont les intercesseurs avec le monde des ancêtres, qui font le pont avec la sphère du surnaturel. Les terroirs sont marqués de pôles, bosquets, rochers, sources, d'où rayonnent les forces surnaturelles qu'il faut se concilier : c'est le rôle des « chefs de terre », en général les descendants des premiers occupants. Tout contrat social est marqué de rites, comme ces alliances entre lignages, constitutives des communautés villageoises bwa du Burkina (Capron, 1973).

4.1. Cultes locaux, cultes ouverts

Religions des terroirs, qui ne seraient structurantes qu'à modeste échelle ? Les religions dites « traditionnelles » sont moins fermées qu'il n'y paraît : elles empruntent parfois fort loin objets sacrés ou rituels, sur le critère de leur efficacité. En Côte-d'Ivoire, l'épuisement des ressources en poisson de la lagune Aby conduisit les villageois éotilé à faire appel en 1985 au prophète Gbahié, venu du pays dida ; six ans plus tard, l'efficacité de son action n'ayant pas été manifeste, on est revenu aux cultes anciens, mais sensiblement modifiés, et créé un syndicat agricole à l'instigation des nouveaux partis d'opposition (Perrot, *in* Bayart, 1993)… En temps de crise, interprétée comme une dégradation des relations sociales, mais aussi comme le résultat d'une rupture de l'harmonie dans les rapports avec la nature et la surnature, la recherche de nouveaux rituels et la circulation des « hommes du sacré » s'intensifie. Au Tanganyika, à l'époque allemande, la révolte *maji-maji* fut largement attisée par des prophètes possédés par le dieu Hongo (Illiffe, 1979) ; il en fut de même dans les maquis de la ZANU, lors de la lutte d'indépendance en Rhodésie du Sud (Ranger, 1985). Les échelles du religieux ont été d'autre part fortement corrélées à celles du social et du politique : aux cultes domestiques se superposaient les cultes de groupes, d'ethnies, de royaumes. Dans les sociétés acéphales, les éléments structurants du groupe sont souvent les intermédiaires avec les forces de la nature : chefs de terre, « faiseurs de pluie ». Les souverains ou les chefs ont eu notamment pour fonction la relation avec l'ailleurs, indispensable à l'harmonie et à la reproduction du groupe. Au Burundi, le souverain célébrait la fête des prémices du sorgho, garante de la réussite des récoltes (Chrétien, 1993). Certains cultes nationaux ont survécu à l'effondrement des monarchies : le royaume d'Abomey était le cœur du culte du *vodun*, mais 65 % de Dahoméens s'en réclamaient encore à l'indépendance (Hayrargue, *in* Constantin et Coulon, 1997). Cette survie a parfois été plus discrète, comme pour les anciens cultes royaux merina, mis sous le boisseau lors de la conversion de la reine en 1869, et qui reprennent vigueur dans les temps difficiles : à la veille de la conquête, aux approches de l'indépendance, et encore aujourd'hui (Raison-Jourde, 1983).

4.2. L'expansion des « religions du livre »

Les religions autochtones ont cédé une large part du terrain aux « religions du livre », islam et christianisme, religions importées, fortes de leur relation avec le monde extérieur, de leurs capacités structurantes à vaste échelle et, pour le christianisme, de sa relation avec les colonisateurs. La répartition spatiale de l'islam et du christianisme en Afrique tropicale est simple dans ses grandes lignes. Un islam de masse s'étend sur l'ensemble de la zone soudano-sahélienne, de l'Atlantique à la mer Rouge, enserrant le vieux bastion chrétien d'Abyssinie ; en Afrique occidentale, il déborde jusqu'à la côte en Guinée et en pays yoruba (Sud-Ouest du Nigeria). Il couvre d'autre part l'essentiel du littoral de l'Afrique orientale, de la Somalie au nord du Mozambique, un liseré étroit que prolongent des pénétrantes vers les Grands Lacs, surtout en Tanzanie. Ces configurations reflètent deux modèles : en Afrique de l'Ouest et dans l'ensemble de la zone soudano-sahélienne, l'islam est une civilisation englobante ; en Afrique orientale, il était religion de marchands, peu enclins au prosélytisme, soucieux de se distinguer comme une minorité pour une part étrangère. En Tanzanie seulement, cœur de l'empire de Zanzibar, les musulmans constituent un groupe statistiquement important, environ un tiers de la population, contre la quasi totalité dans la zone soudano-sahélienne, avec la seule exception de certains massifs « refuges », comme les Mandara au Cameroun.

Une part de la côte du golfe de Guinée, l'ensemble de l'Afrique centrale et australe, la majeure partie de l'Afrique orientale sont par contre le domaine des religions chrétiennes, dont on souligne souvent qu'elles cohabitent avec les religions « traditionnelles ». Cette extension considérable est évidemment le fruit de la colonisation, parfois aussi son origine, comme en Afrique australe, au Buganda (Ouganda) ou à Madagascar où l'expansion missionnaire a nettement précédé la conquête.

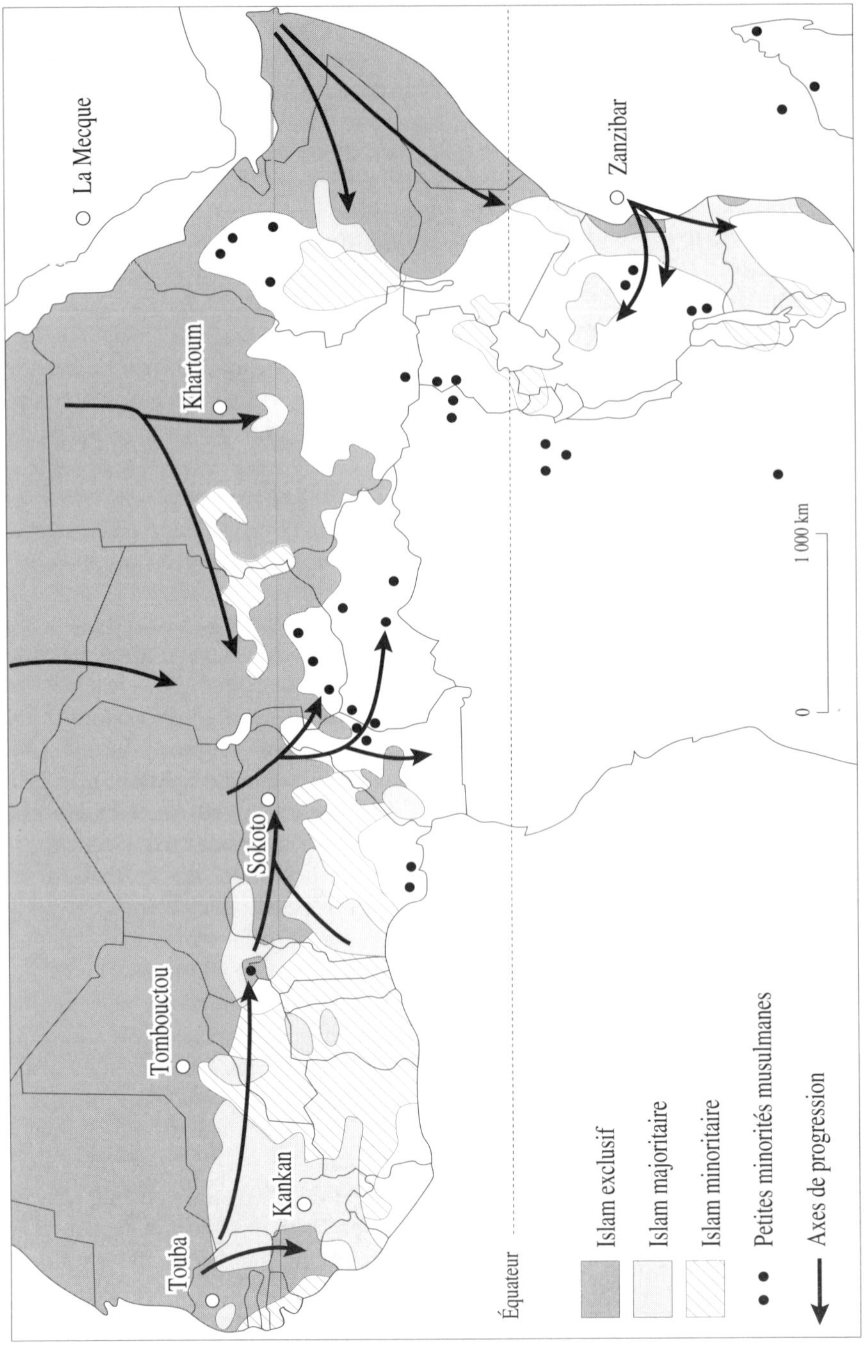

Source : A. Dubresson, J.-Y. Marchal, J.-P. Raison (dir.), *Les Afriques au sud du Sahara*, Paris, Belin-Reclus, 1994.

45. L'islam en Afrique noire.

4.3. Religion et colonisation : des rapports ambigus

On tend trop facilement à opposer les modes de pénétration des deux grands ensembles, leurs rapports aux sociétés africaines, leurs rôles dans la structuration de l'espace et l'encadrement des hommes. L'islam, largement antérieur à la conquête coloniale, aurait progressé par un mouvement spontané, imbibant en quelque sorte les sociétés africaines, gagnant les masses malgré la méfiance des administrations coloniales. Celles-ci auraient par contre favorisé les missions chrétiennes : l'anticléricalisme, pour Gambetta, n'était pas un article d'exportation... Les missions assuraient, outre leurs tâches spirituelles, une action essentielle dans les domaines de la santé et de l'éducation, tâches qui leur furent même pratiquement déléguées par la colonisation belge ; bref, elles contribuaient à la « civilisation ». Pour les Britanniques notamment, le message chrétien inculquait aux populations les valeurs du travail, faisait naître chez elles des besoins nouveaux et les introduisait donc dans l'économie de marché. Le christianisme aurait assuré une « occidentalisation », permis une collaboration avec le colonisateur, en libérant les individus de contraintes collectives auxquelles l'islam, au contraire, donnait de nouvelles formes, quand il ne se contentait pas de couvrir d'un nouveau vernis les cultes anciens. Christianisation et colonisation n'auraient été que deux faces d'une même réalité, tandis qu'islam et colonisation auraient entretenu des rapports ambigus et méfiants.

Les faits sont évidemment beaucoup moins simples. Par pragmatisme, parfois par admiration pour l'islam, les administrateurs coloniaux ont composé avec lui, quitte à surveiller ses relations avec le monde arabe et le Maghreb, à sévir contre tels de ses leaders dont le message semblait séditieux, tels Cheikh Ahmadou Bamba, exilé au Gabon de 1895 à 1912, avant que la confrérie mourid qu'il avait fondée n'apparaisse comme un élément irréductible de la société sénégalaise, voire comme un facteur de « modernisation », en tant qu'agent essentiel de la progression du « front des arachides » (Pélissier, 1966 ; Copans, 1980). Dans le cadre de sa politique d'administration indirecte, la Grande-Bretagne s'appuya sur les émirs du nord du Nigeria et les Français firent de même avec les *lamidos* du nord du Cameroun. Islam, mal nécessaire ? Il assurait une discipline, instaurait un droit compréhensible aux Européens (notamment en matière foncière), favorisait la stabilité des populations autour de centres dont les mosquées étaient le pôle, prônait l'expansion commerciale.

À l'inverse, les rapports ne furent pas toujours iréniques entre administrations et Églises chrétiennes. Celles-ci se posèrent parfois en défenseurs des populations contre les abus de la corvée, non sans ambiguïté quand leurs protestations dissimulaient une lutte pour le contrôle de la main-d'œuvre. D'autre part, dans toutes les colonies, catholicisme et protestantisme se sont répandus concurremment, prêchés par des missionnaires de toutes nationalités. L'administration y trouvait quelque avantage, évitant ainsi un front uni des missions ; mais Français et Portugais notamment ont souvent considéré avec méfiance les missionnaires étrangers protestants, volontiers soupçonnés d'encourager les résistances à leur politique. Celles-ci furent bien plus évidentes dans les églises dissidentes, issues du protestantisme : Églises « éthiopiennes », d'encadrement africain, théologiquement orthodoxes, ou Églises « sionistes » sensiblement déviantes. La défense des traditions africaines (comme l'excision au Kenya) a de fait souvent exprimé, au sein de ces congrégations, le désir d'une évolution politique. Ceci est plus net encore pour les prophétismes, qui s'épanouirent en Afrique centrale (le kimbanguisme au Congo belge, le matswanisme au Congo français) ou en Côte-d'Ivoire et au Ghana (le harrisme) plus précocement que le christianisme, dont ils n'ont guère tiré que l'idée d'une rupture avec le monde des esprits du mal.

4.4. *Églises et formation des élites nouvelles*

La tension s'est accrue avec la montée des luttes anti-coloniales. Les Églises ont en effet joué un rôle essentiel dans la formation des élites nationalistes et n'ont pas manqué d'en être influencées : à des degrés très divers (et pratiquement pas dans les colonies portugaises), elles ont été conduites, après la Deuxième Guerre mondiale, à accompagner la progression vers l'indépendance, si bien que des éléments du *lobby* colonial français stigmatisaient « le Vatican contre la France d'outre-mer ». Choix inégalement marqué et surtout ambigu, en ce que les églises faisaient le choix d'un changement politique pour éviter les changements sociaux, notamment l'expansion du communisme, ou pour les conduire à leur manière (ainsi au Rwanda, au profit de la majorité hutu). Leur rôle dans la formation des nouveaux cadres devait, pensaient-elles, leur assurer un magistère moral, dans une conception quelque peu théocratique de la société : ainsi en Haute-Volta, sous la première république, où les catholiques, 20 % de la population du pays, fournissaient la quasi totalité de ses cadres. Choix d'inégale conséquence : dans les pays lusophones et francophones, sauf lorsque, comme à Madagascar ou au Cameroun, le protestantisme avait joué précocement un rôle majeur, ses élites ont été quelque peu tenues à l'écart, au point de fournir parfois, comme en Angola, l'essentiel des cadres des rébellions.

Dans les pays du Sahel, pourtant quasi totalement islamisés, c'est de l'école laïque que sont venus les dirigeants, car l'école musulmane, pour n'avoir pas su quitter le cadre désuet de l'enseignement coranique, pour avoir fait fi de la modernité, n'a, sauf au Nord-Nigeria, par l'effet de l'administration indirecte et de la création précoce d'Universités, guère fourni de cadres aux nouveaux pays indépendants : germe d'un divorce possible entre État et société. C'est en définitive, en Afrique de l'Ouest, par la constitution de cadres sociaux parallèles, notamment dans le système confrérique (le cas mourid est le plus frappant), que l'univers musulman a pesé sur l'évolution politique, mais surtout par le biais du poids économique de ses négociants. Il a fallu attendre le dernier quart de notre siècle pour voir cette situation évoluer : ceci tient pour partie à l'accroissement des ressources pétrolières des grands pays musulmans et à une concurrence accrue entre eux, incitant au financement non seulement de mosquées, mais aussi de projets de développement, voire, comme au Soudan, de banques. Ceci tient aussi au développement de mouvements de réforme, visant à un islam épuré, mais aussi réconcilié avec le progrès : dans les jeunes générations de négociants, le wahabbisme prend le pas sur les confréries soufies, jadis au premier plan ; il a notamment relayé la Tijanyya à Kankan. La situation est différente dans l'est du Sahel, largement pour des raisons géographiques (la plus grande proximité des grands centres islamiques) : au Nigeria comme au Cameroun, le poids du Nord musulman a été d'emblée manifeste ; au Tchad, de rébellion en rébellion, le pouvoir a basculé en faveur du Nord ; mais c'est au Soudan seul et dans certains États du Nigeria que la *sharia* a pris force de loi.

4.5. Des Églises en mal de réponse aux misères du temps présent

Le rôle d'encadrement des grandes religions mondiales sur le continent africain est à la fois crucial, fragile et incertain. Quel meilleur et plus tragique exemple que les drames du Rwanda et du Burundi, où le catholicisme est largement majoritaire (au moins 60 % de la population au Burundi), mais où l'Église n'a pu freiner les massacres, où une bonne part du clergé a réagi selon sa « caste » et non selon sa foi ? Il a fallu cette tragédie pour qu'on se remémore le caractère récent d'une christianisation de masse, qui s'est opérée surtout dans les années cinquante. Les Églises chrétiennes jouent certes un rôle crucial pour l'enseignement, les équipements de santé, les petits projets de développement, et, à un moindre degré dans la presse et les médias. L'importance de leurs bâtiments, leur fonction urbanisante en sont un signe ; les centres missionnaires du Rwanda ont longtemps assumé des fonctions urbaines hors la ville, jugée lieu de perdition. L'islam, plus récemment, est entré dans un jeu comparable. Là où l'État s'est décomposé, comme dans l'ex-Zaïre, les missions chrétiennes jouent un rôle de substitution essentiel, et sont parfois le seul réseau de services sociaux et d'information. Plusieurs évêques, symboliquement, ont été portés à la présidence de conférences nationales.

Les grandes religions mondiales ont ceci d'essentiel qu'elles sont des fenêtres ouvertes sur le monde : par elles arrivent tant des flux monétaires que des flux d'information. Leurs réseaux, d'autre part, s'étendent jusqu'au plus profond des campagnes où clergé, mais aussi catéchistes, évangélistes, moniteurs, militants d'associations sont des « intermédiaires culturels », des agents de changement et, dans une moindre mesure, des porte-parole des peuples africains dans le monde. On a cependant des raisons de penser que le poids des Églises établies est moindre qu'il ne semble, qu'il tend à se déliter et qu'elles sont loin d'être, dans la crise des États, les recours globaux qu'on imagine. Elles sont vulnérables tant sur le terrain spirituel que sur celui de l'action sociale et politique.

4.6. Guérison et promotion : la réponse des « sectes »

Sur le plan spirituel, les Églises chrétiennes établies semblent peu aptes à répondre à deux problèmes fondamentaux que se posent les Africains dans la crise. Le premier est celui de la « maladie », du malheur que la médecine ne suffit pas à guérir. Le succès d'un Mgr Milingo, archevêque de Lusaka et « guérisseur », tenait à ce qu'en s'attaquant aux esprits du mal, il soignait les corps tout en replaçant son action dans une théologie et dans un cadre ecclésial solide et somme toute rassurant (ter Haar, 1997). Sa déposition et son exil à Rome marquent le refus d'une approche holiste de l'homme dans le malheur ; l'abandon de cette voie laisse la place libre à une multitude de sectes, généralement d'inspiration pentecôtiste, où l'exorcisme et les pratiques de guérison occupent une place essentielle. Leur nombre défie l'inventaire et elles ne cessent de se multiplier, même si une relative libéralisation a fait apparaître au grand jour des groupes jusqu'alors plus discrets. On estime à quelque 5 000 les mouvements religieux au Nigeria ; ils auraient été plus de 600 dans le seul Ghana en 1989 ; au Congo, 350 « églises » se seraient fait enregistrer, après la libéralisation du régime des cultes décidée par la Conférence nationale.

Le deuxième problème, plus lié au premier qu'il ne semble, est celui de l'épanouissement individuel, y compris la réussite matérielle, dans un monde où les cadres se défont ou paraissent oppressants, où les solidarités traditionnelles sont souvent vaines. C'est ici que se montrent tout spécialement actives les sectes d'origine nord-américaine et les « télévangélistes », souvent étrangers, dont le succès est grandissant. Ils attirent particulièrement les cadres, les entrepreneurs ambitieux, les « jeunes loups » de l'Afrique mondialisée. On pourrait noter en contrepartie la relative déréliction que connaissent religions « traditionnelles » et prophétismes et esquisser une sociologie de l'adhésion aux encadrements religieux (Dorier-Apprill 1996b). La Maitatsine, secte musulmane considérée comme hérétique par l'« établissement », dont les rébellions ensanglantèrent plusieurs villes du Nigeria entre 1980 et 1993, recrutait pour l'essentiel parmi les élèves des écoles musulmanes de campagne, migrants temporaires en ville où ils ne parvenaient pas à s'insérer. L'opprobre dont elle a fait l'objet souligne *a contrario* combien les « nouvelles religions » ou les nouvelles formes religieuses sont d'abord urbaines, remplissent un vide relatif des encadrements et recrutent dans l'« Afrique du changement » où elles sont une forme de dépassement du cadre ethnique ; elles sont un élément majeur de différenciation entre villes et campagnes. Mais sans doute ne faut-il pas exagérer un tel clivage ; il convient en effet de souligner l'éclectisme et le pragmatisme dont font preuve les Africains ; suivant la nature de leurs problèmes, ils fréquentent successivement ou simultanément divers cultes, posant à chacun des questions différentes ; les conférences nationales ont souvent donné le spectacle d'étonnants rites d'exorcisme syncrétique ; au Congo, la cérémonie célébrée par Mgr Kombo, président de la Conférence, avait l'aspect d'une « confession familiale » après un acte de sorcellerie (Tonda, *in* Constantin et Coulon, 1997).

4.7. Le religieux à l'appui du politique

Le religieux faisant recette, tout « entrepreneur politique » se doit de contrôler une Église, à commencer par les chefs d'État. Un Eyadéma esquissa, au Togo, un culte présidentiel œcuménique ; un Sassou Nguesso passait pour le plus grand sorcier du Congo. Plus souvent on vise à « récupérer » une Église comme instrument de pouvoir : le président arap Moi était « l'une des figures principales du champ religieux kenyan » (Maupeu *in* Constantin et Coulon, 1997) et tenta de promouvoir son *African Inland Church*, où il prêchait régulièrement ; le président Chiluba de Zambie s'appuya sur les *born again*. Le président Soglo du Bénin, pourtant pétri de culture occidentale, a cherché un appui politique et idéologique dans le *vodun*... Créer une religion paraît d'ailleurs à de jeunes ambitieux une voie sûre d'enrichissement et de pouvoir. La façade d'unité de l'islam (qui s'associe, en Afrique, avec l'absence d'instances centrales) ne saurait cacher une évolution comparable, sans doute même plus anciennement ancrée dans les pratiques ; à l'intérieur des grands courants, des confréries anciennes soufies (*tijanyya*, *qadiryya*) au réformisme wahabbite rigoureux, des stratégies de contrôle se déroulent *via* la construction de mosquées privées ou publiques, l'établissement d'écoles, le financement de prêcheurs et d'enseignants.

Sur le plan social et politique, la position des religions « établies » est également contestée, non plus par des États conduisant, comme le Burundi des années quatre-vingt, un *Kültürkampf* contre leur puissance excessive, mais par l'intervention de nouveaux acteurs. D'autres formes d'aide, ou de véritables entrepreneurs de l'aide apparaissent, avec les ONG, une forme d'activité associative qui existe certes dans le cadre des églises, mais dont elles sont bien loin d'avoir le monopole ; les plus puissantes d'entre elles, les multiples « sans frontières », constituent d'une certaine manière un système concurrent, partenaire des États industriels et des institutions internationales. Dans leurs rapports avec le politique, les Églises se situent difficilement, maladroitement, et de façon si variée qu'il est difficile de dégager des lignes générales. Ceci est particulièrement vrai pour les Églises protestantes « établies » : généralement fédérées de façon lâche dans le cadre de chaque État, elles se montrent incapables de parvenir à des consensus nets ; s'étant généralement réparti des terrains régionaux, et peu ou prou ethniques, chacune d'entre elles réagit, autant que selon sa théologie, selon des tendances politiques ethno-régionales, d'autant que leur encadrement est africanisé et que les poids des missionnaires étrangers y est devenu faible (Médard *in* Constantin et Coulon, 1997).

L'Église catholique présente une autre façade : hiérarchisée, sinon centralisée, moins sujette aux scissions, plus marquée par la présence de prêtres européens, souvent encore majoritaires. Mais le catholicisme reste marqué par la tradition d'un fort contrôle, matériel et disciplinaire, des missions par le Vatican, qui est aussi un État qui entretient des relations diplomatiques. La démission de Mgr Milingo s'explique pour partie par l'inquiétude que provoquaient ses vigoureuses critiques contre le pourrissement du pouvoir zambien. Il s'ensuit trop souvent, mal compensée par des prises de position individuelles, une grande timidité (ou un caractère trop imprécis) de son attitude en période de crise. Au plus, l'Église s'est engagée pour le respect de la démocratie formelle ; plus souvent, elle négocie et respecte le pouvoir d'État, tant qu'il ne met pas en cause sa position ; au pire elle a laissé s'établir de franches compromissions. Ici encore, le Rwanda fut un cas limite, dont le primat fut longtemps membre des instances suprêmes du parti unique. L'Afrique n'a pas vu se développer, comme l'Amérique latine, une « théologie de la libération », et la « théologie de l'inculturation », insertion du « noyau central de sens du message chrétien dans des structures de signification qui seraient propres aux sociétés africaines » (Boillot, *in* Constantin et Coulon, 1997), vers laquelle elle s'est globalement orientée reste un culturalisme vague et éthéré, comme si le nationalisme culturel des lendemains d'indépendance était le souci majeur de ses fidèles aujourd'hui. En fait, pour reprendre l'analyse de Jean-François Bayart (1989), les églises chrétiennes établies, comme l'islam, participent aussi bien que les États de la « politique du ventre » : elles aussi redistribuent biens et avantages tirés de la relation avec le monde extérieur, et, de ce point de vue, ils ne constituent pas une alternative au politique. Elles en sont pourtant le seul témoin critique dans le champ religieux, car l'univers des sectes fait globalement preuve en la matière (avec de rares exceptions, comme les pentecôtistes du Nigeria) soit d'un total désintérêt (le salut étant ailleurs, la réussite étant individuelle), soit d'une volonté de collaboration avec les pouvoirs établis.

5. Faiblesse et ambiguïté des encadrements civils à l'échelle nationale

5.1. L'atrophie des organisations professionnelles... sauf exceptions

Or, on ne voit guère où trouver, sinon dans les encadrements religieux, l'amorce d'une « société civile ». Leur place éminente ne tient pas seulement à une religiosité qui imprégnerait plus que toutes autres les sociétés africaines ; elle tient aussi à la faiblesse d'autres éléments classiques de structuration moderne des sociétés. On l'a de longue date noté pour les organismes syndicaux et professionnels, hors, du moins, de l'Afrique australe. Ceci ne saurait s'expliquer véritablement par une situation privilégiée des travailleurs du secteur « formel » ; les ouvriers d'Abidjan ont des revenus à peine supérieurs à la moyenne du revenu des actifs, avec, il est vrai, de surcroît des avantages en nature, une position sociale et une relative sécurité d'emploi (Dubresson, *in* Agier *et al.*, 1987). Le fait tient sans doute à la faiblesse des effectifs ouvriers et plus généralement salariés ; l'Afrique australe, l'Afrique du Sud bien entendu, mais aussi la Zambie, font exception à la règle, mais ici même les revendications professionnelles et salariales ont souvent été portées par d'autres instances, ont cheminé par d'autres canaux, repris de la société dite « traditionnelle ».

Les gouvernants ont évidemment une grande part de responsabilité dans cette atonie, pour avoir tenté de soumettre les syndicats à la tutelle du parti unique et en avoir fait, en Tanzanie comme en Guinée, de simples courroies de transmission ; de même toute structuration spontanée de la « profession agricole » s'est-elle heurtée à la politique d'encadrement des masses paysannes par les opérations de développement et aux groupements et coopératives créées d'en haut. Certains pays font exception : la Zambie, où les syndicalistes de la *Copperbelt* ont résisté à l'embrigadement dans le parti UNIP, le Burkina, où les syndicats ont su garder leur indépendance, y compris au temps de la révolution sankariste, et où les associations paysannes sont particulièrement vivaces. Les associations patronales n'ont guère eu plus de dynamisme dans des pays où les marchés d'État jouaient un rôle essentiel, où les avantages fiscaux et l'accès au crédit dépendaient de la qualité des relations politiques. On ne saurait toutefois masquer d'autres éléments d'explication : l'évolution sociale, la modernisation des techniques de production n'étaient pas tels que des catégories sociales et professionnelles puissent se dégager clairement dans la plupart des pays africains. Si aujourd'hui, parmi les maîtres mots qui accompagnent la politique de dépérissement de l'État figurent responsabilisation, promotion des structures professionnelles, ce mouvement n'a pas été préparé et trop d'associations hâtivement mises en place sont contrôlées par des cadres issus de l'administration et « privatisés » en même temps que les entreprises. On a pu, pour le monde ouvrier, parler de prolétarisation sans prolétaires : même séparés du monde rural (et c'est loin d'être toujours le cas, notamment dans les agro-industries), ouvriers ou travailleurs des entreprises artisanales, dépendent toujours largement pour leur embauche, leur rémunération, leurs conditions de travail de relations et de stratégies sociales d'une autre nature, parenté, alliance, commune origine géographique.

5.2. L'irruption des ONG

Si les organisations professionnelles paraissent avoir du mal à se mettre en place et à trouver une crédibilité, il n'en va apparemment pas de même des ONG. Leur irruption est récente, ne remontant guère au-delà de la sécheresse sahélienne de la fin des années soixante ; elles ont d'abord surtout caractérisé certains pays comme le Burkina, qu'on a pu qualifier d'« ONG-land » ; elles s'étendent partout aujourd'hui, volontiers parées des vertus les plus diverses (générosité, efficacité gestionnaire, expérience internationale, participation populaire et action à échelle humaine, coopération décentralisée), comme si leur cote montait au fur et à mesure que baissait celle des États. Certains gouvernements, comme celui d'Habyarimana au Rwanda, en ont habilement joué, quadrillant le pays de « projets » d'ONG, qui étaient à la fois des garants de moralité, des lieux de redistribution et d'efficaces instruments de contrôle local. La « surface » matérielle et financière de ces organisations s'accroît avec la montée des malheurs. Sous cette étiquette, en réalité, c'est une galaxie complexe qu'il faudrait décrire, dont les éléments diffèrent selon la taille, la nationalité, les objectifs, voire la durée. Le terme est lui-même, sinon formellement inexact, du moins ambigu, beaucoup de ces entreprises tirant l'essentiel de leurs ressources de fonds publics, nationaux ou internationaux. C'est le cas notamment de grandes agences étrangères, spécialisées surtout dans l'aide d'urgence, mais qui en débordent, assumant de plus en plus des fonctions qui relevaient jadis des institutions publiques : « Médecins sans Frontières » gère par exemple l'essentiel des centres de santé de Haute-Guinée et a assuré l'enlèvement des ordures à Tananarive, tâche que pourraient assumer associations ou entreprises locales. Pratiquant largement l'intervention directe, dans des conditions où la coopération avec des instances nationales est difficile, elles sont d'une certaine manière les agents d'opération des pays étrangers, non sans manifester à l'occasion leur indépendance, médiatiquement soulignée, et peser ainsi sur les politiques. D'autres, souvent plus anciennes, plus liées aux églises chrétiennes, interviennent avec plus de discrétion, visant le long terme, en coopération étroite avec des ONG locales. Innombrables sont d'autre part les petites ONG étrangères, nées au niveau professionnel, régional, communal, voire à l'initiative d'un petit nombre d'individus, et incitant au développement de la coopération décentralisée.

L'important pour notre propos est de voir dans quelle mesure, s'articulant avec des structures locales, elles contribuent à les consolider et à susciter de nouveaux types d'encadrements. La même variété d'échelles d'intervention se retrouve du côté africain, quoique les organisations internationales y soient rares hors du Sahel, plus anciennement structuré, par la fédération d'initiatives locales, nées spontanément ou suscitées par l'intervention de donateurs étrangers ou d'organismes d'animation

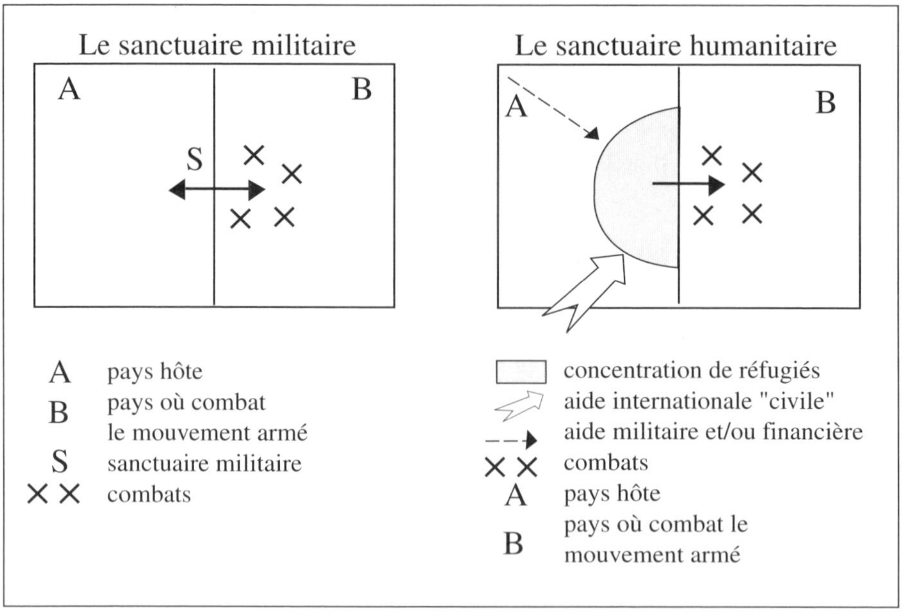

Source : F. Jean et J.-C. Ruffin, *Économie des guerres civiles*, Paris, Hachette, 1996.

46. L'aide humanitaire à l'appui des conflits.

rurale (Devèze, 1996). L'ONG devient notamment la forme moderne des associations d'originaires, comme celles de la vallée du Sénégal, déjà anciennes, fort bien implantées dans les pays industriels et qui ont acquis un réel savoir-faire pour drainer les dons auprès des municipalités ou des régions. On conçoit que les objectifs réels d'entreprises aussi variées soient souvent ambigus. Les Africains parviennent ici aussi à opérer une mutation de la « politique du ventre » par laquelle est redistribuée « informellement » l'aide étrangère. L'humanitaire et le local faisant recette, l'ONG est devenue un instrument d'action, et le cas échéant une source de revenus, tant pour les mouvements de rébellion, pour les « seigneurs de la guerre », que pour les leaders locaux désireux d'affirmer leur poids politique et social. Le recyclage de l'aide est tel que de bons analystes n'hésitent pas à affirmer que l'aide humanitaire est en maints endroits une cause de prolongation des conflits armés (Jean et Rufin, 1996). Ce nouveau type d'encadrement est aussi un excellent lieu de reconversion pour des cadres issus de la fonction publique ou des sociétés d'aménagement, qui y trouvent à la fois de meilleurs salaires, des conditions de travail plus souples, et des moyens d'affirmation de leur *standing* social ; on est loin alors du petit groupe de paysans (ou paysannes) groupant leurs modestes forces pour, par exemple, réaliser un grenier collectif…

5.3. À la recherche d'une « société civile »

Peut-on donc voir dans l'expansion des ONG, comme dans celle des groupes religieux, l'un des faits les plus marquants des dernières décennies, la marque d'une surrection, tant attendue, de la « société civile » dans les pays africains ? À trop servir, le terme est devenu des plus vagues. Toutefois, si la société civile est, pour reprendre les termes de R. Fossaert, « la société par rapport à l'État... en tant qu'elle est immédiatement aux prises avec l'État » (*cit. in* Bayart, Mbembe, Toulabor, 1992), se posant face à lui, non point en contre-pouvoir, encore moins en substitut, mais pour lui rappeler ses devoirs, voire, à tous les sens, le « remettre à sa place », on peut douter que cette notion s'applique pour l'heure sur le continent africain. Est-ce incapacité, inefficacité qui tiendrait à la prolifération d'encadrements, à l'existence de strates successives dont certaines remontent loin dans les temps pré-coloniaux ? Sans doute pas. « Une société n'est pas un corps unitaire dans lequel s'exercerait un pouvoir et un seul, mais c'est en réalité une juxtaposition, une liaison, une coordination, une hiérarchie aussi, de différents pouvoirs, qui néanmoins demeurent dans leur spécificité » (Bayart, 1996, p. 232). Ici comme ailleurs les encadrements anciens connaissent des remises en cause, sont chargés de sens ou de fonctions nouvelles ; une société civile vivante est toujours un équilibre instable.

Est-ce parce que, dans les échelles d'encadrement, certaines sont comparativement mal couvertes ? Il est vrai que les échelles locales et régionales sont bien plus richement pourvues que l'échelle de l'État-nation, qui est pourtant aujourd'hui une réalité intégrée dans les esprits. À ce niveau, le développement d'encadrements se heurte à des difficultés matérielles (les faiblesses et le coût des communications par exemple), à des obstacles historiques (jeunesse des États, force relative des solidarités, méfiances ethno-régionales), mais aussi à des résistances politiques : les gouvernants ont, au niveau national, tenté de faire le vide de toute institution autonome. L'argument est plus solide ; il semble pourtant insuffisant. Plus grave est peut-être la confusion des fonctions entre types d'encadrements. Certes cette distinction est, partout dans le monde, souvent indécise ; elle tend pourtant à s'accroître : le religieux, en Europe, ne se mêle plus guère à l'agraire ; le recrutement préférentiel des parents dans les entreprises peut persister mais il est limité.

De telles séparations s'amorcent en Afrique, mais non sans de grandes résistances. Celles-ci sont d'autant plus marquées que, et c'est à notre sens un problème majeur, les encadrements sont moins des lieux où se construit une harmonie sociale que des arènes où chacun tente de se faire une place, d'émerger de la paupérisation, voire simplement de survivre, vise à acquérir un capital social qu'il puisse transformer en capital de pouvoir et de richesse, une ambition d'autant plus forte que le dépérissement programmé de l'État incite à la recherche d'autres voies de puissance. Au niveau des leaders, ce sont couramment les mêmes personnes qu'on retrouve, endossant, au sens théâtral du terme, divers personnages, s'efforçant d'accumuler, dans leur quête du pouvoir, la plus grande variété de capitaux, financier, social, symbolique autant que politique. Enfin, et peut-être est-ce le plus important, peut-il y avoir une société civile, sans une vue collective, si confuse et inconsciente soit-elle, de la marche vers l'avenir, de la place des pays africains et du continent dans l'histoire ? Frappés par des maux qui leur paraissent relever de la malédiction, soumis sans contrepartie sérieuse au choc des images et des modèles extérieurs, les Africains sont souvent, mieux qu'on n'aurait pu le croire, parvenus à maîtriser certains outils de la modernisation, en maîtriseraient d'autres s'ils en avaient la possibilité matérielle ; on peut douter par contre qu'ils aient entrepris de situer la modernisation dans un projet de véritable modernité et que leurs encadrements soient à la hauteur de leurs efforts pour survivre.

DOCUMENTS

Deux commerçants waluguru (Tanzanie), Baba Laimondi et Lievens Mberege

« Baba Laimondi est originaire de Mgeta, dans les monts Uluguru, région très densément peuplée, à 250 km de Dar es-Salaam, spécialisée dans la production de légumes. Il est venu pour la première fois à Dar es-Salaam dans les années cinquante, travaillant d'abord comme domestique, puis comme manœuvre de travaux publics. Il retourne au pays pour se marier et vit un temps d'agriculture et d'exploitation du mica. En 1968, il retourne dans la capitale et travaille avec un commerçant waluguru déjà établi, Menderath Elias. En 1970, il s'installe à son compte, en empruntant de l'argent à Menderath, puis, ruiné par une maladie, à un autre commerçant. Il se lance dans le commerce des oignons entre Dodoma et Dar es-Salaam. Il achète un logement sommaire et un terrain à Manzese, zone en rapide urbanisation ; il achète aussi de la terre à 50 km de la ville, sur la route de Morogoro, où il plante des orangers. Malade, il retourne à Mgeta pour trois ans, puis revient avec toute sa famille, suite à des querelles foncières au pays. Il installe une boutique au marché de Kagera, où il a un petit commerce de vente de bananes qu'il cède à son fils pour reprendre le commerce d'oignons, puis, par pur hasard, celui du poisson séché (son train tombe en panne dans une région très fournie en poisson où il n'y a pas de commerçant). Les gains sont réinvestis dans l'achat d'une très grande maison, pour l'essentiel mise en location. Il a également acheté une grande exploitation où il plante des cocotiers, près de Morogoro, mais c'est un échec, et il ne cultive plus que du sorgho. Il tente aussi sans succès la culture irriguée de tomates à Iringa, et il essaie maintenant la plantation de cocotiers dans une part des monts Uluguru dont il n'est pas originaire.

Son commerce essentiel est le poisson séché, cependant que deux de ses fils vendent du riz et des haricots et cultivent pour la vente du sorgho et des patates douces. Deux neveux travaillent en saison avec eux. Il a investi aussi dans l'éducation : un de ses fils fait des études supérieures. Le commerce de poisson séché devient plus difficile avec la montée de la concurrence. Les essais agricoles ont coûté cher, sans grand profit.

Lievens Mberege, plus jeune, a d'abord aidé Laimondi, au début des années 1970, sans être rémunéré, mais en ayant du temps pour commercer à son compte : il vend aux Indiens des oléagineux et des pois, qu'il achète dans son village. Il se met vite à son compte sur le nouveau marché de Kariakoo. En 1978, il achève la construction d'une immense maison à Magomeni-Moscou. Les pois et oléagineux sont exportés par boutres, en contrebande vers l'Inde, ce qui lui permet de disposer de devises, alors très rares ; puis il prend une licence d'exportateur et diversifie ses ventes (sésame, arachide) : leur commerce à l'époque est théoriquement réservé aux offices d'État, mais ceux-ci ne fonctionnent pas, si bien qu'il achète à bas prix et à crédit, spécialement en allant se fournir dans des régions isolées du sud de la Tanzanie. Une bonne part de ses très gros bénéfices est investie dans la construction d'une « *guest house* » que tient sa femme depuis 1986. À la fin des années quatre-vingt, le commerce étant libéralisé, les profits baissent. Lievens s'oriente pour partie dans d'autres directions : il forme une société avec un confrère waluguru, dont l'objet est de développer eux-mêmes l'exportation vers l'Inde, mais il meurt prématurément.

La plupart des autres commerçants waluguru font de moins bonnes affaires et souffrent beaucoup de l'insécurité économique. Ils ont finalement peu de liens entre eux. La période de commerce d'État est la plus fructueuse : on gagne plus par trafic illégal.

D'après J. K. Van Donge,
« The Social Nature of Entrepreneurial Success.
Three Cases of Entrepreneurial Careers
of Waluguru Traders in Dar es-Salaam »,
in S. Ellis et Y.A. Fauré,
Entreprises et entrepreneurs africains,
Karthala, 1995, p. 155-174.

L'administration indirecte

« Lugard avait conçu le système d'administration indirecte en fonction des circonstances tout à fait exceptionnelles du nord du Nigeria, mais il se convainquit, et convainquit les autres, que ses principes pouvaient conduire à une administration plus ordonnée que les arrangements *ad hoc* de la conquête. Pourtant, peu de sociétés africaines avaient connu des institutions administratives telles que celles de Sokoto, tandis que celles qui pouvaient exister avaient souvent été détruites par la conquête. En dehors du Nigeria, pour mettre en place une administration indirecte adaptée à la structure de l'administration, de la justice et des finances locales, il fallait donc d'abord redécouvrir ou réinventer ces institutions antérieures.

[...] L'administration indirecte ne fut pas adoptée dans toutes les colonies britanniques. Les colons blancs jugeaient qu'elle limitait la main-d'œuvre, et donnait trop de pouvoir aux chefs, dont la Rhodésie du Sud ne se servait que comme agents du gouvernement, refusant de restaurer le royaume ndebele. Le Kenya leur confiait des fonctions d'administrateurs ; en 1924, pourtant y furent créés des Conseils indigènes locaux dont la composition – certains de leurs membres étaient élus – stimula la politique rurale la plus vivante d'Afrique tropicale. En règle générale, toutefois, l'administration indirecte devint non seulement la caractéristique essentielle de la colonisation britannique, mais de surcroît un modèle pour les autres États coloniaux, malgré leur propension à croire qu'il s'agissait là d'un exemple frappant d'indolence anglo-saxonne. Après la Première Guerre mondiale, quand les Belges récupérèrent le Rwanda et le Burundi, précédemment allemands, ils les gouvernèrent par l'intermédiaire de monarchies tutsi, tout en les rationalisant pour les intégrer dans des pyramides administratives. Le Mogho Naba, longtemps ignoré, devint un allié essentiel des Français après avoir fait la preuve de son utilité lors du recrutement de troupes africaines pendant la Première Guerre mondiale, tout en exhortant son peuple à produire du coton. En 1917, le gouverneur général d'AOF poussa à recruter des chefs qui jouiraient d'une véritable autorité sur les populations, tout en ajoutant qu'ils devaient "demeurer notre instrument". Cela resta la politique de la France même au Maroc et en Tunisie : en théorie, les fonctionnaires protégeaient des souverains indigènes, mais en pratique ils exploitaient leur prestige de manière flagrante. Le premier gouverneur français du Maroc avait écrit : "Il y a dans chaque société une classe dominante née pour régner… Faisons-la passer de notre côté." » Ses compatriotes furent lents à le suivre, mais dans les années trente tous les fonctionnaires d'Afrique partageaient son point de vue. »

Extrait de J. Illiffe,
Les Africains. Histoire d'un continent,
Paris, Aubier, 1997, p. 285-287.

Le clientélisme dans les entreprises

« Il est fréquent que coexistent, dans les moyennes et grandes entreprises du commerce et de l'industrie, diverses strates de personnel, liées aux promoteurs ou à la direction par une appartenance familiale, territoriale, confessionnelle ou autre. S'y ajoutent parfois des salariés, permanents ou occasionnels, recrutés sur le marché du travail. Ainsi, au Burkina Faso, entre 1979 et 1983, peu d'entreprises échappaient aux sollicitations familiales, du moins pour les postes à faible qualification. Cependant, aucune relation mécanique ne put être établie entre le recrutement de type communautaire et la rentabilité des activités. L'embauche préférentielle peut en effet répondre à trois logiques entrepreneuriales distinctes où la pression des proches se trouve progressivement détournée, voire incorporée dans une optique de rentabilité.

Dans le premier cas, l'entrepreneur assume pleinement les contraintes communautaires lors du choix de son personnel. Les pressions sociales, parfaitement admises, s'inscrivent dans une éthique faite de droits et d'obligations où l'établissement devient l'un des éléments d'une stratégie de reproduction familiale.

[…] Dans ces entreprises, qui reconnaissent la légitimité des contraintes communautaires, le licenciement est une procédure extrêmement rare. Déclenché dans le seul cas de vols répétés, il n'est pas un moyen de se séparer d'un agent peu efficace. Aussi les départs d'employés résultent soit de leur insertion sur le marché du travail, où ils espèrent accéder à une rémunération monétaire, soit d'une installation à leur compte, lorsqu'ils deviennent chargés de famille. Une avance en marchandises peut alors leur être consentie par leur ancien patron, qui les aide ainsi à s'établir autant qu'il élargit son réseau d'obligés.

D'autres promoteurs, commerçants ou industriels, pratiquent aussi l'embauche familiale, mais les contraintes économiques pesant sur leurs établissements – activité soumise à une forte concurrence, besoin en personnel qualifié par exemple – les amènent à en réduire l'importance. Ils déplacent alors la pression communautaire hors de l'entreprise : aides matérielles aux parents du village, accueil de dépendants scolaires, participation aux cérémonies sont ainsi conçus comme des contreparties aux restrictions faites sur le recrutement privilégié.

Enfin nombre de promoteurs insèrent la logique des droits et obligations communautaires dans une stratégie explicitement orientée vers la réduction des charges salariales et des risques de syndicalisation. Sans contrat de travail, les cadets sociaux sont aussi aisément évincés s'ils se révèlent peu productifs, ou lorsqu'une baisse d'activité intervient. La famille, et le village d'origine, forment alors un réservoir inépuisable de main-d'œuvre où la convention de solidarité, réinterprétée par les promoteurs, se soumet pleinement aux logiques économiques de la rentabilité.

Il semble enfin nécessaire de distinguer, dans les établissements manufacturiers, entre l'embauche réalisée au sein des communautés de référence des promoteurs et de leurs cadres, et le recrutement de type clientéliste qu'impose leur réseau de relations politiques ou administratives. Les unités à recrutement clientéliste, lieux de peuplement pour les proches du pouvoir politique et de l'autorité administrative, ne répondent certes pas aux logiques de maximisation de la productivité. Mais tenant compte des conditions réelles de l'accès au crédit, aux marchés et avantages prévus par les codes d'investissement, elles sont susceptibles de conserver leur équilibre financier, du moins tant que leurs positions rentières, socialement constituées puis entretenues, nourrit l'illusion de leur efficacité interne. »

Extrait de P. Labazée,
« Entreprises, promoteurs et rapports communautaires.
Les logiques économiques de la gestion des liens sociaux »,
in S. Ellis et Y.-A. Fauré,
Entreprises et entrepreneurs africains,
Paris, Karthala, 1995, p. 141-153.

Un ouvrier-paysan de l'usine de la Sodécoton à Kaélé

« Zoua P. est né en 1935 à Lara-centre. Son père est ensuite venu s'installer dans une concession d'un autre village du canton (à deux km du centre) laissée par son occupant parti pour un autre village. C'est là que Zoua habite.

Embauché à la Sodécoton (usine d'égrenage) en 1959, il a d'abord été manœuvre (pendant six ans) puis, grâce à une formation suivie après les heures de travail, soudeur et enfin tourneur à l'atelier mécanique de l'usine d'égrenage (catégorie 4 C, 50 000 francs CFA par mois).

Il a quatre épouses, toutes moundang comme lui, et natives de Lara ou de villages voisins. Il a 14 enfants, dont 10 vivent dans sa concession. Les quatre autres sont émigrés : un fils, âgé de 26 ans, est policier à Douala ; un autre, âgé de 20 ans, suit des études de technologie à Yaoundé ; deux filles sont mariées, l'une à un gendarme, l'autre à un infirmier (tous deux moundang de villages voisins), et vivent dans deux villes de la province du Nord.

Zoua cultive, avec ses épouses et de la main-d'œuvre salariée occasionnelle, un champ de mil de saison des pluies (donné par le chef du village), un grand champ de mil de saison sèche (« acheté » au chef d'un autre village du canton pour 35 000 francs CFA), un champ d'arachide donné par son oncle et deux champs de coton (attribués par la Sodécoton ; revenu de la récolte de coton précédente : 39 000 francs CFA). »

Extrait de M. Agier,
« Usines, familles et ouvriers au Cameroun »,
in M. Agier, J. Copans et A. Morice (dir.),
Classes ouvrières d'Afrique noire,
Karthala-ORSTOM, 1987, p. 141-181.

CHAPITRE VI

RECOMPOSITIONS D'ESPACES : UNE GÉOGRAPHIE DE L'INCERTITUDE

L'accroissement des risques de tous ordres et l'instabilité des formes d'organisation sociale sont accompagnées d'une mutation des modes et des formes d'organisation de l'espace. Sans doute peut-on y voir quelque paradoxe. Risque et instabilité n'impliquent-ils pas fugacité, incertitude des lendemains, impossibilité de bâtir des projets à long terme, d'élaborer des plans ? États comme individus n'en sont-ils pas réduits à vivre d'expédients au jour le jour, et le continent n'est-il pas à l'image du héros du journal dakarois, *Le Cafard libéré*, qui, miracle, parvient encore, dans chaque épisode de ses aventures, à trouver un expédient pour assurer sa nourriture ?

Le dépérissement de nombreux États, l'implosion de certains d'entre eux, la floraison d'initiatives apparemment anarchiques émanant d'individus ou de petits groupes, infiniment variées selon les acteurs et les circonstances, sont-ils compatibles avec l'organisation de l'espace, qui implique durée, prévision, investissements de long terme et qui est généralement détournée et réinterprétée plutôt que radicalement modifiée lors des phases de changement ? On conçoit certes un désordre créateur, et sans doute l'est-il parfois en Afrique, mais peut-il aussi être organisateur sur le temps long ? Dans les décennies soixante et soixante-dix, l'État fut souvent encadreur, aménageur et même fondateur d'un espace mental de référence, délimité, nommé et popularisé par des pouvoirs publics tirant parfois leur légitimité de cette production de territoire à défaut de pouvoir s'ancrer profondément dans l'histoire (Pourtier, 1983 et 1989). Aujourd'hui remise en cause par la mondialisation des échanges, les discours néo-libéraux et ceux des ONG, l'échelle étatique est également contestée par certains intellectuels africains qui plaident en faveur de regroupements régionaux dépassant les legs frontaliers coloniaux et préconisent parfois « une valorisation du cadre tribal en le transformant en cadre d'intervention prioritaire » (Igué, 1995, p. 265). Dans le processus complexe d'ajustement et de recomposition d'espaces dont les lignes de force sont rarement évidentes, comment distinguer la construction pérenne de l'empreinte éphémère et quels enseignements peut-on tirer de dynamiques sociales dont on ne perçoit que quelques résultantes spatiales sans trop savoir si celles-ci seront ou non durables ?

1. L'État, une entité spatiale en question

De toutes les échelles d'organisation de l'espace, celle de l'État est sans conteste la plus affectée depuis deux décennies. Endettés et en faillite plus ou moins proclamée, les pouvoirs centraux n'ont plus les moyens financiers de poursuivre des politiques qui tendaient partout, peu ou prou, à l'institution du « tout-État ». Les pressions du FMI et de la Banque mondiale concourent à une désétatisation et la crise financière, le poids de la dette, les mesures de rigueur comptable ont ôté à la plupart des appareils gouvernementaux les moyens élémentaires indispensables à la conduite d'une véritable politique. Le fonctionnement banal de l'encadrement au quotidien est lui même mal assuré : les fonctionnaires, dont les salaires ont été amputés parfois de moitié en dix ans, sont de moins en moins payés régulièrement… quand ils le sont. Les militaires, les policiers et les douaniers, longtemps choyés, rançonnent villageois et citadins et on ne compte plus le nombre de routes, de pistes, d'écoles, de maternités et d'hôpitaux délabrés, l'une des conséquences majeures étant la dégradation des services de santé publique dont témoigne la recrudescence du paludisme. Les agents de l'État ont autre chose à faire, pour survivre, que de le servir.

Où est d'ailleurs l'État et quels sont ses lieux identifiables ? Est-il chez les mal-élus ? réside-t-il dans des gouvernements certes portés par la revendication populaire, mais qui demeurent fragiles et contestés même quand le suffrage universel et des élections libres les ont légitimés ? ou sera-t-il reconstruit par des « chefs de guerre » comme Kabila, financés de l'extérieur, mettant à bas des dictatures pour imposer leur propre loi ? La revendication démocratique, que la crise a exacerbée et facilitée si elle ne l'a pas provoquée, semble pour le moment avoir surtout des effets destructeurs, qu'elle s'épuise et se termine par un retour des anciens chefs ou sombre dans l'anarchie. L'État est-il encore dans les grands projets de développement et d'aménagement du territoire, qui sont pour la plupart en déshérence ? Dans maints pays, les seuls cadres encore efficaces sont des agents d'entreprises de développement ou des fonctionnaires rémunérés par des institutions multilatérales, voire par des États non africains ; dotés de moyens de subsistance et de travail fournis par l'extérieur, ils établissent des liaisons directes avec l'étranger indépendamment des structures officielles d'encadrement de l'espace national.

1.1. L'État dans ses frontières : un contenant non contesté

Ne nous hâtons pas cependant de conclure à la mort des États, et encore moins de la souhaiter. Les conflits frontaliers entre États membres de l'OUA ont été limités à des rectifications de tracés et la plupart d'entre eux ont été arbitrés par la Cour internationale de justice de La Haye, y compris les plus violents (Tchad-Libye, Nigeria-Cameroun). Relevons surtout que la vague de revendication démocratique n'a presque jamais remis en cause l'existence des États-nations dans leurs frontières : si des pouvoirs centraux sont parfois moribonds, les territoires nationaux sont finalement peu contestés et les exceptions méritent d'être analysées de près, d'autant plus que certains conflits sont liés à la défense, voire à la valorisation, de tracés frontaliers nés de la colonisation. La Namibie a refusé l'assimilation à l'Afrique du Sud et adopté l'anglais, pourtant très minoritaire, comme langue officielle pour mieux se démarquer de son puissant voisin ; la colonisation italienne a donné une justification juridique à l'indépendance de l'Érythrée. La Somalie est un cas extrême, et le plus paradoxal : l'État est pour l'heure atomisé là où il paraissait pourtant coïncider le mieux avec une nation, et la région nord a proclamé unilatéralement son indépendance, non reconnue par les Nations Unies, dans le cadre… du Somaliland, ex-colonie britannique distincte du territoire méridional que contrôlaient les Italiens. Des responsables touareg rêvent, pour défendre l'identité pastorale, de construire une vaste entité rappelant l'infructueuse tentative française de créer une Organisation commune des régions sahariennes dans les années cinquante. À Madagascar, la revendication fédéraliste, dont il n'est pas d'ailleurs pas évident qu'elle traduise une réelle volonté de partition en plusieurs États, intéresse un pays qui dispose d'une unité fondamentale de langue, voire de civilisation. Élément d'un bras de fer où les divers adversaires visent encore le contrôle de l'ensemble du territoire, la menace de sécession du Sud Soudan n'est pas inévitable. La revendication d'indépendance du Cabinda, comme jadis celles du Biafra, a une très forte odeur de pétrole et l'ancienne tentative de sécession du Katanga (Shaba) fut manipulée par des compagnies minières occidentales. Le cas de l'Afrique du Sud après la chute de l'*apartheid* est sans doute le plus complexe, mais le désir de partition violemment exprimé par l'Inkhata au KwaZulu-Natal, voire par des nostalgiques de l'*apartheid* qui revendiquaient la création d'un *homeland* blanc, s'appliquait à un territoire qui n'avait jamais fait l'expérience de l'unité sous l'égide d'une majorité noire.

Nulle part ailleurs la critique des pouvoirs, du contenu étatique, n'a clairement débouché sur une mise en cause du contenant, l'État-nation dans ses frontières. Ces dernières sont le plus souvent vilipendées : résultant de découpages artificiels, elles auraient divisé des entités ethniques et balkanisé un continent en États non viables car trop exigus, handicapant le développement économique général. Il est vrai que le découpage colonial a été hâtif (69 % de la longueur des frontières ont été tracés entre 1885 et 1909) et réalisé à partir de documents cartographiques souvent fort sommaires, mais est-il à l'origine des difficultés présentes ? L'artificialité de la division est un argument qui mérite discussion et les relations entre taille des États et croissance économique ne sont pas si simples.

On a bien identifié 187 groupes « ethniques » dont les aires d'extension ont été recoupées par des frontières d'État, mais Gallais (1982) remarque à juste titre que les colonisateurs tranchèrent rarement sans raisons et que les découpages, certes arbitraires comme partout ailleurs dans le monde, ne furent toutefois pas sans fondements. Beaucoup d'entre eux, y compris dans des aires arides, correspondent en fait à d'anciennes limites et les aberrantes lignes droites, hachant par exemple les déserts, caractérisent surtout les aires d'élevage où par nature toute limite est inadéquate tant les parcours des pasteurs et de leurs troupeaux sont imbriqués et tant la mobilité est grande. S'il est incontestable que des frontières séparent des populations se réclamant de la même « ethnie », est-ce toujours absurde ? Appartenances ethnique et politique ne se recouvrent pas nécessairement : la frontière entre Nigeria et Niger divise le grand groupe haoussa, mais elle séparait aussi l'émirat de Sokoto d'autres émirats périphériques avant la colonisation. En Afrique de l'Ouest, beaucoup de tracés empruntent d'anciens *no man's land*, creux de peuplement qui séparaient auparavant les plages de hautes densités non par des lignes fixes et matérialisées mais sous forme de marches inhabitées ou peu peuplées, le plus souvent forestières. Quant à la notion d'« ethnie », elle est extrêmement mouvante dans le temps (chapitre V) et les groupes culturels actuels résultent à la fois d'une longue et complexe incubation précoloniale et des pratiques des colonisateurs (Amselle et M'Bokolo, 1985) : avec le tracé de la frontière séparant le Togo et le Ghana, les 120 sous-groupes, auparavant émiettés, liés par la langue et le refus des pouvoirs autoritaires, qui ont constitué l'ethnie Ewé, ont finalement trouvé une occasion de revendication territoriale autour de laquelle leur unité a pu être cimentée. Langue, culture et religion ont depuis longtemps façonné l'unité de la nation somali, mais les Somali ne constituaient pas une entité politique et les projets de Grande Somalie n'ont fait que retravailler, au bout du compte, le plan élaboré par les Britanniques après 1945. Vouloir établir les frontières sur les clivages ethniques eût été donner un sens absolu à ce qui est par essence évolutif, attribuer à l'ethnie une signification de proto-État et surtout fractionner le continent en une multitude d'entités territoriales. Seul le régime d'*apartheid*, en Afrique du Sud, a prétendu faire des « ethnies », dont les contours ont au demeurant été fabriqués par ses idéologues (Meillassoux et Messiant, 1991), les fondements de nouveaux États.

Il reste d'une part que la frontière, entendue comme une délimitation linéaire et définitive de portions d'espaces politiquement appropriés, était une notion peu connue avant l'arrivée des Européens, tout étant mouvement et combinaisons d'occupation, d'autre part que les disparités créées, même artificiellement, ont été inscrites dans la durée. Les anciens territoires coloniaux qui sont devenus des États sont souvent plus vastes que les aires ethniques et les entités politiques antérieures, et si les frontières posent problème aujourd'hui, « c'est moins par ce qu'elles découpent que par ce qu'elles recoupent » ainsi que le souligne Michel Foucher (1991). En se partageant l'Afrique, les puissances coloniales n'avaient, rappelons-le, nullement l'intention de définir des États mais elles souhaitaient constituer des entités gérables, les colonies devant s'auto-financer. Sauf dans les pays du golfe de Guinée, où la traite et les rivalités entre conquérants ont façonné des « États-tranches », et sur les côtes de la mer Rouge où chaque colonisateur entendait contrôler une escale sur la route des Indes, les Européens ont plutôt tenté de construire des ensembles fonctionnels de grande dimension : la Grande-Bretagne voulut regrouper le Kenya, le Tanganyika et l'Ouganda et créa la Fédération d'Afrique centrale unissant les deux Rhodésies et le Nyasssaland ; la Belgique annexa administrativement le mandat du Ruanda-Urundi au Congo et la France incorpora celui du Togo dans l'AOF. Chaque composante administrative avait alors des fonctions clairement définies au sein d'une division spatiale du travail : le Ruanda-Urundi fournissait de la main-d'œuvre aux mines du Katanga, le Nyassaland à celles de Rhodésie du Nord, la Haute-Volta envoyait des manœuvres dans les plantations caféières et cacaoyères de Côte-d'Ivoire et des navétanes partaient du Mali à destination du bassin arachidier sénégalais.

À la veille des indépendances rien n'empêchait véritablement la constitution d'États et d'organisations économiques de grande taille : la France, engluée en Algérie, n'avait guère de position arrêtée et la Grande-Bretagne fit connaître sa préférence pour des solutions fédérales. La division résulta surtout des options préconisées par les leaders africains, à l'exception de Kwame Nkrumah, représentant les territoires les plus prospères : Félix Houphouët-Boigny en Côte-d'Ivoire et les dirigeants politiques du Gabon tinrent ainsi le discours de la « vache à lait » lassée d'alimenter seule le budget fédéral et d'être exploitée par des périphéries pauvres, et la Fédération du Mali, unissant Sénégal et Soudan, ne vécut pas plus d'une année. Au demeurant, l'histoire économique et politique de vastes ensembles aurait-elle été nécessairement plus radieuse ? À l'examen de la trajectoire d'États que leur gigantisme rend particulièrement vulnérables, on peut en douter. Peu et mal peuplés quoique dotés de ressources diversifiées, le Zaïre et le Soudan comptent parmi les pays les plus pauvres ; le Nigeria, Gulliver empêtré dont la forme est pourtant plus ramassée et où les conditions de la circulation marchande sont bien meilleures, gère avec difficulté sa masse démographique et ses contradictions politiques, au point d'avoir multiplié le nombre d'États fédérés moulés sur les appartenances culturelles, passés de 12 en 1967 à 36 en 1996, et de susciter ainsi une évolution par scissiparité. En cultivant le paradoxe, on pourrait soutenir que les frontières actuelles, loin d'avoir entravé la circulation marchande et surtout d'avoir anéanti les réseaux de négoce pré-existants, ont favorisé leur mutation, provoqué la naissance de complémentarités et, qu'activement retravaillées par les logiques autochtones, elles ont suscité de nouveaux circuits d'échanges, voire facilité l'émergence de spécialisations de sorte qu'aujourd'hui certaines périphéries frontalières font figure de régions structurées et dynamisées précisément par les discontinuités politiques.

1.2. Gérer l'espace

La gestion de l'espace est une tâche d'autant plus difficile dans un contexte de sous-équipement qu'elle concerne des populations très diverses, peu habituées à vivre ensemble et pour qui le territoire des organisations politiques précoloniales avait souvent des dimensions inférieures à celles de l'État contemporain. Le problème n'est donc pas tant de supprimer ces discontinuités que de savoir en jouer en facilitant les synergies. La sortie de crise pourra-t-elle s'opérer sans remise en cause du découpage territorial actuel issu du partage colonial ? Pour le moment, l'Union Africaine comme les principaux responsables politiques considèrent toujours que les frontières sont intangibles et si cette revendication de l'unité territoriale est largement partagée, l'idée de l'État-nation identifié à un territoire délimité est aussi ancrée dans bien des esprits : on peut être « frères », Agnis habitant Abengourou (Côte-d'Ivoire) et Berekum (Ghana), descendre d'un même ancêtre, appartenir au même lignage, troquer ensemble du cacao, passer en fraude des pagnes en provenance de Lomé et spéculer en famille sur les disparités monétaires entre le franc CFA et le cédi, mais on est Ivoirien ou Ghanéen lorsque les équipes nationales de football jouent l'une contre l'autre en Coupe d'Afrique. La cohésion de l'État tient peut-être, en dernier ressort, à la réalité tangible de son territoire : la contestation politique actuelle le confirme, qui remet en cause les contenus, la nature des pouvoirs, non les contenants.

La construction des États, rude tâche et œuvre de longue haleine, est-elle une question caduque en Afrique ? L'heure est-elle venue de proclamer un nécessaire dépérissement de l'État ? Toutes les situations ne sont pas réductibles à celles de la Somalie ou de l'ex-Zaïre et certains pays disposent d'encadrements publics fort solides. Avant «l'année terrible » (Vidal et Le Pape, 2002) en Côte d'Ivoire, l'administration fonctionnait, avait renoué avec les fêtes tournantes annuelles de l'indépendance, qui permettaient d'équiper les préfectures choisies ; de nouvelles sous-préfectures avaient été créées et la déconcentration accompagnait une décentralisation, engagée en 1980, conférant aux municipalités, élues au suffrage universel, des compétences non négligeables. D'autres États, Ouganda, Tchad, ont failli disparaître et leur survie prouve que le pire n'est jamais sûr ; en Angola, il a fallu attendre avril 1997 pour qu'un gouvernement d'union nationale prenne en charge la gestion pacifique des conflits et plusieurs pays sont toujours dans la tourmente. Mais quels que soient les reproches qu'on puisse faire à l'État, il n'est de pire situation que celle d'un État moribond et les Sierra-Léonais, les Libériens, les Somaliens, les Rwandais et les Burundais, pour ne citer que ceux-là, savent à quel désastre humain peut conduire l'implosion de l'État. De ce point de vue, l'état de crise aurait des conséquences positives s'il conduisait à une prise de conscience du rôle irremplaçable d'une structure d'encadrement garantissant la sécurité, la santé et l'instruction publiques, contribuant à la diminution des inégalités sociales et géographiques et dont l'échelle ne saurait être réduite à celles du quartier urbain, du terroir ou de l'aire tribale chère à Igué (1995). Il est des péréquations et des mécanismes de prélèvement et de redistribution du revenu national qui, pour être efficaces et justes, ne peuvent être conçus qu'à une échelle intermédiaire entre le système monde et les mosaïques locales.

À cette échelle furent développés, certes inégalement et avec plus ou moins de réussite, des systèmes spatiaux hiérarchisés qui reposaient sur des pyramides administratives, structurant un espace plein et apparemment organisé de façon homogène, à la manière d'États européens dont les politiques d'aménagement du territoire ont longtemps été inspirées par la théorie des places centrales et fondées sur des rééquilibrages régionaux au moyen d'investissements canalisés vers les échelons moyens et inférieurs des armatures urbaines. Or le contenu politique et économique de la mosaïque africaine a été profondément modifié et des lignes de force apparaissent, qui concourent à l'émergence, ou à la révélation, en tout cas à une recomposition des formes anciennes d'organisation de l'espace.

2. Les dynamiques à l'œuvre

2.1. De nouveaux rapports villes-campagnes

À l'état de crise est corrélée l'intensification de la mobilité géographique. Certaines des formes classiques de mise en mouvement, comme l'exode rural, ont été exaspérées : dans le Sahel ouest-africain, les sécheresses récurrentes ont entraîné une reprise de la mobilité pour certains groupes pastoraux, mais plus encore une convergence vers les villes et un mouvement d'ampleur accrue vers les pays « forestiers » du Sud. De nombreux réfugiés, fuyant les zones de guerre ou d'insécurité, ont renforcé les flux à destination des villes en Sierra Leone, au Soudan, dans l'ex-Zaïre ainsi que sur les pourtours du Rwanda et du Burundi. Ces mouvements ne sont plus seulement dirigés vers les grandes métropoles : Goma, Bukavu au Zaïre, Gisenyi et Cyangugu au Rwanda, Danané, Tabou et San Pedro en Côte-d'Ivoire ont vu affluer et refluer des milliers de réfugiés. Forcés, stimulés ou résultant de libres choix, ces mouvements posent en termes nouveaux le problème des relations entre villes et campagnes (Baker, 1997). Certes, en Afrique tropicale, le départ à la ville a rarement été un arrachement définitif des racines, une rupture brutale, et les processus d'accumulation liés aux composantes urbaines de stratégies rurales (investissements fonciers et immobiliers, rentes locatives, financement d'activités de commerce et de services) comme aux composantes rurales de stratégies citadines (financement de matériel agricole, obtention de forêts classées, spécialisation de périmètres cultivés tournés vers le ravitaillement des villes), ne constituent pas une nouveauté. Mais dans un contexte d'insécurité généralisée et de dépérissement de l'encadrement étatique, les liens avec la terre sont plus que jamais essentiels à la survie.

Les campagnes ne sont pas en reste dans l'accentuation de la mobilité, mais celle ci y prend des formes si diverses qu'il est difficile de les décrire. Les phénomènes d'étalement spatial du type front pionnier se poursuivent, en fonction de la conjoncture, prenant parfois des directions inédites ; mais on peut à l'inverse noter des phénomènes de contraction du peuplement, quand l'insécurité incite à l'abandon de marges menacées. D'autres franges, frontalières, sont particulièrement attirantes, pour des raisons de sécurité (la fuite à l'étranger y est plus aisée), mais aussi pour des motifs économiques, afin de profiter, d'un côté ou de l'autre de la frontière, des meilleures conditions de production, de vente et d'achat. Il y a sans doute aujourd'hui au Congo plus d'ex-Zaïrois que de citoyens congolais. Une recomposition du peuplement est à l'œuvre, qui est à la fois cause et conséquence de nouvelles formes d'organisation de l'espace.

Les villes ont perdu, dans la crise politique, une part appréciable de leur pouvoir de commandement, mais leur capacité d'animation et surtout de drainage n'a pas disparu pour autant : elle s'est modifiée, même si ses dimensions spatiales diffèrent. Nous manquons encore d'études qui permettraient de comprendre comment le système fonctionne, par quels moyens des villes qu'on pourrait imaginer sinistrées, dont la majorité des habitants devrait être au-dessous du seuil de survie, sont des marchés actifs dont la demande dynamise les campagnes. Une analyse globale des mécanismes de « recyclage » informel des budgets publics, de l'aide, des investissements, de l'épargne et de la circulation monétaire entre villes et campagnes serait fort utile ; faute d'en disposer, nous en sommes réduits à des constatations simples, à des hypothèses.

Dans un grand nombre de pays, le système urbain est profondément déréglé par rapport à l'état pyramidal antérieur. Les villes capitales commandent de moins en moins systématiquement l'ensemble, n'ont plus les moyens de réguler l'influence des centres secondaires selon la hiérarchie administrative et son corollaire théorique, la hiérarchie du système des transports. Outre l'affaiblissement du pouvoir central, de multiples facteurs contribuent à cette évolution : rôle d'animation croissant des projets décentralisés, par lesquels les responsables de cités, même modestes, traitent directement avec des municipalités européennes ou nord américaines, voire avec des organisations de coopération du monde industriel (un des exemples les plus remarquables est sans doute celui du Rwanda où toute commune disposait d'au moins un « projet » de coopération étrangère) ; fonctionnement en isolat des projets de développement officiels ; constitution de nouvelles « chefferies » dans les provinces, dont les titulaires institués ou auto-proclamés, perçoivent l'impôt, nouent des relations extérieures pour leur propre compte et n'acceptent plus qu'une vague allégeance au pouvoir central. On peut retrouver là des éléments de la hiérarchie antérieure, quand les points forts de la nouvelle configuration polycentrée étaient les villes secondaires de premier niveau dans la hiérarchie, des capitales de province comme Lubumbashi (ex-Zaïre) ou Majunga (Madagascar). Mais il arrive que des villes jadis de moindre envergure acquièrent un poids nouveau par le rôle politique de leurs cadres. La décadence des administrations centrales étant accompagnée d'une réaffirmation d'autres pouvoirs issus notamment d'anciens encadrements politiques ou d'organisations religieuses actives, musulmanes, chrétiennes, de « sectes », des nœuds de réseaux montent en puissance : Touba (Sénégal), la ville sainte des Mourid, est au cœur de relations transrégionales et internationales d'envergure croissante.

Cette remise en cause des hiérarchies ne peut s'exercer qu'en partie au détriment des grandes métropoles. Leur poids démographique, donc l'importance de leur marché, leur place stratégique dans la redistribution des crédits étrangers confortent en un sens leur position. Mais les provinces ont des arguments en retour : elles peuvent « tenir » des capitales qui n'ont plus les moyens antérieurs de se ravitailler à l'étranger ; politiquement, l'affirmation générale du pluri-partisme à base largement régionale, qui n'est pas nécessairement un retour au tribalisme, est à la fois cause et conséquence d'une prise de conscience nouvelle des forces régionales. Avant le déclenchement de la guerre civile urbaine dans la capitale, la constitution au Congo d'un ministère dont les dix membres représentaient chacun une région semblait traduire un affaiblissement du pôle central, mais les dix régions pourraient-elles vivre sans Brazzaville ? Inversement, à Madagascar, il est des personnalités, même en Imerina, qui estiment viables des États issus d'une partition. Quand les forces politiques sont constituées sur une base régionale, il n'est pas toujours aisé de savoir si elles luttent pour un contrôle du centre à leur profit ou pour son dépérissement : au Nigeria, les nordistes oscillent depuis longtemps entre tentation sécessionniste et contrôle du pouvoir fédéral. La taille et le degré d'équipement des territoires nationaux ne sont d'ailleurs pas sans incidences : l'immensité de l'ex-Zaïre, la médiocrité de ses infrastructures de transport et l'existence de pôles de production périphériques y rendent plus vraisemblable une autonomisation des centres de second niveau, mais Kinshasa conserve un fort poids économique et symbolique : Kabila a dû la conquérir pour accéder à la reconnaissance internationale, et de sa capacité à la

« tenir » dépendait son statut d'homme d'État. Dans un autre contexte, Bouaké en Côte-d'Ivoire, Bobo-Dioulasso au Burkina Faso, Kankan en Guinée peuvent sans doute animer d'importantes aires régionales, mais Fianarantsoa, à Madagascar, a bien du mal à s'affirmer hors du Sud-Betsileo, sa « province » étant par trop composite.

Quelle que soit leur taille et leur rayon d'influence, on peut encore parler de villes animatrices, mais sont-elles dominantes ? La crise et les politiques d'ajustement structurel ont peut-être redonné aux campagnes une place qu'elles avaient perdue : leur rôle dans l'alimentation des villes est un moyen de pression sur celles-ci, la restriction des importations leur a ouvert de nouveaux marchés, les mesures monétaires affectent relativement moins les ruraux que les urbains, la crise de l'emploi salarié maintient ou renvoie à la campagne des citadins instruits et formés, dont le rôle est parfois fort appréciable dans l'animation des villages. Plus d'un fonctionnaire découvre les avantages de la petite ville, voire du bourg, où le logement est moins cher, la scolarisation des enfants moins difficile, et surtout à proximité de laquelle il est souvent plus facile d'ouvrir un champ nourricier. Les difficultés de vie dans les très grandes villes provoquent partout un ralentissement de leur croissance (chapitre IV).

Revanche des paysans, ville dominée par les campagnes ? Certes pas. La crise a aussi atteint le milieu rural, et surtout les plus démunis. En situation d'insécurité, ce sont les plus pauvres qui sont les plus vulnérables ; les dévaluations affectent les salaires ruraux quand elles peuvent provoquer l'inflation des prix intérieurs, favorisent les notables villageois au détriment des petits exploitants et des ouvriers agricoles. La masse des bénéficiaires de la crise est constituée de personnes qui savent se situer à l'articulation de deux mondes et notamment du monde rural et du monde urbain : « un pied dedans, un pied dehors » (Chaléard et Dubresson, 1989). Ce sont ceux qui, disposant de ressources monétaires acquises en ville ou par elle, ont la capacité de les réinvestir « en brousse », qui savent y produire et commercer avec le centre urbain, en n'omettant pas, quand l'occasion s'en présente, de tirer des bénéfices supplémentaires de la transformation des produits. Ce sont, à une autre échelle, ceux qui sont au contact de deux États, ou mieux encore du continent, d'autres pays tropicaux et des pays industriels. Dans une Afrique où l'échange, le trafic, la spéculation sont les sources majeures de profit, c'est l'heure des hommes de l'interface : jamais peut-être la fonction classique d'intermédiaire n'a eu autant d'importance, jamais elle n'a à ce point permis de déboucher sur la richesse et le pouvoir.

Celui-ci pourrait alors changer de lieu, selon la résidence préférentielle de ces hommes de la relation. Toute une géographie reste à faire, qui n'est pas générale, car, d'une société à l'autre, les attitudes sont différentes ; mais on a quelques raisons de penser que cette évolution redonne du poids à des centres secondaires, parfois à de simples bourgs (Bertrand et Dubresson, 1997) : les intermédiaires, qui circulent beaucoup, habitent rarement la grande ville même s'ils y ont accumulé un patrimoine, et leurs principaux investissements n'y sont pas nécessairement effectués, sinon à un stade avancé de leur ascension. Dans ces circonstances, les manifestations physiques du changement des rôles demeurent le plus souvent discrètes ; dans une ère d'insécurité et de mobilité, où les nouvelles polarisations peuvent être très fluctuantes, les paysages urbains sont plus que jamais trompeurs.

2.2. Vie de relation et différenciation spatiale

Intensification des mobilités et nouveaux rapports villes-campagnes s'appuient sur une vie de relations empruntant des formes nouvelles, mais en retrouvant aussi d'anciennes, selon des modes d'association parfois imprévus. La crise n'a nullement interrompu, peut-être même a-t-elle parfois accéléré, le processus d'acquisition et d'appropriation de moyens techniques modernes. Dans un parc automobile délabré qui ne subsiste que par l'ingéniosité des réparateurs et un intense trafic de moteurs et de pièces détachées d'un autre âge mais sans cesse retravaillés, les engins les plus modernes, fruits de l'esprit d'entreprise d'une minorité affairiste, sont présents. De puissants semi-remorques rallient N'Djamena et Niamey à partir de Lagos et des camions frigorifiques sillonnent la route qui joint Le Cap à la frontière méridionale de l'Angola ; grâce aux cars climatisés, qui ont mis fin au règne des taxis-brousses, le trajet Abidjan-Ouagadougou pouvait, avant la guerre civile ivoirienne, être effectué en visionnant les dernières cassettes vidéo à la mode et Yamoussoukro était devenue une plaque tournante vers laquelle étaient rabattus les candidats au voyage, qui pouvaient acheter des billets combinés à destination du Mali et du Niger ; de puissants véhicules tous terrains, qui n'appartiennent pas tous à des organisations humanitaires, côtoient des guimbardes rafistolées sur les pistes d'Afrique centrale. La motocyclette et le vélomoteur, qui s'accommodent mieux des routes à l'abandon et des pistes défoncées, jouent un rôle croissant, servant aux bergers mbororo du Cameroun, aux passeurs d'essence animant une véritable noria entre Lagos et Cotonou, aux contrebandiers utilisant les multiples disparités de prix entre les pays des Rivières du Sud (Guinée, Sierra Leone, Liberia) et leurs voisins de la Zone franc, Sénégal, Mali, Côte-d'Ivoire. Quand les télécommunications ne fonctionnent plus, les réseaux de radio privés, ou publics plus ou moins « privatisés », s'y substituent : dans l'ex-Zaïre, le radio-téléphone connaît un succès croissant depuis 1986, avec une société, Télécel, animée par l'homme d'affaires Miko Twayraré, qui relie 8 000 abonnés au reste du monde alors qu'on ne compte que 4 000 à 5 000 lignes officielles disponibles à Kinshasa. Que ces moyens soient des privilèges n'ôte rien, au contraire, à leur fonction organisatrice : des téléphones portables furent ainsi distribués aux cadres politiques dès la prise de Kinshasa par les troupes de Kabila... À l'autre extrême, on redécouvre l'importance des modes archaïques de communication, portage ou charrette notamment, assez indifférents aux réseaux de communication officiels, qui permettent une inflexion, voire une complète modification, des flux au gré des conjonctures économiques.

À un réseau de transports et d'échanges ramifié et théoriquement hiérarchisé, succèdent ainsi des stries, disposées selon un arbitraire apparent, mais qui témoignent d'une remarquable aptitude à utiliser une gamme variée de modes de communication. Parfois reprises des réseaux d'échange pré-coloniaux (l'axe de la Mecque, de Dakar à la mer Rouge, les vieilles routes de la cola), ces stries peuvent être discontinues et éphémères, mais elles peuvent aussi générer de très grands axes comme celui qui court du Sénégal à l'Afrique du Sud, *via* la Zambie, et le long duquel circulent clandestinement pierres précieuses et devises en tous genres. Aux voies dessinées à la surface du sol se surajoutent de plus en plus les voies non matérialisées, sinon à leur départ et à leur arrivée. La circulation aérienne permettait par exemple aux riches Kinois d'être ravitaillés en fruits et légumes du Kivu avant la prise des provinces orientales par les troupes de l'AFDL (Alliance des forces démocratiques pour la libération du Congo-Zaïre) ; la radio et la télématique sont sans effet direct sur la circulation des produits lourds mais leur usage est capital pour les spéculations financières.

Ce recours à l'échange multiforme est bien loin de signifier un repli sur l'échelle locale, un retour à « l'autosuffisance de communautés élémentaires de base » qui, dans la plupart des cas, est une création d'idéologies occidentales en mal d'exotisme : le principe d'autarcie n'a jamais été aussi obsolète. L'autarcie, aujourd'hui, est synonyme de famine et de mort ; il n'est de vie que par l'échange et par l'application de versions locales du principe des avantages comparatifs. Mais, à la crise et au besoin d'échanges qu'elle exacerbe, les différents composants spatiaux africains ont d'inégales capacités de réponse et les disparités régionales paraissent à la fois plus vives et autres que celles qu'on décrivait il y a vingt ou trente ans. Il y a redistribution des cartes et non fin de la partie.

La configuration dominante est celle de structures en îlots ou axes d'activité, aux formes diverses, séparés par des vides interstitiels de dimensions croissantes. Non que ceux-ci retombent dans les ténèbres d'une autarcie primitive : l'échange est devenu une condition de la survie, mais les bouleversements n'affectent pas de manière identique les divers composants des espaces nationaux. Certains, qui ont eu leur heure de prospérité, tombent en léthargie quand d'autres trouvent le chemin d'activités nouvelles ou une valorisation soudaine de productions antérieures. L'exemple le plus frappant est sans doute celui des aires forestières d'arboriculture marchande caféière et cacaoyère. L'effondrement du prix de ces produits (en septembre 1989, le prix du café Robusta a été réduit de 60 %, celui du café Arabica de 47 %, celui du cacao de 40 %, et en prix réels, la valeur du Robusta était en 1994 inférieure à 22 % du prix de 1969) a des effets très différents selon les régions. Il crée localement de véritables zones sinistrées, et les plus atteintes sont sans doute celles qui avaient le mieux joué le jeu de l'intensification telle qu'elle était proposée par les organismes de développement. Les plantations bamiléké de la vallée du Mungo, près de Douala, conçues comme des modèles réduits de plantations européennes, en culture intensive, utilisant l'engrais et les insecticides, ont aujourd'hui des coûts de production incompatibles avec le niveau des prix et, faute d'espace et de capitaux, elle sont difficilement reconvertibles. Les petits vergers d'Arabica des hautes terres bamiléké, cultivés assez intensivement, n'ont guère plus d'avenir. Des régions pionnières, comme le Mbam, à l'ouest de Yaoundé, où les pratiques extensives persistent, grâce à de larges disponibilités en terre qui autorisent aussi des reconversions, sont dans une situation moins difficile. Mais infiniment plus prospères sont aujourd'hui les secteurs d'altitude, sur les flancs des monts Bamboutos (fig. 47), qui approvisionnent les villes en produits maraîchers (Boutrais, 1995).

Faut-il généraliser et affirmer que les régions les plus affectées sont celles qui étaient les plus orientées vers le marché mondial ? La situation plus satisfaisante des régions soudaniennes vouées à la culture du coton pourrait apporter un démenti. Mais on doit souligner que leur avenir est précaire et que les profits les plus importants pour les exploitations sont souvent tirés de la culture du maïs destiné aux villes, intensifiée par son association avec le coton et par l'usage d'intrants modernes, que l'encadrement de la culture cotonnière a permis d'acquérir. Il n'y a donc pas là objection majeure à une proposition quasi générale : les productions les plus

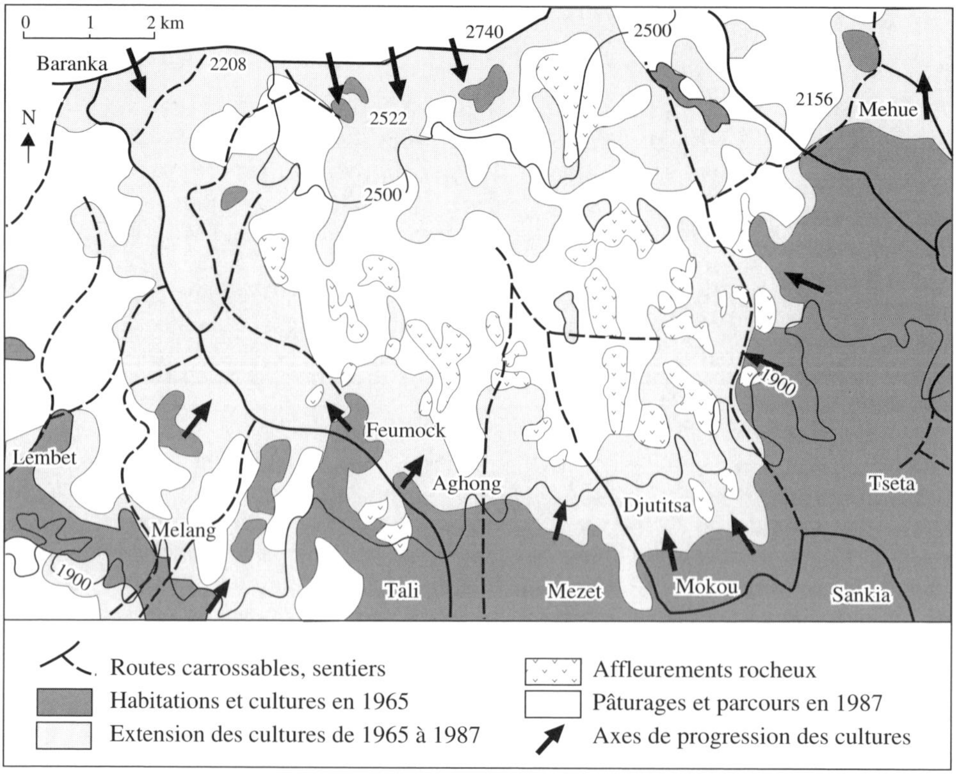

Source : Fotsing, *in* C. Blanc-Pamard et L. Cambrézy (dir.), *Terre, terroir, territoire. Les tensions foncières*, Paris, ORSTOM, 1995.

47. Extension des cultures sur les Bamboutos entre 1976 et 1987.

rentables sont à présent celles qui visent à satisfaire des besoins intérieurs, et particulièrement l'alimentation des populations citadines.

Cette réorientation vers le marché intérieur a d'importantes conséquences spatiales. Dans la très grande majorité des cas, les produits d'exportation étaient achetés à des prix uniformes qui, théoriquement du moins, étaient indifférents à la localisation des productions : l'idéal de l'État était celui d'un espace homogène, même si, en fait, les collecteurs ne se rendaient pas n'importe où, l'inégalité des conditions de desserte favorisant l'hétérogénéité. Aujourd'hui, dans un système de collecte libre pour le marché intérieur, les conditions géographiques deviennent beaucoup plus contraignantes : outre les rentes de situation écologiques jouent les rentes de situation spatiales par rapport aux marchés urbains. La distance n'est évidemment pas seule en cause : il faut tenir compte de l'état et de la nature des voies, du type des produits vendus (fig. 48), du rythme de leur commercialisation, des conditions de leur conservation.

Une géographie beaucoup plus fine des différenciations spatiales est donc en gestation, où se combinent écologie et situation par rapport à la demande urbaine. Quelles formes préférentielles d'organisation régionale se dégagent en définitive de ce tableau complexe ?

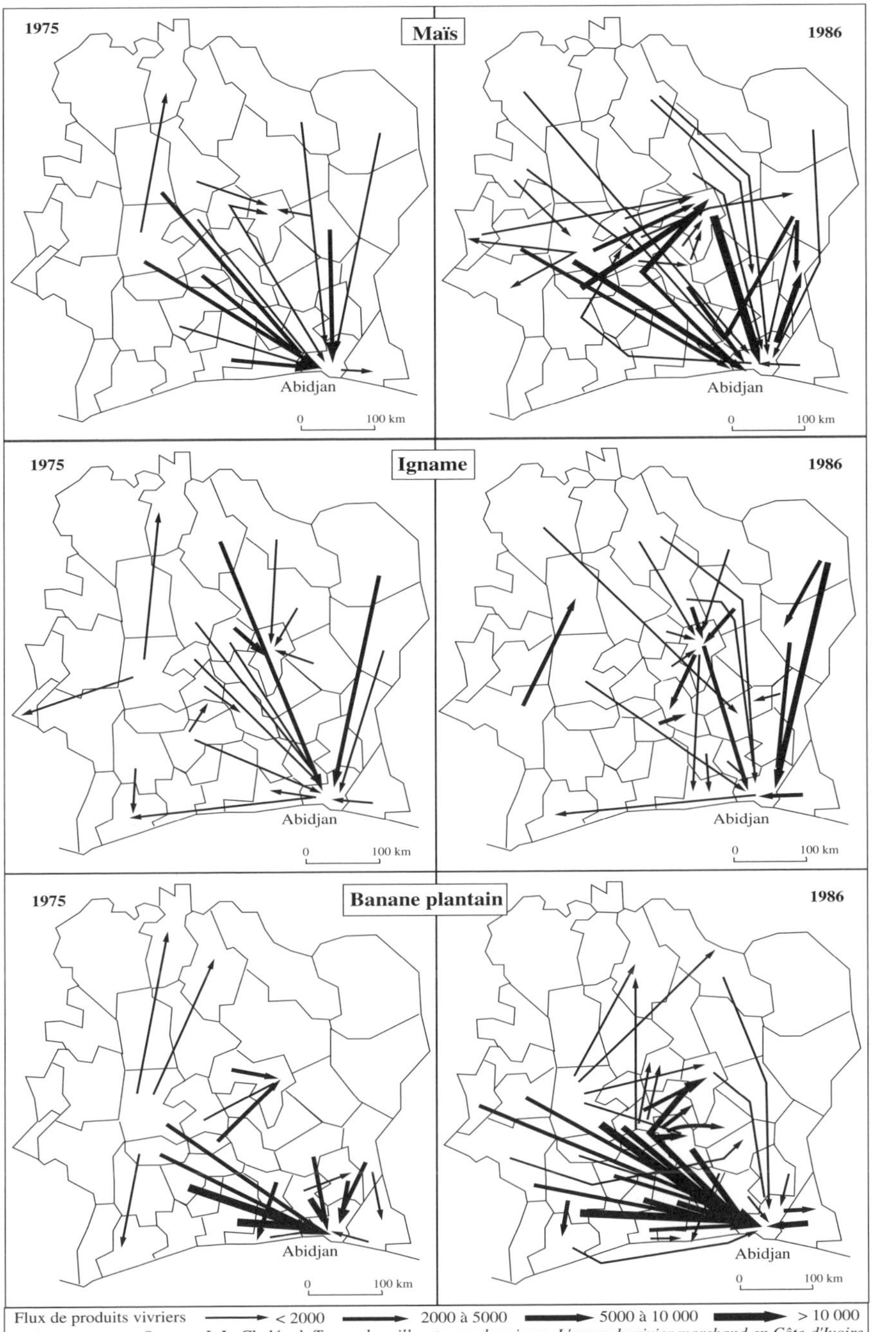

Source : J.-L. Chaléard, *Temps des villes, temps des vivres. L'essor du vivier marchand en Côte-d'Ivoire*, Paris, Karthala, 1996.

48. Principaux flux de produits vivriers en Côte-d'Ivoire.

3. Les résultantes spatiales

3.1. Noyaux et axes

Peu de régions africaines sont nées des synergies entre industrialisation et urbanisation et seuls relèvent de ce type l'agrégat composite de l'ex-PWV (Pretoria-Witwatersrand-Vereeniging), à un moindre degré le Shaba minier et manufacturier, la Copperbelt zambienne, l'aire métropolitaine de Durban et ses annexes fonctionnelles. Depuis le 27 avril 1994, l'Afrique du Sud a été redécoupée en 9 provinces, volontairement hétérogènes afin qu'y soient conduites des politiques de réduction des inégalités (fig 50). Le gouvernement du pays est réparti entre trois sphères, nationale, provinciale et locale, ayant le même rang selon la constitution de 1996. Dans un contexte de remodelage territorial organiquement lié à construction d'une « nation arc-en-ciel », mais aussi en raison de la nécessaire modernisation du complexe minéralo-industriel, les anciennes régions urbaines et manufacturières sont elles-mêmes en pleine recomposition, particulièrement en leurs cœurs métropolitains objets de redécoupages politico-gestionnaires délicats. L'arc cuprifère et les villes du Shaba ont été asphyxiés par les pillages du pouvoir mobutiste, la Copperbelt est depuis longtemps frappée de langueur et le devenir des productions minières, dont dépend la structuration spatiale, est plus que jamais suspendu aux tris effectués, selon la rentabilité des puits et des fonderies, par quelques grands groupes miniers sud-africains et nord-américains. Un processus de désagrégation spatiale, voire d'archipellisation, est à l'œuvre dans ces deux anciennes régions industrialo-urbaines, dont les synergies internes liées à la première transformation des minerais étaient parfois fortes, et les rapproche du type d'organisation en noyaux distincts, si fréquent ailleurs.

Ce type nucléaire comporte deux formes fort différentes. La première est celle du noyau extraverti, enclave minière ou pôle de modernisation rurale, dont le dynamisme et la prospérité tiennent à une relation privilégiée avec l'extérieur. Il ne s'agit pas d'une forme nouvelle, les multiples projets de développement ayant toujours tendu à la constituer ; mais son importance est de plus en plus marquée, en raison de la décadence des contrepoids nationaux, sa prospérité relative tranche sur un tissu spatial sensiblement relâché. Relèvent de ce modèle les multiples enclaves minières, les périmètres de développement cotonniers et les complexes agro-industriels de la zone soudanienne. Encore faut-il s'entendre sur le degré et la forme de leur extraversion. Elle est souvent moins marquée aujourd'hui : les zones de modernisation agricole font une part croissante aux productions destinées au marché intérieur, leur prospérité attire une immigration rurale renforcée, qui les cerne de zones pionnières, bloquant les perspectives d'aménagement, voire compromettant le bon fonctionnement des infrastructures déjà réalisées. Au Gabon, les pôles miniers suscitent une progression de l'agriculture dans un contexte où le ravitaillement extérieur est souvent difficile : les solidarités avec les espaces bordiers peuvent donc être confortées. Ceci est d'autant plus sensible que certains pôles miniers sont en fait des réponses locales à une demande extérieure : il en est ainsi des placers aurifères, de plus en plus nombreux en Afrique soudanienne sans nécessairement être clandestins, de certains gisements de diamants aux confins du Liberia et de la Guinée, ou

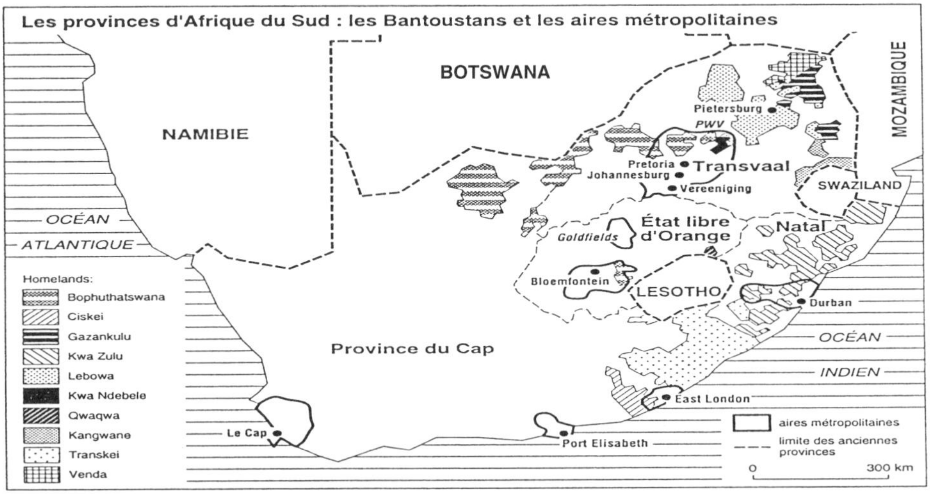

Les anciennes provinces

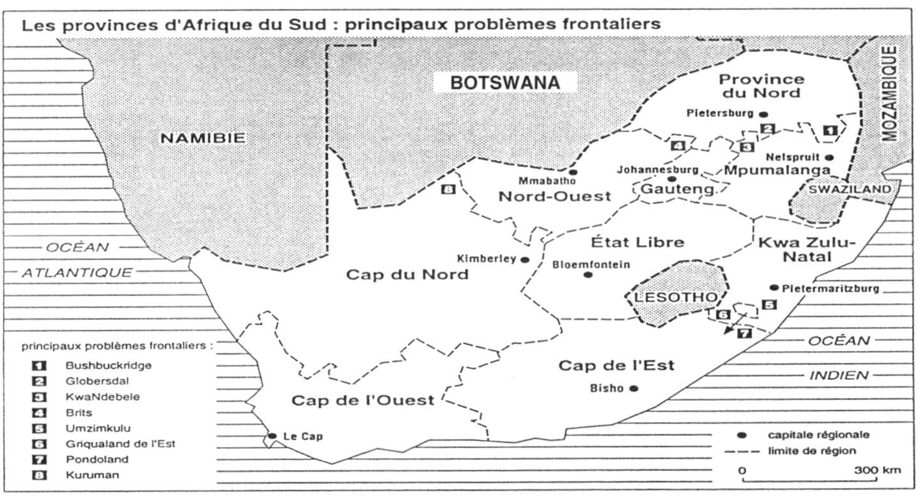

Les nouvelles provinces

Source : M.A. Gervais-Lambony, « Découpage régional, pouvoirs provinciaux, pouvoir central », *in Hérodote*, 82-83, 61-78, 1996.

49. Ancien et nouveau découpages en provinces de l'Afrique du Sud.

encore de maints centres d'exploitation de diamants en Sierra Leone et au Kasaï, d'émeraude et de pierres précieuses en Zambie où l'on estime que 90 % des émeraudes sont extraites et exportées clandestinement.

La seconde forme nucléaire s'organise autour et en fonction de centres urbains, qui recourent de plus en plus pour leur approvisionnement aux potentialités de leur aire d'influence proche. Il s'agit parfois de créations *ex nihilo*, lorsqu'une relative prospérité avait permis jusqu'alors de se ravitailler à grande distance : tel est le cas des villes minières du Shaba (Bruneau *et al.*, 1987) autour desquelles se constitue parfois une véritable région agricole (fig. 50).

Mais les plus notables de ces régions, renforcées plutôt que nouvelles, cernent les grandes cités, autour desquelles la concurrence pour la terre s'exaspère, tant sont nombreux les types possibles d'utilisation de l'espace, du logement des citadins à la production de produits exotiques (fleurs, fruits, légumes...) exportés vers les pays industriels, en passant par les productions vivrières d'usage local. Des ensembles complexes, aux formes variées, dépendant notamment du réseau de transports, progressent ainsi rapidement. Autour des principales villes secondaires de Côte-d'Ivoire, comme Bouaké, les périphéries tendent vers une organisation en couronnes : dans un rayon de moins de 20 km sont associées la production de manioc, avec des achats de récolte sur pied, et des cultures maraîchères ; au-delà de 20 km dominent les productions non pondéreuses (comme le maïs) et l'aviculture (Chaléard, 1996).

Les types linéaires correspondent à des régions qui ont été structurées plus en fonction de flux d'échanges à distance que selon la production et le marché régional. La plus classique de ces formes est la région axiale, fondée sur une voie de circulation routière. Son existence à terme est souvent incertaine car, faute d'un entretien régulier des grandes voies bitumées, le devenir de la route dépend du rythme d'arrivée de crédits étrangers. Des phénomènes de balancement sont ainsi perceptibles, comme à Madagascar où, successivement l'axe Tananarive-Majunga et l'axe Tananarive-Morondava se sont octroyé la meilleure part des échanges entre la façade occidentale productrice de riz, d'oléagineux, de légumes en saison sèche, de bovins, et le marché de la capitale. Les plus stables de ces formes régionales sont celles qui s'élaborent autour des voies internationales, plus régulièrement entretenues en raison de leur importance géopolitique, et qui, bénéficiant à la fois de débouchés nationaux et de débouchés internationaux, sont devenues des grands axes de contrebande. Un des plus beaux exemples récents d'épanouissement régional est, en Tanzanie, celui des piémonts des Southern Highlands, sur la route internationale qui unit Dar es-Salaam à Lusaka, en Zambie, partie longtemps déshéritée et peu peuplée des campagnes tanzaniennes, aujourd'hui productrice majeure de maïs et l'un des foyers les plus actifs de la modernisation agricole dans le pays.

3.2. Franges et frontières : des régions ?

De nature plus originale sont les zones de franges axées sur des discontinuités. Celles-ci peuvent être de type écologique, correspondant à des écotones dont la valorisation offre un intérêt particulier en raison d'un fort contraste dans la nature des productions, surtout lorsqu'une des facettes écologiques peut produire des denrées rares, jadis attendues surtout de l'importation. Il en est ainsi de maintes régions d'altitude, aptes à produire des légumes et des fruits « tempérés », tant au Cameroun,

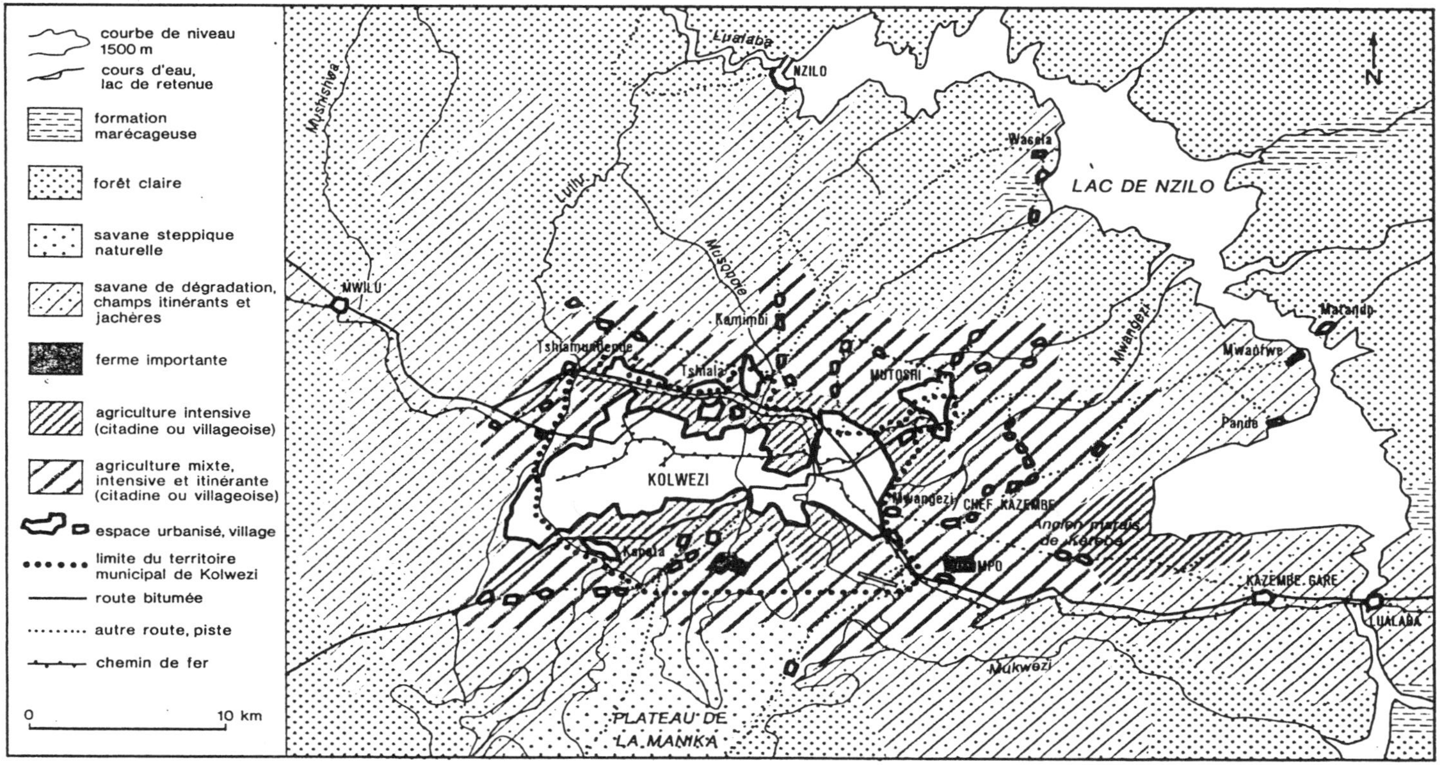

Source : d'après J.-C. Bruneau et F. Mansila, « Des corons aux villages neufs : le retour à la terre en périphérie de Kolwezi (Zaïre) », *in* P. Vennetier (dir.), *La péri-urbanisation dans les pays tropicaux*, Talence, CEGET-CNRS, 1989 (coll. Espaces tropicaux).

50. Occupation du sol dans l'arrière-pays de Kolwezi.

avec le piémont des Bamboutos, qu'au Kenya dans les « hauts » du pays kikuyu, ou en Tanzanie dans les monts Uluguru. Les échanges peuvent être plus équilibrés entre les deux facettes jointives : sur les bords de la « Falaise » orientale malgache, entre les hauts, fournisseurs notamment de pommes de terre et de légumes, et les basses terres qui vendent parfois du riz, plus souvent du café et surtout... de l'alcool fabriqué clandestinement. La coïncidence entre limite écologique et limite administrative entre deux provinces a permis ici au trafic illégal de s'amplifier sans grande crainte d'une répression que rend dérisoire l'absence de coordination entre les deux administrations régionales. Les rivages sont un autre type d'écotone-frontière : un des faits les plus frappants est la remarquable activité des régions côtières où, pour l'exploitation et la transformation des ressources marines, se rejoignent des groupes spécialisés d'origines très diverses qui s'échangent les savoir-faire et où les populations locales, jadis peu concernées par la pêche, s'adaptent très vite aux contextes nouveaux, comme sur les côtes de la Casamance, au Sénégal (Cormier-Salem, 1992).

Les régions les plus actives, et en même temps les plus fluides, sont sans doute les régions frontières, surtout si la limite politique est accompagnée d'une rupture entre zones monétaires. On comprend pourquoi l'un des foyers les plus actifs d'échanges est situé au contact entre pays de la Zone franc et pays à monnaie non convertible, particulièrement autour du Nigeria (Igué, 1989 et 1995). La surévaluation volontaire du naïra durant le boom pétrolier, le recours systématique aux importations de céréales en provenance des pays industrialisés, le recul spectaculaire de certaines productions agricoles nationales, le délaissement du monde rural au profit des cités, l'accroissement de la consommation urbaine lié à la redistribution de la rente pétrolière, les mesures protectionnistes en faveur de l'industrie manufacturière, tout concourait à l'intensification des échanges illicites avec les pays frontaliers (Bach *et al.*, 1988). Du Bénin et du Togo provenaient maïs, riz, igname, tissus, boissons alcoolisées, cigarettes, et des filières de recyclage furent mises en place : le riz importé au Bénin, payé en francs CFA, était revendu au Nigeria en naïras qui permettaient d'acheter du cacao, des produits pétroliers, du sucre, revendus ensuite au Bénin, voire exportés (Codo, 1986). Du Niger et du Cameroun (Grégoire, 1986, Hallaire, 1989) provenaient bétail, arachide et produits manufacturés. La fin du boom pétrolier et les mesures d'ajustement financier, en particulier la dévaluation du naïra, ont certes modifié les taux de change, officiels et parallèles, mais nombre de circuits perdurent aujourd'hui et le Bénin, le sud du Niger, dans une moindre mesure le sud du Togo et le nord du Cameroun, vivent pour l'essentiel du trafic illégal avec l'énorme marché nigérian.

Suivant l'évolution des situations dans les pays bordiers, les flux se modifient tant dans la nature des produits échangés que dans le sens de leur circulation ; les nœuds majeurs du commerce peuvent se déplacer selon l'état des routes, les variations locales de la répression des fraudes : ces mutations de court terme, comme la relative clandestinité des activités, nuisent à une stabilisation et à une véritable structuration régionale. Igué distingue trois différents types d'espaces frontaliers ouest-africains (fig. 51) selon leur inégal degré de structuration : les espaces à faible dynamisme des franges septentrionales arides sahélo-sahariens, les espaces dits « alternatifs », actifs mais sans équipements conséquents ni supports d'échanges importants et qui fonctionnent comme de simples couloirs de passage (frontières entre Mali, Sénégal et Burkina Faso, entre Guinée et Côte-d'Ivoire), les périphéries nationales enfin, structurées par de nombreuses villes frontalières, des places de change et des marchés périodiques autour desquels est organisée une intense vie de relation.

Ces « zones franches de facto », chevauchant des États-nations, seraient autonomisées par l'usage de plusieurs monnaies au cours déterminé par un marché parallèle des changes, par un contrôle douanier inefficace et par une solidarité ethnique l'emportant sur la conscience nationale. Seraient ainsi autonomisées les régions frontalières entre le Nigeria et ses voisins, entre le Ghana et ses voisins, à un moindre degré entre la Gambie et le Sénégal. Ces franges frontières peuvent elles avoir un réel degré d'autonomie ? Elles sont actives mais mouvantes : les quantités, la nature des produits échangés, les sens de circulation, fluctuent rapidement selon les moments, les besoins, les taux de change, les variations de prix, officielles ou non. Les nœuds de ce commerce transfrontalier, petites villes souvent dédoublées de part et d'autre des frontières, entrepôts de gros et demi-gros, centres de transit et d'éclatement, marchés ruraux, préfigurent peut-être de véritables régions « informelles » supranationales, mais leur pérennité est d'autant moins garantie que les principaux acteurs à l'œuvre et les centres décisionnels sont le plus souvent extérieurs.

3.3. Grands réseaux et territoires trans-étatiques

L'amplification des transgressions de frontière a toutes chances de rester, avec de multiples avatars, un des traits majeurs de l'activité contemporaine. Rien ne permet de penser que cette accélération conduise à une remise en question des frontières : tout le monde a, en réalité, intérêt à leur persistance. La fin des frontières marquerait en effet celle de nombre de profits : pas de contrebandiers sans douaniers ; plus de gros bénéfices si le risque disparaît. Ceci conduit à porter un regard nuancé sur les *statu quo* acceptés en matière de frontières et sur l'« intériorisation » d'un État-nation qui doit garder assez de consistance pour justifier et rentabiliser le trafic et en avoir trop peu pour pouvoir le réprimer. Au-delà des réalités étatiques, estompées mais nécessaires, se mettent en place des zones d'influence moins visibles et parfois discontinues, chevauchant bien des frontières, qui ne sont pas nouvelles, certes, mais qui atteignent peut-être une ampleur inégalée. En quasi totalité, il s'agit d'aires de déploiement de réseaux commerciaux utilisant les disparités de réglementations et surtout les différences de taux de change entre différents pays.

Parmi les principales aires continentales d'envergure supérieure aux voisinages frontaliers, une des plus notables est celle qui est commandée commercialement, et sans doute financièrement, par le duo Mombasa-Nairobi : étendue à l'Afrique orientale, elle gagne le Rwanda et le Burundi, le sud du Soudan et l'est du Zaïre, voire, en concurrence avec le pôle sud-africain, le nord de la Zambie. Cette pénétration commerciale s'accompagne d'une expansion de la langue swahili, dans un domaine qui semble retrouver les modes d'expansion de l'ancien empire de Zanzibar.

En Afrique occidentale, une première zone d'échange, structurée par le réseau routier et la voie ferrée reliant Dakar à Bamako, englobe le Sénégal, la Gambie et le Mali : fruits et produits artisanaux maliens sont échangés contre du sel, des poissons séchés, des produits manufacturés sénégalais ou importés sans taxes à Banjul. Une seconde zone chevauche le Mali méridional, le Burkina Faso et le nord de la Côte-d'Ivoire : les flux s'organisent en fonction des différentes réglementations douanières, des politiques et des prix agricoles, des exonérations fiscales diverses

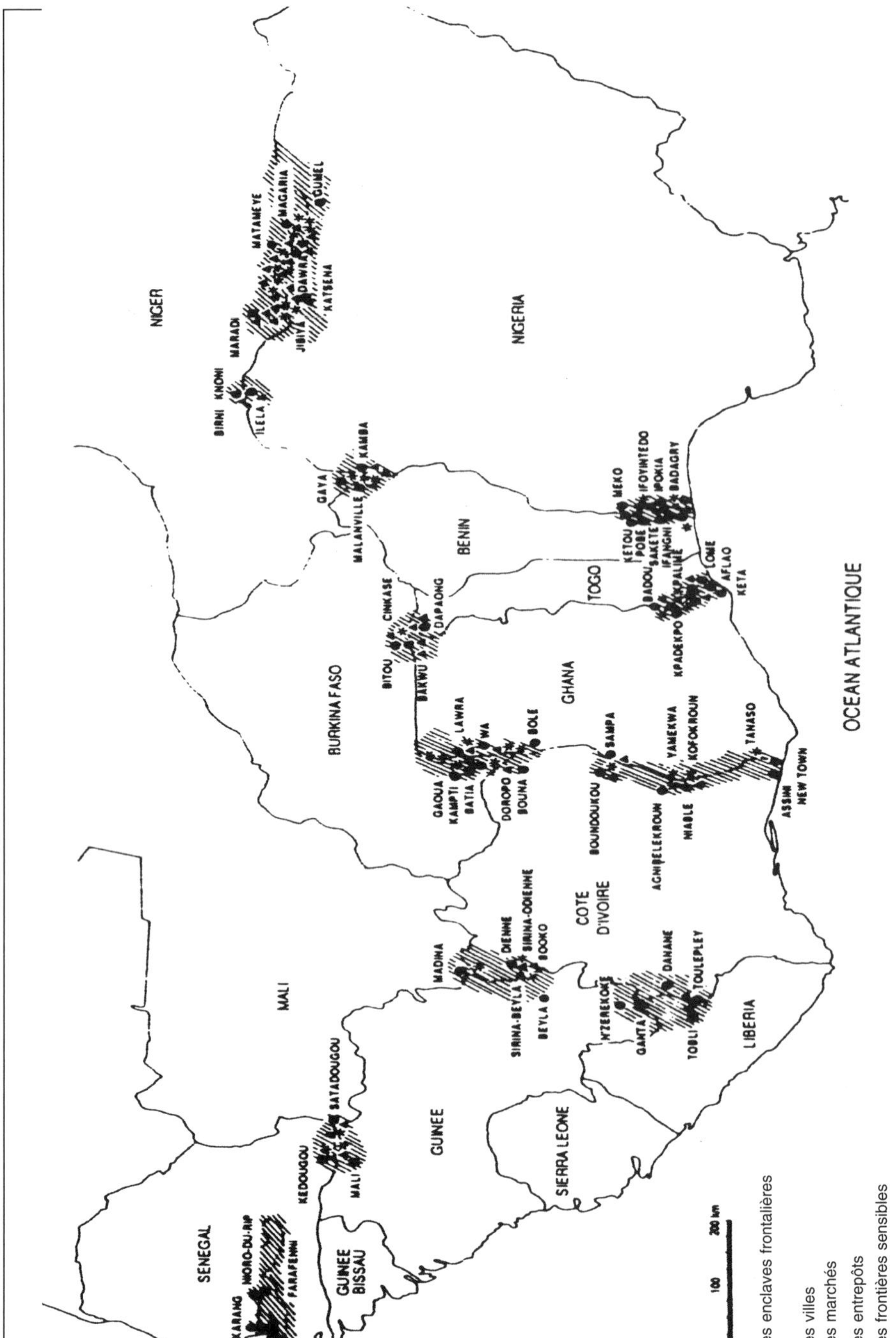

Source : J.-O. Igué, « Le développement des périphéries nationales en Afrique », *in Tropiques, lieux et liens*, Paris, ORSTOM, 1989.

51. Les périphéries frontalières en Afrique de l'Ouest.

entre pays appartenant à la Zone franc et les opérations sont extrêmement diversifiées. Au-delà des échanges de voisinage portant sur les surplus agricoles –mils, maïs, fonio, igname, haricots, pois et condiments– des circuits transnationaux ont été développés par de grands réseaux marchands au long cours, à la structure fort ancienne. Les réseaux dioula combinent trois fonctions de commerce (chef de réseau, *jula-ba*, commerçant itinérant, *jula den*, et logeur-correspondant, *ja-tigi*) qui ont permis de passer en souplesse du vieux système pré-colonial de relais en cascades à un dispositif en réseaux, régulé par les hiérarchies lignagères, politiques ou religieuses et assurant la circulation à longue distance des marchandises (Grégoire et Labazée, 1993). En relation avec des organisations marchandes locales, commerçants mossi (fripes) et foulbé (textiles), nigériens djamarana (bonneterie), femmes malinké (confection), les réseaux assurent le transit des céréales, de la cola, des noix d'anacarde, du coton et de marchandises diverses (pagnes, cycles, sucre, confiseries, petit matériel agricole, moulins à céréales, pièces détachées de camion). Jouant les arbitres entre les approvisionnements nationaux et les déficits régionaux, les grossistes s'appuient sur des centres de collecte, des entrepôts, des villes petites et moyennes et disposent d'informations permanentes sur l'état des marchés, des prix, des stocks disponibles. Ils sont en relation avec les systèmes atlantiques ghanéens, togolais et aujourd'hui nigérian (fig. 52), d'où parviennent des marchandises hors douane, boissons alcoolisées, pagnes et véhicules de tous types, et où est vendu le poisson séché de Mopti : ainsi est réalisée une efficace connexion commerciale entre les côtes du golfe de Guinée et le monde des savanes soudaniennes.

Plus à l'est, dans l'espace haoussa, les *Alhazaï*, riches négociants de Maradi, collectent des vivres pour les revendre dans les villes nigériennes, s'adonnent à un commerce transfrontalier complexe avec le nord du Nigeria, particulièrement la région de Kano, avec le Tchad, la Libye et le Soudan, réanimant de vieilles pistes caravanières pré-coloniales, et ils multiplient leurs relations avec des grandes firmes européennes et asiatiques spécialisées dans le commerce des grains. Du Sénégal à l'Afrique du Sud, en passant par la Zambie et le Botswana, une intense circulation de pierres précieuses, d'ivoire, d'armes, caractérise une axe délictueux le long duquel certains négociants zaïrois adhèrent au mouridisme pour valoriser un efficace capital religieux et gagner des parts de marché.

À diverses échelles, ce sont ainsi des sortes de « régions informelles » qui se constituent ou se renforcent, greffées sur les entités administratives officielles, auxquelles elles sont associées comme l'épiphyte à l'arbre. La tentation est grande d'y voir une forme réussie d'intégration « par le bas », une revanche des sociétés africaines sur l'héritage colonial et la fragmentation imposée lors des indépendances. La réalité est toutefois plus complexe. D'une part les assises économiques sont mouvantes et la pérennité des circuits demeure dépendante des mesures officielles : la clandestinité nuit à la stabilisation et à l'ancrage spatial et la répression des fraudes peut être efficace, le Nigeria l'a démontré. De plus, les acteurs principaux sont rarement enracinés à l'échelle locale et les marchés, en particulier ceux des grandes villes, sont souvent lointains. Enfin, la circulation marchande ne garantit pas le réinvestissement des surplus sur place, de sorte que la véritable accumulation n'est pas nécessairement opérée au bénéfice des aires périphériques, encore moins de vastes zones d'influence ou de dispersion. Éphémères, en tout cas vulnérables, les réseaux bâtis par des commerçants partis de la vallée du fleuve Sénégal, qui se sont

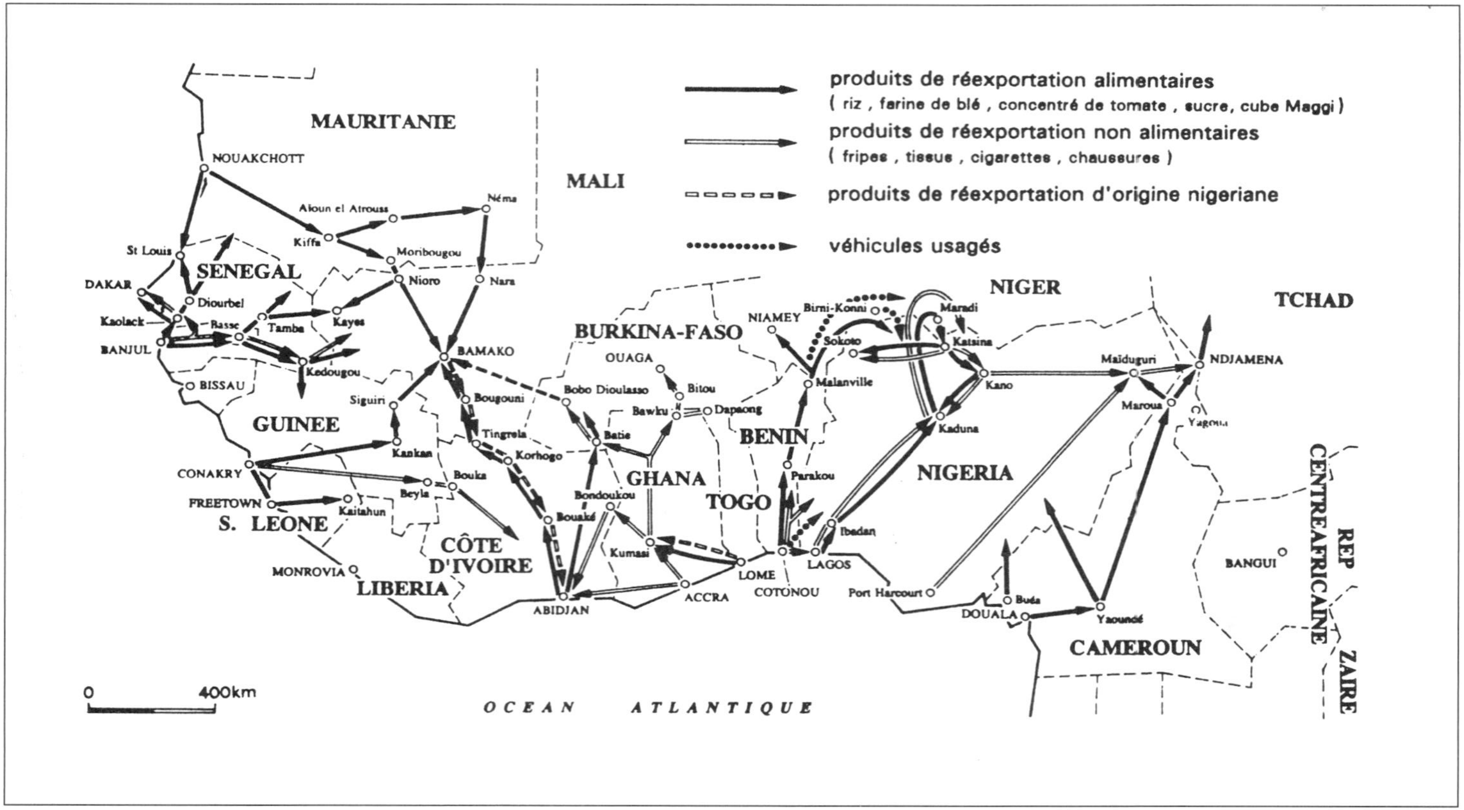

Source : d'après *Réseaux marchands, accumulations, espaces économiques transfrontaliers*, programme ORSTOM-CNRS, Paris, 1989.

52. Les flux transnationaux de réexportation en Afrique de l'Ouest.

lancés dans l'aventure du grand large africain, qui ont trafiqué le diamant en Sierra Leone et au Zaïre, puis l'émeraude en Zambie après s'être repliés un temps sur le Burundi et l'Angola, ont surtout profité aux petites villes de leur vallée d'origine. D'autre part, les territoires transfrontaliers relèvent de pouvoirs marchands dont l'objectif n'est pas d'assurer une intégration régionale fondant une croissance durable et une meilleure distribution spatiale et sociale des revenus. Les entités transfrontalières échappent à la gestion des États-nations, mais ceux qui les contrôlent n'entendent pas se substituer aux pouvoirs publics pour construire des infrastructures, des équipements collectifs au service du plus grand nombre et assurer le prélèvement et l'allocation des ressources à des fins de croissance généralisée. Le fonctionnement de ces entités spatiales étant nourri par la faiblesse des encadrements étatiques, voire contribuant à les affaiblir un peu plus, il est illusoire de penser qu'une « intégration » de ce type peut résoudre les questions de la production et de la distribution des richesses.

De plus en plus utilisées comme terrains de manœuvre par des réseaux de narcotrafiquants, dont certains pouvoirs d'État et mouvements armés tirent également profit, régions informelles et zones d'influence commerciale transétatiques concourent au changement de nature de la criminalisation économique. Les confins de l'ex-Zaïre, du Congo, du Cabinda angolais, du nord Togo, du Tchad, de l'Angola méridional sont devenus des paradis de trafiquants. Les grandes voies de la drogue ont été inventoriées : axes de l'héroïne de Nairobi à Kinshasa et d'Addis-Abeba à Lagos en passant par N'Djamena ; axes de la cocaïne de Dar es-Salaam au Caire, de Lagos à Alger et Tripoli ; axes du haschisch et de la marijuana courant à travers l'Afrique du Sud ; axe des drogues de synthèse de la Tanzanie et du Mozambique au Cap.

C'est dire l'ambiguïté, et le caractère dangereux, de la modernisation que connaît le continent. Alors qu'on a souvent associé modernisation et renforcement des encadrements, notamment territoriaux, c'est le contraire qui semble se produire dans le faciès africain de la modernisation. Celle-ci est pour l'heure prédatrice et s'entretient d'encadrements affaiblis en les rongeant davantage. Est-ce d'ailleurs une spécificité africaine ? Ailleurs dans le monde ne trouve-t-on pas aussi cet affaiblissement des encadrements formels au profit de structures moins visibles et plus « internationales » ? N'a-t-on pas connu, au siècle précédent, dans les villes européennes, des aires de force économique qui étaient des foyers de faiblesse démographique ? Certes, mais de ce désordre apparent ou réel ont surgi des économies et des structures d'organisation durables : il n'est pas sûr que ce soit le cas en Afrique. On peut imaginer un scénario optimiste où, par « le bas » (les communautés rurales, les associations de quartiers…) comme par « le haut » (les administrations, les États, les firmes…), se constitueraient peu à peu des entreprises, des organisations spatiales articulées, mais ceci suppose que le haut et le bas ne soient plus seulement complices pour survivre mais associés pour vivre.

CHAPITRE VII

LES INTÉGRATIONS AU-DEDANS ET AU-DEHORS : RÉGIONALISATION ET MONDIALISATION

Marginalisée dans les échanges internationaux de marchandises, quasi ignorée par les flux d'investissements privés, l'Afrique subsaharienne a tous les aspects d'une périphérie délaissée du système-monde : ses exportations, 3,1 % du total mondial en 1970, 3,3 % en 1980, ne comptaient plus que pour 2,4 % en 2001 (dont 40 % pour le pétrole), aucun pays africain ne figure parmi les 25 premiers exportateurs ou importateurs mondiaux, aucun d'entre eux n'est devenu un NPI depuis les années soixante-dix et le continent, qui ne fournit qu'environ 1 % du PIB mondial, a reçu, en 2001, moins de 3 % des investissements directs à l'étranger (IDE). Dans ce contexte régressif, un débat doctrinal a été engagé, au début de la décennie quatre-vingt-dix, entre les institutions de Bretton Woods et la Commission économique de l'Afrique aux Nations Unies. Pour les premières, tout redressement durable et toute transformation ne peuvent provenir que d'une plus ample ouverture au marché mondial ; pour la seconde, il faut au contraire rechercher un modèle d'autonomie s'appuyant d'abord sur l'intégration régionale des infrastructures, des capacités productives et des marchés. Vigoureusement défendue lors de la signature, à Abuja, en juin 1991, du traité instituant la Communauté économique panafricaine, cette intégration interne, dont le bien-fondé en tant que stratégie de développement mérite réflexion, demeure aléatoire. L'idée selon laquelle tout progrès implique le dépassement des cadres territoriaux des États-nations et la promotion de l'intégration à l'échelle du continent n'est pas nouvelle. Aux indépendances, Nkwame Nkrumah, Sékou Touré, Modibo Keita, exaltèrent le « panafricanisme » et d'éphémères constructions politiques marquèrent les années soixante. La crise financière et les politiques d'ajustement structurel, conçues aux échelles nationales, ont provoqué les replis sur celles-ci et renforcé les rapports bilatéraux entre les États, le FMI et la Banque mondiale. Toutefois, face à la multiplication des zones de libre-échange (ALENA, MERCOSUR, triangles de croissance asiatiques), qui captent des investissements privés, nombre de dirigeants africains, encouragés par les agences bilatérales d'aide et par l'Union Européenne, sont enclins à accélérer les constructions d'entités viables par peur d'être encore plus marginalisés dans la compétition mondiale. C'est pourquoi le nouveau partenariat pour le développement de l'Afrique (NESAD, New Partnership for Africa's Development), lancé en 2001, constitue un enjeu majeur du XXIe siècle.

1. L'intégration régionale par le haut : quel devenir pour les constructions institutionnelles ?

1.1. Les constructions institutionnelles : des résultats peu probants

Depuis quarante ans, les nouvelles entités financières, économiques et commerciales ont proliféré : la Banque mondiale a dénombré plus de 200 organisations de coopération régionale, dont 160 intergouvernementales, bâties ou soutenues par des États africains pour promouvoir les échanges, voire initier des processus d'intégration.

Ces organismes sont, ou ont été, fort divers (fig. 53) : communautés financières telle l'UMOA (Union monétaire ouest africaine, 1973), blocs douaniers comme la SADCC (Southern African Development Coordination Conference, 1980), la PTA (Preferential Trade Area for Eastern and Southern Africa, 1981), la SACU (Southern African Customs Union, 1969), ou encore grands ensembles à vocation d'intégration multisectorielle comme la CEAO (Communauté économique de l'Afrique de l'Ouest, 1973), la CEDEAO (Communauté économique des États de l'Afrique de l'Ouest, 1975), l'UDEAC, (Union douanière et économique de l'Afrique centrale, 1964), la CEEAC (Communauté économique des États d'Afrique centrale, 1983) la CEPGL (Communauté économique des pays des Grands Lacs, 1976). Beaucoup d'entre eux ont disparu et/ou ont été recomposés (*cf. infra* 1.3 et fig. 53)

De tous les édifices, c'est sans nul doute la Zone franc qui produisit les effets les plus positifs. Durant près de 25 ans, les mécanismes mis en place aux indépendances (convertibilité du franc CFA, monnaie unique garantie à un taux fixe par rapport au franc français[1], libre transfert des capitaux, limite des risques de change, le Trésor

1. La parité du franc CFA, créé en 1945 (franc des Colonies Françaises d'Afrique), a été fixée en 1948 à 2 francs, puis à 0,02 francs après la création du nouveau franc en 1958. Le terme CFA signifie desormais, pour la monnaie émise par la BCEAO (Banque centrale des États de l'Afrique de l'Ouest) « (franc de la) Communauté Financière Africaine » et pour la monnaie émise par le BEAC (Banque des États de l'Afrique centrale) « (franc de la) Coopération Financière en Afrique centrale ».

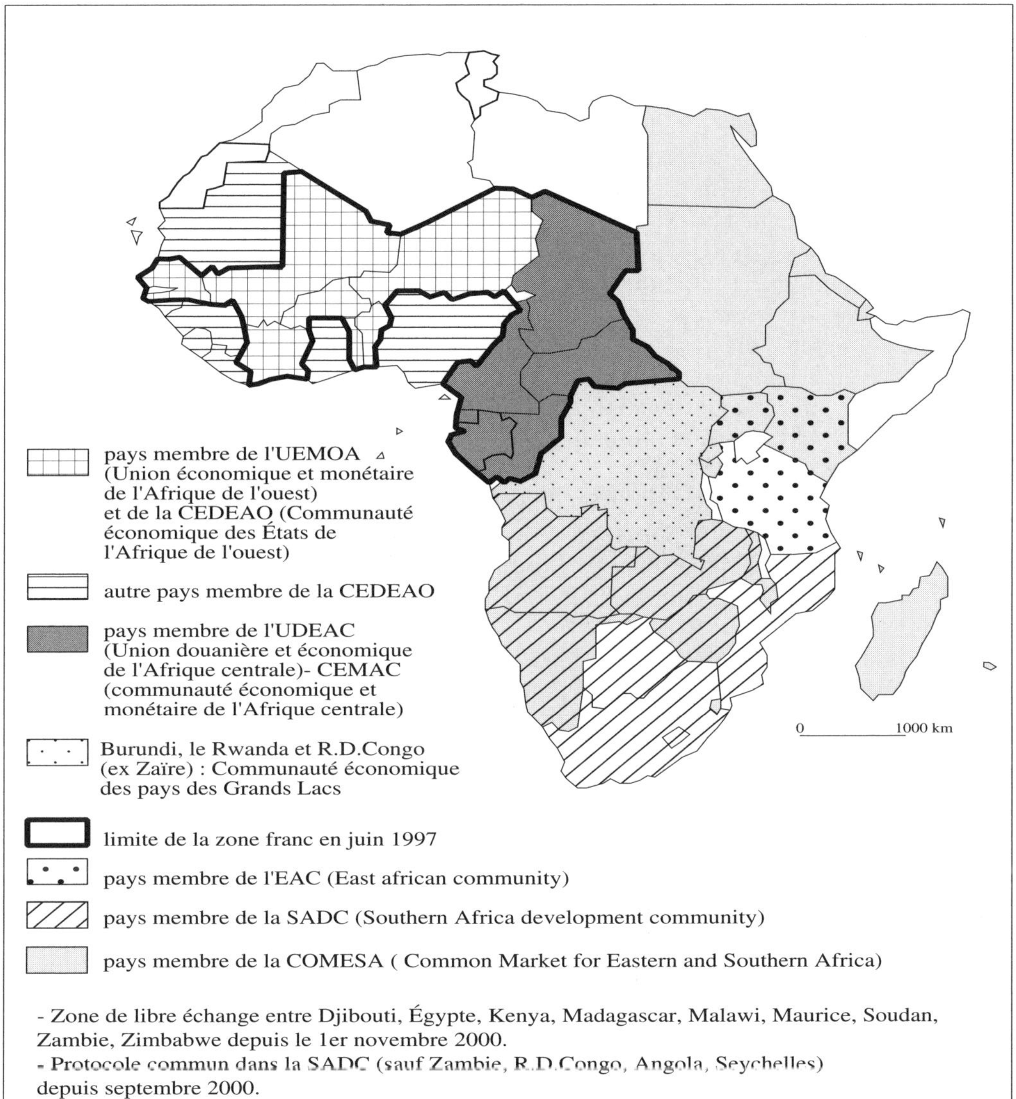

53. Principales communautés financières et économiques d'Afrique subsaharienne en 2002.

français couvrant les déficits de la balance des paiements des États africains) ont imposé une discipline monétaire, favorisé la circulation des capitaux et constitué une incontestable commodité assortie toutefois d'inconvénients, la « facilité de vie monétaire » ne suscitant pas la recherche systématique de la productivité. De 1960 à 1981, les pays membres de la Zone franc ont enregistré de meilleurs résultats que les autres, avec 5 % de croissance en moyenne annuelle contre 3 % ; de 1981 à 1986, la croissance, en recul, est restée supérieure à celle des États hors zone, mais la politique du franc CFA fort a réduit la compétitivité et retardé l'ajustement nécessaire d'une monnaie de plus en plus surévaluée. Depuis 1987, les avantages ont fondu et l'accroissement des déficits publics (plus de 6 % du PIB, un pic de 13 % en 1987), l'explosion de la dette (110 % du PIB en 1990) et les dévaluations des pays hors zone ont conduit à l'inversion des avantages : de 1986 à 1991, le taux de croissance moyen n'a été que de 1 % (3 % hors zone) et une situation de « banqueroute douce » (Hugon, 1994) a conduit à la dévaluation de 50 % à compter du 12 janvier 1994 (seul le franc comorien a été dévalué de 33 %, ce qui souligne la complexité des rapports entre économie et finances), largement anticipée par les opérateurs économiques depuis juillet 1992. La dévaluation a permis des progrès significatifs, mais des problèmes d'investissements et de compatibilité ne sont pas résolus (Hugon, 1999) et la crise politique ivoirienne menace tout l'édifice.

Les zones commerciales n'ont eu que peu de résultats concluants. En Afrique de l'Ouest, la CEAO et la CEDEAO avaient pourtant suscité beaucoup d'espoirs. La première, née en 1973, regroupait à l'origine 6 États (Burkina Faso, Côte-d'Ivoire, Mali, Mauritanie, Niger, Sénégal), puis 7 avec l'adhésion du Bénin en 1984, utilisant une monnaie commune (le franc CFA), à l'exception de la Mauritanie, et une même langue administrative, le français. La seconde, née en 1975, est un vaste ensemble rassemblant, outre les deux fondateurs, Nigeria et Togo, les 8 États de la CEAO, le Ghana, la Gambie, le Cap-Vert, la Guinée-Bissau, la Sierra Leone et le Liberia.

Pour de nombreux observateurs, dont la Banque mondiale (1989), la CEAO (aujourd'hui disparue) avait su, mieux que d'autres, réduire les préférences commerciales et les divers taux de protection. La mise en place d'un mécanisme de compensation, la TCR (taxe de coopération régionale), avait favorisé l'intensification des échanges (les échanges intra-communautaires représenteraient 10 % du total des échanges en 1990) au sein d'une Communauté où était assez bien assurée la mobilité du travail et du capital. La CEDEAO est loin d'avoir obtenu les mêmes résultats. Les obstacles tarifaires et non tarifaires n'ont pas été réduits, les échanges officiels et mesurés entre États membres sont restés limités, moins de 5 % des échanges internationaux des pays de la CEDEAO. Certes, l'intervention des « casques blancs » de l'ECOMOG au Liberia a permis, après bien des aventures, de rétablir des conditions de paix dans l'ancien eldorado du caoutchouc et du fer, ce qui est à porter au crédit de la Communauté, mais aucun des objectifs d'intégration économique n'a été atteint. Quant aux relatives réussites de la CEAO, elles furent aussi accompagnées de nombreuses disparités, les pays « riches », disposant d'un appareil industriel relativement conséquent, profitant du dispositif d'ouverture des marchés : la Côte-d'Ivoire et le Sénégal fournissaient ainsi 95 % des produits manufacturés intra-communautaires et les pays enclavés ne firent que peu de progrès. De plus, les inégalités initiales entre États ne furent pas amoindries par le jeu des compensations prévues et les cas de non-paiement des contributions se multiplièrent en raison des difficultés financières accrues dans la décennie quatre-vingt. Étranglés par l'endettement, pris dans l'étau de l'ajustement structurel, les États ne purent faire face à leurs obligations réglementaires et la CEAO, dont le coût institutionnel lui-même demeurait élevé, fut placée sous la menace d'une accumulation des déficits. De plus, aucun projet d'envergure visant à renforcer les solidarités spatiales ne fût mené à bien, chaque État privilégiant, par exemple, le financement de son propre plan routier, rarement coordonné avec celui des voisins ; le repli gestionnaire national l'emporta sur les considérations communautaires : ainsi de l'éclatement de l'ex-RAN (Régie Abidjan-Niger) en deux sociétés distinctes d'exploitation du chemin de fer reliant Abidjan et Ouagadougou, l'une burkinabè, l'autre ivoirienne. En Afrique centrale, l'UDEAC (Cameroun, Congo, Gabon, République centrafricaine et Tchad) a échoué : les échanges officiels à l'intérieur de la zone ont reculé depuis sa formation alors que les flux commerciaux entre Cameroun et Nigeria, entre Congo et Zaïre, n'ont cessé de croître et que le projet de tarif commun extérieur est resté en friche.

En Afrique australe, la SACU, union douanière regroupant autour de l'Afrique du Sud, le Botswana, le Lesotho, le Swaziland et la Namibie, a surtout fonctionné au bénéfice du commerce sud-africain et le rand s'est imposé comme monnaie de référence ; quant à la SADCC, liée à la « ligne de front » contre l'ancien régime de Pretoria, elle a d'autant moins réussi à contrebalancer la puissance économique et financière de l'Afrique du Sud que ses membres réalisaient environ 25 % de leurs échanges avec le bastion honni de l'*apartheid* tant leur dépendance structurelle à son égard était grande. À des échelles plus restreintes, les unions politico-économiques (Fédération du Mali entre Sénégal et Mali, Union Ghana-Guinée, Union des États d'Afrique centrale entre Zaïre, République centrafricaine et Tchad) furent éphémères, la plus durable étant la Confédération sénégambienne, créée en 1967 et dissoute en 1989.

De nombreuses tentatives d'intégration par projets régionaux, fondées sur des interventions sectorielles et techniques, ont donné naissance à de multiples institutions de formation et de recherche, d'exploitation d'infrastructures économiques, de lutte contre la sécheresse et les grandes endémies[2]. Les États ne semblent pas les avoir toujours prises au sérieux : nombre d'entre elles furent des « placards » dorés pour dignitaires en semi-disgrâce et leurs programmes n'ont pas toujours brillé par leur sérieux. Beaucoup sont aujourd'hui dans une situation financière dramatique, et les rares essais de régionalisation industrielle pilotés par des États ont tourné court. Parmi les échecs notables figure celui de la CIMAO[3] malgré (ou en raison de ?) la création d'un marché captif protégé par les trois partenaires, Côte-d'Ivoire, Ghana et Togo qui détenaient, à parts égales, 87 % du capital social de la société ; en Afrique centrale, aucun projet industriel jugé prioritaire, tel la construction d'une raffinerie régionale de pétrole au Gabon, n'a été réalisé, le Cameroun et le Congo se dotant de leurs propres installations. L'échec le plus symbolique est sans doute

2. Citons par exemple l'AGRHYMET (Centre régional d'agriculture, d'hydrologie et de météorologie de Niamey), le CILSS (Comité permanent inter-États de lutte contre la sécheresse au Sahel), l'OCLALAV (Organisation commune anti-acridienne et anti-larvaire)

3. Ciments de l'Afrique de l'Ouest, dont les installations togolaises devaient fournir en clinker les cimenteries ghanéennes et ivoiriennes. Lancée en 1980, la production fut arrêtée en 1984 en raison des coûts prohibitifs pour les États acheteurs.

celui d'Air Afrique, compagnie multinationale symbole de l'unité, créée en 1961, appartenant à 10 États, qui avait pendant plus de trente ans permis à l'Afrique francophone de figurer dans le trafic aérien inter-continental, mais qui fut mise en faillite non seulement par le laxisme de ses gestionnaires mais aussi par les pratiques de gouvernements accordant à des compagnies étrangères des droits de trafic fort rémunérateurs au mépris des accords communs.

Finalement, les résultats de trente années d'expériences intégratrices ont été peu probants : les échanges inter-africains enregistrés ont même régressé, passant d'environ 9 % du commerce total entre 1955-1965 (8 % pour l'UDEAC et 6,9 % pour la CEDEAO) à 6 % entre 1975-1985, avant d'être stabilisés entre 10 % et 12 % depuis 1994. Certes, ces flux enregistrés ne représentent qu'une partie des flux réels, mais les échanges non officiels n'ont pas suscité de synergies régionales provoquant une transformation des structures productives et, conséquence et instrument du processus rentier, ils n'ont cessé, en définitive, de le renforcer.

1.2. Le problème des pôles lourds : le difficile chemin des intégrations régionales

Souligner que la crise profonde dans laquelle sont englués les États africains met à mal des dispositifs institutionnels supra-nationaux aux piètres résultats ne dispense pas de s'interroger sur les limites et les difficultés internes de ces constructions politico-territoriales. Les contraintes de l'ajustement structurel pèsent lourdement (Coussy et Hugon, 1992) mais les tentatives d'intégration « par le haut », les coalescences volontaires d'États-nations, ont souvent fait peu de cas d'une contradiction particulièrement délicate à résoudre : comment édifier, puis solidifier, des entités encore en gestation, à la recherche de leur unité et de leur identité dans des cadres territoriaux hérités et promouvoir quasi simultanément, sur le temps court, des édifices supranationaux ? Comment concilier la territorialisation et la légitimation des nouveaux États et celles d'organisations africaines à vocation intégratrice ? Pouvait-on à la fois, en moins de 20 ans, édifier laborieusement des États-nations et construire une unité transnationale ? Outre la multiplication d'organisations différentes et souvent concurrentes dont les assises territoriales se recoupaient (la Côte-d'Ivoire, membre de la CEAO, était aussi animatrice du Conseil de l'Entente auquel le Togo adhéra sans appartenir à la CEAO), il faut souligner les nombreuses contradictions entre intérêt national et promotion de l'intégration régionale. La plupart des pays se sont engagés dans une course aux capitaux étrangers en multipliant les codes d'investissements fiscalement attractifs et concurrents, de sorte qu'aucune politique industrielle cohérente n'a pu être mise en œuvre malgré les discours répétés. Lors de l'effondrement du cours mondial du cacao, aucune solidarité n'a joué entre les producteurs ouest-africains. On ne compte plus les projets de développement ruraux dont les objectifs sont chevauchants. Accentué par l'évolution erratique des parités monétaires, le quadrillage des frontières a été, et demeure encore, le cadre essentiel de référence des politiques économiques et des accords bilatéraux de toute nature.

Il l'est d'autant plus que parmi toutes les disparités spatiales, les poids respectifs des deux pôles lourds, Nigeria et Afrique du Sud, marquent les esprits et fondent les hésitations, voire une hostilité ouvertement affichée. Même avec une population révisée à la baisse (117 millions officiellement estimés en 2001 selon une extrapolation du recensement de 1991), le Nigeria regroupe environ 51 % de la population d'Afrique occidentale ; deuxième puissance économique du continent noir, 11e producteur mondial de pétrole en 2001 après avoir été au 6e rang dans les années soixante-dix, il fournit 20 % du PNB (probablement la moitié de celui de la CEDEAO) et 40 % du commerce extérieur d'Afrique subsaharienne. Même en proie à des soubresauts économiques, consécutifs au syndrome pétrolier et à l'utilisation discutable de la manne procurée par les hydrocarbures, et à des difficultés politiques internes (Bach *et al*, 1988), le Nigeria, dont le potentiel en hydrocarbures est considérable, affiche clairement une volonté d'hégémonie régionale. C'est le gouvernement nigérian qui a pris l'initiative de créer la CEDEAO en faisant pression sur deux périphéries économiques, le Togo et le Bénin ; c'est encore le Nigeria qui a imposé son point de vue au sein de la Communauté dans la définition des produits éligibles aux préférences tarifaires, avec des règles différentes de celles de la CEAO ; sa politique de manipulation monétaire surévaluant la naïra lors du boom pétrolier n'a nullement été discutée avec ses partenaires et le renvoi massif de populations étrangères dans les années quatre-vingt est un bel exemple d'entrave à la mobilité et à la libre circulation de la main-d'œuvre. Les disparités de peuplement, de capacités économiques et l'activisme politique du gouvernement d'Abuja ne sont pas seuls en cause. Au moins aussi grave pour l'intégration régionale est le repli des États sur la gestion au quotidien de leurs plans respectifs d'ajustement structurel et sur la régulation des conséquences sociales engendrées par l'austérité budgétaire. Plus graves encore sont les évolutions récentes : on peut en effet s'interroger sur la signification de l'implosion libérienne, sur la vampirisation de la Sierra Leone, sur l'écartèlement du Niger ou la transformation du Sénégal en déversoir de l'aide internationale. De même les dynamismes marchands illégaux que facilite la porosité des frontières finissent par créer des zones de libre échange de facto qui taraudent et ruinent tout effort communautaire institutionnel.

La situation est-elle plus encourageante en Afrique australe ? Première puissance économique et financière du continent, l'Afrique du Sud (44 millions d'habitants en 2001) où l'*apartheid* a été aboli le 30 juin 1991, est sortie en 1992 d'une phase de récession. Longue est la liste des ressources d'un pays qui réalise à lui seul le tiers des exportations mondiales des 9 principales matières premières minérales et détient d'impressionnantes réserves[4]. Le complexe minéralo-industriel (35 % du PIB dont 8,5 % pour l'industrie minière) a structuré un espace desservi par la moitié du réseau ferroviaire et 40 % du réseau routier du continent, où est consommée la moitié de l'énergie de l'Afrique subsaharienne et où sont rassemblés 50 % de ses effectifs salariés. Certes, l'économie sud africaine est vulnérable a bien des égards, la transition post-apartheid n'est pas uniquement posée en termes politiques et il faut aussi adapter un appareil manufacturier dont les déséquilibres et les déficiences de productivité sont accentués par l'ouverture au monde. Mais le savoir-faire technique, industriel et financier (la Bourse de Johannesburg est la 17e bourse mondiale des valeurs), la relative réussite de la « révolution négociée » grâce au poids personnel

4. Quelques exemples : 1er rang pour l'or (45 % des réserves mondiales connues), le chrome (69 %), le vanadium (45 %), le platine, le manganèse (81 %), les alumino-silicates (37 %) ; 2e rang pour l'antimoine, le zirconium, le titane ; 3e pour les phosphates et le fluor ; 4e pour les diamants ; 5e pour le nickel et le charbon.

de Nelson Mandela constituaient *a priori* des facteurs d'autant plus favorables à une intégration régionale que les périphéries du premier et du deuxième cercle sont déjà, en fait, dans l'orbite sud-africaine et que les grands conglomérats sud africains y déploient rapidement leurs capitaux, à l'affût par exemple des privatisations zambiennes et de la relance minière dans l'ex-Zaïre, membre de la SADC depuis 1998.

Mais c'est précisément l'hégémonie économique sud-africaine qui pose de redoutables problèmes. Un modèle centre-périphéries est déjà en place, et même si le « centre » est lui-même très hétérogène (Gervais-Lambony, 1997), les disparités sont fortes entre l'Afrique du Sud et ses voisins et ceux-ci, fort divisés, ne forment pas un bloc : outre le puzzle monétaire qui renforce la fonction d'étalon du rand, les politiques sont peu ou pas coordonnées et les relations extérieures opposent anglophones et lusophones, quand ceux-ci ne cultivent pas l'ambiguïté. Ainsi le Mozambique est devenu membre du Commonwealth tout en appartenant à la Communauté des pays de langue portugaise créée en 1996 et ceci a nécessairement des conséquences sur la définition de ses partenariats. Dans les faits, une intégration est en partie réalisée, mais est-elle acceptable pour les périphéries de l'Afrique du Sud qui n'accèdent que très peu à son marché intérieur, et peut-on la dynamiser dans le sens d'une plus grande équité géographique ? Faut-il d'ailleurs rechercher celle-ci, à quel prix et pour quoi faire, l'Afrique du Sud réalisant la moitié de ses échanges commerciaux avec l'Europe ? En regard des difficultés que soulèvent la protection tarifaire sud-africaine et l'incorporation de l'Afrique du Sud dans l'ex-SADCC, il est permis de s'interroger sur le devenir du partenariat régional en Afrique australe.

1.3. La dynamisation des structures existantes : à la recherche de grands marchés émergents

Bien qu'ayant jusqu'ici échoué, les grandes structures régionales existantes n'ont pas été démantelées, car c'est en partie de leur redynamisation qu'on attend une « mise au diapason » de l'économie internationale (Vadcar, 1995). La seule organisation qui a disparu est celle qui avait donné des résultats tangibles, la CEAO, dissoute d'un commun accord entre les pays membres en mars 1994, après la dévaluation du franc CFA et la création, le 10 janvier 1994, de l'UEMOA (Union économique et monétaire de l'Afrique de l'Ouest) dont le siège est à Ouagadougou ; se substituant à l'ex-CEAO, l'UEMOA est devenue l'espace d'intégration concurrent de la CEDEAO (siège à Lagos). Des multiples tribulations de l'UDEAC résultent d'une part une réforme fiscalo-douanière (accord de Bangui du 21 juin 1993), d'autre part la CEMAC (Communauté économique et monétaire en Afrique centrale) instituée par le traité de N'Djamena (16 mars 1994). Divisée en deux entités distinctes, juridiquement autonomes et qui peuvent avoir des trajectoires économiques différentes, la Zone franc, au sein de laquelle la coordination entre la politique monétaire supranationale et les politiques budgétaires nationales n'est pas assurée, peut-elle générer des processus d'intégration ? En Afrique occidentale, des politiques dites de convergence financière visant la création d'un « grand marché » ont abouti à lancer un marché unifié de l'assurance (code unique sur les contrats, les méthodes et les obligations), premier pas vers la diminution des obstacles juridiques à l'investissement et l'instauration d'un droit unifié des affaires. Ainsi apparaissent

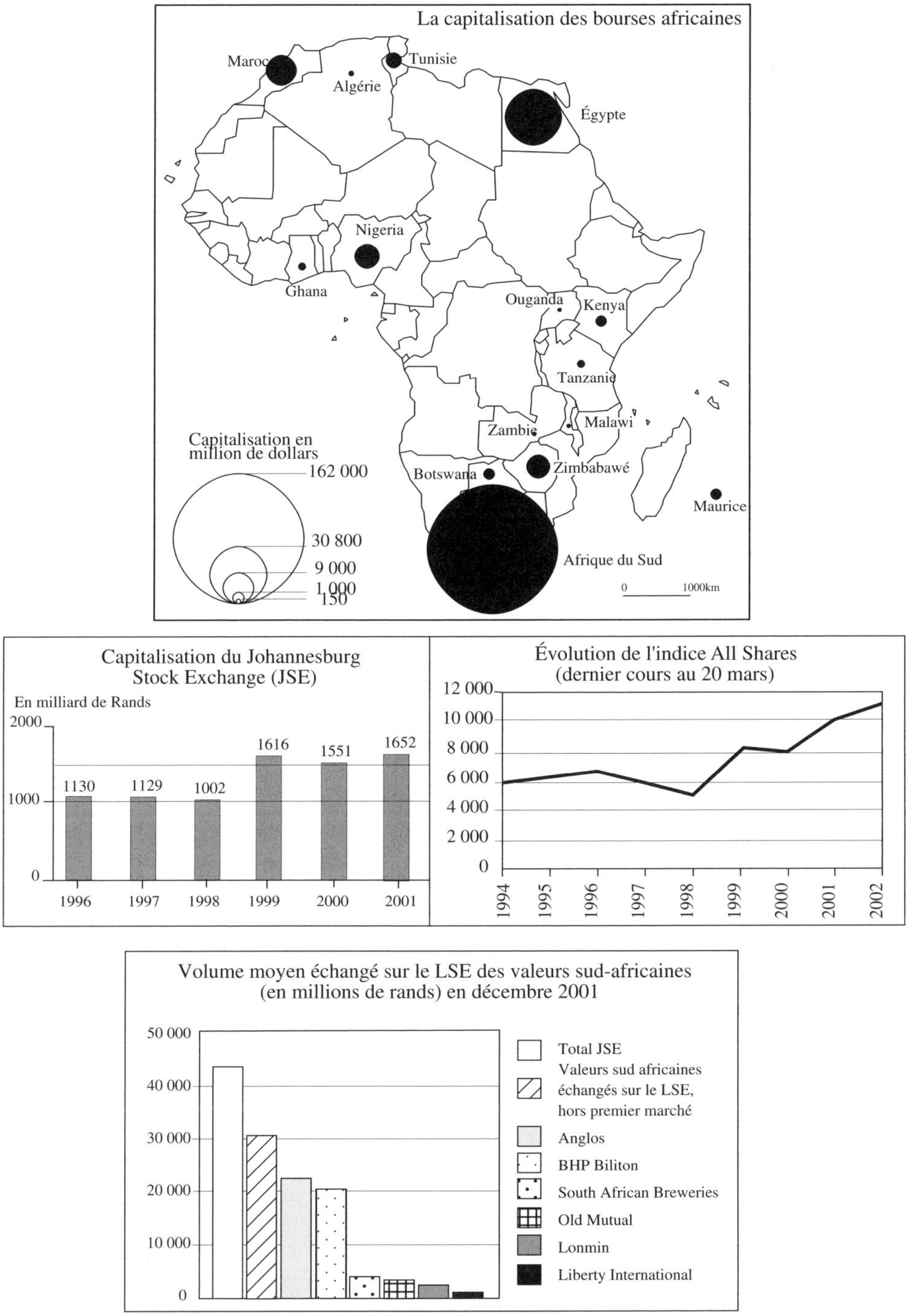

54. La bourse de Johannesburg en 2001.

deux noyaux potentiellement intégrateurs, la zone de l'UEMOA et le Nigeria. La dynamique de l'UEMOA, aire polarisée par la Côte-d'Ivoire, qui fournit 40 % de son PIB et où la Bourse d'Abidjan devrait animer le marché financier régional, pourrait toutefois être menacée par la volonté de la Banque mondiale d'ouvrir l'Afrique de l'Ouest à la libre circulation des biens et des services. En outre, si la dévaluation du franc CFA a bien dopé les exportations et permis une reconquête de certains marchés nationaux, notamment en matière de produits vivriers, elle n'a pas beaucoup accru les échanges régionaux et elle n'a que très peu amélioré la compétitivité de la zone par rapport aux produits ghanéens et nigérians (Hugon, 1994). Englué dans ses problèmes politiques, remaniant sans cesse son propre découpage interne, le Nigeria peut-il devenir le grand pôle ouest-africain ? Le nouveau Traité réorganisant la CEDEAO « révisée » est entré en vigueur le 23 août 1995 ; il envisage la réalisation d'une Union économique en 2005 et rappelle que la CEDEAO est la seule communauté qui doit, à terme, être chargée de l'intégration de Afrique de l'Ouest (230 millions d'habitants en 2001). S'il est clair que l'avenir de l'intégration régionale, qui peut bénéficier de la dynamique du peuplement et de l'amélioration des réseaux routiers, passe par un compromis entre la puissance nigériane et les États de l'UEMOA, il est non moins certain que ceci a peu de chances de survenir sur le court terme. Quant aux États de la CEMAC, même en supposant que leur volonté politique soit forte, ce qui est loin d'être le cas, ils doivent affronter de rudes contraintes : 32 millions d'habitants en 2001, de faibles densités de population, des infrastructures de transports déficientes et l'écartèlement des flux relationnels sont peu propices à l'épanouissement d'un vaste marché intégré ; de surcroît, il faudra bien s'interroger sur le devenir des quelque 52 millions de Congolais ex-Zaïrois qui constituent le premier bloc francophone.

En Afrique australe, la SADCC est devenue la SADC (Southern African Development Community) en août 1992 et la PTA a été transformée en COMESA (Common Market for Eastern and Southern Africa) entré en vigueur en décembre 1994, la SACU ayant été maintenue. La charte de la SADC prévoit la création d'un marché commun par la réduction des tarifs douaniers et la disparition progressive des entraves au commerce. Avec l'entrée de l'Afrique du Sud dans la SADC en 1994, les échanges internes ont été intensifiés et le COMESA regroupe environ 400 millions d'habitants en 2001. Il reste que l'Afrique du Sud mène une active politique d'incitation fiscale à l'exportation et de protection de ses industries manufacturières, politique accentuée après l'abolition de l'*apartheid*, et que les impératifs de restructuration interne et d'ouverture croissante à l'Europe l'emportent sur le souci d'une construction régionale dont l'équilibrage n'est pas une priorité du gouvernement de l'ANC.

Au demeurant, et ceci vaut pour toutes les constructions régionales, les dynamiques des acteurs « du dedans » sont inséparables de celles des opérateurs « du dehors ». On voit mal, en effet, la France renoncer à son influence diplomatique, monétaire et linguistique en sacrifiant l'UEMOA sur l'autel de la CEDEAO. L'Union européenne alloue des ressources importantes à des blocs régionaux, confortant ainsi leur existence : en 1994, elle a ainsi octroyé une aide financière non remboursable à la CEDEAO et défini avec la SADC les conditions d'une coopération. La Banque mondiale, plaide pour l'ouverture généralisée des frontières ; enfin, la renégociation des accords de Lomé, la révision des préférences commerciales et la nouvelle organisation du commerce mondial ont modifié la donne extérieure, pesant de ce fait sur les options intérieures (voir *infra*).

En attendant que ces dernières soient clarifiées, des dynamismes transétatiques, légaux ou illégaux, sont à l'œuvre. Sortant de leurs chasses gardées traditionnelles, de nombreuses sociétés diversifient leurs aires d'intervention. Les grands conglomérats sud-africains déploient ainsi leurs investissements non seulement en Afrique australe mais également au centre et à l'ouest du continent : Randgold opère au Burkina, au Mali, au Sénégal en Côte-d'Ivoire et au Gabon ; Gencor est présent en Guinée, avec De Beers, et Anglo American intervient au Mali ; au Congo ex-Zaïre, Eskom participe à la réhabilitation du barrage d'Inga et la plupart des conglomérats sont impliqués dans les appels d'offres pour la rénovation des mines du Katanga (Shaba), dont celle de Kamoto (cobalt) et de Tenke-Fungurume (cuivre-cobalt), alors que De Beers contrôle la production de diamants de la MIBA au Kasaï. De grandes sociétés sud-africaines assurent, par route ou voie ferrée, une partie de l'approvisionnement en vivres et en biens de consommation et les liaisons sont intenses entre Johannesburg et Lubumbashi. Des dynamismes, illicites et prédateurs, travaillent des frontières poreuses sans pour autant contribuer à façonner des formes d'intégration viables (chapitre VI). Dans ces conditions, l'urgence n'est-elle pas d'assurer la survie des États existants, de consolider leurs fonctions vitales et d'identifier des nodules à vocation régionale tout en permettant l'expression pacifique des identités en gestation ? Si tel est le cas, il faut changer radicalement d'approche et s'interroger sur la réelle efficacité des constructions institutionnelles *a priori* : sont-elles vraiment indispensables à l'intensification des échanges ou n'en sont-elles que de possibles résultantes ?

2. Les rapports au Monde : « une connexion par défaut »[5]

2.1. La marginalisation commerciale : les enjeux de l'an 2000

Les facteurs de réduction de plus de la moitié, de 1970 à 2000, de la part de l'Afrique subsaharienne dans le commerce mondial ont été analysés en détail par nombre d'économistes. Ces derniers mettent l'accent sur les conséquences du modèle rentier en terme de coût (chapitre I) et soulignent l'érosion de la compétitivité extérieure[6] d'un continent qui demeure spécialisé sur des produits de base « appauvrissants », dont les prix ont été dépressifs. On peut certes relever qu'entre 1945 et 1995, en terme de production, seuls quelques produits ont été affectés (Jacquet, 1995), mais en terme de commercialisation le continent a subi, tant dans le domaine des produits tropicaux que dans celui des minerais, ferreux ou non, un triple choc concurrentiel : celui d'autres pays du Tiers Monde, aux premiers rangs desquels se trouvent le

5. Expression empruntée à D. Bach.
6. La compétitivité se mesure entre pays pour un produit donné ; les avantages comparatifs se mesurent pour un pays donné entre produits (Hugon, 1993, p. 46).

Brésil et les pays asiatiques, la montée en puissance de produits agricoles tempérés de substitution et, au-delà des récessions postérieures aux chocs pétroliers des années soixante-dix, les gains de productivité des industries manufacturières européennes et nord-américaines. Évidemment sélective selon les filières et les produits, la perte de parts de marché est particulièrement nette pour l'arachide, le cacao, le palmiste et l'huile de palme, le caoutchouc naturel et la banane, alors que les maintiens de position, au demeurant forts inégaux, concernent le café, le coton, le sisal, le tabac et le thé, ce qui a accru les disparités aux échelles nationales et régionales (fig. 55).

Même si les marchés internationaux de produits tropicaux, loin d'être saturés ou en voie de disparition, sont en expansion, et si les avantages comparatifs de quelques pays africains ont perduré, la libéralisation accentuée du commerce extérieur mondial place l'Afrique dans une position d'autant plus difficile que, contrairement aux pays latino-américains et asiatiques, la structure de ses exportations est toujours dominée par les biens primaires (60 % en 2000) alors que celle de ses importations a été modifiée par les achats de biens d'équipement et de biens intermédiaires dus aux politiques industrielles d'import-substitution (fig. 56).

Quatre décennies après les indépendances, les échanges commerciaux sont toujours dépendants de dynamiques économiques étrangères et l'Afrique, fragilisée par les oscillations des termes de l'échange, a perdu du terrain. En 1980, ses exportations atteignaient 77,3 milliards US$ et ses importations 67,4 milliards US$, soit respectivement 3,8 % et 3,5 % des totaux mondiaux ; en 2001, les exportations (141 milliards US $) représentaient 2,4 % du total mondial, les importations (136 milliards) 2,2 % du total mondial. De 1980 à 2000, la croissance moyenne annuelle des ventes, en valeur, a été de + 3,1 % contre 6,5 % pour le commerce mondial. En outre, les inégalités géographiques intra-africaines sont considérables : l'Afrique du Sud et le Nigeria réalisent à eux seuls 53,5 % des exportations et 49,7 % des importations de l'Afrique subsaharienne. Cette polarisation interne est toutefois accompagnée d'une diversification géographique des exportations : de 1980 à 2000, la part des ventes vers l'Union européenne a reculé (de 42 % à 33 %) au bénéfice de l'Asie du Sud-Est (de 3 % à 12 %) et, dans une moindre mesure, des États-Unis et du Canada (de 24 à 27 %).

On comprend dans ces conditions toute l'importance des transformations actuelles des règles du jeu du commerce mondial, de la modification des mécanismes compensateurs et des préférences accordées antérieurement aux pays en développement. Les anciens systèmes de préférences généralisées instaurés au sein du GATT et de la CNUCED garantissaient l'accès de certains produits (Protocole sucre, Accord multifibres par exemple) aux marchés des pays industrialisés à des conditions favorables, que complétaient celles contenues dans les multiples accords bilatéraux entre les pays africains et leurs partenaires commerciaux. À l'issue de sept années de laborieuses négociations et d'un bras de fer entre les pays européens et les États-Unis, le cycle de l'Uruguay Round a abouti à la signature d'un Acte final, paraphé à Marrakech en avril 1994, qui organise un nouvel ordre économique mondial fondé sur la libéralisation des échanges. La diminution des droits de douane (de 24 % pour les PED), la réduction des subventions à l'exportation, la suppression des obstacles dits non tarifaires (contingents, régimes discrétionnaires) et

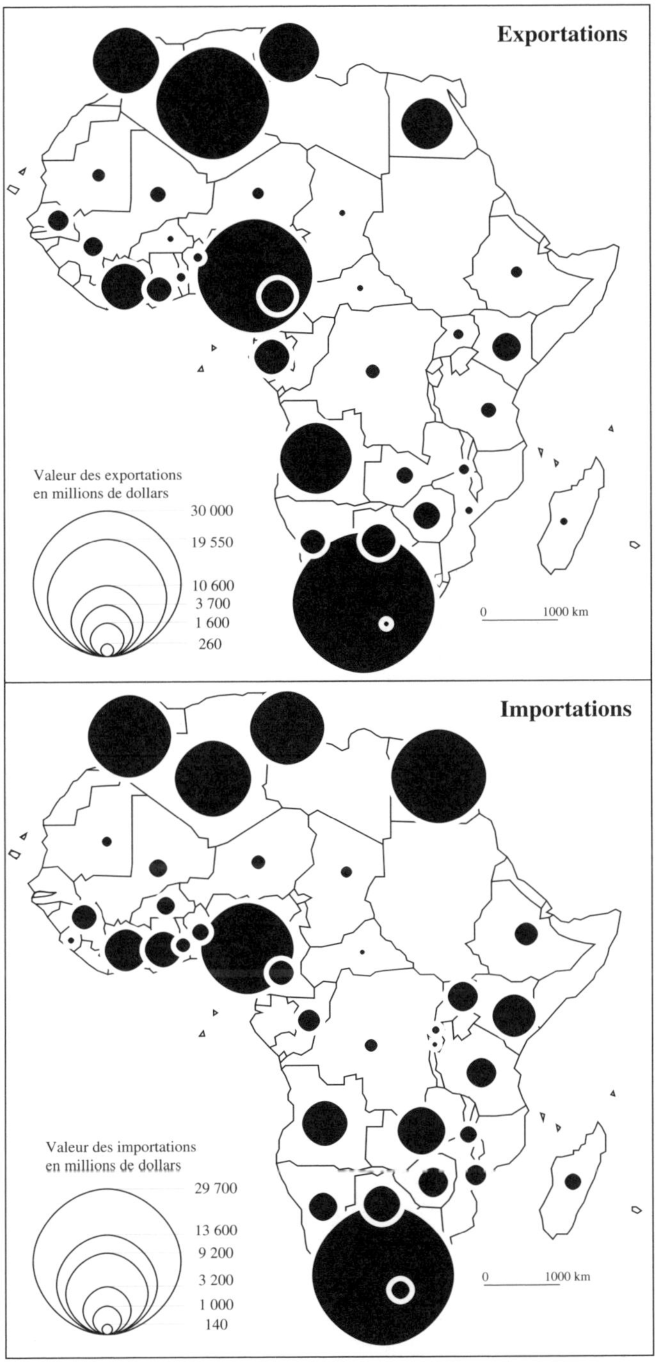

55. *Principaux exportateurs et importateurs de marchandises en 2000.*

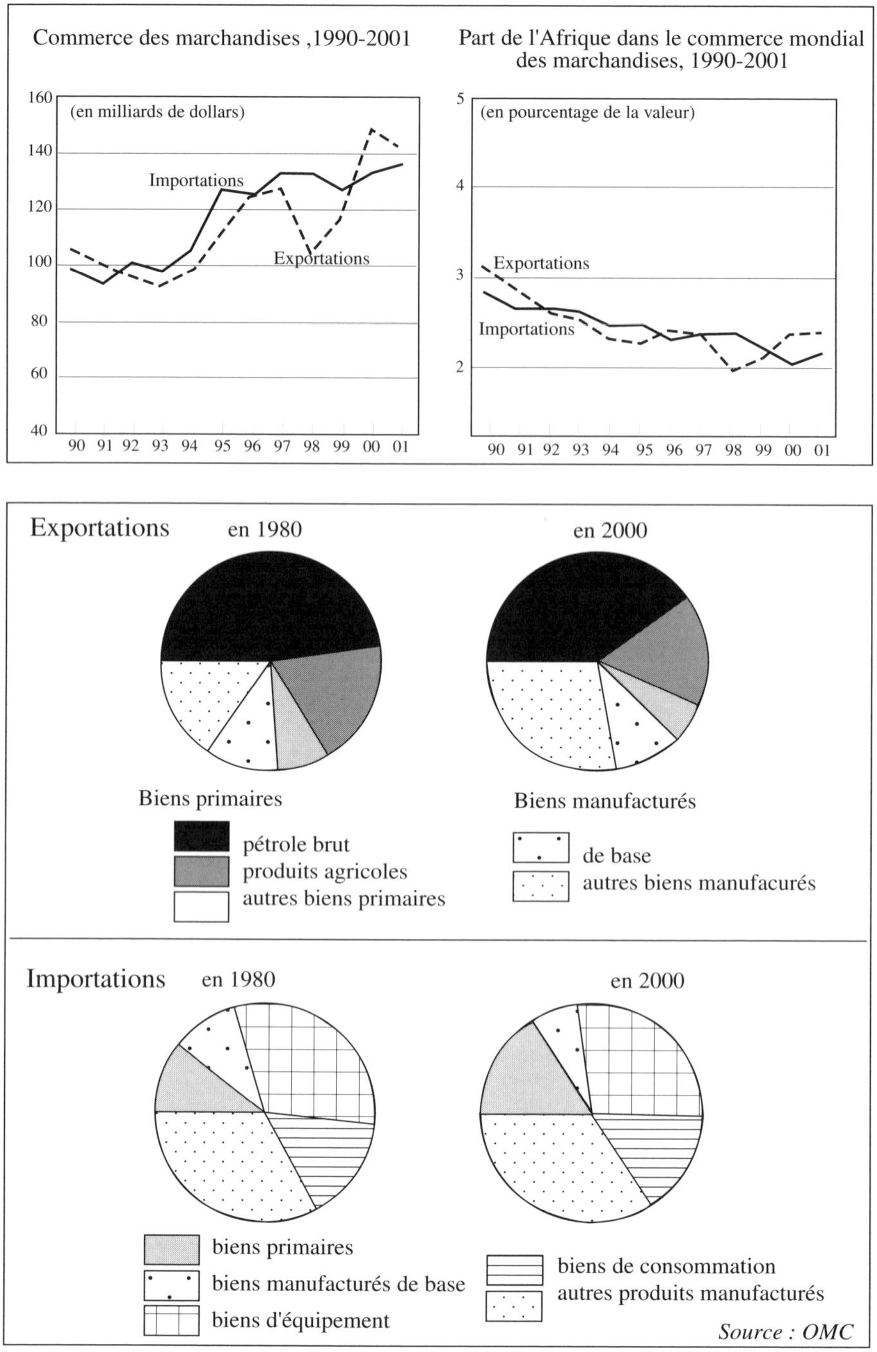

56. Évolution du commerce des marchandises (1990-2001) et de la structure du commerce extérieur (1980-2000).

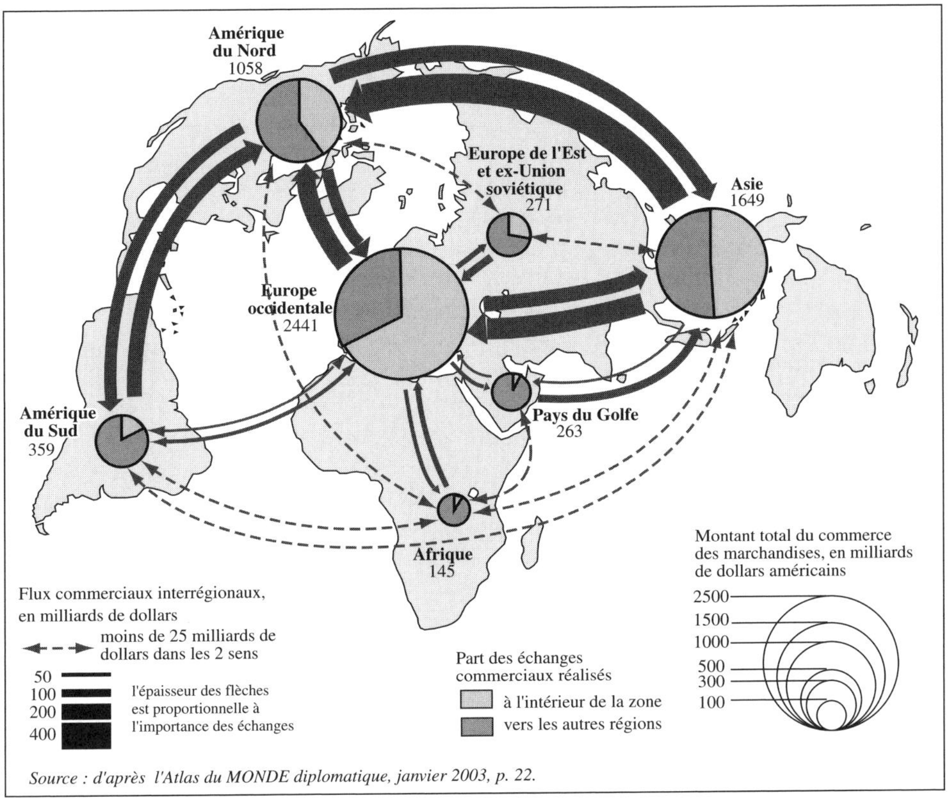

57. L'Afrique dans le commerce mondial des marchandises en 2000.

l'instauration d'une discipline commune ont modifié les anciennes règles du jeu commercial.

À cela s'ajoutent les conséquences de la Convention de Cotonou, signée le 23 juin 2000 qui redéfinit les rapports entre l'Union européenne et les 70 pays ACP (Afrique-Caraïbe-Pacifique). Signée en 1975 dans la capitale togolaise, entrée en vigueur le 1er avril 1976 et trois fois reconduite, l'ancienne Convention de Lomé avait instauré un système de préférences au sein d'une zone de libre-échange entre la CEE et les pays ACP, la première accordant aux seconds des avantages sans contrepartie selon le principe de l'inégalité compensatrice.

La nouvelle Convention de Cotonou supprime les mécanismes de compensation antérieurs (Stabex pour les produits agricoles et Sysmin pour les produits miniers) et instaure des accords de partenariat économique (APE) reposant sur des principes de libre échange conformes aux règles de l'OMC. Ces APE, applicables à partir de 2020, peuvent être conclus entre Etats et entre communautés financières et économiques existantes. Leur préparation exige une série d'ajustements commerciaux et fiscaux d'autant plus difficiles à réaliser pour les Etats africains que ces derniers doivent aussi gérer les initiatives concurrentes de l'Union européenne et des États-

Unis. L'Union européenne a ainsi lancé en février 2001 l'initiative TSA (« Tout Sauf les Armes »), qui autorise l'entrée libre des produits industriels et agricoles (exceptés la banane, libéralisable en 2006, le sucre et le riz libéralisables en 2009) issus des PMA et elle signe des accords bilatéraux, avec l'Afrique du Sud par exemple ou avec la SADC. En outre, depuis la création de l'euro, la question du rattachement de toutes les monnaies africaines à la monnaie unique européenne est posée. Or, les États-Unis, premiers fournisseurs d'investissements directs internationaux, mènent également une offensive commerciale par l'intermédiaire de l'AGOA (African Growth Opportunity Act), qui peut accorder, produit par produit, des préférences commerciales.

Tiraillés entre des politiques étrangères concurrentes, certains chefs d'Etat africains, pour éviter l'accroissement de la marginalisation, ont engagé des initiatives visant à définir une stratégie politique et économique à long terme pour le continent. Préparée par une première réunion en Libye (Syrte I, septembre 1999), la transformation de l'OUA en Union africaine a été adoptée à Lomé en juillet 2000, ratifiée par 44 chefs d'Etat en mars 2001 (Syrte II) et proclamée par le sommet de Lusaka en juillet 2001. Lors de ce sommet[7] une Initiative Economique pour l'Afrique, résultant de la fusion entre le plan Omega, proposé par le président sénégalais Abdoulaye Wade, et le MAP (Millenium Partnership for the African Recovery Programme), défendu par le président sud-africain Thabo Mbeki, a également été adoptée. En octobre 2001, à Abuja, une groupe de chefs d'Etat chargé de son suivi l'a rebaptisé NEPAD. Cette inititiative africaine a été vigoureusement soutenue par le G8 lors du sommet de Kananaskis (Canada, 26-27 juin 2002), les pays riches approuvant un Plan d'action pour l'Afrique de grande envergure. Le NEPAD comme le Plan d'action du G8 ont donné lieu à de nombreux débats, portant en particulier sur les moyens financiers qui ne sont pas à la hauteur des enjeux.

2.2. Essaimages africains et pénétrations du continent : des multiples connexions discrètes aux grandes manœuvres de télécommunications

À trop focaliser le regard sur les flux enregistrés de marchandises et la circulation monétaire visible, on finit par passer sous silence des dynamiques d'essaimage et de pénétration du continent, qui, pour n'être pas toujours spectaculaires ou mesurables, n'en constituent pas moins des formes discrètes et efficaces, quoique singulières, d'intégration dans le système-monde.

Pour la plupart, les grands réseaux marchands, formels et/ou informels, ne sont pas confinés au continent et beaucoup d'entre eux sont reliés à des circuits internationaux qui connectent l'Afrique noire au monde arabe, à l'Asie, à l'Europe et à l'Amérique du nord. Outre les antiques liens transsahariens qui unissent l'Afrique occidentale et centrale aux pays du Maghreb, à la Libye et à l'Égypte, la circulation des hommes et des biens est intense entre les côtes d'Afrique orientale et la péninsule arabique. Dans « Dubaï Street », officiellement dénommée Creek Road,

---

7. Voir par exemple *La Revue internationale et stratégique*, 46, 2002 et *Afrique contemporaine*, 204, oct.-déc. 2002),

artère moderne marquant la limite est de la vieille ville de Zanzibar, grossistes, détaillants et simples chalands peuvent se procurer des appareils électroménagers, des téléviseurs, des magnétoscopes et toute la gamme des derniers produits informatiques en provenance de Dubaï, entrepôt mondial où sont stockés des produits asiatiques. Vivifiés par la circulation aérienne, qui s'est substituée aux boutres voguant au rythme des moussons et aux capacités limitées, les relations marchandes contemporaines s'inscrivent dans la continuité des étroits rapports arabo-africains. On a souligné, par exemple, que le Shaykh al-Farsy, de Zanzibar, a exercé la fonction très officielle de Chief Kadhi du Kenya avant de retourner mourir dans sa famille, en Oman, sultanat dont le directeur de la Banque centrale, en 1988, était né à Zanzibar : persistance « informelle » de l'empire commercial issu d'Oman, constitué sur le continent par l'entremise de l'archipel de Zanzibar (Constantin, Le Guennec-Coppens, 1988). Les lignes aériennes qui relient Mombassa, Dar es-Salaam, Entebbe, Djeddah, Mascate et Dubaï constituent, en effet, un réseau de desserte qui est la forme modernisée de relations plus que millénaires entre l'Arabie méridionale et l'Afrique orientale. Si on connaît mal l'ampleur des flux traversant l'océan Indien occidental, on sait qu'existe un vaste espace transnational, où des relations marchandes et politiques articulent les sociétés du littoral est-africain, celles des pays interlacustres (Ouganda, Rwanda, Burundi) et la péninsule arabe. Les relations ne sont pas uniquement marchandes et la mobilité des hommes est intense : les Hadramani, originaires du Yémen méridional, se rendent fréquemment dans les Émirats Arabes Unis et les Omani, émigrés plus récents, ont gardé des liens importants avec Oman ; fait nouveau, les flux sud-nord sont désormais dominants, des Africains gagnant, avec des Arabes expatriés, les chantiers de construction et les complexes industriels des Émirats pétroliers, demandeurs de main-d'œuvre.

Cette circulation des hommes et des biens entre monde arabe et Afrique noire ne concerne pas seulement l'est du continent. Au Tchad, l'influence du Nigeria est entamée par la montée en puissance de l'Arabie Saoudite, avec laquelle existe un trafic exclusivement aérien, opaque et néanmoins de grande envergure. Tissus et produits manufacturés à haute valeur ajoutée (climatiseurs, appareils électroniques, équipement vidéo, véhicules 4x4) l'emportent sur les produits alimentaires et la plupart des importations proviennent en fait du Japon, de Hong Kong et de la Corée, *via* Djeddah. La position de l'Arabie saoudite est particulièrement forte sur le marché des automobiles : un véhicule, des pneus, des pièces détachées commandés par les concessionnaires officiels sont acheminés depuis l'Europe ou le Japon par bateau, puis par la route reliant Douala et N'Djamena ; les avions-cargos en provenance de Djeddah permettent un gain de temps considérable pour un prix final très comparable (Bennafla, 2002). Au trafic commercial s'ajoute évidemment celui qui résulte des pèlerinages vers la Mecque : les lieux saints attirent, par voie terrestre ou aérienne, des millions de musulmans africains, et les pèlerins qui tentent de s'installer en Arabie Saoudite sont de plus en plus nombreux. En pourchassant et en expulsant massivement les irréguliers, les autorités saoudiennes ont créé « un marché des refoulés », âprement convoité par toutes les compagnies aériennes.

En Afrique australe, les communautés marchandes indiennes n'ont pas toutes rompu avec leurs racines et des réseaux marchands d'Asie du sud, tels ceux des Sindhis, progressent rapidement. À l'ouest du continent sont situées d'importantes aires pourvoyeuses de migrants à destination de l'Europe. L'*Atlas des migrations ouest-africaines vers l'Europe* (Robin, 1997) analyse en détail les multiples réseaux et systèmes migratoires qui caractérisent les 3 millions d'Africains résidant en Europe (sur 11 millions d'étrangers – hors ressortissants de l'Union). Si les plus nombreux, environ 2 millions, proviennent du Maghreb, l'Afrique de l'Ouest constitue la première région de départ au sud du Sahara (415 000 individus). La France et le Royaume Uni demeurent certes les principales destinations (128 200 et 82 000 individus), mais le mouvement migratoire a gagné des pays assez peu concernés avant les années quatre-vingt, comme l'Allemagne (74 110) et l'Italie (62 800). Ces communautés de migrants constituent des unités d'épargne et de redistribution monétaire vers l'Afrique occidentale et au sein desquelles travaillent d'actifs agents de relations commerciales avec le continent. Dans la vallée de fleuve Sénégal (Bredeloup, 1995), les envois monétaires des migrants partis au lointain, qui représentent parfois 30 à 40 % des hommes actifs en pays soninké et haalpulaar, sont considérables et peuvent couvrir jusqu'à 60 % des budgets familiaux ; on ne compte plus le nombre de maisons, de mosquées et d'équipements sociaux bâtis grâce à l'épargne migratoire, et la migration est devenue la condition de survie des systèmes sociaux et productifs locaux. Peut-elle réussir à les améliorer ? Dans un premier temps, elle a conservé plus qu'elle n'a transformé, et les rapports de dépendance, et même d'exploitation, entre aînés et cadets, n'ont pas été modifiés. Même si aujourd'hui ces rapports demeurent ambigus, la multiplication des « associations villageoises de ressortissants » correspond à une deuxième étape, celle de l'investissement productif qui débute le plus souvent par le lancement de cultures maraîchères, alors qu'au Mali, les migrants financent surtout des périmètres irrigués. Mais force est de constater que la plupart des investissements demeurent peu productifs et que la concurrence s'exacerbe entre d'une part les associations animées par des migrants et d'autre part celles qui sont issues d'initiatives locales (Crousse *et al.*, 1991).

Avec la montée du chômage, de la xénophobie, et l'application de mesures qui rendent plus difficile le franchissement des frontières européennes, des réseaux ouest-africains se redéploient hors du Vieux Continent, particulièrement en Amérique du nord, organisant des transits dans les pays caraïbes où l'on peut acquérir comportements, styles et accents, voire de vraies-fausses nationalités, jamaïcaines par exemple, facilitant l'accès au sol américain. L'un des dispositifs les plus offensifs est celui des commerçants mourid, ramifié d'Istanbul à New York en passant par l'Italie et Marseille. Victoria Ebin (1993) a montré comment des éléments du système mourid, qui repose sur une stricte organisation en communautés de travail (*dara*) et sur la soumission absolue des *talibé* à leurs *cheikh*, opèrent depuis le milieu des années quatre-vingt dans la maroquinerie, la vente ambulante, puis se sont insérés dans l'économie new-yorkaise à partir du Bronx par la création d'activités de restauration et la conduite de taxis pirates (*gypsy cab*). Le prosélytisme mourid a favorisé la multiplication des contacts avec des Noirs américains ainsi que la conclusion d'alliances avec certains groupes musulmans, « la Maison de Serigne Touba », à Brooklyn, servant de quartier général à cette confrérie soufie dont le fondateur est perçu comme un guide par des Américains musulmans en quête de racines. La pénétration mourid à New York a des effets de retour sur les autres implantations, hommes et marchandises circulant au sein d'un dispositif internationalisé de plus en plus tourné vers la desserte du marché américain de gros.

Nul ne sait si les ramifications mourid sont étendues aux circuits de la drogue. En revanche, la rapide pénétration du continent africain par les grands réseaux mondiaux de narco-trafiquants depuis la décennie quatre-vingt est évidente. Selon les rapports annuels de l'Observatoire géopolitique des drogues, l'Afrique noire est devenue l'une des pièces maîtresses du trafic international. Du Brésil arrivent haschisch et marijuana ; d'Asie, où les triades chinoises installées à Hong Kong et Macao ont transformé le Nigeria, du fait de son appartenance au Commonwealth, en relais majeur, parviennent héroïne, cocaïne, drogues de synthèse, et Lagos est devenue un des principaux laboratoires de fabrication d'amphétamines alors que le Nigeria est, avec le Sénégal, l'un des rares signataires africains de la Convention de Vienne sur le trafic des stupéfiants (20 décembre 1988). La croissance de la consommation locale ou le financement des guerres civiles ne sont pas les seules causes de cette affirmation africaine, car la fonction de redistribution vers les États-Unis, l'Europe occidentale, centrale et les Balkans est bien plus importante que la desserte du marché intérieur. Au début de la décennie quatre-vingt-dix, 30 % de l'héroïne saisie en Afrique était destinée au seul marché européen et 50 % de l'héroïne saisie en Europe avait transité par l'Afrique. Plaque tournante, l'Afrique est également productrice de drogues pour l'exportation. Les cultures de chanvre indien (cannabis) ou de *khat*, stupéfiant produit sur les hautes terres du Harar éthiopien, entre 1 800 et 2 400 m d'altitude, et vendu depuis fort longtemps en Somalie et au Yémen, ne sont certes pas nouvelles ; mais l'extension de la production de cannabis, peut-être de pavot et de coca, qui procurent des revenus nettement supérieurs à ceux des cultures classiques, est sans précédent. De nombreux pays africains produisent du cannabis, dont l'aire d'extension court du Niger à l'Afrique du Sud, du Sénégal au Kenya ; tous les pays sont exportateurs d'herbe, sous forme de feuilles et de fleurs séchées (kif, marijuana) ou de haschisch (résine de la plante femelle) pour le compte de la mafia italienne et des réseaux néerlandais (fig. 58).

L'arrimage au monde n'est heureusement pas réductible à l'insertion accélérée dans les filières de la drogue, voire du trafic d'enfants : il est d'autres rayonnements et d'autres ouvertures. En 1986, l'écrivain nigérian Wole Soyinka a obtenu le prix Nobel de littérature ; le FESPACO (Festival panafricain du cinéma de Ouagadougou), rival du Festival de Carthage, a révélé des films et des réalisateurs, *Yeelen* (prix du jury au festival de Cannes en 1987) et *Waati* de Souleymane Cissé, *Yaaban* et *Tilaï* d'Idrissa Ouedraogo, *Wend Kuni* et *Rabi* de Gaston Kaboré par exemple, qui ont conquis une reconnaissance internationale dans les années quatre-vingt, suscité de nouvelles vocations et permis de nouer des liens avec le cinéma noir américain, dont les thèmes « afro » font aujourd'hui recette à Hollywood. Après des années de clandestinité, des cinéastes sud-africains sortent de l'ombre, et aux rares films anciens diffusés en Europe (*Come Back, Vukani*, de Lionel N'Gakane) succède une production attentive à la société, y compris chez des réalisateurs blancs (*Taxi pour Soweto,* de Manie Van Rensburg, *Soweto Green,* de David Lister). Des musiciens africains innovent, et c'est souvent à Londres et à Paris, où certains d'entre eux résident, qu'une génération de griots ouest-africains (Mory Kanté, Salif Keïta), de chanteurs et de musiciens venus d'Afrique centrale (Papa Wemba, Akendengué, Manu Dibango) a popularisé croisements de rythmes et nouvelles sonorités ; des entreprises culturelles, comme Tringa à Dakar, organisent des tournées aux États-Unis, les Festivals de Jazz de Saint-Louis et de Yaoundé accueillent désormais de grandes figures du jazz et du blues américains, et si

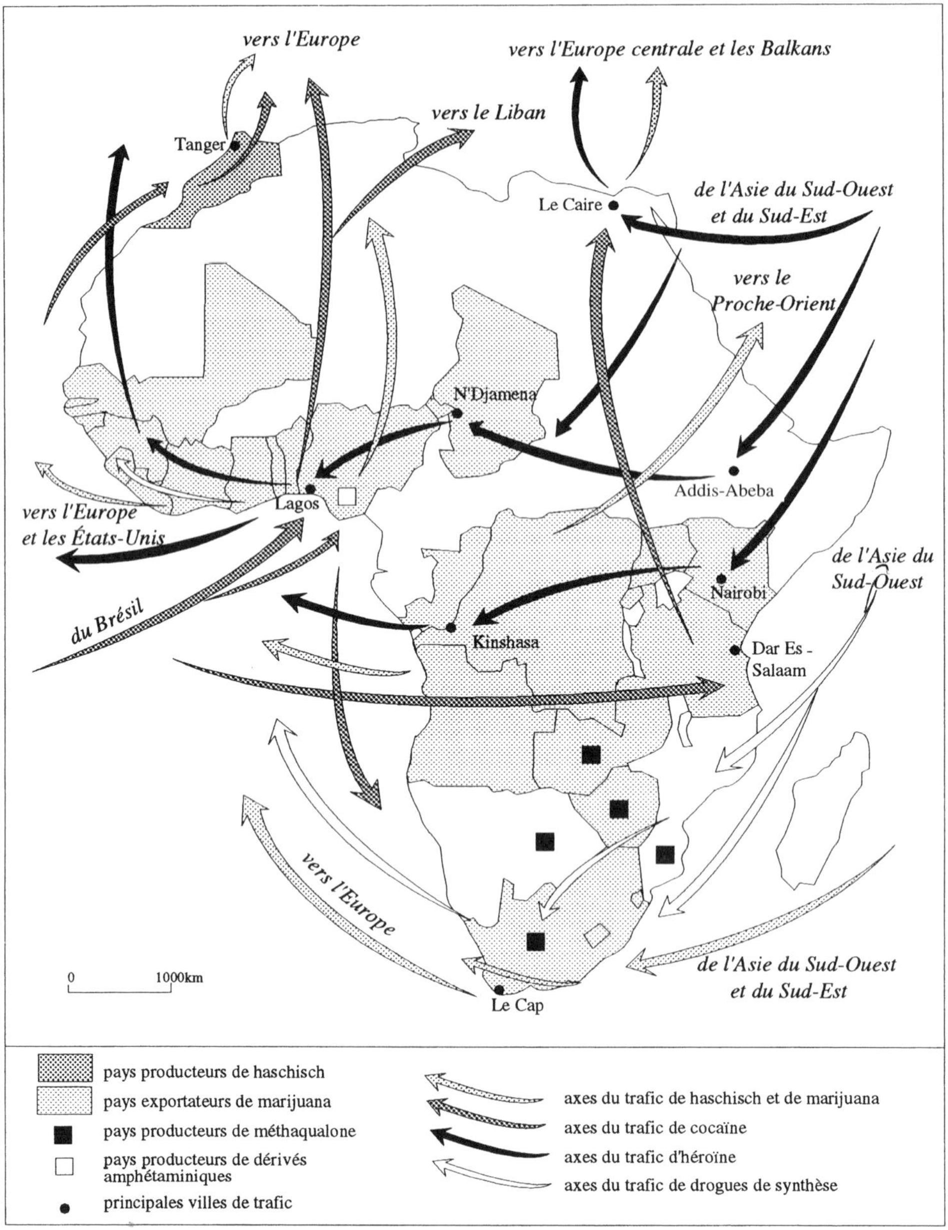

58. L'Afrique de la drogue.

la nouvelle génération, Youssou N'Dour, Ismaël Lo, Baaba Maal, Ali Farka Touré, Pépé Kallé, nouveau roi de la rumba zaïroise, travaille surtout sur le sol africain, elle anime aussi de grands rendez-vous internationaux. En Afrique du Sud, le Soweto String Quartet, formation fétiche de Nelson Mandela, qui mêle musique classique et tradition dans une alchimie « black-white » seyante à la nouvelle nation arc-en-ciel, est devenu un ambassadeur itinérant de celle-ci, sans toutefois recueillir l'adhésion de la jeunesse noire qui préfère le *kwaito, dance music* des *townships* pauvres. Le Marché des arts du spectacle africains (MASA), dont la troisième réunion, soutenue par l'UNESCO, a été tenue à Abidjan en mars 1997, attire de plus en plus d'hommes d'affaires, des Rencontres biennales de la photographie africaine se tiennent à Bamako depuis 1994 et les premières Rencontres de création chorégraphique panafricaine ont été organisées à Luanda en novembre 1996. Au-delà du grand projet de Musée des arts premiers à Paris et de la tenue de multiples expositions, masques, sculptures et poteries inspirent toujours des peintres européens, tel l'Espagnol Miquel Barcelo. Des sportifs africains s'imposent désormais dans les grandes compétitions internationales : aux 5e Championnats du monde d'athlétisme (Göteborg, 1995), le Kenya a devancé la Russie, la Grande-Bretagne et la France au tableau des médailles ; les Springboks (Afrique du Sud) ont remporté la Coupe du monde de rugby en 1995, les *bafana-bafana* (équipe nationale sud-africaine), les Nigérians, les Camerounais et, en 2002, les Sénégalais, se sont distingués lors des phases finales des Coupes du monde de football. D'autres phénomènes, moins spectaculaires mais très efficaces en matière d'insertion, sont repérables : la cuisine africaine est présente dans toutes les métropoles « globales » et l'inquiétude fait la fortune, à Paris et à Londres, d'une multitude de marabouts et de guérisseurs de plus en plus familiers du Minitel et des réseaux Internet.

On peut penser que les métissages culturels et les divers essaimages pèsent peu, finalement, en regard de la faible intégration par rapport aux grands flux de capitaux ou aux réseaux mondiaux de communication, les taux d'équipement de l'Afrique subsaharienne demeurant les plus bas du monde : 2,62 lignes téléphoniques pour 100 habitants (17,2 en moyenne dans le monde), 44 télévisions et 172 radios pour 1 000 habitants. Mais on peut aussi arguer que ces mille relations plus ou moins visibles favorisent, à leur manière, l'insertion du continent dans les réseaux modernes. Encore attardée en matière de communications, l'Afrique s'ouvre vite en effet : la téléphonie cellulaire progresse très rapidement, la Banque mondiale finance le programme Infodev et l'organisation Worldtel, avec le soutien de grands opérateurs téléphoniques mondiaux, propose son appui technique et financier. Dans un contexte de déréglementation et de course à l'espace satellitaire, le géant américain AT & T pose, depuis 1999, des câbles optiques sous-marins autour de l'Afrique en reliant les grandes villes côtières, et ses rivaux anglo-saxons ont programmé des actions concurrentes : Africom (Atlanta) envisage de lancer un satellite permettant d'utiliser un téléphone mobile du Cap au Caire, réalisant à sa manière le grand axe dont rêvait Cécil Rhodes, et ICO Global Communications (Londres), en association avec les compagnies téléphoniques du Sénégal, du Cameroun, d'Afrique du Sud et du Nigeria, propose de lancer dix satellites assurant une couverture mondiale radiotéléphonique incluant l'Afrique. Dans cette compétition financière, économique et culturelle, la France, dont la zone traditionnelle d'influence est rapidement pénétrée par des opérateurs américains et asiatiques (Malaysian Telecommunications l'a par exemple emporté lors de la privatisation en Guinée), accentue son effort : Intelsat

701 et 702 sont déjà utilisés pour la transmission des signaux de Radio France Internationale (RFI) et d'Africa n° 1, dont l'émetteur est installé à Moyabi (Gabon) et l'offre satellitaire télévisuelle a été renforcée (fig. 59 et 60).

Au début 1998, Afrique du Sud exceptée, seuls le Zimbabwe, le Kenya, le Sénégal et le Cameroun offraient un accès significatif à Internet ; en 2001, tous les États africains étaient sur la toile, mais 90 % des 7,7 millions d'internautes résidaient en Afrique du Sud.

L'Afrique subsaharienne n'est donc plus à l'écart des nouveaux modes de télécommunications, mais l'exemple d'internet (Chéneau-Loquay, 2000) montre que cet arrimage au système-monde est très inégal selon les États et qu'il accroît les disparités au bénéfice des plus riches d'entre eux concourant ainsi au renforcement de pôles autour desquels la mosaïque des États-nations pourrait être organisée à l'échelle régionale (fig. 61).

Mais contrairement à l'Asie, la plupart des impulsions décisives viennent encore de l'extérieur et les quelques États concernés (Afrique du Sud, Nigeria, Côte-d'Ivoire, peut-être Kenya) ne constituent pas, pour le moment, des pôles intégrateurs permettant une réelle diffusion des dynamiques africaines. Dans les conditions actuelles de la division internationale du travail, et compte tenu des contradictions entre les pôles intégrateurs potentiels et les autres États, « on voit mal se construire durablement un processus de régionalisation en Afrique sans une dynamique entraînante par un pôle européen », ainsi que le note Philippe Hugon (1995). C'est souligner à quel point les dynamiques du dehors pèsent sur celles du dedans, et c'est rappeler aussi le poids considérable des cadres étatiques, qu'on ne dépassera pas aisément.

Ces cadres sont toutefois contestés par une autre forme de mondialisation qui atteint l'Afrique « du bas » : marginalisée sur le plan économique, celle-ci n'est pas exclue des flux d'information ou de désinformation qui couvrent la planète. Plus que le téléphone ou la radio, la télévision, les cassettes vidéo et les informations distribuées dans les cybercafés atteignent non seulement les villes mais aussi les bourgs : attentifs au moindre signe, particulièrement réceptifs aux messages visuels, les Africains captent des signaux contradictoires et trompeurs. Le « monde » leur envoie d'une part l'image d'une société où l'argent, si rare, si difficile à acquérir par des moyens honnêtes, est la mesure de toutes choses, où la réussite matérielle, seul objectif, tient lieu de moralité. Il les sature de fictions, souvent prises pour des réalités « d'ailleurs », qui leur peignent un univers de violence sans limites : une image qu'ils renvoient au « monde », comme en témoigne par exemple la diffusion des images de l'assassinat du président libérien Samuel Doe. Il leur communique *a contrario*, par l'entremise des innombrables émissions religieuses des sectes chrétiennes, une promesse de réussite matérielle, fruit de l'adhésion quasi aveugle et individualiste à des schèmes moraux étroits, ignorants du politique, qui auraient fondé la réussite de la société nord-américaine. Il leur communique enfin les schémas utopistes de nouvelles sociétés qui naîtraient d'une violence millénariste. Moralisme, violence et idéal de réussite matérielle constituent ainsi, dans de nouveaux syncrétismes, un cocktail explosif qu'absorbent plus que tous autres les laissés pour compte de la croissance, et au premier titre les jeunes, Ninjas et Rambos du Congo ou de Somalie. À l'évidence, c'est bien de façons de voir et penser l'univers, de se situer dans son évolution, de structurer la société en conséquence que le continent a fondamentalement besoin : or nul ne peut le faire à sa place.

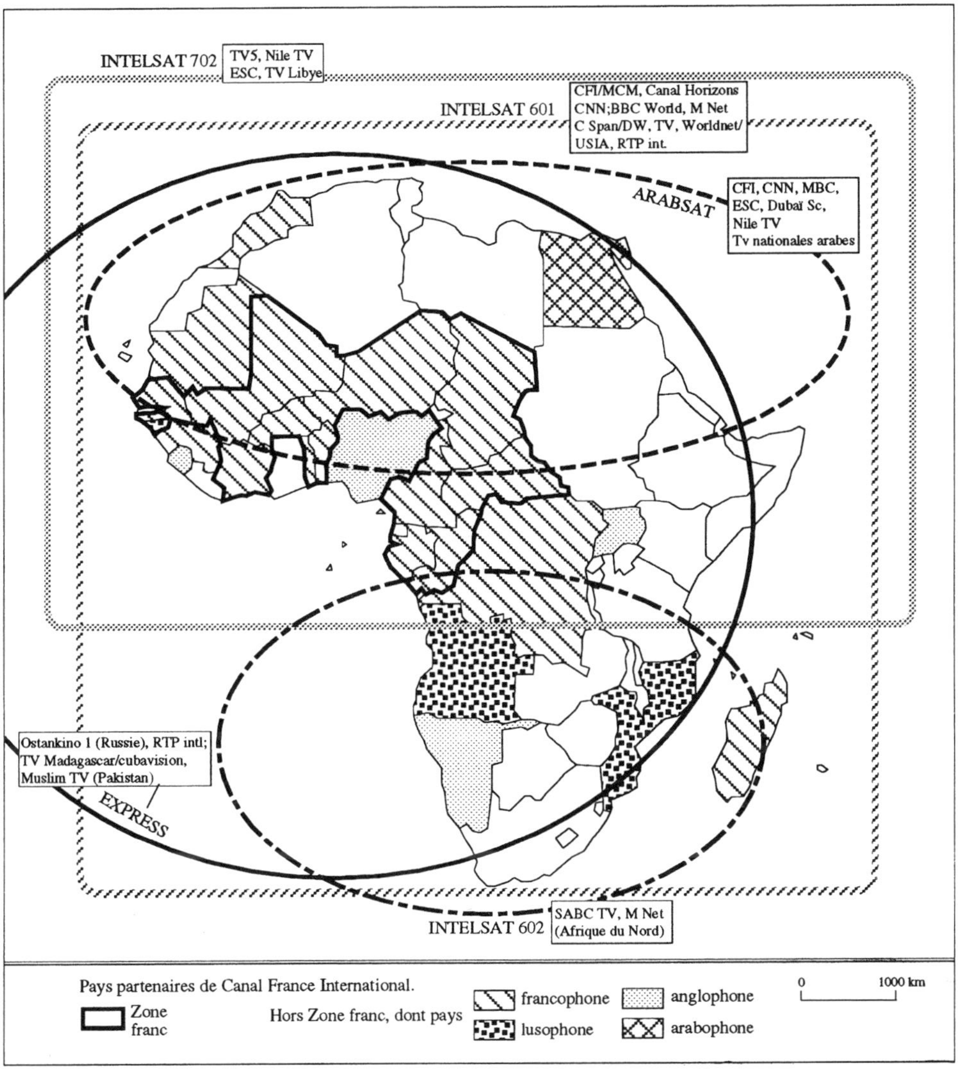

Source : d'après *Atlas de la Zone franc*, p. 77.

59. L'offre satellitaire télévisuelle en 1995.

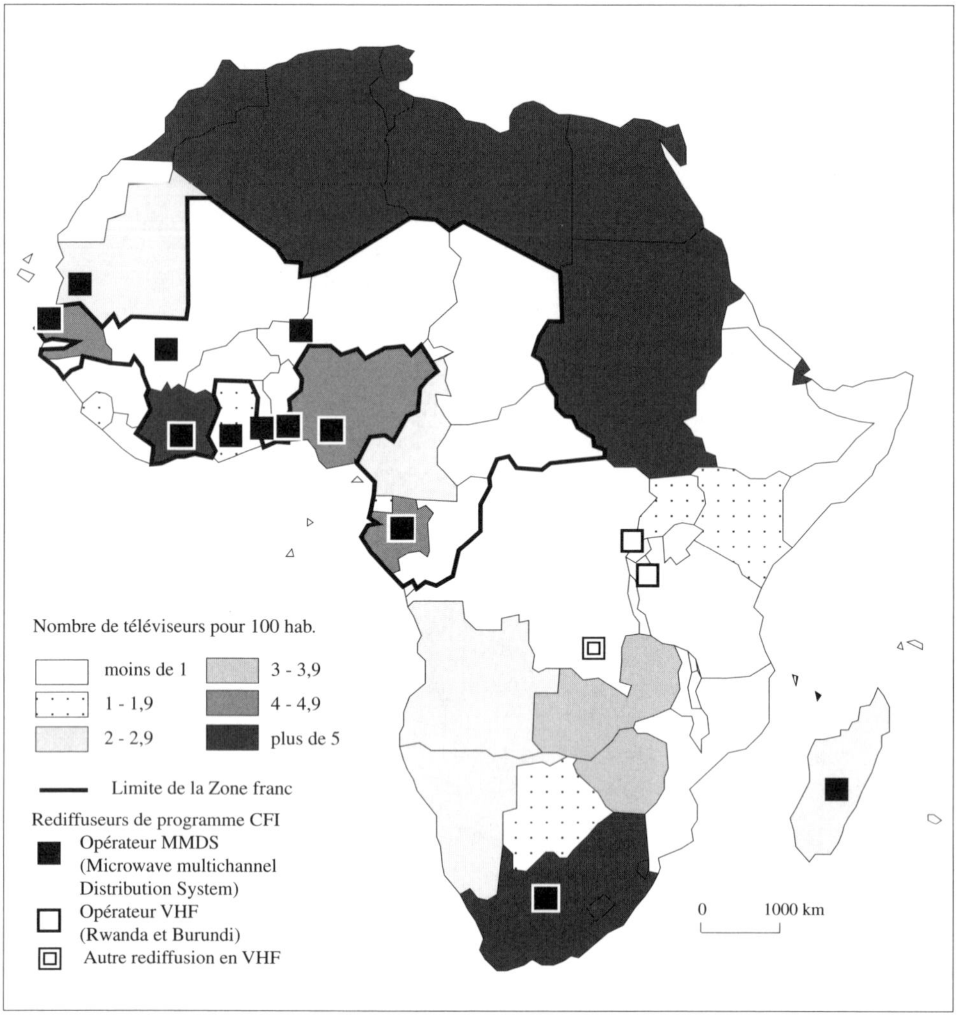

Source : d'après *Atlas de la Zone franc*, p. 77.

60. Équipement télévisuel et relais d'action de Canal France International.

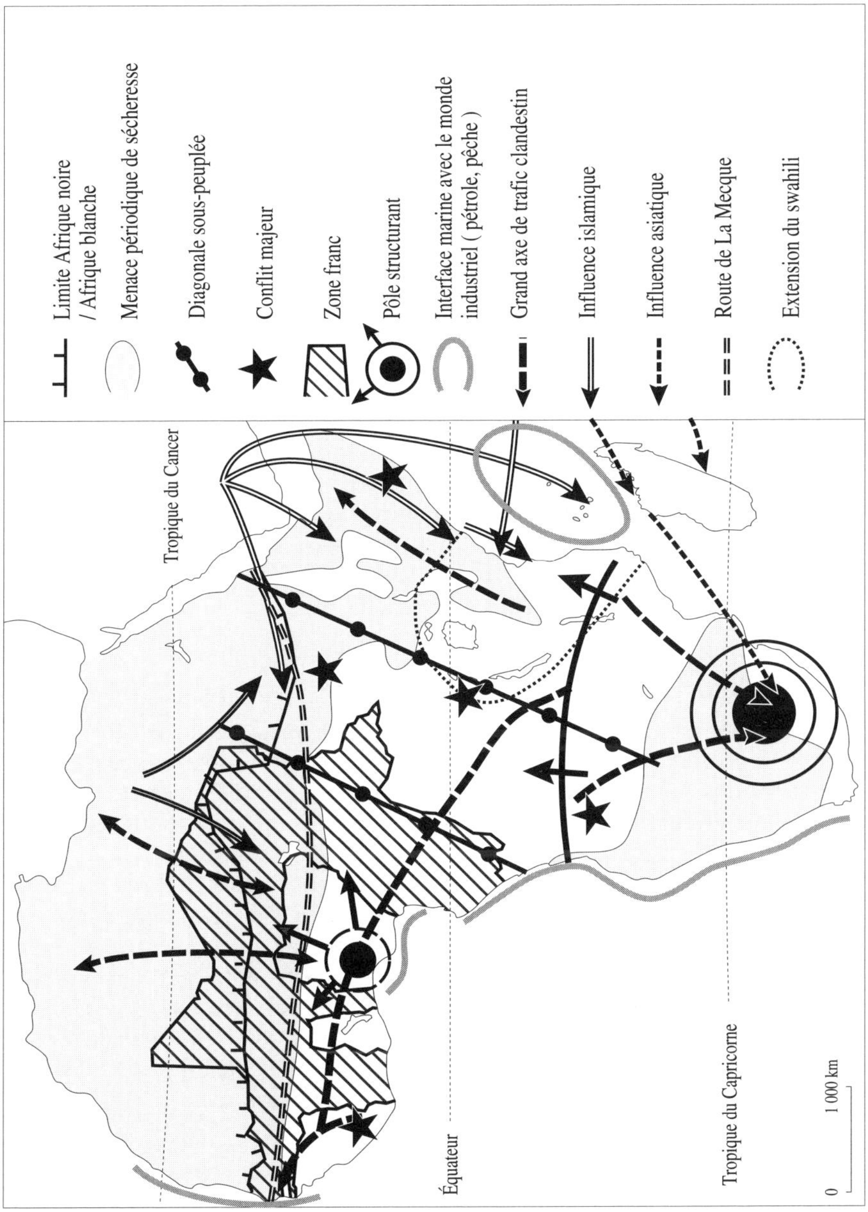

Source : A. Dubresson, J.-Y. Marchal, J.-P. Raison (dir.), *Les Afriques au sud du Sahara*, Paris, Belin-Reclus, 1994.

61. Dynamiques africaines.

DOCUMENTS

Les migrants en France, agents de développement ?

Les associations de développement contribuent au développement de la vallée du fleuve Sénégal et donc à l'essor de petites villes comme Ouro Sogui. Alors que l'État sénégalais poursuit son désengagement, reprenant à son compte la devise « moins d'État, mieux d'État », elles s'efforcent de maîtriser davantage leur environnement socio-économique en mettant en œuvre des stratégies de capture et de transfert de ressources accumulées dans l'émigration... Regroupés dans ces organisations, les émigrés et les résidants tentent de dépasser les contraintes propres à leur société inégalitaire et structurée initialement autour de l'économie de subsistance. Mais ces dynamiques associatives demeurent fragiles. Ni l'élaboration de projets de développement intégrés, combinant les volets santé, éducation et agriculture, ni le regroupement des AVD (associations villageoises de ressortissants pour le développement) en fédérations régionales n'ont permis de lever tous les obstacles. La participation des ressortissants à ces opérations demeure avant tout financière ; les travaux d'intérêt collectif sont de plus en plus négligés par les résidants, ce qui compromet l'idée même d'un développement auto-centré. Si les structures associatives ont su mobiliser de nouveaux acteurs et permis l'émergence de nouvelles formes de partenariat entre résidants, migrants et bailleurs de fonds, elles ont aussi favorisé l'expression de conflits empêchant parfois toute gestion consensuelle des projets. Outre la coopération se développe la compétition. Et dans ces conditions, l'âge, le sexe, l'ethnie, la caste, l'activité professionnelle deviennent autant de leviers d'importance sur lesquels on peut appuyer les différences et asseoir son importance.

Ces enjeux de pouvoir sont intimement liés à la vision qu'ont les gens de la vallée du fleuve non seulement du devenir de leur région mais aussi de leur propre insertion dans l'économie nationale ; l'individualisation des comportements peut se dissimuler derrière des apparences collectives... Le détour par la France et le salariat ou par les études supérieures a permis aux uns de porter un regard critique sur l'économie familiale traditionnelle et d'envisager le recours à un autre mode de production. Mobilisés à l'occasion de luttes syndicales et politiques en France ou au Sénégal, en milieu urbain, ils ont pu tester leurs capacités d'organisation et de persuasion ainsi que l'efficacité de l'action collective... Les uns conçoivent cette expérience associative comme le point de départ d'une carrière politique. Une fois de retour au pays, d'autres se désengagent des structures et oublient leurs convictions premières. Occupés à gérer leur retraite, ils envisagent leur lieu d'origine comme un lieu de repli, développant alors un comportement comparable à celui de certains villageois qui n'ont jamais migré ou à celui des migrants d'Afrique.

D'après S. Bredeloup,
« Migrants et politiciens à Ouro Sogui
(moyenne vallée du fleuve Sénégal) :
pour quelle dynamique urbaine ? »,
in M. Bertrand et A. Dubresson (dir.),
Petites et moyennes villes d'Afrique noire,
Paris, Karthala, 1997, p. 280-304.

CONCLUSION

Engagée *volens nolens* dans la tourmente de la mondialisation, promise au feu purificateur de la concurrence mondiale, l'Afrique subsaharienne aborde ce nouveau chapitre de son histoire dans des conditions particulièrement difficiles : faiblesse de la productivité, défaillance des infrastructures, aggravation des conditions sanitaires sont des handicaps majeurs, mais ils sont sans doute de moindre importance que la carence des encadrements, et d'abord des encadrements étatiques, qui contribue pour une bonne part à les expliquer. La mode, dans la pensée dominante qui s'estime aujourd'hui unique, est à la critique de l'État et à l'organisation de son dépérissement : on y souscrirait sans doute s'il s'agissait simplement de l'amener à abandonner des fonctions qui ne sont pas de son ressort (dans la production, voire la commercialisation par exemple), pour lesquelles il n'a ni compétence ni efficacité, mais ne s'agit-il que de cela ? Ne le voit-on pas, par doctrine ou par l'effet des circonstances, déjà dessaisi ici ou là, de droit ou de fait, de fonctions essentielles en matière de sécurité, de contrôle et d'organisation du territoire ? Les donneurs de leçons n'ont-ils pas tendance à confondre l'interventionnisme tous azimuts, qui était souvent de règle, avec une omnipotence totalitaire qui n'a jamais véritablement existé ? Et ne risquent-ils pas, en cherchant à les cantonner à l'essentiel, de porter un dernier coup à des États qui n'ont souvent été que des colosses aux pieds d'argile, déjà sapés, faute de ressources, par leur incapacité à poursuivre la redistribution sans progrès productif, selon le schéma de la « politique du ventre » ? L'exigence d'évolution démocratique, telle que l'exprimait notamment, en 1990, le « discours de La Baule », n'est-elle pas dans ces conditions un autre leurre, une autre circonstance aggravante ? Certes, la liberté est une condition du développement ; il est hélas moins évident qu'elle soit une condition de la croissance, sans laquelle il n'y a pas de développement. Et la parodie de démocratie, dont trop souvent les puissances extérieures se satisfont, après l'avoir fait certifier par des « observateurs » pour qui la cécité est une garantie de carrière, est peut-être un des pires ennemis de la démocratie comme du développement. Dans ce contexte, les risques sont grands de voir se multiplier les crises politiques et les conflits violents dans un continent où les armes, rustiques mais efficaces, abondent autant que manquent les armées disciplinées.

Or, on en a quotidiennement la preuve, les mécanismes de résolution des conflits sont aujourd'hui, sur le continent, remarquablement inopérants. Si faible soit-il, et peut-être en raison de sa faiblesse même, le continent africain, dont une bonne part est engagée dans une spirale de violence, échappe à tout contrôle, et en particulier à toute régulation internationale.

Ceci tient pour partie aux modifications fondamentales des équilibres stratégiques mondiaux : l'approfondissement de la crise africaine s'est produit au moment même où allaient disparaître des équilibres, pervers mais non sans efficacité, séquelles de la Deuxième Guerre mondiale et, au-delà, de l'histoire coloniale. Entré tardivement dans la logique de Yalta, au cours des années soixante-dix, suite à la révolution éthiopienne et à la chute de l'empire colonial portugais, le continent africain en est évidemment sorti à la mort de l'empire soviétique. On pouvait voir là une chance de paix : de fait, dans ces circonstances, un terme a pu être trouvé aux conflits érythréen, namibien et mozambicain, non sans mal dans le dernier cas, tant l'opposition Frelimo-Renamo était d'un autre ordre que l'opposition entre les deux blocs mondiaux ; sans nul doute la fin de l'*apartheid* a-t-elle été aussi facilitée par la « sortie de Yalta », les États-Unis n'ayant plus lieu de craindre qu'un gouvernement dominé par l'*African National Congress* constitue une tête de pont de l'Union soviétique. Mais on mesurait mal les effets seconds, infiniment moins positifs, de ce grand bouleversement : théâtre d'affrontement mineur entre les deux «grands» sans doute, l'Afrique pouvait néanmoins être un détonateur pour des conflits plus vastes, si bien que les deux camps s'efforçaient de contenir les crises dans certaines limites. Aujourd'hui qui peut s'inquiéter, sinon pour des raisons humanitaires, d'un affrontement prolongé dans un continent mineur qui, Afrique du Sud mise à part (et encore, car la Russie est aujourd'hui un substitut possible), ne recèle pas de ressources d'importance réellement stratégique ?

Le deuxième élément, de moindre poids, et qui n'est pas sans rapport avec le précédent, est la disparition du « pré carré » français, qui s'était peu à peu élargi au-delà des limites de l'ancien empire colonial, notamment dans la mesure où la France acceptait de jouer, en connivence avec les États-Unis, un rôle de gendarme sur le continent, comme ce fut le cas au Zaïre, lors des opérations du Shaba. Moins spectaculairement, mais plus efficacement sans doute, la Zone franc constituait un espace de sécurité monétaire – fût-elle liée à une léthargie économique – qui, combinée avec les effets redistributifs de l'aide française et européenne, était un gage de stabilité sociale et politique. L'espace francophone n'a certes pas ignoré les coups d'État, mais il a pratiquement évité les conflits armés internes, exception faite du Tchad où ils étaient attisés par les ambitions expansionnistes d'un Khadafi. La dévaluation du franc CFA, au début de 1994, a donc marqué un tournant d'importance ; économiquement nécessaire et sans doute trop longtemps différée, la mesure a été considérée comme un abandon par les populations concernées. Elle a sans nul doute mis à mal tout un système de relations, des plus discutables aux plus légitimes, essentielles au système francophone ; de même effet ont été les mesures prises en France pour limiter les flux de l'immigration, notamment africaine. Sur le plan militaire, l'Opération Turquoise au Rwanda, bel exercice tactique mais échec politique, dans la mesure où elle semblait par trop un appui au repli des forces hutu « génocidaires », a sonné le glas de l'interventionnisme français. L'envoi de troupes en Côte-d'Ivoire, l'implication de la France dans les accords de Marcoussis, ne représentent sans doute pas plus qu'une inflexion, ou un palier, dans cette évolution. Au risque d'être accusée, souvent simultanément, d'en faire trop ou trop peu, la France n'intervient plus de sa seule initiative : sa politique est d'appuyer l'action d'organisations régionales ou internationales, qu'il s'agisse de l'Union Africaine ou des Nations Unies. Son statut d'avocat d'un monde multipolaire, vigoureusement affirmé lors de la crise irakienne, lui interdirait d'ailleurs de revenir à la politique de la « chasse gardée ». Même dans une affaire aussi grave pour l'Afrique francophone que la crise ivoirienne, elle agit sur mandat de l'ONU.

Mais qu'attendre des organisations internationales ? Alors que les institutions de Bretton Woods sont omniprésentes au point de paraître (et en tout cas de croire) régenter l'évolution économique et sociale, il n'existe pas de contre-poids politique. Les Nations Unies, sollicitées sur maints terrains extra-africains, n'ont ni les ressources financières ni l'autorité qui leur permettraient de jouer le rôle de chef d'orchestre qui leur revient en principe : les difficultés qu'elles ont rencontrées pour mettre sur pied une force d'interposition dans l'est de l'ex-Zaïre, dont l'utilité était pourtant évidente et reconnue, en ont administré la preuve.

Faut-il dès lors tabler sur un règlement des conflits par les Africains eux-mêmes ? Noble principe, qui rejoint à n'en pas douter les vœux d'une large part des élites du continent, mais sans doute grande illusion. Non que les Africains fassent preuve d'une moindre compétence : la médiation, à Bangui, du général Amadou Toumani Touré, l'homme de la transition démocratique au Mali, n'a pas été, loin de là, moins efficace que l'interventionnisme français ; maints médiateurs africains manifestent leur lucidité et leur capacité diplomatique. Mais sur quelles bases peuvent-ils s'appuyer pour fonder leur légitimité et appuyer leur action ? À l'échelle continentale, l'Union Africaine serait-t-elle plus crédible que l'OUA ? On en doute. À l'échelle régionale, aucune institution politique n'existe qui puisse assumer ce type de fonction : l'ECOMOG, qui est intervenue militairement au Liberia, est certes une émanation de la CEDEAO, mais celle-ci n'a pas *a priori* vocation militaire. Au demeurant, ni les États-Unis ni les institutions financières internationales ne sont favorables à des organisations régionales sur le plan économique et, *a fortiori*, sur le plan politique.

Faut-il compter sur les leaders du continent, par le poids démographique et économique ? Il n'en existe que deux : le Nigeria et l'Afrique du Sud. Le premier, s'il peut se targuer d'un apparent succès au Liberia, où des élections formellement régulières ont fini par avoir lieu (mais avec un résultat contraire à ses objectifs), est largement déconsidéré tant par les exactions de ses troupes que par sa politique intérieure hautement répressive. La seconde par contre, soucieuse avant tout de ses problèmes intérieurs, et un court temps surtout préoccupée d'accroître ses relations économiques avec les puissances du « Nord » et l'Asie, a bien dû se rendre à l'évidence de sa position africaine : le désordre sur le continent l'affecte, socialement par l'immigration qu'elle provoque vers ce qui semble un Eldorado, économiquement par ses conséquences sur un certain nombre de marchés de matières premières. Nelson Mandela s'est posé en sage de l'Afrique, efforcé d'arbitrer les conflits de l'ex-Zaïre et du Soudan, même si ses prises de position (en faveur d'un Kabila notamment) furent parfois surprenantes et si les résultats obtenus furent limités. Toutefois l'Afrique du Sud, dont l'armée est en cours de mutation et qui doit consacrer ses ressources à sa re-fondation sociale et économique, est peu à même d'intervenir militairement et d'en assurer les coûts.

Seuls, en définitive, les États-Unis ont les coudées franches, mais, s'ils entendent, ici comme ailleurs, affirmer leur leadership idéologique et économique, ils n'ont à l'évidence nulle intention d'intervenir directement. Leur seul essai en la matière, en Somalie, effectué « dans la foulée » de la première guerre du Golfe, a été sur tous les plans un échec assez cuisant pour leur ôter toute tentation de renouveler l'expérience dans une « Afrique compliquée », enjeu mineur où la haute technologie militaire ne saurait suppléer la méconnaissance des faits politiques et sociaux. Dans des « guerres de gueux », ils n'agiront qu'indirectement et par intermédiaires. Même si nous refusons le « complexe de Fachoda » et si nous trouvons puérile l'idée d'une attaque perfide des anglophones contre la francophonie, force est de reconnaître que les Nord-Américains ont désormais pris l'initiative, après de longues approches en direction des gestionnaires, des politiques, des intellectuels, qui ont appris à connaître leur monde, à penser selon ses normes, fût-ce en s'exprimant en français. On sait qu'aujourd'hui les premiers éléments, sénégalais, ougandais et malawites, d'une force d'intervention inter-africaine commencent d'être entraînés par des instructeurs américains. Mais d'autre part et surtout, Washington compte sur des pays de seconde importance, trop faibles pour viser une action autonome, mais assez solides pour constituer des bases d'intervention, des pays qui ont fait les preuves de leur capacité de «bonne gouvernance», ce concept flou à la mode, dont le contenu minimal est sans doute l'adhésion au libéralisme économique et la capacité de maintien de l'ordre. Un certain nombre d'États entrent aujourd'hui dans cette catégorie qui – est-ce un hasard ? – se situent tous à la charnière des deux parties du continent : Éthiopie, voire Érythrée, Ouganda, Rwanda..., sur les franges peuplées, au contact de la « diagonale du vide » dont le contrôle spatial est particulièrement difficile. Mais entreraient dans la même catégorie sans doute, si les circonstances géopolitiques y portaient, des pays comme le Ghana ou le Burkina Faso. Il n'est pas certain que l'Afrique du Sud puisse être rangée dans le groupe : par son âge et son histoire, Nelson Mandela appartenait à la génération des dirigeants fondateurs d'États et pouvait être considéré comme le plus éminent d'entre eux. Il est dur de lui succéder.

Quels traits communs entre ces États, et particulièrement entre leurs principaux dirigeants ? Ceux-ci, arrivés au pouvoir par des voies diverses mais souvent par la guérilla, sont des hommes dans leur maturité ; ils ont pratiquement tous, à des degrés divers, eu dans leur vie politique une phase « révolutionnaire » et marxiste ; tous ont su adapter leur discours et leur pratique à la nouvelle donne et sont classés parmi les « bons élèves du FMI ». La plupart aussi, notons-le, à contre-courant des discours officiels, et en dépit de protestations sans suite des États-Unis notamment, ont avec les pratiques de la démocratie formelle des relations pour le moins complexes, tout en ayant un réel prestige et en parvenant à leur façon, souvent populiste, à rallier de larges fractions de l'opinion sur des bases qui transcendent tant l'ethnie que l'idéologie. En définitive, formés pour la quasi totalité à l'école anglo-saxonne, mais sans avoir un passé de technocrates, ils ont tous, peu ou prou, un profil de *managers* réalistes sachant trouver un fragile équilibre entre les réalités locales et les contraintes du contexte international mondialisé. Ce type de «personnes ressources», pour adopter le jargon de la Banque mondiale, aurait, dans la perspective nord-américaine, les capacités nécessaires pour établir sur le continent des môles de stabilité, et faire progresser au-delà les principes de la « bonne gouvernance ».

Est-il sûr cependant que ces interlocuteurs de talent aient les moyens, ou la volonté, de remplir ce rôle ? La crise zaïroise, conduit à poser des questions de fond, fût-ce sans espoir d'y répondre. Ce qui, très probablement, était à l'origine une opération d'ampleur limitée, destinée, avec l'aval et l'appui des États-Unis, à établir un glacis de sécurité sur les confins occidentaux de l'Ouganda et du Rwanda, voire au Shaba déjà bien proche de l'Afrique du Sud, a abouti à la chute d'un régime aussi moribond que son chef, mais au prix d'un nouveau génocide, de Hutu cette fois, et à la mise en place d'un leader aussi atypique qu'inquiétant, sans beaucoup plus de bases que son titre de « tombeur de Mobutu » et l'appui de forces et de techniciens étrangers. Serait-ce, et c'est l'explication la plus simple et la moins préoccupante, que les dynamismes politiques africains échappent à l'analyse des chancelleries et des services de renseignements étrangers ? Ou faut-il penser que ce grand bouleversement de la donne résulte de l'action d'acteurs occultes, et plus précisément de grandes firmes internationales qui voient dans l'établissement d'un axe Kinshasa-Luanda, ou d'un triangle Kinshasa-Luanda-Pretoria le fondement d'une nouvelle forme de contrôle et d'exploitation du continent ? Le conflit libérien avait montré qu'il était possible de « faire des affaires », d'acheter avec profit bois, fer ou caoutchouc dans un pays livré à l'anarchie et à la guerre, mais il ne s'agissait là que d'une forme moderne d'économie de cueillette, sans réel avenir ; il en irait différemment avec la mise en place d'une nouvelle race de *managers* maffieux.

Ce schéma inquiétant paraît tout au plus applicable à des pays d'économie minière où les gisements pétroliers *off-shore* et les gisements terrestres très concentrés, fournissant des produits de forte valeur, permettent de limiter au maximum le contrôle de l'espace, quitte à laisser l'essentiel du territoire dans les ténèbres du trafic ou le marasme de l'auto-subsistance. Encore faut-il tenir les villes, déjà de longue date plus importantes qu'ailleurs et grossies encore par les crises économiques et politiques : c'est peut-être là que s'appliquent le moins mal les techniques classiques – et internationales – de maintien de l'ordre ; ce n'est toutefois pas une mince affaire. On voit mal, en tout cas, une telle situation dans des pays restés fondamentalement ruraux, dotés de communautés enracinées, où contrôle territorial et gestion d'un réseau ramifié de collecte et de transport sont indispensables à l'activité économique, où la liaison avec « le bas » est primordiale. Faut-il penser qu'ils pourraient être abandonnés à leur sort, leur production étant aisément substituable ? Cela est peu plausible ; ce qui est sûr par contre c'est que les crises actuelles, le fossé croissant entre les discours des puissances et les réalités de leur action ou de leur inaction, accroissent la désespérance, accentuent ce qui paraît être un des traits majeurs de l'Afrique d'aujourd'hui : le manque de confiance en soi et dans les autres, qui est un des ressorts du recours généralisé au religieux.

On pouvait croire, avant que ne soient évaluées les conséquences du SIDA sur la mortalité et la structure par âge dans les court et moyen termes que le poids du nombre constituait un facteur potentiel de profonde transformation. Or, la « récession démographique » amorcée va réduire la population active dans les classes d'âge de plus de 35 ans. Déjà des entreprises d'Afrique australe sont gravement affectées par la déstabilisation de leur main-d'œuvre, et la scolarisation comme la formation professionnelle, indispensables au développement, régressent dans la plupart des pays, à quoi s'ajoutent des départs accélérés d'élites intellectuelles et techniques hors du continent.

Dans ce contexte, faut-il attendre des miracles du NEPAD et de la nouvelle Union Africaine ? Sans doute pas, mais les mille et un visages de l'énergie dont ont fait preuve jusqu'ici les sociétés africaines pour vivre et survivre malgré tout peuvent constituer les bases d'un rebond si des encadrement autochtones efficaces sont puissamment soutenus par les institutions internationales. Les moyens financiers nécessaires existent ; c'est donc de choix politiques qu'il s'agit. À l'aube du XXIe siècle, l'Afrique subsaharienne a moins besoin de discours apitoyés et d'ingérence humanitaire que de volontarisme et de mobilisation à toutes échelles.

BIBLIOGRAPHIE

Les données statistiques peuvent être actualisées en utilisant les sites web de la Banque mondiale (www.worldbank.org), du FMI (www.imf.org), de la BAD (www.adb.org), de l'OCDE (www.oecd.org/dev) et des Nations Unies (Commission économique pour l'Afrique : www.uneca.org, CNUCED : www.unctad.org, PNUD : www.undp.org/teams/french, ONUSIDA : unaids. org/africapartenership/UNCHS : www.unchs.org, Population Division : www.un.org/esa/population).

AGIER M., COPANS J., MORICE A. (dir.) (1987), *Classes ouvrières d'Afrique noire*, Karthala.

ALEXANDRATOS N. (1995), *World Agriculture: towards 2010. An FAO Study*, Chichester, John Wiley and Sons.

AMSELLE J.-L. (1977), *Les négociants de la savane*, Paris, Anthropos.

AMSELLE J.-L., M'BOKOLO É. (dir.) (1985), *Au cœur de l'ethnie. Ethnies, tribalisme et État en Afrique*, Paris, La Découverte.

Anonyme (1972), *Mélanges de géographie tropicale offerts à Pierre Gourou*, Paris-La Haye, Mouton.

– (1978), *Maîtrise de l'espace agraire et développement en Afrique tropicale, logiques paysannes et rationalité technique*, Paris, ORSTOM.

– (1984), *Le développement rural en questions*, Paris, ORSTOM.

– (1989), *Tropiques, lieux et liens,* Paris, ORSTOM.

– (1991), *Savanes d'Afrique, terres fertiles ?*, Paris, ministère de la Coopération et du Développement-CIRAD.

ANTOINE PH., DUBRESSON A., MANOU-SAVINA A. (1987), *Abidjan « côté cours ». Pour comprendre la question de l'habitat*, Paris, Karthala.

ANTOINE PH., BOCQUIER P., FALL A. S., GUISSÉ Y., NANITELAMIO J., (1995), *Les familles dakaroises face à la crise*, Dakar-Paris, ORSTOM-IFAN-CEPED.

ANTOINE PH., COULIBALY S. (dir.) (1989), *L'insertion urbaine des migrants. Actes du séminaire CRDI-ORSTOM-URD, Lomé 10-14 février 1987*, Paris, ORSTOM.

ANTOINE Ph. RAZAFINDRAKOTO M., ROUBAUD F. (2001), « Contraints de rester jeunes ? Evolution de l'insertion urbaine dans trois capitales africaines, Dakar, Yaoundé, Antananarive », *in Autrepart*, n° 18, 17-36.

BACH D.C. (1995), « Europe-Afrique, repenser le régionalisme », *in Marchés Tropicaux et Méditerranéens*, n° hors série (*Spécial cinquante ans, un continent en transition*), 171-174.

BACH D.C., EGG J., PHILIPE J. (dir.) (1988), *Nigeria, un pouvoir en puissance*, Paris, Karthala.

BAKER J. (dir.) (1997), *Rural-Urban Dynamics in Francophone Africa*, Uppsala, Nordiska Afrikainstitutet.

BAKER J., PEDERSEN P. O. (dir.) (1992), *The Rural-Urban Interface in Africa, Expansion and Adaptation*, Uppsala, Scandinavian Institute of African Studies, 1992, 238-257 (Seminar proceedings, 27).

Banque mondiale (1994), *Pour une meilleure santé en Afrique. Les leçons de l'expérience*, Washington, Banque mondiale.

– (1995), *A Continent in Transition : Sub-saharan Africa Region in the Mid-1990's*, Washington, Banque mondiale.

– (2002), *Rapport sur le développement dans le monde*, Washington, Banque mondiale.

Banque mondiale, Pnud (1989), *L'ajustement et la croissance en Afrique pendant les années quatre-vingt*, Washington, Banque mondiale.

BARBIER J.-P. (1993), « L'intégration régionale en Afrique du Centre et de l'Ouest », *in Afrique contemporaine*, 166, 27-38.

BAYART J.-F. (1989), *L'État en Afrique, la politique du ventre*, Paris, Fayard.

– (dir.) (1993), *Religion et modernité politique en Afrique noire*, Paris, Karthala.

– (1995), « Une mutation politique en cours », *in Marchés Tropicaux*, n° hors série, *(Spécial cinquante ans. Un continent en transition)*, 190-191.

– (1996 a), *L'illusion identitaire*, Paris, Fayard.

– (dir.) (1996 b), *La greffe de l'État*, Paris, Karthala.

BAYART J.-F., ELLIS S., HIBOU B. (1997), *La Criminalisation de l'État en Afrique*, Paris, Complexe.

BAYART J.-F., MBEMBE A., TOULABOR C. (1992), *Le politique par le bas en Afrique noire*, Paris, Karthala.

BEAUCHEMIN C. (1999), *Le retour à la campagne en Côte d'Ivoire : mythe ou réalité ?*, Paris, CEPED.

BENNAFLA K. (2002), *Le commerce frontalier en Afrique centrale. Acteurs, espaces, pratiques*, Paris, Karthala.

BENOÎT M. (1977), « Mutation agraire dans l'ouest de la Haute-Volta, le cas de Daboura (sous-préfecture de Nouna) », *in Cahiers de l'ORSTOM,* série Sciences humaines, 14 (2), 95-107.

BERMAN B., LONSDALE J. (1992), *Unhappy Valley. Conflict in Kenya and Africa*, Londres-Nairobi-Athens, J. Currey-Heinemann-Ohio University Press, 2 vol.

BERTRAND M. (1994), *La question foncière dans les villes du Mali. Marchés et patrimoines*, Paris, Karthala-ORSTOM.

BERTRAND M., DUBRESSON A. (dir.) (1997), *Petites et moyennes villes d'Afrique noire*, Paris, Karthala.

BLANC-PAMARD CH. (1979), *Un jeu écologique différentiel: les communautés rurales du contact forêt-savane au fond du « V baoulé »*, Paris, ORSTOM.

BLANC-PAMARD CH., CAMBRÉZY L. (dir.) (1995), *Terre, terroir, territoire. Les tensions foncières*, Paris, ORSTOM.

BOCQUIER Ph., TRAORÉ S. (2000), *Urbanisation et dynamique migratoire en Afrique de l'ouest. La croissance urbaine en panne*, Paris, L'Harmattan.

BOSERUP E. (1970), *Évolution agraire et pression démographique*, Paris, Flammarion.

BOST F. (2000), *Les zones franches en Afrique subsaharienne*, Paris, CFCE.

BOURMAUD D. (1988), *Histoire politique du Kenya*, Paris, Karthala.

BOUTRAIS J.-B. (1973), *La colonisation des plaines par les montagnards au nord du Cameroun (Monts Mandara)*, Paris, ORSTOM.

– (1983), *L'élevage soudanien. Des parcours de savanes aux ranchs (Cameroun-Nigeria)*, Paris, ORSTOM.

– (1995), *Hautes Terres d'élevage au Cameroun*, Paris, ORSTOM, 2 vol.

BREDELOUP S. (1989), *Négociants au long cours*, Paris, L'Harmattan.

– (1994), « L'aventure des diamantaires sénégalais », *in Politique Africaine*, 56, 77-93.

– (1995), « Émigration sénégalaise et immigration au Sénégal », *in Mondes en développement*, tome XXIII, 123-129.

BRUNEAU J.-C. (1990 a), *Atlas de Lubumbashi*, Paris, CEGAN, Université de Paris X.

– (1990 b), *Lubumbashi, capitale du cuivre : ville et citadins au Zaïre méridional*, Bordeaux, Université de Bordeaux III.

BRUNEAU J.-C, KAKESE K., MANSILA F. K (1987), « Fermes et champs autour des villes du cuivre : l'auréole nourricière de Lubumbashi, Likasi et Kolwezi (Zaïre) », *in Crise agricole et crise alimentaire dans les pays tropicaux*, Paris, CNRS, 237-256.

BRUNET R. (2003), *Le diamant. Un monde en révolution*, Paris, Belin.

BUIJTENHUIS R., THIRIOT C. (1995), *Démocratisation en Afrique au sud du Sahara, 1992-1995, un bilan de la littérature*, La Haye-Bordeaux, CEA Leiden-CEAN Bordeaux.

CANEL P., DELIS PH., GIRARD R. (1990), *Construire la ville africaine. Chroniques du citadin promoteur*, Paris, Karthala.

CAPRON J. (1973), *Communautés villageoises bwa, Mali, Haute-Volta*, Paris, Musée de l'Homme.

CERPOD (1995), *Migrations et urbanisation en Afrique de l'Ouest : résultats préliminaires*, Bamako, Cerpod.

CHALÉARD J.-L. (1996), *Temps des villes, temps des vivres. L'essor du vivrier marchand en Côte-d'Ivoire*, Paris, Karthala.

CHALÉARD J-L., DUBRESSON A. (1989), « Un pied dedans, un pied dehors. A propos du rural et de l'urbain en Côte-d'Ivoire », *in Tropiques. Lieux et Liens*, ORSTOM, 277-290.

CHAUVEAU J.-P. (1995), « Les agricultures africaines: évaluer la performance ou privilégier les processus ? », *in Marchés Tropicaux*, (*Spécial cinquante ans, un continent en transition)*, n° hors série, 205-212.

CHÉNEAU-LOQUAY A. (dir.) (1999), *Enjeux des technologies de la communication en Afrique*, Paris, Karthala.

CHESNAIS J.-C. (1986), *La Transition démographique*, Paris, INED-PUF.

CHRÉTIEN J.-P. (1993), « Les années de l'éleusine, du sorgho et du haricot. Écologie et idéologie », *in* Chrétien J.-P., *Burundi. L'histoire retrouvée*, Paris, Karthala, 79-103.

CHRÉTIEN J.-P., PRUNIER G. (dir.) (1989), *Les Ethnies ont une histoire*, Paris, Karthala-ACCT.

Coalition globale pour l'Afrique (1995), *Afrique 1990-1995 et au-delà*, Washington, Coalition globale pour l'Afrique.

COCHET H. (2001), *Crises et révolutions agricoles au Burundi*, Paris, Karthala.

CODO L. C. (1986), « Incidences économiques des flux frontaliers clandestins : le cas du Nigeria et du Bénin », *in Afrique contemporaine*, 140, 11-23.

CONSTANTIN F., COULON C. (dir.) (1997), *Religion et transition démocratique en Afrique*, Paris, Karthala.

CONSTANTIN F., LE GUENNEC-COPPENS F. (1988), « Dubaï Street, Zanzibar », *in Politique Africaine*, 30, 7-21.

CONTAMIN B., FAURÉ Y.-A. (1990), *La bataille des entreprises publiques en Côte-d'Ivoire. L'histoire d'un ajustement interne*, Paris, Karthala.

– (1992), « Des économies et des États en Afrique francophone : pour comprendre l'interventionnisme », *in Cahiers de Sciences humaines*, 28 (2), 305-326.

COPANS J. (1980), *Les marabouts de l'arachide. La confrérie mouride et les paysans du Sénégal*, Paris, Le Sycomore.

– (1990), *La longue marche de la modernité africaine*, Paris, Karthala.

COQUERY-VIDROVITCH C. (1985), *Afrique noire, permanences et ruptures*, Paris, Fayard.

CORMIER-SALEM M.-C. (1992), *Gestion et évolution des espaces aquatiques : la Casamance*, Paris, ORSTOM.

COULON C., MARTIN D.-C. (dir.) (1991), *Les Afriques politiques*, Paris, La Découverte.

COUR J.-M. (1994), *Analyse démo-économique et esquisse d'une image démo-économique à long terme de la région Afrique de l'Ouest*, Paris, OCDE-Club du Sahel.

COURADE G. (dir) (1994), *Le village camerounais à l'heure de l'ajustement*, Paris, Karthala.

COUSSY J., HUGON PH. (1992), *Intégration régionale et ajustement structurel en Afrique subsaharienne*, Paris, La Documentation Française,

COUSSY J., VALLIN J. (dir.), (1996), *Crise et population en Afrique*, Paris, CEPED.

COUTY PH. (1991), « L'agriculture africaine en réserve. Réflexions sur l'innovation et l'intensification en Afrique tropicale », *in Cahiers d'études africaines*, XXXII, 1-2, 65-81.

CROUSSE B., MATHIEU P., SECK S. M., (dir.) (1991), *La vallée du fleuve Sénégal. Évaluation et perspectives d'une décennie d'aménagement*, Paris, Karthala.

DALOZ J.-P., CHILESHE J.-D. (dir.) (1996), *La Zambie contemporaine*, Paris, Karthala.

DALOZ J.-P., QUANTIN P. (dir.) (1997), *Transitions démocratiques africaines*, Paris, Karthala.

DEVÈZE J.-C. (1996), *Le réveil des campagnes africaines*, Paris, Karthala.

DORIER-APPRILL É. (1996 a), « Jeunesse et ethnicités citadines à Brazzaville », *in Politique Africaine*, 64, 73-88.

– (1996 b), « Les enjeux socio-politiques du foisonnement religieux à Brazzaville », *in Politique Africaine*, 64, 129-135.

DUBRESSON A. (1989), *Villes et industries en Côte-d'Ivoire. Pour une géographie de l'accumulation urbaine*, Paris, Karthala.

DUBRESSON A., MARCHAL J.-Y., RAISON J.-P. (dir.) (1994), *Les Afriques au sud du Sahara*, Paris, Belin-Reclus, Géographie Universelle (tome VI).

DUREAU F. (1987), *Migration et urbanisation. Le cas de la Côte-d'Ivoire*, Paris, ORSTOM.

DURUFLÉ G. (1988), *L'ajustement structurel en Afrique (Sénégal, Côte-d'Ivoire , Madagascar)*, Paris, Karthala.

ÉBIN V. (1993), « Les commerçants mourides à Marseille et à New York : regards sur les stratégies d'implantation », *in* Grégoire E., Labazée P. (dir.), *Grands commerçants de l'Afrique de l'Ouest*, Paris, Karthala-ORSTOM, 101-124.

ELDIN M., MILLEVILLE, P. (dir.) (1989), *Le risque en agriculture*, Paris, ORSTOM.

ELLIS S. (dir.), (1995), *L'Afrique maintenant*, Paris, Karthala.

ELLIS S., FAURÉ Y.-A. (dir.) (1995), *Entreprises et entrepreneurs africains*, Paris, Karthala.

ÉTIENNE G., GOUROU P. (dir.) (1985), *Des labours de Cluny à la Révolution Verte*, Paris, PUF.

FERRY B. (2001), « La diffusion du SIDA et son impact sur la croissance démographique » in LERY A., VIMARD P. (dir.*) Population et développement. Les enjeux après la conférence du Caire*, Paris, CEPED.

FORD J. (1971), *The Role of Trypanosomiases in African Ecology. A Study of the Tsetse Fly Problem*, Oxford, Clarendon Press.

FOUCHER M. (1991), *Fronts et frontières. Un tour du monde géopolitique*, Paris, Fayard.

FRANQUEVILLE A. (1984), *Yaoundé, construire une capitale*, Paris, ORSTOM.

FREEMAN D. B. (1991), *A City of Farmers. Informal Urban Agriculture in the Open Spaces of Nairobi*, Montréal, Mac Gill University-Queens University Press.

GALLAIS J. (1960), « La signification du village en Afrique soudanienne de l'Ouest », *in Cahiers de Sociologie Économique*, 128-162.

– (1982), « Pôles d'État et frontières en Afrique contemporaine », *in Les Cahiers d'Outre-mer*, 138, 103-122.

– (1994), *Les Tropiques, terres de risques et de violences*, Paris, A. Colin.

GARIN P., FAYE A., LERICOLLAIS A., SISSOKHO M. (1990), « Évolution du rôle du bétail dans la gestion de la fertilité des terroirs sereer au Sénégal », *in Cahiers de la Recherche-Développement*, 26, 65-84.

GEMDEV (1994), *L'intégration régionale dans le monde : innovations et ruptures*, Paris, Karthala.

GENDREAU F., MEILLASSOUX C., SCHLEMMER B., VERLET M. (dir.) (1991), *Les spectres de Malthus*, Paris, ORSTOM-CEPED.

GERVAIS-LAMBONY M.-A. (1996), « Découpage régional, pouvoirs provinciaux, pouvoir central », *in Hérodote*, 82-83, 61-78.

GERVAIS-LAMBONY PH. (1994), *De Lomé à Harare. Le fait citadin*, Paris, Karthala-IFRA.
– (1996), « Les villes d'Afrique du Sud : gestion de l'héritage et recomposition de l'espace », *in Hérodote*, 82-83, 41-60.
– (1997), *L'Afrique du Sud et les États voisins*, Paris, Armand Colin.
GERVAIS-LAMBONY Ph., JAGLIN S., MABIN A., (1999), *La question urbaine en Afrique australe. Perspectives de recherche*, Paris, IFAS-Karthala.
GOUROU P. (1953), *La densité de la population au Ruanda-Urundi. Esquisses d'une étude géographique*, Bruxelles, Institut royal colonial belge.
– (1970), *L'Afrique*, Paris, Hachette.
– (1982), *Terres de Bonne Espérance. Le monde tropical*, Paris, Plon.
– (1991), *L'Afrique tropicale, nain ou géant agricole ?*, Paris, Flammarion.
GRÉGOIRE E. (1986), *Les Alhazai de Maradi (Niger). Histoire d'un groupe de riches marchands sahéliens*, Paris, ORSTOM.
GRÉGOIRE E., LABAZÉE P. (dir.) (1993), *Grands commerçants d'Afrique de l'Ouest. Logiques et pratiques d'un groupe d'hommes d'affaires contemporains*, Paris, Karthala.
GRIFFON M., WEBER J. (1996), « La "Révolution doublement verte" : économie et institutions », *Cahiers Agriculture*, 5, 239-242.
GUEYE C. (2002), *Touba, la capitale des Mourides*, Paris, Karthala.
GUILLAUME Ph. (2001), *Johannesburg. Géographies de l'exclusion*, Paris, IFAS-Karthala.
GUILLAUMONT P. (dir.) (1985), *Croissance et ajustement en Afrique de l'Ouest*, Paris, Economica.
GUILLOT B. (1973), *La Terre Enkou (Congo)*, Paris, EHESS.
HALLAIRE A. (1989), « L'intérêt d'une frontière: l'exemple des monts Mandara (Cameroun/Nigeria) », *in Tropiques, lieux et liens*, Paris, ORSTOM, 589-593.
HART K. (1973), « Informal Income Opportunities and Urban Employment in Ghana », *in Journal of Modern African Studies*, vol II, 61-80.
HOUSSAY-HOLZSCHUCH M. (1999), *Le Cap, ville sud-africaine. Ville blanche, vies noires*, Paris, L'Harmattan.
HUGON PH. (dir.) (1988), *Les Afriques en l'an 2000, perspectives économiques, Afrique contemporaine*, 146 (n° spécial).
– (1994), « La dévaluation du franc CFA: opportunités et risques », *in Afrique contemporaine*, 169, 18-26.
– (1995), « Régionalisation en Afrique subsaharienne et en Asie du Sud-Est », *in Afrique contemporaine*, 176, 87-105.
– (2001), *L'économie de l'Afrique*, Paris, La Découverte (3e édition).
HUGON Ph. (1999), *La Zone franc à l'heure de l'euro*, Paris, Karthala.
HUGON PH., POURCET G., QUIERS-VALETTE S. (1995), *L'Afrique des incertitudes*, Paris, PUF-IEDES.
HUGON PH., POURTIER R. (dir.) (1993), « Villes d'Afrique », *Afrique contemporaine*, 168, (n° spécial).
HURAULT J. (1969-70), « Éleveurs et cultivateurs du lamidat de Banyo », *Population*, XX-V-5 et XXV-5.
HYDEN G. (1980), *Beyond Ujamaa in Tanzania. Underdevelopment and an Uncaptured Peasantry*, Londres, Heinemann.

IGUÉ J.-O. (1989), « Le développement des périphéries nationales en Afrique », *in Tropiques, lieux et liens*, Paris, ORSTOM, 594-605.
– (1995), *Le territoire et l'État en Afrique, les dimensions spatiales du développement*, Paris, Karthala.
ILLIFFE J. (1979), *A Modern History of Tanganyika*, Cambridge, Cambridge University Press.
– (1997), *Les Africains. Histoire d'un continent*, Paris, Aubier.
JACQUET L. (1995), « Apprendre à vivre avec les lois de la concurrence », *in Marchés Tropicaux et Méditerranéens*, n° hors série, *Spécial 50 ans.Un continent en transition*, 229-239.
JAGLIN S. (1993), « L'ajustement gestionnaire à Yamoussoukro (Côte d'Ivoire : le « Vieux » et la commune au Village », in JAGLIN S., DUBRESSON A. (dir.), *Pouvoirs et cités d'Afrique noire, décentralisations en questions*, Paris, Karthala, 143-173.
JAGLIN S. (1995), *Gestion urbaine partagée à Ouagadougou. Pouvoirs et périphéries* (1983-1991), Paris, Karthala-ORSTOM.
JAGLIN S., DUBRESSON A. (dir.) (1993), *Pouvoirs et cités d'Afrique noire, décentralisations en question*, Paris, Karthala.
JAMAL V., WEEKS J. (1993), *Africa Misunderstood : or Whatever Happened to the Rural-Urban Gap ?*, Londres, Macmillan.
JEAN S. (1975), *Les jachères en Afrique tropicale : interprétation technique et foncière*, Paris, Musée de l'Homme.
JEAN F., RUFIN J.-C. (dir.) (1996), *Économie des guerres civiles*, Paris, Hachette.
KHENNAS S. (dir.), (1993), *Industrialisation, ressources minières et énergie en Afrique*, Dakar, Codesria, Paris, Karthala.
KJEKSHUS H. (1977), *Ecology Control and Economic Development in East African History. The Case of Tanganyika*, Londres, Heinemann.
LABAZÉE P. (dir.) (1994), « Entrepreneurs, ajustement et démocratie », *Politique africaine*, 56, Paris, Karthala.
LAVERGNE R. (1996), *Intégration et coopération régionale en Afrique de l'Ouest*, Paris, Karthala-CRDI.
LE BRIS É., LE ROY É., MATHIEU P. (1991), *L'appropriation de la terre en Afrique noire, outils d'analyse, de décision et de gestion foncières*, Paris, Karthala.
LE BRIS É., OSMONT A., MARIE A., SINOU A., (1987), *Famille et résidence dans les villes africaines, Dakar, Bamako, Saint-Louis, Lomé*, Paris, L'Harmattan.
LE PAPE M., VIDAL C. (dir.) (2002), *Côte d'Ivoire. L'année terrible 1999-2000*, Paris, Karthala.
LE ROY É., KARSENTY A., BERTRAND A. (1996), *La sécurisation foncière en Afrique. Pour une gestion viable des ressources renouvelables*, Paris, Karthala.
LERICOLLAIS A. (dir.) (1999), *Paysans sereer ; dynamiques agraires et mobilités au Sénégal*, Paris, IRD.
LOCOH T. (1995), « Baisse de la fécondité : la fin de l'exception africaine », *La Chronique du CEPED*, 18.
LOCOH T., HERTRICH V. (dir.) (1994), *The Onset of Fertility Transition in Sub-Saharan Africa*, Liège, IUSSP, Derouaux Ordina Éditions.

LOSCH B., FUSILLIER J.-L., DUPRAZ P. (1991), *Stratégies des producteurs en zone caféière et cacaoyère du Cameroun. Quelles adaptations à la crise ?*, Montpellier, CIRAD.

MAHIEU F.-R. (1990), *Les fondements de la crise économique en Afrique*, Paris, L'Harmattan.

MAINET G. (1986), *Douala. Croissance et servitudes*, Paris, L'Harmattan.

MAINET-VALLEIX H. (2002), *Durban. Les Indiens, leurs territoires, leur identité*, Paris, IFAS-Karthala.

MARCHAL J.-Y. (1983), *Yatenga (Nord Haute-Volta). La dynamique d'un espace rural soudano-sahélien*, Paris, ORSTOM.

MARCHAND J. (1996), *L'économie minière en Afrique australe*, Paris, Karthala-IFRA.

MARIE A. (dir.) (1997), *L'Afrique des individus*, Paris, Karthala.

MARSEILLE J. (1984), *Empire colonial et capitalisme français*, Paris, Albin Michel.

MEILLASSOUX C. (1979), *Femmes, greniers et capitaux*, Paris, Maspero.

MEILLASSOUX C., MESSIANT C. (dir.) (1991), *Génie social et manipulations culturelles en Afrique du Sud*, Paris, Arcantère.

MORICONI-ÉBRARD F. (1993), *L'urbanisation du monde depuis 1950*, Paris, Economica.

Nations unies (2002), *World Urbanization Prospects, The 2001 Revision*, New York, Nations Unies.

– (1996), *An Urbanizing World, Global Report on Human Settlements 1996*, CNUEH, Oxford, Oxford University Press.

NOIN D. (1983), *La transition démographique dans le monde*, Paris, PUF.

Observatoire géopolitique des drogues (1996), *Atlas mondial des drogues*, Paris, PUF.

ONANA J.-B. (1996), *L'aménagement urbain en Afrique du Sud, 1948-1995, entre apartheid et pauvreté*, Paris, L'Harmattan.

OSMONT A. (1995), *La Banque mondiale et les villes*, Paris, Karthala.

PAIN M. (1984), *Kinshasa, la ville et la cité*, Paris, ORSTOM.

PÉLISSIER P. (1966), *Les paysans du Sénégal. Les civilisations agraires du Cayor à la Casamance*, Saint Yrieix, Fabrègue.

– (1980), « L'arbre dans les paysages agraires de l'Afrique noire », *in Cahiers de l'ORSTOM, Série Sciences humaines*, 17 (3-4).

– (1985), « Techniques d'encadrement et transformations de l'agriculture en Afrique noire », *in* Étienne G. et Gourou P. (dir.), *Des labours de Cluny à la Révolution Verte*, Paris, PUF, 201-222.

– (1995), *Campagnes africaines en devenir*, Paris, Arguments.

PERROT C.-H., FAUVELLE-AYMAR F.-X. (dir.) (2003), *Le retour des rois. Les autorités traditionnelles et l'État en Afrique contemporaine*, Paris, Karthala.

PEROUSE DE MONTCLOS M.-A. (2001), *Migrations forcées et urbanisation : le cas de Khartoum,* Paris, CEPED.

PIERMAY J.-L. (1993), *Citadins et quête du sol dans les villes d'Afrique centrale*, Paris, L'Harmattan.

PILON M., LOCOH T., VIGNIKIN É., VIMARD P. (1997), *Ménages et familles en Afrique. Approches des dynamiques contemporaines*, Paris, CEPED.

PODLEWSKI A. (1966), « La dynamique des principales populations du Nord-Cameroun », *in Cahiers de l'ORSTOM, Série Sciences humaines*, III-4.

POURTIER R. (1983), « Nommer l'espace. L'émergence de l'État territorial en Afrique noire », *in L'Espace Géographique*, 4, 293-304.

– (1989), *Le Gabon*, Paris, L'Harmattan, 2 vol.

– (dir.) (1995), *Atlas de la Zone franc en Afrique subsaharienne. Monnaie, économie, société*, Paris, La Documentation Française.

– (2001), *Afriques noires*, Paris, Hachette.

PRUNIER G. (1999), *Rwanda : le génocide*, Paris, Dagomo.

RAISON J.-P. (1984 a), « Géographie rurale et recherche agronomique en Afrique tropicale », *in Hérodote*, 33-34, 261-268.

– (1984 b), *Les Hautes Terres de Madagascar*, Paris, Karthala-ORSTOM, 2 vol.

– (1991), « Croissance des risques et accélération des mutations dans les agricultures africaines : perspectives pour la fin d'un millénaire », *in* M. Beaud et M. Vernières (dir.), *L'avenir des Tiers Mondes*, Paris, PUF, 173-192.

– (1994 a), « Aux origines de la démographie historique malgache : D. Rainibe : Le canton d'Ambatomanga de 1903 à 1959. Étude démographique », *in Omaly sy Anio (Hier et aujourd'hui)*, 29-32, 478-488.

– (dir.) (1994 b), *Paysanneries malgaches dans la crise*, Paris, Karthala.

– (1996 a), « De l'or rouge à l'or vert ? Dualisme économique, État-providence et virage libéral : les mutations des politiques agricoles en Zambie », *in* J.-P. Daloz et J.-D. Chileshe (dir.), *La Zambie contemporaine*, Paris, Karthala, 154-185.

– (1996 b), « Les campagnes africaines : un monde en mutation dans un contexte d'incertitude croissante », *in* Bonnamour J. (dir.), *Agricultures et campagnes dans le monde*, Paris, SEDES, 247-268.

– (dir.) (1997), *Essais sur les montagnes de Tanzanie*, Paris, Karthala, IFRA-Géotropiques.

RAISON-JOURDE F. (dir.) (1983), *Les souverains de Madagascar. L'histoire royale et ses résurgences contemporaines*, Paris, Karthala.

RAKODI C. (dir.) (1997), *The Urban Challenge in Africa*, Tokyo-New York-Paris, United Nations University Press.

RAKOTO-RAMIARANTSOA H. (1996), *Chair de la terre, œil de l'eau. Paysanneries et recompositions de campagnes en Imerina (Madagascar)*, Paris, ORSTOM.

RANGER, T. (1985), *Peasant Consciousness and Guerrilla War in Zimbabwe. A Comparative Study*, Londres, J. Currey.

RAYNAUT C. (dir.) 1997, *Sahels. Diversité et dynamiques des relations sociétés-nature*, Paris, Karthala.

RENAULT F., DAGET S. (1985), *Les traites négrières en Afrique*, Paris, Karthala.

RICHARD J.-F. (dir.) (1990), *La dégradation des paysages en Afrique de l'Ouest*, Dakar, Presses de l'Université de Dakar.

RICHARDS P. (1985), *Indigenous Agricultural Revolution*, Londres, Unwin Hyman.

ROBIN N. (1997), *Atlas des migrations ouest-africaines vers l'Europe, 1985-1993*, Paris, ORSTOM.

RODRIGUEZ-TORRES D. (1996), « Le gang Serena : origine et production d'une contre-société de la rue à Nairobi », *in Politique Africaine*, 63, 61-71.

ROSSI G. (2000), *L'ingérence écologique. Environnement et développement rural du Nord au Sud*, Paris, CNRS.

RUF F. (1995), *Booms et crises du cacao. Les vertiges de l'or brun*, Paris, ministère de la Coopération, CIRAD-SAR et Karthala.

SAUTTER G. (1966), *De l'Atlantique au fleuve Congo. Une géographie du sous-peuplement*, Paris-La Haye, Mouton.

– (1967 a), « La région traditionnelle en Afrique tropicale », *in Régionalisation et Développement*, Paris, CNRS, 65-107.

– (1967 b), « Notes sur la construction du chemin de fer Congo-Océan », *in Cahiers d'Études Africaines*, 26, 219-299.

– (1994), *Parcours d'un géographe. Des paysages aux ethnies, de la brousse à la ville, de l'Afrique au monde*, Paris, Arguments, 2 vol.

SCET INTER, SCET AGRI, SEDES (1984), *Une image à long terme de l'Afrique au Sud du Sahara*, Bruxelles, CEE.

SCHILTER C. (1991), *L'agriculture urbaine à Lomé*, Paris, IUED-Karthala.

SCHLIPPÉ P. de (1956), *Shifting Cultivation in Africa. The Zande System of Agriculture*, Londres, Routledge and Kegan Paul.

SID AHMED A., VALETTE A. (dir.) (1988), « Industrialisation et développement. Modèles, expériences, perspectives », *in Tiers-Monde*, XXIX, 115 (juillet-septembre).

STREN R., LETEMENDIA C., (dir.) (1986), *Coping with Rapid Urbain Growth in Africa*, Montréal, MacGill University.

STREN R., WHITE R. (1993), *Villes africaines en crise. Gérer la croissance urbaine au sud du Sahara*, Paris, L'Harmattan.

TER HAAR G. (1996), *L'Afrique et le monde des esprits. Le ministère de guérison de Mgr Milingo, archevêque de Zambie*, Paris, Karthala.

TERRAY E., (dir.) (1987), *L'État contemporain en Afrique*, Paris, L'Harmattan.

TERSIGUEL Ph. (1995), *Le pari du tracteur. La modernisation de l'agriculture cotonnière au Burkina Faso*, Paris, ORSTOM.

TIFFEN M., MORTIMORE M., GICHUKI F. (1994) *More People, Less Erosion*, Nairobi-Londres, ACTS Press, ODI.

TOURÉ M., FADAYOMIT O. (dir.) (1993), *Migrations, Development and Urbanization Policies in sub-saharan Africa*, Dakar, Codesria.

VADCAR C. (1995), « La constitution de zones de libre-échange et l'Afrique », *in Afrique Contemporaine*, 175, 31-42.

VALETTE A. (1991), « Variations sur un modèle : la NPI sénégalaise », *in Chroniques du Sud* (ORSTOM), 6, 21-32.

VALLIN J. (1989), *La population mondiale*, Paris, La Découverte.

– (1995), « Populations africaines et SIDA », *in La Chronique du CEPED*, 16.

VAN DER HOOVEN R., VAN DER KRAAIJ (1994), *L'ajustement structurel et au-delà en Afrique subsaharienne*, Paris, Karthala.

VENARD J.-L. (1986), *Vingt-cinq ans d'intervention française dans le secteur urbain en Afrique noire francophone*, Paris, Economica.

VENNETIER P. (1991), *Les villes d'Afrique tropicale*, Paris, Masson (2e édition).

WILLAME J.-C. (1997), *Banyarwanda et Banyamulenge. Violences ethniques et gestion de l'identitaire au Kivu*, Louvain, Cahiers Africains, 25.

YAPI DIAHOU A. (2000), *Baraques et pouvoirs dans l'agglomération d'Abidjan*, Paris, L'Harmattan.

INDEX

P

R

S

T

U

V

Z

TABLE DES ILLUSTRATIONS

1. Cartes et graphiques

Chapitre I

Chapitre II

Chapitre III

Chapitre IV

Chapitre V

Chapitre VI

Chapitre VII

2. Tableaux

3. Documents

TABLE DES MATIÈRES

Armand Colin
21, rue du Montparnasse, 75006 Paris
11005670 - (II) - (0,6) - OSB 100° - BTT
Dépôt légal : septembre 2007

Achevé d'imprimer sur les presses de
SNEL Grafics sa
Z.I. des Hauts-Sarts – Zone 3
Rue Fond des Fourches 21
B-4041 Vottem (Herstal)
Tél +32(0)4 344 65 60 - Fax +32(0)4 286 99 61
septembre 2007 — 42715

Imprimé en Belgique